*Im Knaur Taschenbuch Verlag ist bereits
folgendes Buch des Autors erschienen:*
Die Reformlüge. 40 Denkfehler, Mythen und Legenden,
mit denen Politik und Wirtschaft Deutschland ruinieren. (77840)

Über den Autor:
Albrecht Müller, geboren 1938, studierte Nationalökonomie und war Redenschreiber von Bundeswirtschaftsminister Karl Schiller. Von 1973 bis 1982 war er Leiter der Planungsabteilung im Bundeskanzleramt bei Willy Brandt und Helmut Schmidt, von 1987 bis 1994 Mitglied des Deutschen Bundestages. Er lebt als Publizist, Unternehmens- und Politikberater in der Südpfalz und ist Herausgeber der Website www.NachDenkSeiten.de.

Albrecht Müller

Machtwahn

Wie eine mittelmäßige Führungselite
uns zugrunde richtet

Knaur Taschenbuch Verlag

Für meine Kinder

Besuchen Sie uns im Internet:
www.knaur.de

Aktualisierte Taschenbuchausgabe Juni 2007
Knaur Taschenbuch.
Ein Unternehmen der Droemerschen Verlagsanstalt
Th. Knaur Nachf. GmbH & Co. KG, München
Copyright © 2006 bei Droemer Verlag.
Ein Unternehmen der Droemerschen Verlagsanstalt
Th. Knaur Nachf. GmbH & Co. KG, München
Alle Rechte vorbehalten. Das Werk darf – auch teilweise –
nur mit Genehmigung des Verlages wiedergegeben werden.
Umschlaggestaltung: ZERO Werbeagentur, München
Druck und Bindung: Clausen & Bosse, Leck
Printed in Germany
978-3-426-77979-8

Inhalt

I. Einführung 9

Nachtrag zum Erscheinen der Taschenbuchausgabe 15

II. Konkursverschleppung 17
   Die Regierung wechselt, die Reformen gehen weiter 18
   Die ausgeblendete Vorgeschichte:
      Eine Bilanz des Scheiterns 36
   Schröders Befreiungsschlag 45
   Ungebrochene Kontinuität:
      Die Eliten zeugen ihren eigenen Nachwuchs 50
   Erfinderische Eliten:
      Erklärungen für den ausbleibenden Erfolg 57
   Blinde Eliten:
      Erfahrungen anderer Länder werden ignoriert 66

III. Die Ideologie der Eliten und ihr Versagen 73
   Gewinner und Verlierer......................... 74
   Der lange Marsch durch die Institutionen –
      Eine Lehre setzt sich durch.................... 88
   Das Glaubensbekenntnis der neoliberalen Eliten 96

IV. Die Totengräber und ihre Leichen 101
   Das Ansehen unseres Landes
      wird systematisch beschädigt................... 102
   Die neoliberale Ideologie birgt enorme Risiken 110
   Privatisierung und Deregulierung
      kommen uns teuer zu stehen 115
   Die Entwertung privaten Vermögens 125
   Das Vertrauen in die sozialen Sicherungssysteme
      wird untergraben 128
   Unser Sozialstaatsmodell steht auf dem Spiel 132
   Die Gesellschaft wird gespalten 136

Die Folgen hoher und langer Arbeitslosigkeit
  werden unterschätzt 143
Angst als gesellschaftliches Steuerungsinstrument 145
Wer getreten wird, tritt nach unten weiter 150
Die psychischen und die gesundheitlichen Folgen 154
Ein neuer Bildungsnotstand:
  Verwahrlosung durch Kommerzialisierung 157
Gefahr für die Demokratie 166

V. Der Fisch stinkt vom Kopf her 169
Es liegt an den Eliten, nicht am Volk 170
Die herrschende Ideologie
  ist von Teilen der Wirtschaft geprägt 172
Wer die Macht über die öffentliche Meinung hat,
  hat die politische Macht 176
Opfer, die zu Tätern werden 182
Exkurs: Die traurige Rolle der Intellektuellen
  und des kritischen Bürgertums 192

VI. Egoisten in einer Scheinwelt:
So funktionieren unsere Eliten 197
Man staunt jeden Tag neu 198
Regression oder Der Rückfall in undifferenziertes,
  naives Denken 206
Die Eliten und ihre Welt
  der geliehenen Gedanken 227
Mittelmaß in der Sache,
  aber Meister in der Kunst der Verführung 237
  Fall 1: Chancengerechtigkeit 237
  Fall 2: Die ideale Bevölkerungspyramide 242
  *Fall 3: Über 40 Prozent Kinderlosigkeit
    bei Akademikerinnen* 246
  Fall 4: »Von den Weltmärkten verdrängt« 248
  *Fall 5: Ein Gespenst geht um:
    Implizite Schulden und die Verletzung
    der Generationengerechtigkeit* 250

Egoismus statt Dienst für das Gemeinwesen 259
Dumm, arglos oder korrupt? 263
Exkurs: Politik, Wissenschaft und Publizistik
   als Werbeträger der Versicherungswirtschaft 291

VII. Die Netzwerke unserer Eliten 303
Vornehmer Klüngel 304
Reforminitiativen – Stiftungen –
   Berater: Ein Überblick 308
Die Strategie: Verfilzung mit der Politik 316
Angepasste Medien im Netz 321
Medienkooperationen 325
Preise – Aktionen – Rankings:
   Ideologie statt Wissenschaft 327
Sie drehen – wir zahlen: Drittmittelfernsehen......... 329
Journalistenschulen 333
Sprachliche ideologische Korrumpierung 335

VIII. Erste Hilfe gegen Propaganda und mittelmäßige Eliten 339
Wir sind das Opfer von Fehlern,
   nicht von Umständen 340
Schauen wir den Eliten auf die Finger! 344

Nachwort 346

Dank 350

Anhang 351
Anmerkungen 352
Literaturhinweise 363

»Man kann einige Menschen die ganze Zeit zum Narren halten und alle Menschen einige Zeit, aber man kann nicht alle Menschen die ganze Zeit zum Narren halten.«
Abraham Lincoln

I. Einführung

»Manchmal frag in all dem Glück,
ich im lichten Augenblick:
bist verrückt du etwa selber,
oder sind die andern Kälber?«
Albert Einstein

»Liebe Mitbürgerinnen und Mitbürger,

ich habe heute den 15. Deutschen Bundestag aufgelöst und Neuwahlen für den 18. September angesetzt. Unser Land steht vor gewaltigen Aufgaben. Unsere Zukunft und die unserer Kinder steht auf dem Spiel. Millionen von Menschen sind arbeitslos, viele seit Jahren. Die Haushalte des Bundes und der Länder sind in einer nie dagewesenen, kritischen Lage. Die bestehende föderale Ordnung ist überholt. Wir haben zuwenig Kinder, und wir werden immer älter. Und wir müssen uns im weltweiten, scharfen Wettbewerb behaupten.«

So begann der Bundespräsident am 21. Juli 2005 seine Erklärung zur Auflösung des Deutschen Bundestags. Zwei Wochen später meldete das Statistische Bundesamt einen neuen Rekord beim Exportüberschuss. Offenkundig ist die deutsche Wirtschaft außerordentlich wettbewerbsfähig. Unser Welthandelsanteil liegt über dem der USA. Das gehört mit ins Bild, wenn man die Lage unseres Landes schildert.

Wie kommt der Bundespräsident dazu, die Lage unseres Landes so einseitig und übertrieben schwarzzumalen?

Es gibt leider eine einfache Antwort auf diese Frage: Horst Köhler musste die Situation in dieser Weise dramatisieren, um die Auflösung des Deutschen Bundestags als dringlich erscheinen zu lassen. So lautet sein nächster Satz denn auch:

»In dieser ernsten Situation braucht unser Land eine Regierung, die ihre Ziele mit Stetigkeit und mit Nachdruck verfolgen kann.«

»In dieser ernsten Situation« – es sind beschwörende Worte, mit denen der Bundespräsident dem Bundeskanzler beispringt, und das bei einem Akt, den man nur als Konkursverschleppung bezeichnen kann. Bevor nämlich Bundeskanzler Schröder am 22. Mai, am Abend der von ihm und seiner Partei verlorenen Landtagswahl in Nordrhein-Westfalen, für Neuwahlen eintrat und das dafür notwendige Prozedere einleitete, hatten sich die Stimmen derer gemehrt, die der Auffassung waren, dass die Reformpolitik nichts gebracht habe und die dahintersteckende Ideologie schlicht und einfach gescheitert sei.

Selbst Medien wie der *Spiegel,* die *Zeit* und die *Frankfurter Allgemeine Sonntagszeitung,* die in den vergangenen Jahren sehr engagiert für die Reformagenda eingetreten sind, zogen bittere Bilanzen der bisherigen Reformarbeit. Typisch dafür ist der *Spiegel*-Titel vom 23. Mai 2005: »Die total verrückte Reform«, hieß es dort über die Hartz-Gesetze.

Viele Reformen waren angezettelt worden, keine hatte die versprochene Wirkung gebracht. Eigentlich hätte die neoliberale Bewegung, die vehementesten Reformbefürworter, Konkurs anmelden müssen. Doch Gerhard Schröders Neuwahlbegehren war für sie wie ein Befreiungsschlag. Er verdrängte die Bilanzen des Scheiterns aus den Schlagzeilen. Ab diesem Zeitpunkt wurde fast nur noch über die Fortsetzung der Reformen und deren Bestätigung durch die vorgezogene Bundestagswahl am 18. September 2005 gesprochen. Bundespräsident Köhler meinte in dieser Situation Gerhard Schröder unterstützen zu müssen – unabhängig davon, ob die beabsichtigte Auflösung des Bundestages dem Geist des Grundgesetzes entsprach oder nicht.

Unser Land befindet sich in einer wirtschaftlichen Stagnation. Von kleinen Zwischenperioden abgesehen, geht es seit fünfundzwanzig Jahren ökonomisch nicht mehr voran. Wir fallen hinter andere Länder zurück. Politische Entscheidungen halten nicht, was mit ihnen versprochen worden ist. Pannen, Fehlentscheidungen und Misserfolge häufen sich. Die depressive Grundstimmung überträgt sich auf das politische Bewusstsein der Menschen. Sie wenden sich ab von der Politik. Sie fühlen sich ohnmächtig und sind unzufrieden.

Woran liegt das? Warum sind wir so erfolglos beim Kampf gegen Stagnation und Arbeitslosigkeit? Die gängigen Antworten lauten: Reformstau, Blockade, übertriebener Sozialstaat, zu mächtige Gewerkschaften und so weiter.

Das sind Antworten, die meist jenseits der Realität angesiedelt sind. Ich habe den Verdacht, dass unsere Misere eine ganz andere Ursache hat. Liegt es vielleicht daran, dass wir besonders schlechte Eliten haben, dass sich bei uns das Mittelmaß durchgesetzt hat, sich gegenseitig stützt und zur Erhaltung der gewonnenen Macht auf den Gleichklang der Analysen und Therapien drängt?

Der Fisch stinkt vom Kopf her. Diese Volksweisheit könnte auf unser Land zutreffen und viele Entscheidungen und Fehlentwicklungen sehr viel besser erklären als die gängigen Erklärungsmuster.

Seit fünfundzwanzig Jahren schon wird in Deutschland nach den Rezepten der Angebotsökonomie, also nach neoliberalen Rezepten regiert. Es wurden die Steuern gesenkt und reformiert, es wurden soziale Leistungen abgebaut, es wurde privatisiert und dereguliert. Immer hieß es, es gebe keine Alternative zu dieser Politik. Doch all diese Reformen haben nur bewirkt, dass die Arbeitslosigkeit weiter stieg, das Wachstum unserer Volkswirtschaft weiterhin stagnierte, die Schulden ebenso wie die Finanzprobleme der sozialen Sicherungssysteme weiter wuchsen. Was sie nicht bewirkt haben, ist eine positive konjunkturelle Entwicklung – doch gerade das wäre eine wesentliche Voraussetzung für die Lösung all dieser Probleme.

Unsere Meinungsführer, unsere Eliten scheinen diese Realität und Erfahrung nicht wahrnehmen zu wollen. Statt dessen bestätigen sie sich gegenseitig in ihren schlechten Analysen und falschen Therapien. Nicht zuletzt aufgrund dieser gegenseitigen Bestätigung sind Eliten – so versuche ich zu belegen – heute leichter zu manipulieren als das Volk. Es hat den Anschein, dass sie sich von der neoliberalen Ideologie leichter beeindrucken lassen.

Wer sind diese Eliten? Ich verstehe darunter jene, die in unserem Land die öffentliche Meinung und die Entscheidungen bestimmen. Und unterhalb dieser Ebene gehören noch jene hinzu, die sich als Multiplikatoren, als Meinungsführer und als Funktionäre in politischen Körperschaften empfinden. Sie, die Leser, werden im jeweiligen Kontext sofort erkennen, was jeweils gemeint ist.

*

In der Diskussion um dieses Buchprojekt wandten einige meiner Freunde ein, es grenze an Arroganz, das Wort »mittelmäßig« zur Kennzeichnung unserer Eliten zu verwenden. Dieser Einwand hat mir zu schaffen gemacht. Aber dann, während der Bildung der neuen Koalition und der Regierung, trat ein offensichtlicher Mangel an kreativen Ideen und Projekten zur Überwindung der Wirtschaftskrise zu Tage – statt dessen orientierte man sich am gängigen Meinungsstrom, wie fremdbestimmt, ohne bemerkenswerte eigene Gedanken. Da ließ ich meine Bedenken fallen. Nicht jeder kann die Führungsschicht wie ein rohes Ei behandeln oder sie aus der Warte eines Psychoanalytikers betrachten. Unsere Eliten sind schnell beleidigt, wenn man die Qualität ihres Intellekts anzweifelt, sie mögen es überhaupt nicht, wenn man ihnen nachweist, dass sich ihr Denken in den immer gleichen Schablonen vollzieht, oder ihnen zeigt, dass sie gesamtwirtschaftliche Zusammenhänge nicht durchschauen.

Unter unseren Eliten finden sich hochbegabte und bewundernswert engagierte Menschen. Aber sie geben nicht den Ton an. Unter den wirklich Einflussreichen muss man sie mit der Lupe suchen. Die große Mehrheit ist unteres Mittelmaß und rücksichtslos zerstörerisch. Das bekommen wir zu spüren. Mit ihren Reformen zerschlagen sie gewachsene Strukturen, ohne zu wissen, wo genau es hingehen soll. Bewegung ist alles, und so wird alles zur Disposition gestellt: der Sozialstaat, unsere Moral, unsere Werte, die Lebensperspektiven der Menschen, ihre Planungssicherheit, ihre Arbeitsplatzsicherheit, unsere Infrastruktur, der soziale Zusammenhalt, der Geist der Aufklärung und Toleranz, die Demokratie, wichtige politische Bewegungen wie die SPD oder die Gewerkschaftsbewegung, auch die ohnedies schon nicht sonderlich demokratische Struktur der Medien wird weiter ramponiert, desgleichen unser Grundgesetz.

Auch eine moderne Gesellschaft kommt nicht ohne ein Stück Solidarität aus, doch die neoliberalen Reformen stützen sich auf eine egoistische Philosophie. »Jeder ist seines Glückes Schmied« – das ist das Credo ihrer Verfechter. In Maßen kann man diese Theorie durchaus vertreten. Aber wenn man sie zur alles gestaltenden Wegweisung und Ideologie erhebt, dann zerstört man den Zusammenhalt einer Gesellschaft.

So sind unsere Eliten wie die Totengräber wichtiger Errungenschaften unseres Volkes. Sie räumen alles ab. Rücksichtslos. Und sie arbeiten auf eigene Rechnung.

Zwar hat der Befreiungsschlag Gerhard Schröders ihm persönlich scheinbar nichts gebracht. Er ist nicht wieder Bundeskanzler geworden. Möglicherweise kam es ihm aber darauf auch um vieles weniger an als auf die Fortsetzung der sogenannten Reformpolitik. Das hat er für vier weitere Jahre erreicht. Er selbst wird nicht darben. Doch wir alle werden darben, wenn wir uns nicht wehren. Das verlangt zunächst einmal, die Wahrheit zu sagen über die Gründe unserer Krise.

Es geht um heikle Fragen: Was sind die wahren Motive unserer Eliten? Was steckt dahinter, wenn offensichtlich unvernünftige Entscheidungen getroffen werden, die weitreichende schädliche Folgen für uns alle haben – Entscheidungen allerdings, die zweifelsfrei mächtige Interessen bedienen?

Ein Ziel dieses Buches ist es, die Interessengeflechte zu beschreiben, in denen unsere Eliten stehen und die aller Wahrscheinlichkeit nach ihre Entscheidungen beeinflussen. Außerdem möchte ich an Vorgängen der Gegenwart und Vergangenheit zeigen, wie es um die Qualität unseres Führungspersonals bestellt ist und welche Folgen die Mittelmäßigkeit der Eliten für die politischen Entscheidungen und damit für uns alle hat. Die damit verbundenen Fragen sind aktueller denn je: Zwar erweist sich die neoliberal geprägte Reformpolitik als ungenügend und in ihrer Wirkung verheerend. Dennoch wird in vielen europäischen Staaten versucht, sie mit brachialer Gewalt durchzusetzen. Es ist an der Zeit, dass wir unseren Eliten in den Arm fallen.

Albrecht Müller
im Februar 2006

Nachtrag zum Erscheinen der Taschenbuchausgabe

Seit Erscheinen von *Machtwahn* im März 2006 habe ich ein gespaltenes Verhältnis zur Aktualität dieses Buches. Als Staatsbürger hätte ich mir gewünscht, es würde ganz schnell von einer besseren Politik unserer Eliten überholt, unaktuell und damit Makulatur. Als Autor wünscht man sich selbstverständlich, dass das eigene Werke lange aktuell und im Gespräch bleibt.

In den vergangenen Monaten und bis heute blieb der Autor eindeutiger Sieger. Was ich beschrieben habe, ist eher noch aktueller, noch bedrückender geworden: Die skizzierte Entsolidarisierung und Spaltung unserer Gesellschaft wird weitergetrieben. Millionen von Menschen müssen inzwischen für Löhne arbeiten, mit denen sie ihre Familie nicht ernähren können. Gleichzeitig explodieren die Gewinne der großen Konzerne.

Mit massiver Propaganda in *Bild*, ZDF, *Spiegel*, *FAZ* und unzähligen anderen Medien wird das Vertrauen in die solidarische Rente weiter zerstört. Die Jungen werden auf die Alten gehetzt. Unsere Eliten scheinen Spaß am Generationenkonflikt zu haben. Zynisch. Sie gebrauchen die Worte »schrumpfen« und »vergreisen« ohne Gänsefüßchen. Merken sie nicht, was sie tun?

Auch in den vergangenen Monaten haben sich Wissenschaftler und Moderatoren des Fernsehens als bezahlte Propagandisten verdingt. Reinhold Beckmann zum Beispiel für einen Finanzdienstleister, auch die Sendung von Harald Schmidt wird von einem solchen gesponsort. Und die Eliten in der Politik schmieren mit ihren politischen Entscheidungen weiter das Spiel der milliardenschweren Lobby der privaten Versicherungswirtschaft. Sie erhöhen das Renteneintrittsalter tatsächlich. Sie erwägen sogar, die Privatvorsorge zur Pflicht zu machen. Unbegreiflich!

Der Prozess der Privatisierung wichtiger öffentlicher Unternehmen geht weiter. Wie in diesem Buch beschrieben, versteht man diese Vorgänge nur, wenn man fragt: Wer verdient daran?

Die anstehende Privatisierung der Bahn werden Sie nach Lektüre von *Machtwahn* besser verstehen und wie ich fragen: Dumm, arglos – oder korrupt?

Unsere Eliten verstehen immer noch nicht viel von der so notwendigen makroökonomischen Steuerung unserer Volkswirtschaft. Sie freuen sich wie Schneekönige über ein Wachstum von 2,6 Prozent (2006) und halten auch den für 2007 vorhergesagten Zuwachs von 1,7 Prozent für einen großartigen Aufschwung, obwohl dieser Zuwachs unterhalb des zuletzt gemessenen Anstiegs der Arbeitsproduktivität von 1,9 Prozent (2006) liegt - letztlich eine Konstellation, die den Arbeitsplatzabbau fördert. Unsere Eliten begreifen nicht, dass wir eine ganz andere Dynamik brauchen, um aus der bedrückenden Krise herauszukommen, in der sich unser Land und so viele Menschen befinden. Sie feiern den kleinen Aufschwung als Boom und schreiben ihn ohne jede Begründung den Reformen zu. »Mittelmaß in der Sache, aber Meister in der Kunst der Verführung«, lautet die dazu passende Kapitelüberschrift.

Viele Leser meines Buches haben sich mit Kommentaren zu Wort gemeldet. Dafür danke ich. Auch für die Anregungen. Interessant zu sehen war, dass die Leserschar, grob gesprochen, in zwei Gruppen zerfällt: Die einen erwähnen, sie hätten schon begonnen zu glauben, was ihnen täglich vom großen Strom der Meinungsmacher erzählt wird, und sie seien froh, diese Anfechtung mit Hilfe von *Machtwahn* überwunden zu haben. Andere schreiben, sie hätten schon gedacht, sie seien hilflos isolierte Exoten, weil sie nicht mehr nachvollziehen konnten, was um sie herum an Meinung gemacht wird. Jetzt wüssten sie, dass sie nicht alleine sind, und bedanken sich.

Der Dank des Autors geht zurück an die Leserinnen und Leser. Denn ohne sie und ihre Wirkung als Multiplikatoren wäre *Machtwahn* nicht von März bis September 2006 auf der *Spiegel*-Bestsellerliste plaziert gewesen und hätte nicht die Verbreitung gefunden, die ich dem Buch natürlich wünsche. Dem Taschenbuch ganz besonders; dem würde ich besonders viele junge Leserinnen und Leser gönnen.

Albrecht Müller im Februar 2007

II. Konkursverschleppung

»Gerade im Moment der größten Ausdehnung und
Wirksamkeit der neoliberalen Ideologie mehren sich die
Zeichen, dass es den Leuten allmählich damit reicht.«
Frankfurter Allgemeine Sonntagszeitung
vom 12. Juni 2005

Die Regierung wechselt, die Reformen gehen weiter

Jeder, der Augen hat, zu sehen, konnte in der Endphase der Regierung Schröder erkennen, dass die Reformpolitik nicht gebracht hatte, was sich Bundesregierung und Opposition, die in wichtigen Fragen schon damals als große Koalition aus Bundesratsmehrheit und Bundesregierung agierten, davon versprochen hatten. Schließlich wurde spätestens seit Beginn der Regierung Kohl im Jahr 1982 reformiert und reformiert und reformiert – und dennoch stiegen die Arbeitslosigkeit und die Schulden, wurden Tausende von Betrieben in die Insolvenz getrieben, sank die Zahl der sozialversicherungspflichtigen Arbeitsverhältnisse allein in den fünf Jahren seit der Jahrtausendwende um zwei Millionen. Die sozialen Sicherungssysteme wurden damit nicht sicherer, sondern anfälliger, die Arbeitnehmer fürchteten um ihren Arbeitsplatz, und die jungen Leute hatten keine ausreichende berufliche Perspektive, sondern litten unter befristeten Arbeitsverträgen und Teilzeitarbeit. Dass sie unter diesen Umständen keine Lust hatten, ein, zwei oder gar drei Kinder zu bekommen, ist kein Wunder.

Die nüchternen Zahlen des *Economic Outlook* der Organisation für wirtschaftliche Zusammenarbeit und Entwicklung (OECD), in der die wichtigsten Industrieländer der Welt zusammengeschlossen sind, stellen der Reformpolitik ein vernichtendes Zeugnis aus. Sie belegen für die Zeit von 2001 bis 2005, dass Deutschland bei der Entwicklung von vier wichtigen Indikatoren im Vergleich zu anderen OECD-Ländern zunehmend ins Hintertreffen geraten ist:[1]

- Bei der **Entwicklung des Bruttoinlandsprodukts** – also dessen, was wir gemeinsam hierzulande produzieren – sind wir mit einem realen Zuwachs von 3,5 Prozent in fünf Jahren äußerst schlecht und erfolglos. Nur Portugal ist schlechter. Der OECD-Durchschnitt liegt bei 11 Prozent (siehe Abbildung 1, S. 19).
- Beim realen Anstieg des **Verbrauchs privater Haushalte** liegt Deutschland mit einem Zuwachs von nur 1,5 Prozent – nicht

jährlich, sondern über den gesamten Zeitraum von 2001 bis 2005 hinweg – ganz hinten (siehe Abbildung 2, S. 20). Die OECD-Länder erreichten im Durchschnitt 12,4 Prozent. Diese miserable Entwicklung in Deutschland ist vor allem Ausdruck des Niedergangs der Lohneinkommen.

Abbildung 1: Die Entwicklung des realen Bruttoinlandsprodukts (BIP) in verschiedenen OECD-Ländern zwischen 2001 und 2005 (Indexwerte, 100 = reales BIP in 2001)

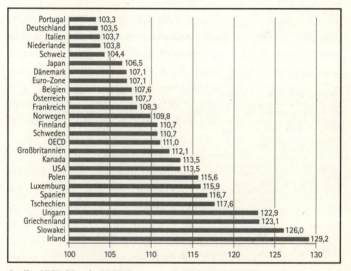

Quelle: OECD (Hrsg.): *OECD Economic Outlook,* Nr. 78, 2005

- Es ist nicht überraschend, dass bei dieser schwachen Entwicklung des Bruttoinlandsprodukts und des privaten Verbrauchs die **Investitionen** nicht zunehmen. Unternehmen investieren in der Regel dann, wenn sie eine Chance sehen, die zusätzlich mögliche Produktion auch absetzen zu können. Diese Möglichkeit sahen die meisten Unternehmen in Deutschland in den vergangenen Jahren offenbar nicht. Die Investitionen sind im Vergleichszeitraum auf 93,8 Prozent des Wertes von 2001 gesunken. Auch im Vergleich zu den anderen Ländern ist das ein äußerst schwacher Wert (siehe Abbildung 3, S. 21).

- Entsprechend der äußerst schwachen Entwicklung des Wachstums und der Investitionen war die **Arbeitslosenquote** in Deutschland mit 9,5 Prozent im Jahr 2004 mit am höchsten – in der »Spitzengruppe« der OECD-Staaten mit der höchsten Arbeitslosigkeit liegt Deutschland auf Rang 6 (siehe Abbildung 4, S. 22).

Abbildung 2: Die Entwicklung der realen privaten Konsumausgaben in verschiedenen OECD-Ländern zwischen 2001 und 2005 (Indexwerte, 100 = reale Konsumausgaben in 2001)

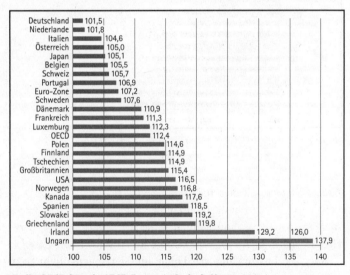

Quelle: OECD (Hrsg.): *OECD Economic Outlook*, Nr. 78, 2005

Wirklich gut ist Deutschland im Export und damit bei der Leistungsbilanz. Der **Leistungsbilanzüberschuss** erreichte im Jahr

2004 mit 4,1 Prozent des Bruttoinlandsprodukts einen Spitzenwert unter den vergleichbaren Industrieländern.

Abbildung 3: Die Entwicklung der privaten realen Bruttoinvestitionen (ohne Bau) in verschiedenen OECD-Ländern zwischen 2001 und 2005 (Indexwerte, 100 = reale private Bruttoinvestitionen in 2001)

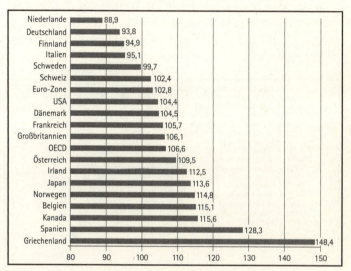

Quelle: OECD (Hrsg.): *OECD Economic Outlook*, Nr. 78, 2005

Eines lässt sich mit diesen Zahlen zweifelsfrei feststellen: Unsere Leistungs- und Zahlungsbilanz und damit unsere Wettbewerbsfähigkeit auf den internationalen Märkten begrenzte unseren Handlungsspielraum für eine bessere Konjunktur sicher nicht.

Auch die Entwicklung der Löhne und der sogenannten Lohnstückkosten behinderte uns nicht. Eher im Gegenteil: Die Reallöhne und Lohnstückkosten sind in Deutschland, anders als in vergleichbaren Ländern, gefallen – mit ein Grund dafür, dass der private Verbrauch und damit auch die Binnennachfrage so schwach ausgefallen sind. Wer jahrelang Lohnzurückhaltung üben musste und inflationsbereinigt weniger Geld im Portemonnaie hat, der gibt auch weniger aus.

Die Zahlen der OECD zeigen: Gerade in der Phase, als Bundeskanzler Schröder und die rot-grüne Regierung in besonderer Weise auf die Reformpolitik setzten und stolz waren auf die Überwindung des angeblichen Reformstaus, fiel die Bilanz der Reformpolitik besonders trübe aus.

Abbildung 4: Die standardisierten Arbeitslosenraten in verschiedenen OECD-Ländern 2004

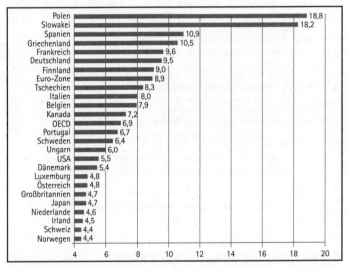

Quelle: OECD (Hrsg.): *OECD Economic Outlook,* Nr. 78, 2005
(Die Werte, die die OECD verwendet, unterscheiden sich etwas von den vom Statistischen Bundesamt gemessenen Arbeitslosenquoten, die für Deutschland höher ausfallen.)

In derselben Zeit haben unsere Partner in der Welt und in Europa eine andere Politik verfolgt. Keines der erfolgreicheren Länder, weder die USA noch Großbritannien noch Schweden, haben es bei Reformen belassen. Jedes dieser Länder hat noch in den neunziger Jahren und bis ins erste Jahrzehnt des 21. Jahrhunderts hinein die wirtschaftliche Stagnation immer nur mit einer Kombination von sogenannten angebotsökonomischen Maßnahmen einerseits und einer expansiven Nachfragebeschleunigung andererseits überwunden. Diese Länder haben auch zunächst jeweils eine sehr viel höhere Neuverschuldung hingenommen, als bei uns üblich: In Großbritannien wurde 1992 und 1993 eine Neuverschuldung von 6,5 Prozent (1992) beziehungsweise fast 8 Prozent des Bruttoinlandsprodukts geplant hingenommen, in Schweden betrug sie 1993 11,4 Prozent und 1994 9,3 Prozent, in den USA 1992 5,8 Prozent und 1993 5,0 Prozent. Kein Land hat eine tiefe Rezession überwunden, ohne vorübergehend kreditfinanzierte Wachstumsprogramme aufzulegen. Kein Land hat seine Schulden ohne Wachstum abgebaut.

Der amerikanische Nobelpreisträger für Wirtschaft, Robert Solow, hat sich in einem Interview mit der *Wirtschaftswoche* vom 9. September 2004 vornehm zurückhaltend über die deutschen Ökonomen und Politiker geäußert, auch dazu, worauf es in unserem Land heute ankomme:

> »Die deutsche Wirtschaft schwächelt nun schon seit einer Dekade. Wenn ich ein Manager wäre, würde ich meine Produktion auch nicht ausweiten, solange die Märkte nicht erkennbar expandieren.«

An dieser klaren Erkenntnis gehe man in Deutschland jedoch ständig vorbei, und zwar parteiübergreifend und angefeuert von einer ökonomischen Wissenschaft und Publizistik, über die Solow sagte: »Klar, Makropolitik« – also die Politik zur Ankurbelung oder Dämpfung einer Konjunktur – »beherrscht vermutlich niemand perfekt. Aber mir scheint offensichtlich: In Deutschland könnte man sie wesentlich besser machen.«.

Und Jim O'Neill, der Chefökonom der amerikanischen Investmentbank Goldman Sachs, riet in einem Interview mit der *Zeit* vom August 2004 dazu, die Binnenkonjunktur in Deutschland massiv anzuschieben und nichts zu tun, was diese Eigendynamik behindern könnte. Das sei schon wegen der immer gegebenen Gefahr eines Dollar-Einbruchs, die aufgrund des extrem hohen und weiter steigenden Leistungsbilanzdefizits der USA noch zunehme, und wegen des daraus dann vermutlich folgenden Exporteinbruchs dringend geboten. Der Nationalökonom berichtete, dass seine deutschen Fachkollegen bei Konferenzen darüber diskutierten, es müssten in Deutschland die Steuern gesenkt werden, womit er grundsätzlich keine Probleme habe; aber dann stellte sich heraus, dass sie die Unternehmenssteuern senken und die Mehrwertsteuer erhöhen wollten. Das fand er absurd und sagte deshalb in dem Interview deutlich:

> »Weil die Reichen von ihren Einkommen relativ weniger für Konsum ausgeben als die Armen, muss die Fiskalpolitik bei den unteren Einkommensgruppen ansetzen. Dieser Aspekt wird von vielen deutschen Ökonomen und Politikern vernachlässigt.«

In Deutschland jedoch verhallte der Rat dieser Experten ungehört, und auch die OECD-Daten schien niemand zur Kenntnis zu nehmen.

Wo waren da eigentlich die Spitzen der Ministerialbürokratie? So könnte man als Bürger mit Recht fragen. Wir bezahlen Staatssekretäre, Abteilungsleiter, Unterabteilungsleiter, Referatsleiter, Pressereferenten und Ghostwriter – wozu haben sie geraten, als das Scheitern der Reformen offenbar wurde? Wo waren sie in all den Jahren des Niedergangs unserer Ökonomie? Die Fragen sind berechtigt. Die Eliten in den einschlägigen Ministerien müssten den politisch Verantwortlichen zumindest vernünftige Ratschläge geben.

Wenn der Bundeswirtschaftsminister der ersten großen Koalition, Professor Karl Schiller, ein Problem zu beraten hatte, wenn er zum Beispiel im März 1969 wissen wollte, ob er dem Bundeskabinett die Aufwertung der D-Mark vorschlagen sollte, dann konnte er – selbst Professor der Nationalökonomie – allein in seinem Küchenkabinett neun (!) ausgebildete Nationalökonomen zusammenholen, und zwar solche mit eigenen und durchaus divergierenden Meinungen. Wenn Bundeskanzler Helmut Schmidt, ebenfalls ein Volkswirt, sich eine Meinung zu einem ökonomischen Problem bilden wollte, dann verfügte auch er über einen vielfältigen Kreis von makroökonomisch versierten Volkswirten – vom Chef des Bundeskanzleramts über die Leiter der Wirtschaftsabteilung und der Planungsabteilung und ihre Mitarbeiter/-innen bis zum stellvertretenden Regierungssprecher.

Und heute? Als Bundeskanzler Schröder im Lauf des Frühjahrs 2005 feststellte, dass seine Reformagenda der Wirtschaft nicht auf die Beine half und gescheitert war, da standen ihm als Ratgeber er selbst (ein Jurist), der Chef des Bundeskanzleramts Frank-Walter Steinmeier (ein Jurist) und der Leiter der Wirtschaftsabteilung Thomas Mirow (ein promovierter Politologe, Sozialwissenschaftler und Romanist) zur Seite.

Im Wirtschaftsministerium saß zur gleichen Zeit der Jurist und Journalist Wolfgang Clement mit einem Staatssekretär, der Diplom-Ingenieur und Verwaltungswissenschaftler gelernt hatte, und einem weiteren, dem Ökonom Bernd Pfaffenbach. Dieser jedoch ist dem herrschenden Hauptstrom der Meinungen schon seit Helmut Kohls Zeiten verpflichtet und gehört zu einer Gruppe von strammen Ideologen (siehe dazu die Bemerkungen zu den deutschen »Chicago Boys« auf S. 53 f.).

Der Dritte im Bund der für die Wirtschafts- und Finanzpolitik Verantwortlichen, der Finanzminister und Lehrer Hans Eichel, hatte in seinem Haus für ökonomische Ausdünnung und Gleichrichtung gesorgt. Die makroökonomisch versierten Mitarbeiter seines Vorgängers Oskar Lafontaine, die Staatssekretäre Heiner Flassbeck und Claus Noé sowie zwei Abteilungsleiter ähnlicher Denkungsart, waren in die Wüste geschickt beziehungsweise kaltgestellt worden.

So ist es wirklich kein Wunder, dass unter Deutschlands Ministerialeliten Gegengewichte zur herrschenden Lehre nicht mehr sichtbar und schon gar nicht mehr wirksam wurden und werden. An den Spitzen fehlt die notwendige wissenschaftliche Pluralität.

Dass dies so gekommen ist, liegt nun nicht daran, dass prinzipiell die Zeiten früher allesamt besser gewesen wären als heute. Es liegt an der mangelnden Ausbildung und Einsicht der handelnden Personen und an der Tendenz zu Gleichschaltung und Intoleranz. (Zur mangelnden Toleranz der herrschenden Ideologie siehe auch S. 209 f.) Außer der herrschenden Lehre wird nichts anderes geduldet. Das ist neben dem Mangel an fachlicher Vielfalt das eigentliche Problem. Wenn es dieses Problem nicht gäbe, dann wäre Bundeskanzler Schröder fachlich besser beraten gewesen, und unser Land wäre schon lange aus der Krise heraus.

Was die frühere Planungsabteilung im Bundeskanzleramt dem scheidenden Bundeskanzler als Abschiedsgeschenk für die Beratungen der künftigen Koalitionspartner aufgeschrieben hätte, wenn es sie noch gäbe, kann ich mir gut vorstellen. Ich nenne es *»Kanzleramtspapier – revidierte Fassung«* (siehe Kasten S. 27 ff.) und beziehe mich damit ausdrücklich auf das Kanzleramtspapier vom Dezember 2002, das den – falschen – Agenda-2010-Kurs formuliert und eingeleitet hat.

Ich hatte zwar nicht erwartet, dass in den Koalitionsgesprächen nach der Bundestagswahl vom 18. September 2005 eine schonungslose Analyse der Wirkungen oder de<r Misserfolge der bisherigen »Reformpolitik« erfolgen und dass daraus die entsprechenden Konsequenzen gezogen würden. Aber ich hatte doch gehofft, der eine oder andere Koalitionspartner würde so schlau sein, wenigstens zu begreifen, dass man jetzt die Binnenkonjunktur anschieben muss. Es hätten ja nicht gleich deutliche Korrekturen am Agenda-Kurs oder gar ein grundlegender Kurswechsel daraus folgen müssen, aber doch wenigstens ein pragmatischer Einsatz aller möglichen und etwas versprechenden wirtschaftspolitischen Instrumente.

Auf den ersten Augenschein konnte man ein bisschen von dieser Einsicht entdecken. Da waren, wenn man es sehr wohlwollend betrachtet, einige vernünftige Ansätze: ein 25-Milliarden-Investitionsprogramm wurde verkündet (inklusive einer Erhöhung der degressiven Abschreibung von 20 auf 30 Prozent für bewegliche Wirtschaftsgüter), die umstrittene Mehrwertsteuererhöhung wurde nicht sofort umgesetzt, sondern erst für das Jahr 2007 angedroht, um so zum Kauf von Gebrauchsgütern wie Einrichtungsgegenständen und Pkws anzureizen. Trotz des grundsätzlichen Fehlers, die Mehrwertsteuer zu erhöhen, sah diese Terminierung noch recht professionell aus. Aber dieser optimistische Blick wurde trüber und trüber, wenn man genauer hinsah. Und hinhörte.

So hätte es sein können

»Kanzleramtspapier – revidierte Fassung« vom 19.9.2005 für den amtierenden Bundeskanzler Gerhard Schröder und die anstehenden Koalitionsverhandlungen

Herrn Bundeskanzler
Betrifft: 10-Punkte-Programm zur Kurskorrektur.

Die von Ihrem Vorgänger Helmut Kohl und von Ihnen betriebene Reformpolitik hat leider die erwartete wirtschaftliche Belebung und Konsolidierung der Finanzen nicht gebracht. Wir raten zu der schon früher vorgeschlagenen und diskutierten Kurskorrektur. Deutschland sollte praktizieren, was einige wenige Experten im eigenen Land und eine große Zahl von Experten außerhalb unseres Landes empfehlen und was andere Länder vorgemacht haben: Wir sollten uns auf die Überwindung der wirtschaftlichen Rezession konzentrieren, wir sollten dabei alle Denkverbote zur Seite schieben und endlich undogmatisch und pragmatisch *alle* Instrumente der Wirtschaftspolitik einsetzen. Das heißt: Wir sollten zum einen weiter die Wettbewerbsfähigkeit unserer Unternehmen und damit auch unserer Volkswirtschaft zu verbessern suchen, zum anderen aber sollten wir zugleich endlich auch die Binnennachfrage anschieben.
    Die Überwindung der Rezession verlangt

- **als erstes** vor allem eine *Verbesserung der Stimmung* und des Vertrauens der Arbeitnehmer und der Unternehmer, der Familien und der Konsumenten in Gegenwart und Zukunft.
- **Zweitens** sollten die Tarifpartner auch von den beiden Koalitionspartnern und der künftigen Regierung ermuntert werden, *die realen Löhne* wieder – jedenfalls im Rahmen des Anstiegs der Produktivität – *steigen zu lassen,* damit die Menschen wieder Geld und Mut zum Konsumieren haben und der Einzelhandel und das sonstige auf den Binnenmarkt konzentrierte Gewerbe wieder Zuversicht gewinnen und investieren.
- **Drittens** sollten wir ein großes öffentliches *Investitionsprogramm* auflegen. Es gibt schließlich viel Sinnvolles zu tun in unserem Land: Die Kanalisation vieler Gemeinden ist nicht in Ordnung, wir brauchen neue Verkehrswege, allein tausend Brücken, die über Bahnlinien führen, sind marode und sanierungsbedürftig. Es macht auch keinen Sinn, die Schulen und Universitäten verrotten und Eltern Klassenräume streichen zu lassen, dafür gibt es Handwerker.
- Dann wäre **viertens** zu prüfen, ob eine zeitlich begrenzte *Investitionszulage* und/oder höhere *degressive Abschreibungen* den Aufschwung beschleunigen könnten.
- **Fünftens** sollte man offen sein für eine *vorübergehende Arbeitszeitverkürzung* und
- **sechstens** ein *Programm zur Stabilisierung gesicherter Arbeitsverhältnisse* auflegen. Das ist wichtig für die finanzielle Stabilisierung der sozialen Sicherungssysteme und kommt den neuen Akzenten in der Familienpolitik entgegen. Junge Paare mit ungesicherten, prekären Arbeitsverhältnissen haben mit Recht keine Lust auf mehrere Kinder.
- **Siebtens** sollte die Bundesregierung bei den Gemeinden darauf drängen und die finanziellen Mittel bereitstellen, damit das *Betreuungsangebot für Kleinkinder* innerhalb kurzer Frist erhöht und verbessert werden kann.
- **Achtens** sollte die Bundesregierung in jedem Fall *darauf verzichten, die Mehrwertsteuer zu erhöhen.* Denn das wäre ein

Schock für den angestrebten Aufschwung der Binnenkonjunktur.
- **Neuntens** sollte die neue Bundesregierung darauf drängen, dass die Europäische Zentralbank (EZB) *eine expansive Geldpolitik* verfolgt und in der jetzigen sensiblen Lage den Zins nicht erhöht.
- **Zehntens** ist es wichtig, *in Brüssel klarzumachen: Die Bundesregierung muss in der jetzigen Situation geplant und massiv Geld ausgeben,* um die Konjunktur anzukurbeln und damit dann auf mittlere Sicht einen wirklichen Sparerfolg zu erzielen. Die bisher übliche Methode ist absurd: Die Euro-Länder werden durch das Maastricht-Kriterium zur Verschärfung ihrer Krisen gezwungen. Am Ende haben sie nach aller Erfahrung mehr Schulden als vorher. Wir gehen diesen Weg nicht mehr weiter mit. Wir brauchen mindestens zwei, eher drei Jahre Ruhe an der Maastricht-Front, um vorübergehend mehr Schulden machen zu können und am Ende weniger zu haben. Weder Europa noch Deutschland haben etwas davon, wenn hierzulande immer und immer wieder zu sparen versucht wird und mit dem Sparversuch dann der Sparerfolg zunichte gemacht wird. Es ist eine Erfahrungstatsache, dass man eine Krise verschärft, wenn man in einer Krisensituation zu sparen versucht.

Die neue Koalition sollte in ihrer Politik und beim Umgang mit den Bürgerinnen und Bürgern immer bedenken: Es geht darum, den Menschen wieder Mut zu machen und ihnen Sicherheit zu vermitteln, statt ihnen »Blut und Schweiß und Tränen« oder »Heulen und Zähneklappern« anzudrohen, wie vom hessischen Ministerpräsidenten Roland Koch zu hören war. Die Politik ist nicht dazu da, die Menschen zu verunsichern, die Politik ist dazu da, für eine hoffnungsvolle Zukunft der Bürgerinnen und Bürger zu sorgen. Deshalb ist der erste Punkt so entscheidend: Eine gute Konjunkturpolitik ist zur Hälfte Psychologie.«

Ich habe am 12. November 2005 die Bundespressekonferenz mit Angela Merkel, Franz Müntefering, Edmund Stoiber und Matthias Platzeck verfolgt. Es hat mir die Sprache verschlagen. Wie bei vielen anderen Gelegenheiten auch: Wenn man wirklich Mut machen und das Vertrauen in die eigene Kraft stärken wollte, durfte man doch nicht schon von Anfang an weiter verunsichern und jammern. Der hessische Ministerpräsident Koch hatte schon vor Abschluss der Koalitionsverhandlungen immer wieder davon gesprochen, es werde »Heulen und Zähneklappern« geben, und nahezu alle liefen mit sorgenvollen Gesichtern und heruntergezogenen Mundwinkeln herum. Jeden Tag wurde eine neue Horrormeldung zum Bundeshaushalt und der möglichen Neuverschuldung verbreitet. Auf besagter Pressekonferenz zum Abschluss der Koalitionsverhandlungen verkündete dann der bayerische Ministerpräsident, die finanzielle Lage des Staates sei »prekär«, und der Haushalt 2006 sei »nicht verfassungskonform«. Angela Merkel äußerte sich in gleicher Weise.

Das war höchst unprofessionell. Die Bundesregierung hätte nur erklären müssen, dass es ein gesamtwirtschaftliches Ungleichgewicht gibt. Über 4,6 Millionen gemeldete Arbeitslose rechtfertigen diese Diagnose allemal. Dann wäre auch eine Neuverschuldung, die höher ist als die Investitionen des Bundes, verfassungskonform.

Auch das 25-Milliarden-»Investitions«-Programm entpuppte sich bei genauer Betrachtung als eher dürftig. Zum einen läuft es über vier Jahre, so dass pro Jahr gerade mal gute 6 Milliarden anfallen, denen zusätzliche Ausgabenkürzungen von 4 Milliarden Euro gegenüberstehen, zum andern sind darin Ausgaben enthalten wie zum Beispiel Steuererleichterungen für die Wirtschaft oder das nach Einkommen gestaffelte Elterngeld bis zu 1800 Euro monatlich, die man beim besten Willen nicht in ein Investitionsprogramm umdeuten kann.

Das ist alles leider ziemlich unseriös. Die expansiven Impulse, die man geplant hat, reichen bei weitem nicht aus, um 2006 zum Jahr des großen Aufschwungs zu machen, mit dessen Rückenwind man dann 2007 schon mittels Mehrwertsteuererhöhung und anderer Sparmaßnahmen auf Konsolidierungskurs gehen könnte, ohne Gefahr zu laufen, den Aufschwung gleich wieder abzuwürgen.

Inkompetente Eliten

Anfang 2006 trafen sich die Bundesregierung und die Spitzen der Koalition zu einer Klausur. Dabei wurde das 25-Milliarden-Investitionsprogramm aufgefrischt und als positiver Anstoß für die konjunkturelle Entwicklung dargestellt. Am Abend des letzten Tages dieser Klausur, am 10. Januar 2006, hielt Bundesfinanzminister Peer Steinbrück vor der Industrie- und Handelskammer Frankfurt eine »Grundsatzrede«, in der er weitere Einschnitte in das soziale Netz ankündigte. Die *Zeit* fasste das in der Überschrift zusammen: »Steinbrück liest Deutschen die Leviten«.

So sind sie, unsere Eliten: Statt eine eigenständige Wirtschaftspolitik zu betreiben, buhlen sie um die Sympathie der Wirtschaft, bei der sich immer beliebt macht, wer verkündet, man wolle den »kleinen Leuten« ans Leder.

Selbst wenn 2006 ein Wachstum von über 4 Prozent erreicht würde, reicht das angesichts der Unterauslastung der industriellen Kapazitäten, die derzeit nur zu etwa 84 Prozent beansprucht werden, und der hohen Arbeitslosigkeit bei weitem nicht aus, um schon 2007 in eine so harte Konsolidierungsphase eintreten zu können; gleichzeitig sollen auch noch die Arbeitslosenrate messbar gedrückt sowie das Maastricht-Kriterium von 3 Prozent eingehalten werden, wie Angela Merkel angekündigt hat. Angesichts solcher Versprechungen ist schnell klar, dass das Ziel trotz allem nicht erreicht werden kann, und schon entbrennt wieder die Debatte um neue Sanierungs- und Sparmaßnahmen – und macht das eben erst zaghaft aufkeimende Pflänzchen Konjunktur platt.

Die Debatte um die Vernunft des Gesamtpakets begann bereits am 17. Januar 2006, als sich der Vorsitzende des Sachverständigenrats, Bert Rürup, mit der Forderung nach einer geringeren Mehrwertsteuererhöhung zu Wort meldete. Der Konjunkturforscher des Deutschen Instituts für Wirtschaftsforschung (DIW) Alfred Steinherr forderte am nächsten Tag sogar, ganz auf die Erhöhung der Mehrwertsteuer zu verzichten.

So ist der Vertrauensverlust in der Koalitionsvereinbarung gleich einprogrammiert.

Der wirtschaftspolitische Kurs der großen Koalition bleibt in seiner Grundausrichtung fast genauso falsch wie unter der früheren rot-grünen Regierung. Voraussichtlich wird er nicht wesentlich mehr Erfolge für einen wirtschaftlichen Aufschwung bringen und auch die in den letzten Jahren vollzogene Umverteilung von unten nach oben nicht umkehren.

Widersprüchliches und höchst Fragwürdiges begegnet uns schon in der Präambel der Koalitionsvereinbarung zwischen CDU, CSU und SPD vom 11. November 2005. Unter der Überschrift »Gemeinsam für Deutschland – mit Mut und Menschlichkeit« heißt es hier gleich im ersten Absatz:

> »Deutschland steht vor großen Herausforderungen: Arbeitslosigkeit, Staatsverschuldung, demographischer Wandel und der Veränderungsdruck der Globalisierung verlangen große politische Anstrengungen, um heutigen und künftigen Generationen ein Leben in Wohlstand zu sichern. CDU, CSU und SPD stellen sich diesen Aufgaben. In gemeinsamer Verantwortung wollen wir das Land voranbringen. Wir werden unsere parlamentarische Mehrheit für strukturelle Reformen in Deutschland nutzen, Mut machen zur Anstrengung und das Vertrauen der Menschen in die Zukunftsfähigkeit des Landes stärken.«

Eliten ohne Durchblick

Beim Beschluss über die Erhöhung der Mehrwertsteuer um 3 Prozent ist nicht nur missachtet worden, dass diese Erhöhung (trotz eines konstant gehaltenen ermäßigten Mehrwertsteuersatzes) vor allem jene Menschen unmittelbar trifft, die ihr ganzes Einkommen ausgeben und ausgeben müssen; es ist auch übersehen oder bewusst in Kauf genommen worden, dass die Mehrwertsteuererhöhung tendenziell der Exportwirtschaft nutzt. Denn diese muss die höhere Mehrwertsteuer genausowenig tragen wie die bisherige Mehrwertsteuer auch. Die Exporte werden also nicht belastet, wohl aber die Importe. Tendenziell wird damit die Steuerlast noch weiter auf die binnenmarktorientierte Wirtschaft verschoben. Das ist das Gegenteil dessen, was hierzulande nötig wäre. Die Exportwirtschaft braucht keine weitere Entlastung. Der Binnenmarkt braucht Impulse.

Auch unter dem Gesichtspunkt der Verteilung der Ressourcen – der »Allokation« – ist die Verschiebung der Steuerbelastung in Richtung Mehrwertsteuer fragwürdig: Denn auch die Exportwirtschaft nimmt öffentliche Leistungen in Anspruch. Je mehr solche Leistungen über die Mehrwertsteuer finanziert werden, um so weniger beteiligt sich die Exportwirtschaft an der Finanzierung dieser für alle bereitgestellten Leistungen des Staates.

Trotz dieser Sachlage grassiert die Forderung, der Staat solle seine Einnahmen mehr und mehr auf die Mehrwertsteuer stützen. Haben unsere Eliten die Zusammenhänge nicht ganz verstanden? Oder vertreten sie vor allem die Interessen der Exportwirtschaft?

Den letzten beiden Teilsätzen kann man ohne Schwierigkeiten zustimmen, auch den anderen, wie üblich nichtssagenden Füllseln – und auch der Feststellung, die Arbeitslosigkeit und die Staatsverschuldung seien eine große Herausforderung. Doch daneben finden sich in diesem Absatz zwei zentrale Glaubenssätze, die uns seit Jahren begleiten und plagen:

- Der »demographische Wandel« – in seiner Bedeutung unendlich übertrieben, ein Vorwand zur Änderung der solidarischen Renten- und Gesundheitsversicherung.
- »Veränderungsdruck der Globalisierung« – ebenfalls ein konstruierter Vorwand, meist als Rechtfertigung fürs Nichtstun herangezogen.

Tolle Eliten

»Verändern« – dieses Wort scheint eine geradezu magische Wirkung auf die Eliten zu haben. Reicht es nicht, einfach nur gut zu regieren? Wozu »verändern«?

Offenbar sind unsere Eliten Opfer ihrer eigenen Propaganda. Angela Merkel redet schon seit langem von »neuen Gründerjahren«. Sie meint damit nicht etwa, dass wir 1989 oder 1990 einen gemeinsamen Staat des wiedervereinigten Deutschland neu hätten gründen sollen, um die Vereinigung psychologisch leichter zu machen und bei der Bewältigung dieses Problems auch unkonventionelle Wege zu gehen, wie es etwa ein wirklicher Lastenausgleich wäre. Nein, jetzt, fünf Jahre nach der Jahrtausendwende, will Angela Merkel die Republik neu gründen. Das klingt nach einer Idee des Geschichtsprofessors Paul Nolte, der das Schlagwort »Generation Reform« erfunden hat. Der Professor ist ein typischer Vertreter unserer neuen Eliten. Er kann unendlich viel reden, ohne etwas zu sagen. Und wenn man ihn fragt, was er konkret und wie verändern will, welche Strukturreformen was bringen, dann kommt nichts Erhellendes.

Wir sind mit Beginn der Arbeit der großen Koalition dann zwar doch nicht neu gegründet worden. Aber der Wahn, mit der Macht im Rücken partout »erneuern und verändern« zu müssen, ist geblieben. Beispielsweise wenn Angela Merkels Partner, der SPD-Vorsitzende Matthias Platzeck, von der »Erneuerungskoalition« spricht ...

Unseren Eliten fällt nichts Neues mehr ein. Die Globalisierung gibt es, sie hat auch zugenommen, wir importieren mehr und exportieren noch mehr, die Verflechtung auf dem Weltmarkt wächst – aber wo steht geschrieben, dass wir deshalb einen anderen Weg einschlagen und Grundlegendes ändern müssten? Die Globalisierung könnte ja auch dazu zwingen, das zu nutzen und auszubauen, was wir haben: die Strukturen der solidarischen Sozialversicherungssysteme und den Sozialstaat zum Beispiel. Einen einigermaßen intakten Staat und eine gute Infrastruktur würden wir besser ausbauen, statt sie zu »verändern«. Und unser Bildungssystem, das prinzipiell für alle da und jedenfalls kein elitäres System mit Elitehochschulen ist – warum sollen wir das wegwerfen?

Die Reformpolitik wird fortgesetzt, obwohl sie bisher fast nichts gebracht hat. »Wir werden unsere parlamentarische Mehrheit für *strukturelle Reformen* in Deutschland nutzen«, heißt es im Koalitionsvertrag. Es fällt den herrschenden Kreisen in Deutschland fast nichts anderes ein. Die Wirtschaft stagniert; die Arbeitslosigkeit wächst; die Schulden steigen; die Mehrheit der Menschen ist unzufrieden, missmutig und verängstigt. Die neoliberale Bewegung in Deutschland ist gescheitert. Aber sie will genauso weitermachen.

Die ausgeblendete Vorgeschichte:
Eine Bilanz des Scheiterns

Um zu verstehen, wie es dazu gekommen ist, dass sich alles ändert und doch so bleibt, wie es war, brauchen wir in der Zeit nur ein wenig zurückgehen – gar nicht weit zurück. Nur ins Vor- und Umfeld des 22. Mai 2005, als Bundeskanzler Gerhard Schröder und der SPD-Vorsitzende Franz Müntefering entschieden, Neuwahlen zu verlangen. Eine kleine Chronologie der Ereignisse:

Zu Beginn des Jahres 2005 hatte die rot-grüne Regierungskoalition noch gehofft, die Reformpolitik werde sich bezahlt machen, es werde mehr Wachstum und weniger Arbeitslosigkeit geben. Der damalige Bundesfinanzminister Hans Eichel beispielsweise hatte am **5. Januar 2005** erklärt, er sehe ein Signal für eine bessere Konjunktur. Und Wirtschaftsminister Wolfgang Clement hatte **Ende Januar 2005** behauptet: »Es geht aufwärts ... Die Schwächephase ist überwunden.«[2] Deutschland habe das Potential für einen substantiellen Abbau der Arbeitslosigkeit, meinte der Minister.

Dann kam die Meldung, dass die Arbeitslosenzahl im Januar 2005 die Fünfmillionengrenze überschritten hatte – der höchste Stand seit der Weimarer Republik. »Wir müssen etwas tun«, forderte daraufhin der gleiche Wolfgang Clement.[3] Aktionismus statt nachdenken. Daraus wurde dann am **17. März 2005** ein Jobgipfel mit einer Erklärung zur Reform der Unternehmenssteuer.

Am **23. Februar 2005** war im Wochenbericht des Deutschen Instituts für Wirtschaftsforschung (DIW) zu lesen: »Minijob-Reform: keine durchschlagende Wirkung.«

Am **29. April 2005** stand in der *Financial Times Deutschland*: »Modernisierer in Erklärungsnot – die Aufregung um Münteferings Poltern [die sogenannte Heuschreckendebatte, A. M.] lässt erahnen, wie sehr die Reformer im Land in die Defensive geraten. Das Volk wundert sich, wie wenig all der Verzicht bringt.«

Typisch Wolfgang Clement

Dass Clement auch »Ankündigungsminister« genannt wurde, könnte man als ironische Randnotiz der Geschichte verbuchen, wäre er nicht unser Wirtschafts- und Arbeitsminister gewesen, von dessen Regierungskunst das Schicksal von Millionen Arbeitnehmern, Selbständigen und ihren Familien abhing. Der Fall Clement ist deshalb von Interesse, weil sich bei ihm wie in einem Brennglas ein Elitenproblem unserer Zeit zeigt.

Clement hatte weder als nordrhein-westfälischer Wirtschaftsminister noch als NRW-Ministerpräsident herausragende sachliche oder politische Erfolge vorzuweisen, und auch in seiner Zeit als Wirtschafts- und Arbeitsminister in Berlin ist er nie als besonders erfolgreich aufgefallen. Und dennoch wurde er populär, und er wurde stellvertretender SPD-Vorsitzender, was manchen Sozialdemokraten, die ihn kennen, das Herz gebrochen hat. Wie hat er das geschafft? Er hat zum einen den Medien immer wieder einen neuen Knochen zum Abnagen hingeworfen und zum anderen ein Netzwerk von ihm verbundenen, mit ihm befreundeten oder von ihm abhängigen Journalisten aus den Führungsetagen aufgebaut.

Im konkreten Fall wird auch sichtbar, wie bedrückend unsachlich diese Art von Politik abläuft. Als für Januar 2005 ein Rekordstand bei den Arbeitslosen verkündet wurde, *reagierte* Clement nur darauf. Ein Wirtschaftsminister muss aber *agieren*, und das heißt: rechtzeitig handeln und gegensteuern. Und dabei hat er zu prüfen, welches Instrument er sinnvollerweise einsetzt. Clement griff in dieser Situation einfach zu dem Instrument, das ihm seine Freunde in der Wirtschaft einflüsterten: Senkung des Unternehmenssteuersatzes. Dabei spielte überhaupt keine Rolle, dass bei uns die Steuern auch für den Unternehmensbereich permanent gesenkt worden sind – ohne erkennbare Wirkung.

Einem wie Clement macht das nichts aus. Hauptsache, die Medien finden gut, was er vorschlägt.

Münte und die Heuschrecken – Ein Lehrstück

Als im April 2005 immer deutlicher wurde, wie erfolglos die Reformpolitik ist, und Wahlen in Nordrhein-Westfalen ins Haus standen, brachte der damalige SPD-Vorsitzende Franz Müntefering eine Debatte über das Verhalten von Investoren meist angelsächsischer Herkunft beim Kauf von deutschen Unternehmen ins Gespräch. Er beklagte bitter das unverantwortliche und arbeitnehmerfeindliche Ausplündern gesunder Unternehmen. Diese Debatte war und ist notwendig, weil in der Tat großes, anonymes Geld von Investment- oder Hedgefonds häufig mit einer geringen Beteiligung an einem Unternehmen, aber gepaart mit massiver Öffentlichkeitsarbeit reihenweise Unternehmen aufkaufte, die Unternehmen aufteilte, die Löhne senkte und die Arbeitsbedingungen verschlechterte, um die Einzelteile dann wieder zu verscherbeln. Es wäre Aufgabe der Fachleute in den Ministerien und in der Politik gewesen (und wäre es auch heute noch), zu überlegen, mit welchen Regelungen man solchen Auswüchsen begegnen kann. Unter der Führung von Franz Müntefering haben unsere verantwortlichen Eliten darüber aber nur diskutiert. Sie haben nicht einmal die zum 1. Januar 2002 eingeführte Steuerbefreiung der Gewinne bei Unternehmensverkäufen zurückgenommen. Diese Steuerbefreiung hat das Fleddern der Unternehmen und die Ausbeutung der Arbeitnehmer erleichtert, und sie besteht nach wie vor fort. Weder der damalige SPD-Vorsitzende und heutige Vizekanzler noch der damalige Bundeskanzler oder gar die heutige Bundeskanzlerin haben einen Finger gerührt, um diese Privilegierung von Pseudoinvestoren zu korrigieren.

Auch an diesem Beispiel wird eines der Prinzipien der modernen Politik sichtbar: Die Eliten haben erkannt, dass es nicht auf die praktische Politik, sondern auf die Medienwirkung ankommt.

Am **18. Mai 2005** berichtete *Spiegel-Online* unter der Überschrift »Länder versacken in der Schuldenfalle«, die Länder bekämen die ersten Auswirkungen der angekündigten dramatischen Steuerausfälle zu spüren: »Niedersachsen steht vor dem Bankrott, Schleswig-Holstein und Thüringen verhängen Haushaltssperren, um das Desaster in den Griff zu bekommen.«

Ebenfalls am **18. Mai 2005** berichtete die *Frankfurter Rundschau*, Hartz IV werde mit Mehrkosten in Milliardenhöhe deutlich teurer.

Am **23. Mai 2005**, einen Tag nach der Neuwahlverkündung durch Franz Müntefering und Gerhard Schröder (jedoch zwei Tage vorher geschrieben), erschien ein *Spiegel*-Titel mit dem Aufmacher: »Die total verrückte Reform – Milliarden-Grab Hartz IV«. Die Titelgeschichte begann in für den *Spiegel* ungewöhnlicher Offenheit:

> »Der Hartz-Horror – In der Bundesagentur für Arbeit bahnt sich das größte Finanzdebakel seit der deutschen Einheit an. Die von einer Allparteien-Koalition verabschiedete Hartz-Reform führt zu Mehrkosten, die den Bildungsetat deutlich übersteigen. Neue Arbeitsplätze sind nicht entstanden – außer in der Bürokratie.«

Am **24. Juli 2005** erschien der Berliner *Tagesspiegel* mit einer Bilanz des Scheiterns. Der Titel: »Vision und Wirklichkeit: die Bilanz einer Reform – 13 Module hat die Hartz-Kommission definiert – von der Ich-AG bis zu den Profis der Nation«. Im Vorspann hieß es: »›Ziel ist es, die Zahl der Arbeitslosen in drei Jahren um zwei Millionen zu reduzieren.‹ Das hat Peter Hartz am 16. August 2002 gesagt, als er seine Reformvorschläge vorlegte. Die 13 Punkte der Arbeitsmarktreformen und was sie schon gebracht haben – eine Bilanz.« Und dann wird im einzelnen nüchtern berichtet, was die Reformen von Hartz I bis III gebracht haben. Kernstücke wie die Personal-Service-Agenturen (PSA) und die Ich-AGs waren wenig erfolgreich und haben unglaublich viel gekostet. Viele Vorschläge wurden gar nicht realisiert, andere, wie die Ich-AGs, werden 2007 voraussichtlich eingestellt. »Hartz am Ziel vorbei«, lautete der Kommentar des *Tagesspiegels*.

Ende 2005 wurde der Bericht des *Tagesspiegels* in weiten Teilen bestätigt. Am **26. Dezember 2005** berichtete das *Handels-*

Abbildung 5: Titelblatt des Spiegel vom 23.5.2005

blatt unter der Überschrift »Die Hartz-Reformen verpuffen« von einer im Auftrag der Bundesregierung vorgenommenen Evaluierung der Reformpakete Hartz I bis III durch eine Reihe von Forschungsinstituten. »Besonders schlecht kommen die Personal-Service-Agenturen (PSA) weg, die einst als Herzstück der Reformen galten«, hieß es im *Handelsblatt*. Die Vermittlung über die PSA habe die durchschnittliche Arbeitslosigkeit im Vergleich zur herkömmlichen Vermittlung durch die Agentur für Arbeit um fast einen Monat verlängert. Die monatlichen Kosten lägen weit über den sonst entstandenen Kosten: Jeder Arbeitslose, der an eine private PSA verwiesen werde, koste 5700 Euro mehr.

Abgehobene Eliten

Auch noch die letzte Belanglosigkeit wird auf Englisch ausgedrückt: Personal-Service-Agentur, Job-Center, Quickvermittlung, Job-to-Job, Bridge-System, Minijob, Job-Floater – die Beispiele ließen sich endlos fortführen. Diese Sprache schafft Distanz zu den Betroffenen, den Arbeitslosen und Arbeitsuchenden und jenen, die noch Arbeit haben, aber um ihren Arbeitsplatz bangen. Diejenigen, die die Reformen planen, sind Fremde, meilenweit entfernt von der Lebenswelt normaler Menschen.

Am 2. August 2005 erschien in der *Financial Times Deutschland* eine Bilanz der Steuerpolitik: »Große Steuersenkung, kleine Wirkung. Hans Eichel ist eine tragische Figur. Das ›größte Steuersenkungsprogramm in der Geschichte der Bundesrepublik‹ hat der Finanzminister nach eigener Aussage ins Werk gesetzt. Und was bleibt von ihm am Ende seiner Amtszeit in Erinnerung? Der ›Herr der Löcher‹.« Dabei war Hans Eichel nicht untätig gewesen: Der Eingangssteuersatz sank seit dem Regierungswechsel in mehreren Stufen von 25,9 Prozent auf 15 Prozent. Der Spitzensteuersatz betrug 2005 nicht mehr 53 Prozent wie unter der Regierung Kohl, sondern 42 Prozent. Kapitalgesellschaften zahlten nicht mehr 45 Prozent Körperschaftsteuer auf einbehaltene Gewinne und 30 Prozent auf ausgeschüttete Profite, sondern einheitlich 25 Prozent. Aber: Große Veränderung, kleine Wirkung – Investitionen sind dadurch nicht in Gang gekommen, der Konjunkturmotor ist nicht angesprungen. Da hat die *Financial Times Deutschland* mit ihrer Bewertung recht.

Am **16. August 2005** berichtete die *Berliner Morgenpost*, der Chef der Bundesagentur für Arbeit Frank-Jürgen Weise übe harsche Selbstkritik. »Wir haben keine besonders guten Ergebnisse«, wird Weise zitiert.

Am **16. Oktober 2005** berichtete die *Berliner Zeitung:* »Hartz-Reform ist wirkungslos. Rechnungshof kritisiert mangelnde Vermittlungserfolge / Nur jeder 20. bekommt einen Job / Umbau der Bundesagentur für Arbeit verpufft.« Die Hartz-Reformen I bis III haben im Kern nicht viel gebracht, schon gar nicht die Verringerung der Arbeitslosigkeit um zwei Millionen, die der Beauftragte der Bundesregierung Peter Hartz im August 2002 vor der damaligen Bundestagswahl versprochen hatte. Und sie sind um vieles teurer geworden als geplant. Bereits im Oktober 2004 hatte der Bundesrechnungshof die hohen Kosten und die Erfolglosigkeit der Hartz-Reformen kritisiert.

Das wurde einfach nicht wahrgenommen. Wie zynisch die Modernisierer mit dieser Kritik umgehen und wie blind sie für die Realität des Misserfolgs und des Scheiterns ihrer Ideologie sind, konnte man bei dem damaligen BDI-Präsidenten Michael Rogowski studieren. Im Bayerischen Rundfunk antwortete er am 16. November 2004 auf die Kritik an der Wirkungslosigkeit der Hartz-Reformen: »Wenn Sie fragen: Wo sind die Jobs, und wie kriegen wir die Jobs, dann würde ich empfehlen: Hartz V bis VIII.« Was soll man mit solchen Eliten anfangen?

Selbst treue Befürworter der Strukturreformen wie der *Spiegel*, die *Bild*-Zeitung, die *FAZ* und der Großteil der Wirtschaftsredaktionen bei Presse, Rundfunk und Fernsehen mussten eingestehen, dass die Hartz-Reformen nicht annähernd das brachten, was man uns versprochen hatte. Auch die unendlich vielen Steuerreformen haben alle nichts gebracht. Obwohl Deutschland mit 21,9 Prozent die niedrigste effektive Steuerquote im internationalen Vergleich hat[4] und obwohl die echte Unternehmenssteuerbelastung für Kapitalgesellschaften 2004 bei 15 Prozent lag,[5] blieb die prognostizierte Wirkung aus. Nach neoliberaler Theorie – Steuern senken, dann geht's los – hätten die Investitionen brummen müssen. Doch ein vernünftiger Unternehmer investiert ja erst dann, wenn er wachsende Umsätze erwarten, also mehr Güter verkaufen kann. Oder er investiert, um zu rationalisieren und so den Gewinn zu erhöhen. Eine Senkung der Unternehmenssteuern jedoch bewirkt weder das eine noch das andere.

Auf die Arbeitslosigkeit haben sich die Steuersenkungen also nicht ausgewirkt. Sehr wohl aber auf den Staat und dessen Budgets. Sie haben den Gemeinden, den Ländern und dem Bund wichtige Investitionsmittel entzogen und die Schulden weiter in die Höhe getrieben. Wilfried Herz hat das der alten Koalition am 8. September 2005, also kurz vor den Wahlen, in der *Zeit* ins Stammbuch geschrieben: »Das größte Geschenk aller Zeiten. – Die rot-grüne Bundesregierung feierte ihre Unternehmenssteuerreform – bis die Konzerne aufhörten, Steuern zu bezahlen.«

Während die Öffentlichkeit im Jahr 2004 und in besonderer Weise im Jahr 2005 also das Scheitern wahrzunehmen und zu dokumentieren begann, warben die Reformer angesichts der Misserfolge um mehr Zeit, damit die Reformen wirken könnten. Andere wollten die Dosis erhöhen. Es gab sogar Anzeichen für eine Kurskorrektur. Beispielsweise erschien am 12. Juni 2005 in der *Frankfurter Allgemeinen Sonntagszeitung* ein ganzseitiger Beitrag von Nils Minkmar unter der Überschrift: »Die Rückkehr der Linken – der Neoliberalismus weiß auf die wichtigen Fragen keine Antworten. Die Zeit ist reif für neue Ideen.«

Die Rückkehr der Linken? Das war etwas übertrieben. Es wäre schon gut gewesen, wenn unsere Eliten das Versagen der neoliberalen Rezepte erkannt und zurückgefunden hätten zu einer pragmatischen Wirtschafts- und Gesellschaftspolitik und zu einer *sozialen* Marktwirtschaft.

Eliten: Geliehene Gedanken

Wie konnte man glauben, dass von den sogenannten Arbeitsmarktreformen die Schaffung neuer Arbeitsplätze und überhaupt die Lösung großer Probleme ausgehen sollte? Die Mehrheit der Unternehmer hat mit dem Arbeitsamt wenig zu tun. Sie engagieren ihre Mitarbeiter auf vielfältige Weise – über Anzeigen, über Mund-zu-Mund-Propaganda, über die bisherigen Mitarbeiter und so weiter. Was in Nürnberg und den regionalen Agenturen, den früheren Arbeitsämtern, betrieben wird, betrifft nur einen Teil dessen, was auf dem Arbeitsmarkt geschieht. Dennoch hat sich die gesamte politische Kapazität mehrere Jahre lang auf dieses Segment konzentriert. Allein diese Konzentration auf ein Teilsegment des Arbeitsmarkts ist schon ein Beleg für beachtliche Mängel der handelnden Personen.

Wenn unsere Eliten, vom Sachverständigenrat bis zur Bundeskanzlerin, vom Bundesverband der Industrie bis zum großen Heer der Wirtschaftsjournalisten, immer wiederholen, unser Kernproblem sei die mangelnde Reform auf dem Arbeitsmarkt, dann ist das keine durch Ausbildung, Bildung oder eigenes Nachdenken erworbene Erkenntnis. Es ist ein geliehener Gedanke, eine von anderen übernommene Analyse, die einfach nachgeplappert wird.

Das ist ein wiederkehrendes Muster. Achten Sie einmal darauf, wie häufig die öffentliche Debatte mit übernommenen Urteilen geführt wird. Sie können es schon daran erkennen, dass von den Analysierenden nie der Versuch gemacht wird, einen sachlichen Beleg für die Analyse mitzuliefern. Dasselbe gilt für die geforderten Therapien: Nichts überlegt, nichts belegt, alles zusammengeklaubt. Deshalb die vielen Flops.

Das Verrückte daran ist: Gerade durch Nachplappern werden die Angehörigen der Elite in der öffentlichen Debatte erstaunlich stark. Dadurch, dass sie ihre Gedanken von anderen leihen, sind sie automatisch nie einsam, nie allein, nie isoliert, nie exotisch, immer mittendrin. Das bringt heimelige Wärme.

Unsere Eliten denken nicht selbst, sie lassen denken.

Schröders Befreiungsschlag

Bundeskanzler Gerhard Schröder und sein Parteivorsitzender Franz Müntefering sahen ihre Felle davonschwimmen. Sie sahen das Scheitern, und sie notierten, dass auch solche Medien, die bisher für ihre Reformen zu begeistern waren, die Nase rümpften und die Reformen kritisch bilanzierten. Das Hartz-Desaster zeichnete sich ab, die Konjunktur sprang nicht an, die Haushaltslage blieb trist, mit wenig erfreulichen Aussichten für die künftigen Haushalte. Alles, was nach den Wahlen am 18. September 2005 an Wahrheiten über den Bundeshaushalt hochgespült wurde, war dem Bundeskanzler und dem SPD-Parteivorsitzenden vermutlich auch am Tag der Wahlen in Nordrhein-Westfalen, am 22. Mai 2005, bekannt. Gerhard Schröder ahnte wohl, dass er mit dieser Bilanz, mit dieser hohen Arbeitslosigkeit, mit diesem Scheitern der Reformen und diesem Schuldenberg, mit einer Partei, der die besten Leute davonlaufen, mit enttäuschten Arbeitnehmern und Gewerkschaften keine Chancen haben würde, im Jahr 2006 die Bundestagswahlen noch einmal zu gewinnen. Und Müntefering sah wohl, dass mit Schröder für seine Partei kein Staat mehr zu machen, sprich: keine Wahl mehr zu gewinnen war. Und er erkannte, dass er als Parteivorsitzender (zu Recht) maßgeblich mitverantwortlich gemacht würde für das sich abzeichnende Desaster.[6]

Die beiden haben clever reagiert, geradezu meisterhaft. Mit ihrer Forderung nach Neuwahlen löschten sie die Debatte um das Scheitern ihrer Reformpolitik mit einem Schlag aus, und fast niemand redete mehr vom Verlust der Landtagswahl in Nordrhein-Westfalen vom 22. Mai 2005. Als Schröder schon alles zu entgleiten drohte, hatte der Medienkanzler das Heft wieder in der Hand.

Die Medien bewunderten Schröder und Müntefering für den Coup vom 22. Mai. »Alle Achtung«, hieß es. Die SPD habe mit einem Überraschungscoup das Gesetz des Handelns wieder an sich gerissen. Schröder wurde als Spieler bewundert, und Müntefering bescheinigte man einen strategischen Erfolg. Welchen viel größeren Coup der Kanzler mit seinem Neuwahlbegehren landete, das haben die professionellen Beobachter nicht gemerkt: Er hat in der breiten Öffentlichkeit, bei den Eliten und in seiner Partei vergessen gemacht, dass er als Reformkanzler gescheitert ist und dass während seiner Zeit als Regierungschef sieben sozialdemokratische Ministerpräsidenten abgewählt wurden – sie mussten damit vor allem für Schröders Politik in Berlin büßen. Schleswig-Holstein, Hamburg, Sachsen-Anhalt, Niedersachsen, Nordrhein-Westfalen, Saarland und Hessen – in allen diesen Ländern wurde seit Regierungsantritt von Gerhard Schröder der sozialdemokratische Ministerpräsident gekippt. Die Bundesratsmehrheit der Union ist schließlich nicht vom Himmel gefallen. In Schröders Zeit wurden reihenweise Kommunalwahlen verloren. Tausende von Schröders Parteifreunden und -freundinnen haben in dieser Zeit ihre Mandate eingebüßt. Städte, die jahre- und jahrzehntelang von Sozialdemokraten geführt worden waren, fielen an die Union. Typisch dafür ist Nordrhein-Westfalen, wo die besonderen Begabungen von Gerhard Schröder und Wolfgang Clement sich ergänzten – und zu einem grandiosen Inferno der Genossinnen und Genossen an Rhein und Ruhr führten: Köln, Essen, Duisburg, Wuppertal, und so weiter, und so weiter ...

Die Neuwahlentscheidung hat Schröders und Münteferings Verantwortung für diesen Niedergang genauso überlagert und weggewischt wie ihre Verantwortung für den Aderlass der SPD, die in der Zeit von Gerhard Schröders Kanzlerschaft über 180 000 ihrer einstmals 775 000 Mitglieder verloren hat, also rund ein Viertel.

In dieser Situation Neuwahlen zu verlangen – das war ein toller Coup.

Gerhard Schröder ging unter Ovationen und als Sieger vom Platz. Und die meisten Modernisierer in der SPD sind geblieben, sie haben sich voll eingenistet in den wichtigen Funktionen, die es auch in einer großen Koalition zu verteilen gibt. Die Linke, die sich im Kommen wähnte, ist entmachtet. Andrea Nahles wurde nicht Generalsekretärin, obwohl sich der SPD-Vorstand mehrheitlich für sie ausgesprochen hatte. Wolfgang Thierse ist nicht mehr Bundestagspräsident.

Was hat Schröders Befreiungsschlag uns gebracht?

An der Art und Weise, wie die vorgezogenen Neuwahlen durchgesetzt wurden, wird die Motivation der politischen Eliten sichtbar: Sie wollen als Person und Politiker überleben. Das verlangt vor allem, bei den Medien zu bestehen. Daneben ist die Frage, was dem Wohl des Volkes dient, zweitrangig.

Wenn letztere Frage von Bedeutung gewesen wäre, hätten Schröder und Müntefering zu einem anderen Schluss kommen müssen: Die Reformpolitik hat die wirtschaftliche Belebung und auch die finanzielle Stabilisierung des Haushalts und der sozialen Sicherungssysteme nicht gebracht, also haben wir uns im Wirkungszusammenhang getäuscht, also müssen wir vielleicht doch auf jene Fachleute hören, die uns eine Kurskorrektur in der Wirtschaftspolitik anraten.

An das Wohl unseres Landes haben die beiden jedoch nicht gedacht. Das gilt übrigens auch für Politiker anderer Parteien: Wenn beispielsweise Bundeskanzlerin Merkel Ende Januar 2006 auf der Sicherheitskonferenz in München den Konflikt mit dem Iran bis hin zur Kriegsbereitschaftserklärung verschärft, dann zielt sie vor allem auf das Medienecho.

Die Modernisierer dagegen sind personell etabliert: Franz Müntefering, in dessen Wirkungszeit als SPD-Vorsitzender, als Generalsekretär und Fraktionsvorsitzender der Niedergang ebenso fällt wie in die Zeit von Schröders Kanzlerschaft, ist Vizekanzler, so mächtig wie nie zuvor und ohne Verantwortung in seiner Partei. Damit ist Müntefering ein noch größerer Gewinner des Coups vom 22. Mai 2005 als Schröder selbst. Der Wahlverlierer von

Nordrhein-Westfalen, Peer Steinbrück, ist mächtiger Finanzminister, weil er im neoliberalen Trend liegt und trotz Wahlniederlage systematisch »hochgeschrieben« wurde, sogar zum potentiellen Vizekanzler; der Wahlverlierer von Niedersachsen, Sigmar Gabriel, ist ebenfalls im Kabinett, er verdankt sein Comeback

Ein toller Vorgang!

Wie und an wen die SPD-Ministerposten in der neuen Bundesregierung und die Positionen in der neuen Führungsspitze der Partei vergeben wurden, das interessiert hier nicht wegen der parteipolitischen Entwicklung der SPD, es interessiert, weil daran sichtbar wird, dass personalpolitische Entscheidungen in wichtigen Positionen, also die Auswahl von Parteieliten, nicht mehr in der inneren Willensbildung und vor allem nicht nach Leistungsgesichtspunkten fallen, sondern ganz wesentlich medial vorgeprägt sind. Peer Steinbrück, Sigmar Gabriel, Hubertus Heil – diese Personen gehören allesamt zu Gruppierungen, die in den neoliberal ausgerichteten Medien Beifall finden. Nach *diesem* Kriterium scheinen die Kader von den Parteien ausgewählt zu werden, nicht nach Qualität, nicht nach sachlichem Profil. Nicht einmal nach Leistung. Die innere Willensbildung ist zumindest in der SPD und bei den Grünen weitgehend fremdbestimmt. Auch die 99-Prozent-Wahl des neuen SPD-Vorsitzenden Platzeck war wesentlich medial und nicht vom Leistungsnachweis geprägt. Das daraus folgende Wunder wird die SPD noch erleben.

vermutlich der »Fähigkeit«, unentwegt zu Talkshows eingeladen zu werden; und Generalsekretär ist Hubertus Heil, ein Angehöriger der sogenannten Netzwerker in der Partei, die sich selbst als jung und unideologisch verstehen, als weder rechts noch links.

Personell wie sachlich ist die SPD damit als ausgewiesen soziale und demokratische linke Partei abgetreten.

Unter normalen Umständen hätte man mit diesen verantwortlichen Personen abrechnen müssen. Statt dessen haben sie steil Karriere gemacht.

Gerhard Schröder brachte seine Leute im neuen Kabinett und im SPD-Vorstand unter, er wurde Mitglied der Koalitionsverhandlungskommission, redete ein gewichtiges Wort mit und ging dann als Sieger vom Platz – ein fantastisches Beispiel einer breitangelegten und erfolgreichen Gehirnwäsche. Und wie sich bei solchen Manipulationsvorgängen immer wieder zeigt: Die Eliten sind mindestens so beeinflussbar wie das Volk. Auch im sogenannten kritischen Bürgertum waren nur wenige anzutreffen, die den Vorgang durchschauten. Günter Grass zum Beispiel ist der Faszination von Schröders Spiel voll erlegen. Er – sozusagen oberster Repräsentant jener Gruppe, die man kritisches Bürgertum nennen könnte – hat noch nach der Wahl Gerhard Schröder als »politisches Talent« über den grünen Klee gelobt, er sei »ein mutiger Mann«; er müsse Kanzler bleiben, trotz Verlust von über 4 Prozentpunkten; Schröder sei der »Wunschkandidat der Bevölkerung« und müsse die »Reformen fortsetzen«.[7] Das spricht für sich.

Ungebrochene Kontinuität:
Die Eliten zeugen ihren eigenen Nachwuchs

Mit seinem Befreiungsschlag hat Gerhard Schröder dreierlei erreicht: einen Abgang in allen Ehren für sich selbst. Die weitgehende Ausschaltung der innerparteilichen Opposition bei gleichzeitiger Stärkung der linientreuen Fraktion. Und schließlich: die Rehabilitation seiner bereits als wirkungslos erfahrenen Politik. Die Eliten haben ihre Reihen geschlossen. Das Ergebnis: Die Reformpolitik wird fortgesetzt, obwohl sie gründlich gescheitert ist. Die Bundeskanzlerin Angela Merkel will es so, der Vizekanzler Franz Müntefering will es so, und der neue SPD-Vorsitzende Matthias Platzeck – von dem man sonst wenig Inhaltliches hört – will es auch so. Er sei schon immer für Schröders Agenda-2010-Reformpolitik gewesen, er habe damit 2004 die Wahlen in Brandenburg gewonnen und bedaure nur, dass mit der Agenda erst 2003 und nicht schon 1999 begonnen worden sei.[8] Platzeck spricht von »bitter notwendigen Reformen«,[9] und der neue Generalsekretär der SPD, Hubertus Heil, erklärt auf die Frage des *Kölner Stadtanzeigers* vom 18. November 2005, ob der neue Vorsitzende wirklich dazu bereit sei, Schröders Reformkurs fortzusetzen, und ob die SPD in ihrer ganzen Breite dazu bereit sei: »Matthias Platzeck ist auf dem Bundesparteitag nach seiner Rede, in der er die Notwendigkeit weiterer Reformen deutlich gemacht hat, von mehr als 99 Prozent der Delegierten gewählt worden.«

Merke: Politischen Eliten, wie sie sich als Delegierte auf Parteitagen versammeln, kann man heute nahezu alles zumuten. Schon die Story über den Wahlsieg in Brandenburg stimmt nicht: Platzeck und seine SPD haben 7,38 Prozentpunkte verloren. Und dass es Platzeck auf dem Parteitag gelang, eine Offensive für die Agenda 2010 zu fahren, war ein Meisterstück politischer Taktik in einer Situation, da das Scheitern der Agenda-2010-Reformen längst offen zu Tage getreten war und eine Untersuchung im Auftrag der Bundesregierung lief, die genau dieses Scheitern belegte.[10]

Die SPD-Führung würde diese Elemente nicht so deutlich betonen, wenn sie nicht klarmachen wollte, dass keine Rede sein kann von einer Wahrnehmung des Scheiterns der neoliberalen Rezepte oder gar von einer Kurskorrektur, die doch die logische Folge der angeblichen Richtungswahl gewesen wäre. Sie will die sozialen Töne und die Hoffnungen auf eine Rückbesinnung auf sozialdemokratische Werte, die im Wahlkampf geschürt worden sind, vergessen machen.

Auffallend viele Kommentare und Berichte über die neue Regierung und die Richtung ihrer Arbeit haben daran erinnert, dass auch bei der rot-grünen Regierung von 1998 und 2002 die Koalitionsvereinbarung das eine war und die dann gemachte Politik etwas ganz anderes. Deutlich sichtbar wurde dies beim Übergang von Lafontaine zu Eichel 1999, noch härter war der Bruch zwischen den Wahlversprechen vor der Bundestagswahl 2002 und dem Regieren danach. Damals war der Wahlkampf der SPD geprägt von Arbeitnehmernähe und sozialen Tönen; nicht einmal vier Monate nach dem Wahltermin Ende Dezember 2002 wurde das sogenannte Kanzleramtspapier bekannt, in dem die Abkehr von den Wahlversprechen begründet und die Agenda 2010 vorbereitet wurde. Vollzogen wurde der Schwenk mit einer Rede von Bundeskanzler Schröder zur Präsentation seiner Agenda 2010 am 14. März 2003.

Der *Spiegel* formuliert es so: »Doch es gibt ein Leben nach dem Koalitionsvertrag: Noch nie waren so viele Spitzenpolitiker beider Lager so fest entschlossen, den als lähmend empfundenen Status quo zu überwinden.«[11] Und dann wird geschildert, wie die jungen Pragmatiker nach vorn drängen. Und es wird angemerkt, der neue Finanzminister Peer Steinbrück habe im Zusammenspiel mit Roland Koch bereits bewiesen, dass er kein Problem damit habe, sich von sozialdemokratischen Formeln zu befreien, wenn er es für sinnvoll hält.

Der Hinweis des *Spiegel* auf Peer Steinbrücks Rolle kommt nicht von ungefähr. Der Bundesfinanzminister hat am 10. Januar 2006 in seiner bereits erwähnten Grundsatzrede beim Neujahrsempfang der Industrie- und Handelskammer in Frankfurt aller Welt und speziell seinen Parteifreunden klargemacht, dass es ungeachtet sozialdemokratischer Grundwerte mit den Reformen weitergeht. Offenkundig sitzt auf dem zweitwichtigsten Posten, den die SPD im Kabinett Merkel zu vergeben hat, einer, der aus Überzeugung die Positionen und Interessen der neoliberalen Bewegung vertritt. In seiner Rede jedenfalls fordert Steinbrück:

- Der Staat soll weiter die Privatvorsorge fördern. Zur Bewertung dieser Position siehe S. 291 ff.
- Es soll weiter privatisiert werden, und zwar besonders gern in der Form der Öffentlich-Privaten Partnerschaften (ÖPP oder PPP) – und dies auf der Basis eines Gesetzes, das auf windige Weise kurz vor den Wahlen 2005 zustande gekommen ist (siehe dazu S. 120 f.).
- Die Leistungen des Sozialstaates müssten auf das beschränkt werden, »was aktivierend wirkt«. Das könne sogar ausgebaut werden, wenn zugleich alles abgebaut werde, »was zu Passivität und übertriebener Anspruchshaltung führt«.

Wenn Steinbrück in dieser Art gegen »übertriebene Anspruchshaltung« und den »auf Alimentation ausgerichteten Sozialstaat« polemisiert, so zeigt das nur, dass der Mann keine Ahnung hat vom Konzept solidarischer Lösungen zur Absicherung gegen die Risiken des Lebens, zum Beispiel Krankheit oder Alter. Für letzteres haben Arbeitnehmer normalerweise während ihres ganzen Arbeitslebens Beiträge entrichtet. Wenn sie dann auch eine Rente erwarten – und zwar als alte abgearbeitete Menschen durchaus passiv –, dann hat dies mit Anspruchshaltung nichts zu tun. Und auch nichts mit Alimentation. Sie greifen auf die Leistung eines solidarischen Systems zurück, zu dem sie viel beigetragen haben.

Im konkreten Fall ist die Meinung des Bundesfinanzministers besonders dreist, weil die Beitragszahler gut 3 Beitragssatzpunkte in der Sozialversicherung zugunsten des Finanzministers geleistet haben. Das sind rund 25 Milliarden Euro pro Jahr. Weil die Bundesregierung zur Abdeckung der Sozialtransfers im Zuge der deutschen Einheit in die Sozialkassen gegriffen hat, hat der Finanzminister in seinem Etat Milliarden gespart.

Die deutschen Chicago Boys

Der Kolumnist Thomas Fricke nennt sie in der *Financial Times Deutschland* die »krisensichere Viererbande«: vier Personen, die seit Jahrzehnten in Deutschland Wirtschaftspolitik machen und »trotz eher mieser Bilanz noch wichtiger werden«. Zu diesem Kreis gehört Bernd Pfaffenbach, einst Mitarbeiter von Kohl und dann von Schröder und jetzt Staatssekretär im Wirtschaftsministerium. Außerdem gehört dazu Jürgen Stark, groß geworden im Wirtschaftsministerium und bei Theo Waigel im Finanzministerium, später Vizepräsident der Deutschen Bundesbank, von Kohl dorthin gehievt; jetzt soll er für Deutschland ins Direktorium der Europäischen Zentralbank einrücken. Der Dritte im Bunde ist Klaus Regling. Er hat bei Theo Waigel am Europäischen Stabilitätspakt mitgearbeitet und ist jetzt in der Brüsseler EU-Kommission zuständig für die Überwachung des Stabilitätspakts. Und schließlich gehört noch Horst Köhler dazu, er war Staatssekretär im Finanzministerium und Direktor des Internationalen Währungsfonds. Als Bundespräsident hat er es am weitesten gebracht.

Sozusagen als Übervater zähle ich zu diesem Kreis noch Hans Tietmeyer dazu. Er war Referent von Bundeswirtschaftsminister Karl Schiller, Staatssekretär, Bundesbankpräsident und ist heute neben vielem anderen Kuratoriumsvorsitzender der Initiative Neue Soziale Marktwirtschaft, der wichtigsten Lobby der neoliberalen Bewegung (siehe S. 303 ff.).

Ein weiteres Merkmal aller fünf ist, dass sie der CDU/CSU nahe stehen oder deren Mitglied sind, aber immer auch von sozialdemokratischer Seite gefördert wurden – typisch für die führenden Sozialdemokraten unserer Zeit. Wichtiger ist, worauf Thomas Fricke in der *FTD* hinweist, dass sie aus ihren Fehlern nichts gelernt haben und weiter in wichtigen Funktionen sind: »Immerhin war der Herr Köhler Finanzstaatssekretär, der Herr Stark Kanzleramts-Währungsexperte und der Herr Regling verantwortlich im Finanzministerium, als von 1990 bis 1993 die Staatsverschuldung neue Rekorde erreichte. – Ähnlich bizarr klingt, wenn Bundespräsident Köhler anno 2005 klagt, wie schrecklich die Deutschen ihre Sozialsysteme überfordern. Die Krise begann, als die Einheit über eben diese Sozialkassen finanziert wurde. Unter einem Finanzstaatssekretär namens Horst Köhler, der die Währungsunion persönlich aushandelte« (zur Schuldenentwicklung siehe Abbildung 8, S. 80).

Fricke zitierte in seiner Kolumne Adam S. Posen vom Washingtoner Institute for International Economics, der kritisiert, dass Leute wie Stark im geldpolitischen Denken der siebziger und achtziger Jahre gefangen seien. Sie seien in der Geldpolitik der Notenbank manisch darauf bedacht, »glaubwürdig« zu bleiben. Das führt dann dazu, dass die Europäische Zentralbank wegen der Gefahr minimaler Preissteigerungen, die noch dazu nicht konjunkturell, sondern vor allem durch Ölpreissteigerungen bedingt sind, mit Zinserhöhungen gegensteuert und damit Gefahr läuft, das kleine Pflänzchen des Aufschwungs totzutreten. Den dafür Verantwortlichen kann das egal sein. Sie sind in einem Netzwerk der wirtschaftspolitischen Ignoranz abgesichert.

In Steinbrücks Sozialstaatsvorstellung wird auch ausgeblendet, dass es Menschen gibt, die man nicht mehr aktivieren kann: weil sie physisch krank sind oder auch weil sie – wie neue Erhebungen zeigen – wegen Entlassung und Arbeitslosigkeit oder schon wegen des großen Stresses im Betrieb psychisch krank geworden sind. Will der Finanzminister sie alle fallen lassen?

Steinbrück ist kein Einzelfall. Er ist Teil der etwas jüngeren und jungen Eliten, die nach der Bundestagswahl vom September 2005 die Führung übernommen haben. Unbeschriebene Blätter liegen nach den Turbulenzen des Jahres 2005 nunmehr obenauf. Da sie unbeschrieben sind, lassen sie sich leicht für nahezu alles einspannen.

Aber es sind nicht die beiden großen nun regierenden Parteien allein, die mit den gescheiterten Reformen fortfahren, ohne eine Kurskorrektur zu erwägen. SPD und CDU/CSU sind eingebettet in das Umfeld der Oppositionsparteien FDP und Grüne, und sie alle sind eingebettet in das große Umfeld aller wichtigen politischen Kräfte unserer Eliten. Dazu gehört die große Mehrheit der Wissenschaft, und zwar von der Ökonomie bis zur Philosophie und von der Soziologie bis zur Jurisprudenz, es gehört die große Mehrheit des Sachverständigenrats zur Begutachtung der wirtschaftlichen Entwicklung dazu, die Bundesbank, die Europäische Zentralbank, die Mehrheit der Medien und selbstverständlich die Wirtschaft.

Die Nachdenklichkeit und die aufkeimende Skepsis, die in einigen dieser Kreise unter dem Eindruck der Berichte vom Scheitern des Reformkurses vor der Entscheidung zur Neuwahl zu spüren waren, sind erstaunlicherweise wieder geschwunden. Die Mehrheit der Eliten dürfte wieder auf Kurs sein und die Fortsetzung der gescheiterten Politik stützen. Die Frage, was jetzt angezeigt und wichtig wäre, wurde gar nicht erst gestellt.

Bezeichnend für die Haltung der Eliten ist der Gestus der Erneuerung. So empfahl der Bundespräsident dem neuen Kabinett bei der Übergabe der Ernennungsurkunden: »Sie werden von vielen Seiten kritisiert werden. Das sollte Sie in Ihrem Einsatz für die Erneuerung anspornen.« Warum diese Gleichsetzung von Politik mit Veränderung, mit Reformen? Warum sollten die neuen Regierungsmitglieder nicht angespornt werden, zu bewahren, was bewahrenswert ist? Zum Beispiel die solidarischen Sicherungssysteme?

Auch er hat nicht den Mut, das Scheitern einer Politik einzugestehen, an der er unter anderem als Staatssekretär im Finanzministerium und als Direktor des Internationalen Währungsfonds maßgeblich beteiligt war. Statt dessen sagte er: »Die Deutschen wissen, dass Veränderungen notwendig sind, um das Gute zu bewahren, das wir gemeinsam aufgebaut haben.« Damit kann er sich breiter Zustimmung sicher sein. Er unterschlägt dabei aber, dass die von ihm favorisierten Veränderungen auf einen radikalen Umbau der Gesellschaft hinauslaufen, an dessen Ende von dem Guten, »das wir gemeinsam aufgebaut haben«, nicht viel übrig bleibt.

Nachdem der Bundespräsident schon Schröders und Müntefferings fadenscheinige Neuwahlentscheidung getragen und befördert hat, setzt er sich mit solchen Stellungnahmen jetzt für eine Ideologie ein, die Deutschland in den letzten zwanzig Jahren schon massiv geschadet hat und die fortzuführen eine mittlere Katastrophe sein wird. Das ist mit seinem Amtseid nicht vereinbar. Aber es passt zu seinem bisherigen Wirken.

Horst Köhler ist Teil eines besonderen Zirkels unserer einflussreichsten Eliten, der vor allem von Ideologie geprägt ist und der mit der neuen Regierung noch einmal weitere wichtige Funktionen besetzt. In meinem Buch *Die Reformlüge* habe ich diesen Kreis als »die deutschen Chicago Boys« bezeichnet (siehe Hintergrundkasten, S. 53).[12]

Wie Hamster im Rad gehen unsere Spitzen an die nächste Reform und noch eine Reform und noch eine und immer so weiter. Und wenn es nicht wirkt, lautet die Empfehlung: die Dosis erhöhen. Diese Zeitgenossen können offenbar gar nicht mehr anders. Sie bewegen sich in eingeübten Sprech- und Denkmustern. Gleichgeschaltetes Denken hat gemeinschaftsbildende Funktionen, und das äußert sich auch in einem gemeinschaftsbildenden Jargon.

Erfinderische Eliten:
Erklärungen für den ausbleibenden Erfolg

Unsere Eliten sind in Erklärungsnot. Einerseits ist das Ergebnis ihrer Reformarbeit miserabel, andererseits wollen sie sie fortsetzen. Das ist schwierig zu vermitteln. Deshalb sucht man nach Ausreden und greift zu allerhand Brücken und Hilfskonstruktionen. Ein buntes Treiben kaschiert die Konkursverschleppung, ein Luftballon nach dem andern soll uns ablenken. Die häufigsten Strategien sind:

1. Misserfolge werden als Erfolge gefeiert, und jede kleine Wachstumsverbesserung wird in einen Erfolg der Reformen umgedeutet.
Immer wieder wird versucht, Misserfolge als Erfolge darzustellen. Schröder selbst hat seine Kanzlerschaft zu »sieben guten Jahren« erklärt. Auch sein Parteivorsitzender Platzeck lobt ihn dafür. Das nützt aber wenig angesichts der miserablen Bilanz gerade der letzten fünf bis sechs Jahre.

Wenn die Behauptung, es seien sieben gute Jahre gewesen, dennoch glaubwürdig sein soll, muss man dafür sorgen, dass die gleiche Botschaft aus einer ganz anderen Ecke verbreitet wird. Diesen Trick kennen wir aus vielen Beispielen der politischen und der zwischenmenschlichen Kommunikation. Im konkreten Fall untermauert Bundeskanzlerin Merkel die Glaubwürdigkeit der verwegenen Behauptung, indem sie – gegenüber dem Bundestagswahlkampf um hundertachtzig Grad gewendet – ihrem Vorgänger in ihrer ersten Regierungserklärung ausdrücklich für die Agenda 2010 dankt. Gerhard Schröder habe damit die Tür aufgestoßen und die Reformen auch gegen Widerstände durchgesetzt.

Das ist Konkursverschleppung der besonders professionellen Art, man muss dies mit Respekt vermerken. Sie fällt nicht als verwegen auf, weil sich ja nicht nur die Vorsitzenden von SPD und CDU auf das Spiel eingelassen haben, etwas Unwahres als wahr zu behaupten, sondern auch eine Reihe anderer kommunikationskräftiger Partner aus den Reihen der Eliten an dieser Legende mitstricken.

Jede Veränderung des Auftragseingangs bei der Industrie und jede neue Prognose der wirtschaftswissenschaftlichen Forschungsinstitute wird als markantes Erfolgsmerkmal gewertet. »Zu Beginn des Jahres 2006 wird die Konjunktur deutlich an Fahrt gewinnen«, erklärte laut *Frankfurter Rundschau* vom 9. Dezember 2005 das Kieler Institut für Weltwirtschaft (IfW). Basis dieser optimistischen Einschätzung war der Umstand, dass das Institut seine Prognose für das Wirtschaftswachstum 2006 von 1,1 auf 1,5 Prozent erhöht hat. Dieses Spiel können wir in Variation immer wieder neu erleben. Selbst kleinste Veränderungen bei der Einschätzung der Wachstumsrate werden zur Erfolgsnachricht stilisiert. Doch wenn man genau hinschaut, ist der Kaiser fast nackt. Zum einen ist die erwähnte Erhöhung von 1,1 auf 1,5 Prozent selbst nach Meinung des Instituts vor allem exportbedingt, lässt sich also schlecht so deuten, als käme die Konjunktur auf Touren. Zum anderen liegt ein Wachstum in dieser Größenordnung nur geringfügig über dem Wachstum der Arbeitsproduktivität. Das lag 2004 beispielsweise bei 1,3 Prozent.

Ein besonders markantes Beispiel dafür, wie das Scheitern der Reformpolitik zur Erfolgsstory umgedeutet werden soll, bietet ein Beitrag im britischen *Economist* vom 20. August 2005. Den Titel zierte ein Bundesadler. In der Titelgeschichte stand zu lesen: »Deutschlands überraschende Wirtschaft« und »Der deutsche Bundesadler spreizt seine Flügel«. Im Text wird behauptet, dezentralisierte Lohnverhandlungen, längere Arbeitszeiten und sogar Lohnkürzungen hätten dazu geführt, dass Deutschlands Wettbewerbsfähigkeit sich enorm verbessert habe. Es wird also ein Zusammenhang zwischen Reformen und der erwarteten Erholung und Gesundung des Patienten Deutschland hergestellt.

Die alte Bundesregierung hat diese Ausgabe des *Economist* verständlicherweise gefeiert und ihre Botschaft unters Volk gebracht. Aber so ganz richtig war die Prognose ja nicht, wie wir heute wissen.

Anfang Februar 2006 merkte auch der *Economist*, dass die

Reformen nicht viel gebracht haben. Jetzt kann Deutschland nach Meinung dieses Blattes nur noch auf ein Wunder warten, seine strukturellen Probleme seien noch lange nicht gelöst. Das ist ein gutes Beispiel dafür, wie beliebig die Beobachter des Zeitgeschehens verfahren.

Eine Glaubensfrage

Die interessierten Eliten werden böse, wenn sie fürchten müssen, man könnte ihnen ihren Glauben zerstören. Machen Sie ruhig einmal die Probe aufs Exempel und erläutern Sie engagierten Reformern – ich habe es in Kreisen von Bankern getestet – zum Beispiel anhand der vielen Steuerreformen und Steuersenkungen, die von Kohl bis Schröder implementiert worden sind, dass schon sehr viel reformiert worden ist und dass die Steuerreformen wirklich nicht erst mit Friedrich Merz und Paul Kirchhof in den Mittelpunkt der Reformüberlegungen gerückt sind. Dann fragen Sie nach den Erfolgen. Sie werden erleben, dass die Gläubigen aggressiv reagieren, wie Kinder, denen man ihr Spielzeug wegnimmt. Sie nennen dann andere Strukturprobleme, die angeblich noch nicht gelöst sind: der Arbeitsmarkt ...

Wenn dieser Begriff fällt, haken Sie nach, was damit gemeint ist. Sie werden erleben, dass Ihre Gesprächspartner nur angelernte Floskeln wiedergeben: Der Staat ist zu fett, die Bürokratie, die Lohnnebenkosten, die Demographie, das Älterwerden ... Immer das gleiche. Ein sachliches Gespräch ist in der Regel nicht möglich. Es sind viele Vorurteile und Emotionen im Spiel.

2. Die Reformen brauchen mehr Zeit.
Wer erfolgreich einen Konkurs verschleppen will, muss auf Zeit spielen. Dazu passt es, dass die Sozialdemokraten die Parole ausgegeben haben, erst Schröder habe mit den Reformen begonnen.

Diese Behauptung, die einem der Union nahestehenden Zeitgenossen eigentlich schwer über die Lippen gehen müsste, weil er damit die Leistungen der eigenen politischen Gruppierung leugnet, ist erstaunlich weit verbreitet. Der Grund: Damit lässt sich die mangelnde Wirksamkeit der getroffenen Maßnahmen leichter erklären, denn wenn mit den Reformen erst vor kurzem angefangen worden ist, ist es ja verständlich, dass ihre Wirkung noch nicht vollkommen sein kann. So denken inzwischen auch der CDU und CSU nahestehende Personen, und sie folgen damit der Parole von Matthias Platzeck, Gerhard Schröder habe den Wandel eingeleitet, er habe den Mut dazu gehabt.

Damit die Reformpolitik erfolgreich erscheint, haben unsere Eliten das Argument in die öffentliche Debatte eingeführt, die Reformen bräuchten Zeit, um zu wirken. Das ist mit Sicherheit eine richtige Aussage. Sie gilt immer. Man kann es auch dann behaupten, wenn von diesen Reformen eine Besserung der Lage gar nicht zu erwarten ist.

3. Die Dosis ist zu gering.
Das Spiel mit der Dosis ist der beliebteste Vorwand, um über die bisherigen Misserfolge hinwegzugehen. Immer wieder wird behauptet, die Reformen hätten den Erfolg nur deshalb nicht gebracht, weil sie zu gering dosiert, verwässert oder im Widerstreit von Bundestag und Bundesrat blockiert worden seien. Und die stets wiederkehrende Konsequenz daraus ist dann die Forderung nach mehr von der gleichen Sorte, nach »Hartz V bis VIII«, wie der ehemalige Präsident des Bundesverbands der Industrie Rogowski sagte. Dieses Spiel wird in zahlreichen Variationen durchgespielt:

- Obwohl der Arbeitsmarkt in Deutschland in vieler Hinsicht flexibel ist, obwohl die Arbeitnehmer über weite Strecken mit unsicheren Arbeitsverhältnissen leben müssen, obwohl die Tarifpartner betriebsnahe Verträge abschließen und immer wieder bereit sind, auf vertraglich gesicherte Rechte zu verzichten, obwohl Millionen von Menschen länger arbeiten, als

sie müssten, obwohl die jungen Leute in den neuen Bundesländern zum Beispiel so mobil sind, dass ihr Wegzug dort schon zum kommunalen und familiären Hauptproblem wird, wird immer wieder behauptet, der Arbeitsmarkt sei zu unflexibel und die Menschen seien zu immobil.
- Obwohl es unter Ökonomen, die nicht mit im Strom der Dogmatiker schwimmen, völlig unstrittig ist, dass wir eine große Nachfragelücke und damit ein konjunkturelles Problem in Deutschland haben, wird immer wieder behauptet, unsere Strukturen stimmten nicht, und das sei der Grund dafür, dass es nicht aufwärts geht.
- Obwohl die Löhne in Deutschland seit zwei Jahrzehnten stagnieren, seit einem Jahrzehnt real gefallen sind und in letzter Zeit sogar nominal fallen, wird immer wieder behauptet, die Löhne seien zu hoch und müssten weiter sinken.
- Obwohl unter Fachleuten klar ist, dass die Lohnnebenkosten nur ein Faktor unter vielen Bestimmungsfaktoren bei der Entscheidung über Produktion, Investitionen und neue Anstellung von Mitarbeitern sind, wird immer wieder und noch einmal behauptet, wir müssten die Lohnnebenkosten weiter senken, das sei das Hauptproblem.

Das sind Ausreden. Manchmal muss man den Eindruck gewinnen, dass sie nicht aus Unwissen vorgebracht werden, sondern aus Dummheit oder mitunter aus Lobbyinteressen. Jede Senkung der Lohnnebenkosten hat eine Verringerung des Vertrauens in die sozialen Sicherungssysteme zur Folge, die mit den sogenannten Lohnnebenkosten finanziert werden. Wenn die Beiträge für die gesetzliche Krankenkasse mit aller Gewalt gesenkt werden, müssen Leistungen beschränkt werden, und die Menschen, die diese Leistungen weiter haben wollen, müssen sich privat versichern. Davon profitiert die Versicherungswirtschaft. Das gleiche gilt für die Rente: Wer die Lohnnebenkosten über Beitragssenkungen – und das heißt: Leistungskürzungen – reduzieren will, der treibt den Privatversicherern die Hasen in die Küche. Bei dieser Interessenlage ist es kein Wunder, dass einige Propagandisten einer Dosiserhöhung mittel- und unmittelbar mit der Versicherungswirtschaft verbunden sind (siehe dazu S. 263 ff.).

4. Schuld ist die Blockade.

Letzthin traf ich im Fitnessstudio einen besorgten Mitbürger, der äußerst engagiert über die politische Lage sprach und beklagte, dass es nicht vorangehe. Man müsse die Zahl der Länder von sechzehn auf fünf reduzieren und auch sonst alles an Bürokratie abschaffen. Angela Merkel sagt: Lassen Sie uns die Bremsen lockern.

Hinter solchen Äußerungen steht ein weiteres Erklärungsmuster für das Scheitern der Reformen: Sie seien reihum blockiert worden, heißt es. Zunächst sei die Union von der SPD, namentlich von Oskar Lafontaine, bis 1998 blockiert worden, später dann die SPD zusammen mit den Grünen von der Union und ihrer Bundesratsmehrheit. Franz Müntefering hat am Abend der Landtagswahlen in Nordrhein-Westfalen am 22. Mai 2005 gemeint, nur durch Neuwahlen sei eine Aufhebung der Blockade des Bundesrats zu erreichen, das »strukturelle Patt zwischen Bundestag und Bundesrat« müsse gebrochen werden. Dann ist ihm aber diese Begründung im Munde erstarrt, denn er konnte natürlich nicht erklären, wie es angehen sollte, dass die SPD mit der Neuwahl des Bundestags die CDU/CSU-Mehrheit im Bundesrat kippt. Das geht schon wahltechnisch nicht, denn schließlich wurde ja nur die Zusammensetzung des Bundestags neu bestimmt, nicht die des Bundesrats. Dennoch tauchte das Argument, man habe die Neuwahlen gebraucht, um die Blockade durch den Bundesrat aufzulösen, später wieder auf: Nicht nur der neue SPD-Vorsitzende Platzeck hat von Blockade gesprochen, auch in den Medien taucht dieses Argument permanent auf.

Das sind jedoch an den Haaren herbeigezogene Ausflüchte. Was vom Bundesrat blockiert wurde, war das Zuwanderungsgesetz; auch die Eigenheimzulage konnte die rot-grüne Regierung nicht streichen; und die beim Jobgipfel am 17. März 2005 vereinbarte Senkung des Körperschaftsteuersatzes konnte bis zum Regierungswechsel nicht realisiert werden. Aber dies alles sind keine entscheidenden Behinderungen wesentlicher Reformen.

Trotzdem wurden dann Neuwahlen beantragt, um die Blockade aufzulösen, und der Bundespräsident hat dieses Begehren befürwortet, und das Bundesverfassungsgericht hat sich dem angeschlossen. Einfach so. Ohne die Motive zu prüfen. Ohne zu erkennen, dass es um eine Konkursverschleppung zu Lasten wohldurchdachter grundgesetzlicher Regeln ging.

Die Bundesregierung wäre nicht daran gehindert worden, die Binnenkonjunktur anzukurbeln. Sie wäre nicht daran gehindert worden, unser Land und seine Strukturen nicht schlechtzureden, sondern Gutes darüber zu sagen und Optimismus zu verbreiten, wenn sie das gewollt und nachdrücklich genug getan hätte. Aber dazu fehlte der alten Reformkoalition die Einsicht. Die rot-grünen Reformer haben nicht verstanden und nicht verstehen wollen: Wir leiden nicht unter einer Reformblockade. Wir leiden unter makroökonomischer Inkompetenz, also darunter, dass unsere Eliten die gesamtwirtschaftlichen Zusammenhänge nicht verstehen.

Bei alledem können die Eliten auch auf unsere Vergesslichkeit zählen. Niemand fragt danach, ob durch die Neuwahl denn überhaupt irgend etwas Entscheidendes neu geschaffen wurde. Sind mit der Neuwahl Blockaden aufgehoben worden, deren Beseitigung uns weiterbringen würde? Meint Angela Merkel wirklich, es gehe aufwärts, wenn sie wie angekündigt »die Bremsen lockert«?

5. Die Reformen wurden ausgenutzt, der Sozialstaat ist schuld am Misserfolg.

Als nicht mehr zu verheimlichen war, wie wenig überzeugend die Bilanz der Hartz-Reformen und insbesondere von Hartz IV aussah, zog der *Spiegel* erneut mit einer Titelgeschichte ins Feld: »Das Spiel mit den Armen – Wie der Sozialstaat zur Selbstbedienung einlädt«.

Im Text wurde dann gezeigt, wie wenig diese Reformen gebracht haben und wieviel mehr sie kosten, vor allem aber wurde der Versuch gemacht, dieses Scheitern und die Mehrkosten einerseits einer handwerklichen Fehlplanung und andererseits der Neigung zum Ausnutzen zuzuschreiben. Dabei nahm man Bezug auf eine Studie von Wolfgang Clement und seines Ministeriums, in der von »Parasiten« und »Abzocke im Sozialstaat« die Rede ist.

Das Scheitern von falsch geplanten Reformen den Betroffenen zuzuschreiben, wie Clements Studie es getan hat, ist ziemlich dreist. Wenn ein zuständiger Minister oder die Bundesregierung insgesamt Entscheidungen trifft, Gesetzentwürfe ins Parlament bringt oder Verordnungen erlässt, haben sie zumindest die Pflicht, darauf zu achten, dass Missbrauch und Ausnutzung im Rahmen bleiben. Auf jeden Fall hat man die Pflicht, seine Entscheidungen bis zum Ende zu bedenken und durchzuplanen. Das ist offenbar nicht geschehen, obgleich einige der Fehlplanungen auf der Hand lagen: Dass die finanzielle Förderung von Minijobs zu einem Verlust von sozialversicherungspflichtigen Arbeitsverträgen führt, musste man wissen. Dass die Ich-AGs zur vorübergehenden besseren Gestaltung der Arbeitslosigkeit weidlich ausgenutzt werden, das pfiffen die Spatzen von den Dächern. Dass die ganzen Gebilde von Hartz I bis IV die Schwarzarbeit in der Summe noch fördern könnten, statt sie zu reduzieren, musste man auch vermuten. Doch statt zuzugeben, dass sie sich vertan haben, suchen unsere Eliten die Schuld lieber bei anderen, im konkreten Fall bei den Betroffenen, die nichts anderes getan haben, als gesetzlich zugestandene Möglichkeiten zu nutzen. Dieser Vorgang beleuchtet den feigen Charakter eines einflussreichen Teils unserer Eliten, die nach unten treten und nach oben buckeln.

6. Weitere Entschuldigungen

Die öffentliche Debatte, meist unter den Eliten von rechts und links geführt, ist reich an weiteren Erklärungen dafür, dass die Reformen nichts gebracht haben beziehungsweise nichts bringen können: Unser Handlungsspielraum sei eingeengt, auf nationalstaatlicher Ebene sei die notwendige expansive Wirtschaftspolitik gar nicht mehr machbar, und die Erblast der siebziger Jahre (in anderer Variation aus Adenauers Zeiten) wirke bis heute fort – damals sei der Sündenfall passiert, wahlweise mit dem Schritt in den Ausbau des Sozialstaats oder mit der Verschuldungsspirale, wie sie in den Siebzigern begonnen habe.

Auch eine eher ökologisch motivierte Kritik an der Vorstellung, man könne mit Wachstum Arbeitsplätze schaffen, ist recht verbreitet. Erstens sei das nicht mehr möglich, und zweitens sei es auch nicht sinnvoll.

Die Debatte ist in ihrem Zusammenspiel von links und rechts nicht ungefährlich, weil der Wille, nun endlich die Konjunktur anzuschieben, von beiden Seiten immer mehr eingeengt wird: von seiten der Neoliberalen, die Strukturänderungen zur letztendlichen Abschaffung des Sozialstaates wollen, und von seiten jener Wachstumskritiker, die eine Politik für mehr Beschäftigung als Ressourcenvergeudung und Wachstumseuphorie missverstehen. Dabei geht es nicht um Wachstum als Selbstzweck. Die Ankurbelung der Wirtschaft und die daraus folgenden höheren Wachstumsraten haben nur den begrenzten Zweck, den Arbeitnehmern – von der Verkäuferin bis zum Top-Angestellten – endlich wieder eine Alternative auf dem Arbeitsmarkt zu verschaffen, damit sie nicht gezwungen sind, alles zu akzeptieren, was ihnen zugemutet wird. Nur wenn es gelingt, diese Menschen vom kürzeren Hebel wegzubringen, haben wir jene freie Gesellschaft, von der unsere Bundeskanzlerin so viel spricht.

Blinde Eliten:
Erfahrungen anderer Länder werden ignoriert

Wenn unsere Spitzeneliten uns erklären wollen, warum es trotz aller bisherigen Misserfolge weitergehen soll mit der »Erneuerung« und mit den Reformen, dann verweisen sie in der Regel auf andere Länder: auf Großbritannien, auf Schweden, auf Dänemark, auf die USA, jetzt auch auf Österreich und früher gern auf die Niederlande. Es ist richtig, dass die meisten Länder viel besser abgeschnitten haben als wir. Sie haben höhere Wachstumsraten und niedrigere Arbeitslosenquoten erreicht – zum Teil auch eine Verringerung der Staatsschulden. Aber ansonsten stimmt nahezu nichts an den gängigen Parolen. Sie beeindrucken nur, weil sie so massiv vorgetragen werden, im Brustton der Überzeugung daherkommen und von vielen Absendern gleichlautend verbreitet werden.

Bis vor drei Jahren wurde immer mit den Ergebnissen der Reformen in den Niederlanden gepunktet. Dabei wurde auf die totale Flexibilität und auf das sogenannte Polder-Modell hingewiesen, bei dem Gewerkschaften, Arbeitgeber und Regierung ihre eigenen Interessen hintanstellten und gemeinsam eine Strategie für die Zukunft des Landes entwickelten. Jetzt unterbleibt dieser Hinweis, weil die Niederlande ganz und gar nicht mehr erfolgreich sind: Die Arbeitslosigkeit ist von 3,0 Prozent im Jahr 2000 auf geschätzte 6,2 Prozent[13] in 2005 gestiegen; die Wachstumsrate lag im Jahr 2000 bei 3,5 Prozent, davor noch höher; seitdem erreichen die Niederlande jedoch nur noch Werte wie wir: 1,4 Prozent (2001), 0,1 Prozent (2002), -0,1 Prozent (2003), 1,7 Prozent (2004) und 0,7 Prozent (2005). Angesichts dieser Entwicklung könnte man fragen: Liegt dieser Niedergang auch an den Reformen?

Besonders gern wird mit den Vorbildern Großbritannien und USA gearbeitet. Es wird der Eindruck erweckt, als hätten diese Länder ihre Erfolge bei den Wachstumsraten und der Bekämpfung der Arbeitslosigkeit vor allem mit Reformen erreicht.

Wahr ist: Die USA verdanken ihre einigermaßen erfolgreichen

Ergebnisse vor allem einem intelligenten Mix verschiedener Maßnahmen. Die amerikanische Notenbank Fed hat unter Alan Greenspan nie nur das Ziel Preisstabilität verfolgt, wie es unsere Bundesbank und die Europäische Zentralbank tun. Die Fed hat ihre Geldpolitik auch zugunsten des Wachstums und der Beschäftigung eingesetzt. So hat die US-Notenbank nach dem Einbruch der Aktienmärkte im Jahr 2001 sofort eine expansive Geldpolitik betrieben und, beginnend im Januar 2001, in zehn Schritten bis November 2001 die »Federal Funds Rate«, eine Art Leitzins, von 6,5 Prozent auf 2 Prozent gesenkt (also um 4,5 Prozentpunkte). Im selben Ausmaß senkte sie den Diskontsatz von 6 Prozent auf 1,5 Prozent. Und die USA haben eine Verschuldung des Staates von 5,8 Prozent des Bruttoinlandsprodukts hingenommen. Nur in dieser Kombination einer expansiven Fiskalpolitik und einer expansiven Geldpolitik ist es gelungen, den Einbruch, der auf den Niedergang der Aktienmärkte folgte, zu überwinden.

Wenn Sie glauben, die Briten hätten deshalb bessere Wachstumsraten und eine niedrigere Arbeitslosenrate erreicht, weil Großbritannien ein Musterbeispiel einer angebotsorientierten Politik sei, liegen Sie voll im Trend. Auch Peter Bofinger, das Mitglied im Sachverständigenrat zur Begutachtung der gesamtwirtschaftlichen Entwicklung, musste sich mit dieser gängigen These auseinandersetzen. In einem Minderheitenvotum zum Gutachten 2005/2006 hat er sich ausführlich damit beschäftigt.[14] Unter der Überschrift »Das britische Beschäftigungswunder« weist Bofinger darauf hin, dass die in der ersten Hälfte der achtziger Jahre eingeleiteten Reformen zunächst keinen nachhaltigen Erfolg hatten. Die Arbeitslosenquote hatte beim Amtsantritt von Maggie Thatcher 1979 bei 4,6 Prozent gelegen und stieg mit ihrer Wirtschaftspolitik auf 11,2 Prozent 1985 an. Sie ging dann auf 6,9 Prozent im Jahr 1990 zurück und erreichte 1993 mit 10 Prozent fast wieder einen Höchststand.

Eine wirkliche Belebung setzte erst in der zweiten Hälfte der neunziger Jahre ein. Wenn man genau hinschaut, entdeckt man, dass die britische Regierung nach 1992 einen ausgesprochen antizyklischen Kurs fuhr, dass sie akzeptierte, dass die Neuverschuldung 1993 fast 8 Prozent des Bruttoinlandsprodukts ausmachte, zugleich das Pfund abgewertet wurde und die Zentralbank die Zinsen senkte. Und die Löhne durften steigen.

Auch die Berufung auf die vermeintliche Reformpolitik Großbritanniens ist also grotesk. Die britische Regierung hat keynesianische Rezepte angewandt, während hierzulande Elaborate darüber geschrieben werden, dass und warum und seit wann der britische Nationalökonom Sir John Maynard Keynes falsch liegt. Die Briten haben das gemacht, was auch bei uns nötig wäre: Sie haben den Einsatz aller möglichen Instrumente der Wirtschaftspolitik optimiert. Warum auch nicht? Warum verstehen wir in Deutschland dieses Einmaleins einer vernünftigen Wirtschaftspolitik nicht?

Bei den USA wie bei Großbritannien wird gern übersehen, danach zu fragen, was die Reformen, auf die alleine man bei uns schaut, im Land selbst angerichtet haben. In Großbritannien ist die Infrastruktur sehr viel schlechter geworden als hierzulande, und die Privatisierung öffentlicher Einrichtungen wie etwa der Bahn hat zu teilweise katastrophalen Folgen für die Sicherheit geführt. Der Staat musste nachhelfen. Auch die Privatisierung der Altersvorsorgesysteme ist bei weitem kein Leistungsnachweis, in den USA und in Chile zum Beispiel brechen private Vorsorgesysteme zusammen.

Richtig aparte Züge trägt die gängige Berufung auf Schweden. Die Schweden haben in den neunziger Jahren ein paar Reformen gemacht, die ihrem Wohlfahrtsstaat ein paar Spitzen abgebrochen haben. Es war ein Mix von Veränderungen: Die Steuern für Besserverdienende wurden erhöht, Schweden startete eine große Ausbildungsoffensive, verschiedene Bereiche des Staates wurden modernisiert und die Besteuerung der Kapitaleinkünfte auf 30 Prozent begrenzt (in Deutschland liegt die effektive Besteuerung niedriger). Bei uns werden diese Reformen zu einer Art Abschied vom Sozialstaat umgedeutet. Ich hatte das Vergnügen, einer Diskussion zwischen einem deutschen, neoliberal geprägten Professor und dem schwedischen Botschafter beizuwohnen, der dem

Publikum einen Zahn nach dem anderen zog. Er machte klar, dass sein Land erfolgreich ist, obgleich es ebenfalls mitten in der Globalisierung steckt (bei uns tut man ja manchmal so, als ob nur unser Land der Globalisierung ausgesetzt wäre). Und er machte klar, dass sich Sozialstaatlichkeit und eine hohe Staatstätigkeit auf der einen Seite und wirtschaftlicher Erfolg auf der anderen Seite keinesfalls ausschließen, ja sich im Falle Schwedens sogar gegenseitig bedingen. Das lässt sich leicht belegen, wenn man die Steuerquote, die Sozialabgabenquote und die Gesamtabgabenquote von Schweden, Deutschland und der EU miteinander vergleicht – Daten, die jedermann unter den Eliten zugänglich sind (siehe Tabelle 1).

Tabelle 1: Steuerquote, Sozialabgabenquote und Gesamtabgabenquote für Schweden und Deutschland im Jahr 2005 (in Prozent des Bruttoinlandsprodukts)

	Steuerquote	Sozialabgaben-quote	Gesamtabgaben-quote
Schweden	35,8	14,7	50,5
Deutschland	21,9	17,8	39,7
EU 15	26,7	14,2	40,9

Quelle: EU-Kommission, Herbst 2005

Die Steuerquote in Deutschland liegt mit 21,9 Prozent weit unterhalb der EU (26,7 Prozent) und extrem unterhalb der von Schweden mit 35,8 Prozent. Die Sozialabgabenquote ist bei uns etwas höher als in Schweden oder der EU, aber diese Differenz entspricht ungefähr der Zusatzbelastung der Sozialsysteme, die aus dem Vereinigungsprozess folgt, ist also politisch gewollt. Trotzdem liegt die Gesamtabgabenquote in Deutschland mit 39,7 Prozent unterhalb des Wertes der EU und mehr als 10 Punkte unter dem Schwedens. Die Bewunderung für Schweden und die

Klage über die angeblich zu hohen Abgaben bei uns passen überhaupt nicht zusammen. Unsere Eliten zeichnen sich durch eine hohe Ignoranz aus. Sie nehmen nur das wahr, was in ihr Weltbild passt.

Es täte der Diskussion gut, wenn unsere meinungsführenden Eliten wenigstens wahrnehmen, wenn schon nicht beherzigen würden, was der schwedische Finanzminister Pär Nuder am 4. Februar 2005 der *Financial Times* anvertraute: »Im Gegensatz zu vielen meiner europäischen Kollegen wage ich auszusprechen, was nötig ist. Was die Menschen in ganz Europa von uns erwarten, ist, dass wir stärker in den öffentlichen Sektor investieren müssen.«[15] Der schwedische Finanzminister hält es für notwendig, die Steuern zu erhöhen, um den öffentlichen Sektor auszuweiten. Das kann Sinn machen. Das ist auch zu begreifen, wenn man verstanden hat, dass es eine Frage der Optimierung ist, ob man Leistungen, die für die Bürger eines Landes wichtig sind, öffentlich oder privat organisiert und produziert. Die in Schweden Verantwortlichen halten die Rolle des Staates als Produzent von Infrastruktur und guten Bildungsleistungen zum Beispiel für wichtig und produktiv.

Und so stimmt nahezu nichts an den Hinweisen auf andere Länder. Die Strukturen und Regeln bei uns sind andere als zum Beispiel in Dänemark – und es macht keinen Sinn, etwa die sozialen Sicherungssysteme grundlegend auf Steuerfinanzierung umzustellen, nur weil Dänemark so strukturiert ist. Unsere Strukturen sind anders als die Großbritanniens, aber dieses Anderssein sagt nichts darüber aus, ob man mit dem einen Weg oder einem anderen mehr Erfolg hat. Dass wir keinen Erfolg haben, dass wir schon seit zwei bis drei Jahrzehnten unterhalb unserer Kapazitäten wirtschaften und so viele Menschen der Arbeitslosigkeit und der Angst vor dem Verlust des Arbeitsplatzes aussetzen, das liegt zuallererst daran, dass die Verantwortlichen der praktischen Politik ihre Ideologie aufzwingen – indem sie als Politiker falsche Wege gehen oder indem sie als Meinungsmacher die öffentliche Meinung so prägen, dass die davon beeindruckten und beeinflussten Politiker meinen, sie hätten keine Alternative mehr.

Diese Beschränktheit der wirtschaftspolitischen Kompetenz kann für uns noch gefährlicher werden. Die Londoner *Times* überschrieb am 14. November 2005 einen Artikel über die Wirtschafts- und Finanzpolitik der neuen Regierung Merkel mit der Schlagzeile: »Deutschland riskiert eine verlorene Dekade nach der Art Japans«. Im Text heißt es ironisch:

> »Deutschlands Plan, das eingestandene ökonomische Versagen dadurch zu korrigieren, dass man exakt das Gegenteil dessen tut, was die moderne Ökonomie vorschlägt, ist sicher eine herausragende und neue Idee.«

Wir werden schon zum Gespött der Fachleute um uns herum. Daran sind nicht die Menschen in unserem Land schuld. Daran sind die Eliten schuld – die wissenschaftlichen, die publizistischen und die politischen Eliten. Der Fisch stinkt vom Kopf her.

# III. Die Ideologie der Eliten und ihr Versagen

Gewinner und Verlierer

Deutschland hat gute Potentiale. Man erkennt das an so herausragenden Leistungsbeweisen wie dem Exportüberschuss von weit über 100 Milliarden Euro in den Jahren 2004 und 2005[16] oder an der Tatsache, dass unser Land mit ungefähr 10 Prozent bei Exporten von Waren insgesamt und 20 Prozent beim Maschinenbau-Export den größten Welthandelsanteil erreicht. Die Infrastruktur ist (noch) gut; die Lage des Landes in der Mitte Europas nach der Ostöffnung optimal, die Ausbildung der Mehrheit der Menschen ist beachtlich, ihre Bereitschaft, sich einzusetzen, ist vergleichsweise hoch, die Standortvorteile einer Produktion in unserem Lande sind groß. Und dennoch sind wir nicht zufrieden und können auch nicht zufrieden sein, weil unsere Potentiale nicht genutzt werden, weil die Beschäftigten, weil unsere Kapazitäten an industrieller Ausrüstung und Personalausstattung nicht ausgelastet sind.

Für manche hat sich diese wenig erfreuliche Beschäftigungssituation gelohnt: für die Exportwirtschaft, die mit sinkenden Kosten hierzulande und steigenden Preisen außerhalb sehr gute Gewinne verbuchte, für die Arbeitgeber der Großindustrie, auch die Finanzindustrie und die Versicherungswirtschaft sind ganz gut bedient worden. Die großen Konzerne machen ordentlich Gewinne, zum Teil unglaublich hohe Gewinne. Viele Aktionäre können hochzufrieden sein, und die Manager sowieso: Ihre Gehälter und sonstigen Einkünfte sind geradezu explodiert. Ansonsten gibt es wenige Gewinner.

Hohe und steigende Arbeitslosigkeit
Über 5 Millionen registrierte Arbeitslose gab es im Januar 2005 und wiederum über 5 Millionen im Januar 2006. Im Durchschnitt des Jahres 2005 waren es 4,8 Millionen. Das entspricht einer Arbeitslosenquote von 11,6 Prozent. Wenn man noch jene Arbeitslosen dazuzählt, die nicht mehr registriert werden, kommt man auf eine Zahl von schätzungsweise über 7 Millionen Menschen.

Die Zahl der Langzeitarbeitslosen wächst
Seit dem Ende der letzten kleinen wirtschaftlichen Erholung im Jahr 2000 ist die Zahl der Langzeitarbeitslosen – das sind Menschen, die länger als ein Jahr arbeitslos sind – von damals 1,454 Millionen auf 1,681 Millionen im Jahr 2004 angestiegen.

Hinter solchen Zahlen steht eine große Bewegung. Jährlich wechseln etwa 8 Millionen Menschen in die Arbeitslosigkeit, und ungefähr die gleiche Zahl wechselt von der Arbeitslosigkeit wieder in Arbeit.

Einbruch bei den sozialversicherungspflichtigen Arbeitsverhältnissen, Zunahme der prekären Arbeitsverhältnisse und Minijobs
Seit dem Jahr 2000 ist die Zahl der sozialversicherungspflichtigen Arbeitsverträge um 1,7 Millionen zurückgegangen. Gleichzeitig stieg die Anzahl der sogenannten Minijobs und 1-Euro-Jobs um rund 800 000 stark an. Das ist in zweierlei Hinsicht ein bemerkenswertes, wenn auch nicht erstaunliches Ergebnis: Es ist zum einen bemerkenswert, weil die Reformer mit der Behauptung angetreten sind, sie müssten den Sozialstaat umbauen, um die sozialen Sicherungssysteme zu festigen. Da mit der Erosion der sozialversicherungspflichtigen Arbeitsverträge das Beitragsaufkommen sinkt, wird jedoch das Gegenteil einer Festigung der sozialen Sicherungssysteme bewirkt. Sie sind in den letzten Jahren finanziell unsicherer geworden, zumal sie bereits aufgrund der Belastung mit versicherungsfremden Leistungen durch die deutsche Einheit und die Aussiedlerrenten in Not geraten waren.[17] Zum anderen ist bemerkenswert, dass der Zuwachs an Minijobs und anderen Spielarten dieser prekären Arbeitsverhältnisse sowie der Verlust von sozialversicherungspflichtigen Arbeitsverhältnissen von Staats wegen wesentlich mitverursacht sind. Denn die Minijobs sind in vielfacher Hinsicht subventioniert: Auf die 400-Euro-Jobs wird nur eine Pauschale von 25 Prozent erhoben; die Ich-AGs wurden mit 600 Euro monatlichem Existenzgründungszuschuss bedacht, die 1-Euro-Jobs werden vom Staat mit bis zu 500 Euro pauschal pro Monat bezahlt, nicht nur für den betroffenen Arbeitnehmer, auch für den Beschäfti-

gungsträger, der in der Regel den größeren Teil erhält – sozusagen für die Verwaltung des 1-Euro-Jobbers. Was hier mit viel Geld subventioniert wird, trägt also entscheidend zur Ausblutung der Sozialsysteme mit bei.

Wenn die Einkommen und die Beschäftigtenzahlen sinken, dann sinken auch die tatsächlichen Beitragszahlungen zu den Sozialversicherungen. Die kritische Finanzlage der sozialen Sicherungssysteme ist die Folge der schwachen wirtschaftlichen Lage, der schwachen Einkommensentwicklung und der beschriebenen Verschiebung auf dem Arbeitsmarkt, die zu Lasten der sozialversicherungspflichtigen Arbeitsverhältnisse geht.

Mangelhafte Auslastung unserer Kapazitäten

Die Kapazitäten des verarbeitenden Gewerbes waren im September 2005 nur zu 82,8 Prozent ausgelastet. Unser Einzelhandel, unser Gastgewerbe, unser Baugewerbe und viele andere Gewerbe- und Berufszweige, die vornehmlich für den Binnenmarkt arbeiten, sind vermutlich noch viel schlechter genutzt. Darauf deutet die Tatsache hin, dass sehr viele Einzelhandelsgeschäfte schließen mussten und dass auch im Jahr 2005 der Umsatz der Gaststätten um 2,8 Prozent zurückging.[18]

Hohe Zahl von Insolvenzen

Die Zahl der Unternehmensinsolvenzen ist in den letzten Jahren immer wieder gestiegen. 2003 und 2004 hat es jeweils fast 40 000 Unternehmen getroffen. 2005 waren es fast ebenso viele. Auch die sogenannten Verbraucherinsolvenzverfahren steigen massiv: von 34 000 (2003) über 49 000 (2004) auf voraussichtlich bald 70 000 in 2005.[19]

Sinkende Realeinkommen aus Löhnen und Gehältern

Die Löhne und Gehälter sind in den letzten dreizehn Jahren real, also nach Abzug der Preissteigerungen, nicht mehr gestiegen. Sie sind sogar gefallen, seit 1995 um 0,9 Prozent.

Die Arbeitnehmer haben also heute eine geringere Kaufkraft als im Jahr 1995. Dieser Kaufkraftverlust erklärt den Niedergang des privaten Verbrauchs und der Binnennachfrage insgesamt (vgl. Abbildung 6).

Abbildung 6: Die Entwicklung der Reallöhne zwischen 1993 und 2004[20]

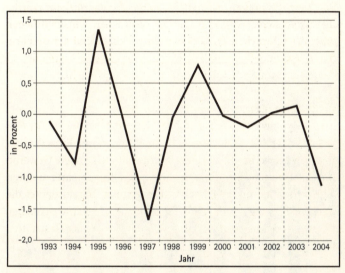

Quelle: Sachverständigenrat zur Begutachtung der gesamtwirtschaftlichen Entwicklung (Hrsg.): *Jahresgutachten 2005/06,* Wiesbaden 2005, S. 69, 104.
Für den Nominallohn wird die Entwicklung der Bruttolöhne und -gehälter je Arbeitnehmer genommen. Dieser Nominallohn wird jeweils mit der Entwicklung der deutschen Verbraucherpreise deflationiert.

Kläglicher Anstieg des privaten Verbrauchs
Der reale private Verbrauch der privaten Haushalte (also nach Abzug der Preissteigerungen) hat von 1993 bis 2001 nur gering um 1,7 Prozent im Jahresdurchschnitt zugenommen, seit 2001 ist er sogar leicht rückläufig.

Kontinuierlicher Rückgang der öffentlichen Investitionen
Auch bei den öffentlichen Investitionen sind wir auf dem Rück-

zug. Seit 1993 gingen diese jedes Jahr um durchschnittlich 3,8 Prozent zurück. Die Quote der staatlichen Bau- und Ausrüstungsinvestitionen sank im betrachteten Zeitraum von 1993 bis 2004 ständig (siehe Abbildung 7).

Abbildung 7: Die Quote der staatlichen Bau- und Ausrüstungsinvestitionen (in Prozent des BIP zu jeweiligen Preisen) zwischen 1993 und 2004

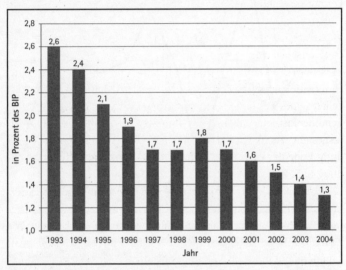

Quelle: Sachverständigenrat zur Begutachtung der gesamtwirtschaftlichen Entwicklung (Hrsg.): *Jahresgutachten 2005/06,* Wiesbaden 2005, S. 58, 65

Deutlicher Anstieg der Unternehmens- und Vermögenseinkommen
Von 1993 bis 2000 sind die Unternehmens- und Vermögenseinkommen um 22 Prozent gestiegen, in den Jahren 2000 bis 2005 noch einmal besonders hoch: um 29,5 Prozent. Preisbereinigt, also nach Abzug der Preissteigerungen, sind das real immer noch ungefähr 20 Prozent.

Die Einkommens- und Vermögensverteilung driftet auseinander, die Armut wächst

Schon über 13 Prozent aller Haushalte gelten nach amtlicher Bewertung als arm. Jedes fünfte Kind, in den neuen Bundesländern sogar jedes vierte Kind, lebt in einem Haushalt, der als arm gilt.[21] Das Jahr 2005 ist typisch für die Spreizung der Einkommensentwicklung: Das Volkseinkommen insgesamt wuchs um 26 Milliarden Euro, die Arbeitnehmerentgelte[22] jedoch gingen um 6 Milliarden zurück; entsprechend wuchsen die Unternehmens- und Vermögenseinkommen um 32 Milliarden Euro.

Wiederanstieg der Neuverschuldung trotz Verschleuderung des Tafelsilbers

In Deutschland sind in den letzten Jahren reihenweise staatliche Unternehmen privatisiert worden. Der Staat hat sich in weiten Teilen seines Vermögens entledigt. Dennoch stieg gleichzeitig die Schuldenlast an, und auch die Nettoneuverschuldung des Staates insgesamt wuchs wieder an, nachdem der Zuwachs an Verschuldung Ende der neunziger Jahre abgenommen hatte (siehe Abbildung 8, S. 80).

An Abbildung 8 kann man einiges Interessantes ablesen. Wenn man gewillt ist, kann man auch einige Vorurteile daran überprüfen. Man sieht zunächst einmal an den Säulen im Bereich der neunziger Jahre, dass in dieser Zeit, und damit eindeutig im Zusammenhang mit dem Vereinigungsprozess, die Gesamtverschuldung aller öffentlichen Haushalte – also Bund, Länder und Gemeinden – jährlich enorm angestiegen ist, im Durchschnitt dieses Jahrzehnts um 72 Milliarden Euro. (Die besonders hohen Schuldenzuwächse des Jahres 1995 sind übrigens der Integration der Schulden der Treuhandanstalt in den Bundeshaushalt zu danken.)

Dann zeigen die Zahlen von 1999, 2000 und 2001, dass die etwas besseren Wachstumsraten unserer Volkswirtschaft in den Jahren 1998 bis 2000 (siehe S. 85 ff.) geholfen haben, die Nettoneuverschuldung zu verringern. Das ist auch leicht zu verstehen, denn wenn die Wirtschaft wächst, fließen auch die Steuern und die Sozialversicherungsbeiträge besser.

Schließlich zeigen die Zahlen im weiteren Verlauf dieser Darstellung, dass der damalige Finanzminister Hans Eichel mit seiner erklärten Absicht, zu sparen, nicht automatisch zum Sparerfolg gekommen ist: Wenn man in eine Krise hineinspart, dann bleibt der Sparerfolg aus, weil die Steuern ausbleiben und man höhere Zuschüsse für die sozialen Sicherungssysteme zahlen muss.

Abbildung 8: Jährlicher Anstieg der Gesamtverschuldung der öffentlichen Haushalte (in Milliarden Euro) zwischen 1988 und 2005 (Juni)

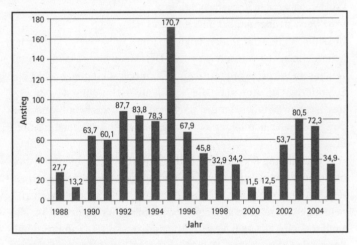

Quelle: Sachverständigenrat zur Begutachtung der gesamtwirtschaftlichen Entwicklung (Hrsg.): *Die Chance nutzen – Reformen mutig voranbringen, Jahresgutachten 2005/06,* Wiesbaden 2005, S. 79

Die Belastung durch die deutsche Vereinigung hätte in jedem Fall, auch wenn die Politik fehlerfrei gewesen wäre, Probleme gebracht. Die Vereinigung ist obendrein sehr schlecht ausgeführt worden, auch dies ein Versagen unserer Eliten – ein Versagen aus Unwissenheit und Interessenverflechtung, wie der Verkauf der ostdeutschen Banken an westdeutsche Bankinstitute zeigt. Obwohl hier zu Lasten der Steuerzahler Milliarden in den Sand gesetzt wurden, ist der Vorgang nahezu nicht diskutiert worden. Ein Musterbeispiel dafür, dass unter der Decke bleibt, was einflussreichen Kreisen unserer Eliten nicht passt. Dem Berliner *Tagesspiegel* muss man dankbar dafür sein, dass er den Vorgang dokumentiert hat (siehe Infokasten).

Schulden ohne Sühne: Wie sich westdeutsche Banken auf unsere Kosten an fiktiven DDR-Krediten bereicherten

von Lorenz Maroldt, Chefredakteur des Berliner *Tagesspiegels* (erschienen am 1. Juli 2005)

»Es kommt einiges zusammen für Horst Köhler an diesem 1. Juli. [...] auf den Tag genau vor 15 Jahren vollzog sich ein waghalsiges Experiment, das Köhler als Staatssekretär im Bundesfinanzministerium maßgeblich vorbereitet und durchgezogen hat: die Währungsunion. [...] Bis heute sind die Umstände der finanziellen Vereinigung nicht ganz geklärt. Es ranken sich Mythen darum, Verschwörungstheorien. Sicher ist, dass die Akteure damals der DDR-Wirtschaft den Rest gaben und die Bundesrepublik auf ungewisse Zeit hinaus mit gigantischen Schulden belasteten. Es geht um 200 Milliarden Euro. [...]

Für einen Großteil der heutigen Schulden ist damals, im Sommer 1990, der Grundstein gelegt worden. Profitiert haben vor allem westdeutsche Firmen. Heute, mit 15 Jahren Abstand, wirkt es verblüffend, wie leichtfertig die Bundesregierung über nahe liegende Einwände gegen manches Vorhaben hinwegging. [...]

Eines der extremsten Kapitel der Währungsunion ist der Ausverkauf der ostdeutschen Banken. So grotesk wie hier ging es kaum anderswo zu. Die Bundesregierung schenkte, auch mit Hilfe der Volkskammer, den westdeutschen Banken Milliarden, auf Kosten der Steuerzahler. Aber warum? Waren die Akteure mit der Situation überfordert? [...]

Was damals mit den Banken geschah, ist jedenfalls eine atemberaubende Volte. Dabei ist der folgenschwere Zug, der im Westen die Kassen füllt und im Osten Betriebe reihenweise ruinierte, nicht viel mehr als ein semantischer Trick. Es wurde einfach so getan, als wäre die zentrale DDR-Planwirtschaft ein freies Handelssystem gewesen, mit vollkommener Autonomie jedes Unternehmens. Im Kern standen dabei die vermeintlichen Kredite der Ostbetriebe.

Formell wurden die Zuwendungen an die Volkseigenen Betriebe, die Wohnungswirtschaft und die Genossenschaften über die ebenfalls staatlichen Banken abgewickelt. Also – Kredite? Da kennt sich der Westbanker aus. Kredite müssen zurückgezahlt werden, Einheit hin, Sozialismus her. Dass in der DDR gar keine Kredite im marktwirtschaftlichen Sinne vergeben wurden, dass also die vermeintlichen Schulden der Unternehmen nichts anderes waren als politisch gewollte und gesteuerte Subventionen, scherte weder die Politik noch die Banken. Auch dass die einzelnen Wirtschaftseinheiten ihre Nettogewinne an den Staatshaushalt abführen mussten, irritierte hier nicht. Aber wie hätten die Betriebe da ihre angeblichen Schulden begleichen können? [...] Wie falsch diese regierungsamtliche Sicht der Planwirtschaft war, hat später nicht nur der Bundesrechnungshof festgestellt. Doch da war es längst zu spät. [...]

Der Bundesrechnungshof hat in jahrelanger Puzzlearbeit die vielen Seltsamkeiten bei der Abwicklung des DDR-Bankensystems untersucht. Der Bericht wurde als ›streng vertraulich‹ eingestuft. Es heißt darin unter anderem: Die Treuhandanstalt, für die Köhler zuständig war, und das Bundesfinanzministerium hätten Steuergelder in Milliardenhöhe verschleudert, weil sie sich bei der Veräußerung der ehemaligen DDR-Banken an westdeutsche Kreditunternehmen von diesen hätten übervorteilen lassen. Bei Geschäftsbesorgungsverträgen mit der Deutschen Bank und der Dresdner Bank sei es zu Unregelmäßigkeiten gekommen, bei den Verkaufsverhandlungen der von den Banken gegründeten Joint-Venture-Unternehmen seien sogar ›erpresserische Methoden‹ angewandt worden.

Banker wäre damals bestimmt so mancher gerne gewesen, leichter konnte man Geschäfte kaum machen. Die Berliner Bank zum Beispiel kaufte die aus der DDR-Staatsbank hervorgegangene Berliner Stadtbank für 49 Millionen Mark. Sie erwarb damit zugleich durch den Staat garantierte Altschuldenforderungen in Höhe von 11,5 Milliarden Mark – das 235fache des Kaufpreises. Die Genossenschaftsbank West kaufte die Genossenschaftsbank Ost für 120 Millionen Mark und erwarb Altschuldenforderungen von 15,5 Milliarden Mark. Die Westdeutsche Landesbank Girozentrale zahlte für die Deutsche Außenhandelsbank 430 Millionen Mark, also eine knappe halbe Milliarde, und bekam dafür Altschuldenforderungen über sieben Milliarden Mark. Und so weiter. Die westdeutschen Banken mussten zwar auch Verbindlichkeiten übernehmen. Aber allein die Zinsen auf die übernommenen Altschulden reichten, um den Kaufpreis auszugleichen.

Dass die DDR-Zuweisungen in marktwirtschaftliche Schulden umgewandelt wurden, hat nicht nur die westdeutschen Banken zu Einheitsgewinnern gemacht, sondern auch große Teile der ostdeutschen Wirtschaft in Abhängigkeit gebracht, mindestens das. Für viele betroffene Unternehmen, die sich plötzlich mit astronomischen Rückzahlungsforderungen und rasant steigenden Zinsbelastungen konfrontiert sahen, bedeutete es den Ruin. Sie verfügten wegen der Zwangsabführung ihrer Gewinne über keinerlei Rücklagen, wurden von der Treuhand als nicht sanierungsfähig eingestuft und abgewickelt. [...]«

Der vollständige Wortlaut des hier nur auszugsweise wiedergegebenen Artikels ist zu finden unter: http://archiv.tagesspiegel.de/archiv/01.07.2005/1909569.asp

Schwaches Wachstum – Stagnation, Rezession

Das sogenannte Bruttoinlandsprodukt, das wir jedes Jahr gemeinsam schaffen, wuchs in den letzten fünfundzwanzig Jahren seit 1980 mit Ausnahme weniger Jahre nur noch schwach. Das ist angesichts der schwachen Entwicklung der Lohneinkommen, angesichts der minimalen Steigerung des privaten Verbrauchs, angesichts des Niedergangs der öffentlichen Investitionen und angesichts der hohen Insolvenzen kein Wunder. Was wir erleben, ist allerdings keine normale Entwicklung: Die durchschnittliche Wachstumsrate von 2001 bis 2005 liegt unter 1 Prozent (= 0,7) (siehe Abbildung 9 und Tabelle 2, S. 86 f.). In den letzten dreizehn Jahren seit 1993, dem Ende des letzten größeren, vier Jahre dauernden Aufschwungs, wuchs das Bruttoinlandsprodukt (BIP) bis 2005 jährlich im Durchschnitt um 1,2 Prozent. Auch das ist schwach und liegt unterhalb der Veränderungsrate der Produktivität. Spiegelbildlich wächst die Arbeitslosigkeit.

Abbildung 9: Arbeitslosenrate und reales Wachstum des Bruttoinlandsprodukts (BIP) zwischen 1965 und 2005 in Prozent

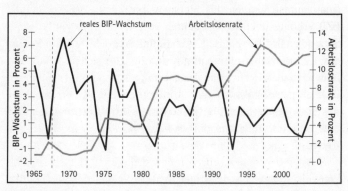

Quelle: BIP-Zahlen zwischen 1965 und 2002: Bundesministerium für Arbeit und Soziales (Hrsg.) (2003): *Statistisches Taschenbuch 2003*, Bonn. Für die BIP-Zahlen 2003 und 2004 sowie für die Arbeitslosenquote: Bundesministerium für Arbeit und Soziales (Hrsg.) (2005): *Statistisches Taschenbuch 2005*, Bonn

Angesichts dieser Daten ist es verwunderlich, dass in manchen Publikationen und auch in wissenschaftlichen Einlassungen so getan wird, als sei die Stagnation eine Begleiterscheinung der

Jahre seit 2000. Schon in den gesamten achtziger Jahren gab es in Deutschland kein ausgeprägtes starkes Wirtschaftswachstum. Eine Ausnahme ist das Ende der achtziger Jahre. Damals wuchs die deutsche Wirtschaft zunächst unter dem Eindruck des europäischen Binnenmarkts und dann dank der Impulse der deutschen Vereinigung von 1988 bis 1991 mit einer Durchschnittsrate von 4,5 Prozent. Der damalige Boom wurde mit einer massiven Zinserhöhung abgebrochen.

Der nächste kleine Boom in den Jahren 1998 bis 2000 wurde wiederum aufs Spiel gesetzt. Im November 2000 hatte der Sachverständigenrat in seinem Jahresgutachten erklärt, die Konjunktur laufe rund, sie sei gut. Dieses Signal an die Verantwortlichen, sich nicht weiter um wirtschaftliche Belebung zu kümmern, wurde von unseren Spitzenökonomen auf dem Hintergrund von 4 Millionen Arbeitslosen ausgesandt – und sollte sich rasch als Torheit erweisen. Die Europäische Zentralbank und der Bundesfinanzminister haben das Signal wohlwollend empfangen. Die EZB erhöhte im Lauf des Jahres 2001 den sogenannten Repo-Satz (das ist der Zinssatz für Hauptrefinanzierungsgeschäfte) um 1,75 Prozentpunkte, und für den Bundeshaushalt 2001 plante der Finanzminister eine Ausgabensenkung von 1,7 Milliarden DM. Dies geschah vor dem Hintergrund einer Preisprognose des Sachverständigenrats für 2001 von 1,4 Prozent. Ohne dass eine Inflationsgefahr bestanden hätte, wurde auf die Bremse getreten.

Seit 1980 kämpfen wir, von den genannten kleinen Ausnahmen abgesehen, mit niedrigen realen Wachstumsraten. Mindestens seit 1993, und nicht erst seit 2001, sind wir unter den Schlusslichtern der europäischen Entwicklung und innerhalb der OECD-Länder, also auch im Vergleich zu den USA, zu Australien und Kanada (siehe Tabelle 3, S. 87).

In dreizehn Jahren ist das Bruttoinlandsprodukt bei uns nur um 18,9 Punkte gestiegen, in den USA um 52 Punkte, in der Euro-Zone immerhin noch um 27,5 Punkte. Bei uns fielen die Zuwächse beim Konsum mit 16,9 und bei den Bruttoinvestitionen mit 10 Punkten äußerst mager aus – gerade auch im

Tabelle 2: Wachstumsrate des realen Bruttoinlandsprodukts (BIP) und Entwicklung der Arbeitslosenrate von 1965 bis 2005

	reales BIP-Wachstum	Arbeitslosenrate	Am Verlauf dieser einfachen Zahlen kann man sehr viel sehen – ein Kurzkommentar:
1965	5,4	0,7	Die erste Rezession von 1966/67 war innerhalb von drei Jahren überwunden. Nicht einfach so, sondern mit Hilfe der damals so genannten Globalsteuerung, konkret zwei Konjunkturprogrammen. Interessant ist auch der Sprung von -0,3 auf +5,5 Wachstum von einem Jahr zum anderen.
1966	2,8	0,7	
1967	-0,3	2,1	
1968	5,5	1,5	
1969	7,5	0,9	
1970	5,0	0,7	
1971	3,1	0,8	
1972	4,3	1,1	Massive Zinserhöhung der Bundesbank und die erste Ölpreiskrise vom Oktober 1973 machen sich 1974 und 1975 bemerkbar. Wertschöpfung in Milliardenhöhe fließt in die OPEC-Länder. Auch hier dann ein Wachstumssprung von -1,3 auf +5,3 dank aktiver Beschäftigungspolitik der Regierung Schmidt mit einigen Konjunkturprogrammen. Durchschnittliches Wachstum 1976 bis 1979, also vier Jahre lang: 3,8% pro Jahr. 1980 Erhöhung der kurzfristigen Zinsen von 3,7 auf 12,2%. Abgewürgtes Wachstum. Steigende Arbeitslosenraten. Im Vergleich zu den 80er Jahren waren die 70er goldene Jahre. Mit einem Wachstumsdurchschnitt von 3,14% in den Siebzigern zu 1,75% in den Achtzigern.
1973	4,8	1,2	
1974	0,2	2,6	
1975	-1,3	4,7	
1976	5,3	4,6	
1977	2,8	4,5	
1978	3,0	4,3	
1979	4,2	3,8	
1980	1,0	3,8	
1981	0,1	5,5	
1982	-0,9	7,5	
1983	1,8	9,1	
1984	2,8	9,1	
1985	2,0	9,3	
1986	2,3	9,0	
1987	1,5	8,9	
1988	3,7	8,7	Hier beginnt ein kleiner Boom. Die Arbeitslosenrate geht zurück. Vom Vereinigungsboom verstärkt. Durchschnittliches reales Wachstum 1988–91: 4,5%. Und abgebrochen. Mit einer Diskontsatz-Erhöhung der Bundesbank von 2,9 auf 8,75%. 1992 beginnt ein langer Abstieg mit einem durchschnittlichen Wachstum von nur 1,2% bis zum Jahr 2005.
1989	3,6	7,9	
1990	5,7	7,2	
1991	5,0	7,3	
1992	2,2	8,5	
1993	-1,1	9,8	
1994	2,3	10,6	
1995	1,7	10,4	

	reales BIP-Wachstum	Arbeits-losenrate	Am Verlauf dieser einfachen Zahlen kann man sehr viel sehen – ein Kurzkommentar:
1996	0,8	12,7	
1997	1,4	12,7	
1998	2,0	12,3	Auch diese kleine Erholung zwischen 1998 und 2000 hilft, die Arbeitslosenrate zu verringern. Leider wieder abgebrochen. Sparen und Reformieren beschleunigen den Niedergang. Jährliches Wachstum zwischen 2001 und 2005: jämmerliche +0,7%. Das ist die »große« Zeit der Hartz- und Steuerreformen.
1999	2,0	11,7	
2000	2,9	10,7	
2001	0,6	10,3	
2002	0,2	10,8	
2003	-0,1	11,6	
2004	1,7	11,7	
2005	0,9	11,2	

Quelle: Bundesministerium für Arbeit (Hrsg.): *Statistisches Taschenbuch, Arbeits- und Sozialstatistik, 2003,* und *Statistisches Taschenbuch 2005* für Werte von 2003–2005

Vergleich mit den anderen Regionen. In der gesamten Zeit von 1993 bis heute sind die realen Löhne praktisch nicht gestiegen.

Tabelle 3: Die unterschiedlichen gesamtwirtschaftlichen Entwicklungen in den USA, der Euro-Zone und in Deutschland zwischen 1993 und 2005 (Indexwerte, 100 = Ausgangswert in 1993)

	USA	Euro-Zone	Deutschland
Reales BIP	152,0	127,5	118,9
Reale private Konsumangaben	158,9	125,2	116,9
Reale private Bruttoinvestitionen (ohne Bau)	221,3	132,5	110,0

Quelle: OECD (Hrsg.): *OECD Economic Outlook,* Nr. 78, 2005

Der lange Marsch durch die Institutionen – Eine Lehre setzt sich durch

Die Bilanz des Wirkens unserer Eliten, wie im letzten Kapitel aufgeführt, liest sich kaum weniger dramatisch als die Rede des Bundespräsidenten anlässlich der Auflösung des Deutschen Bundestages im Juli 2005. Doch anders als der Bundespräsident glauben machen will, sind die Strukturen unseres Landes nicht verantwortlich für die wirtschaftliche Krise, in der wir uns befinden. Wir sind in einer weitgehend selbstgemachten Krise. Die seit Jahren Verantwortlichen, unsere Eliten in Politik und Wissenschaft, in Medien und Wirtschaft, sind nicht fähig und nicht bereit zu einer klugen Steuerung der gesamtwirtschaftlichen Abläufe. Statt dessen laufen sie seit über zwei Jahrzehnten einer Ideologie hinterher, der wir einen Großteil unserer Probleme zu verdanken haben.

Vom Sonderfall deutsche Einheit abgesehen, gibt es eigentlich keine nachvollziehbaren Gründe dafür, dass unser Land schlechter hätte abschneiden müssen als vergleichbare Länder wie Schweden, Österreich, die Niederlande, Großbritannien oder die USA. Die Globalisierung, die häufig angeführt wird, trifft Österreich, die Niederlande, Schweden, Großbritannien und die USA schließlich in gleicher Weise. Auch Österreich grenzt an Osteuropa. Auch zwischen Schweden und China gibt es Liefer- und Konkurrenzbeziehungen. Trotzdem werden die Standardfloskeln über die angeblich neuen Herausforderungen immer nur auf uns angewandt: Globalisierung, Wissensgesellschaft, Dienstleistungsgesellschaft, Demographie.

Demographie – dieses unendlich bemühte Problem als Ursache unserer wirtschaftlichen Schwierigkeiten zu bezeichnen ist geradezu abenteuerlich. Selbst wenn man die künftige Entwicklung der Zahl der hier lebenden Menschen und der Alterung unserer Gesellschaft für gravierend hält, die heutigen Ziffern sind es nicht. Wir haben aufgrund der Babyboomer-Generation ein eher günstiges Verhältnis von arbeitender Generation zur Rentnergeneration. Gegenwärtig haben wir also gar kein bedrängendes demographisches Problem.

Niemand kann ernsthaft behaupten, eine schlechtere Jung-Alt-Relation im Jahr 2010 oder 2020 strahle auf heute ab und sei für die Wachstumsschwäche und die Schulden von heute verantwortlich. Auch die Vorstellung, unsere Wachstumsraten seien deshalb gering, weil die Geburtenrate niedrig ist, ist abwegig. Die auf eine niedrige Geburtenrate zurückgehende Konsum- und Nachfrageänderung findet ja nicht schlagartig statt und ist um vieles geringer als die durch Konjunktur und Arbeitslosigkeit bedingten Nachfrageänderungen. Auch minimale Veränderungen der Erwerbsquote – wenn beispielsweise ein spürbar höherer Anteil von Frauen die Möglichkeit hat zu arbeiten – haben gewichtigere Auswirkungen auf den privaten Verbrauch und damit auf die Nachfrage als noch so niedrige Geburtenraten. Wenn bei uns ernsthaft diskutiert wird, dass die Geburtenrate und ihre Veränderung von nennenswerter makroökonomischer Bedeutung sei, so ist das schlicht abenteuerlich und zeugt von der mangelnden Kompetenz unserer Eliten.

Es muss also andere Gründe für die Krise geben, und es gibt sie auch. Diese Gründe sind allerdings eher banaler Natur: die Unfähigkeit unserer Eliten zu einer umsichtigen, undogmatischen und pragmatischen Wirtschaftspolitik; ihre Unfähigkeit und ihr Unwille, zu erkennen, dass wir unsere Ökonomie im Inneren durch eine völlige Missachtung der notwendigen Binnennachfrage haben verdursten lassen, dass wir die öffentlichen Investitionen heruntergefahren haben und damit auch unsere Infrastruktur vernachlässigen, was noch nicht jetzt unmittelbar, aber auf Dauer gefährlich werden kann; dass die Lohn- und damit die Masseneinkommen in den letzten Jahren verkümmerten und damit das Geld zum Kauf vieler Produkte fehlte, die das heimische Gewerbe für den heimischen Markt produziert und die über den Einzelhandel verteilt werden sollten. Im Gastgewerbe beispielsweise sind die Umsätze seit 2002 im Durchschnitt der Jahre um über 4 Prozent eingebrochen.

Wir sind in einen Sog nach unten geraten: Weil die Binnennachfrage fehlte, wuchsen die Arbeitslosigkeit und das Ungleichgewicht auf dem Arbeitsmarkt. Die Arbeitnehmer sind hoffnungslos am kürzeren Hebel, von echtem Wettbewerb auf dem Arbeitsmarkt kann man nicht mehr sprechen. Die Eliten, die diese Entwicklung angestoßen und begleitet haben, haben offenbar nicht verstanden oder wollen nicht verstehen, dass Löhne nicht nur Kostenfaktoren, sondern auch wichtige Elemente von Kaufkraft und damit Bestandteil der Dynamik einer Ökonomie sind.

In keinem anderen Land ist der makroökonomische Sachverstand so gering wie bei uns. Wir leiden heute unter einer ideologischen Wende, die Anfang der siebziger Jahre begann. Mit dem Zusammenbruch des Bretton-Woods-Systems, einem internationalen Währungsabkommen, das auf festen Wechselkursen gegenüber dem US-Dollar als Leitwährung beruhte, erlangte die Deutsche Bundesbank die uneingeschränkte Herrschaft über die deutsche Geldpolitik. Die Bundesbank benutzte diesen Machtzuwachs, um den Vorrang der Preisstabilität über die anderen drei zentralen wirtschaftspolitischen Ziele – hoher Beschäftigungsstand, außenwirtschaftliches Gleichgewicht und angemessenes Wachstum – durchzusetzen. Nur so sind die drei schweren Rezessionen von 1975, von 1981/82 und 1993 zu verstehen. Seit Anfang der siebziger Jahre ist in Deutschland kein Aufschwung an Altersschwäche ausgelaufen, sondern er wurde jedesmal frühzeitig von der Bundesbank abgebrochen. Die seitdem propagierte Regel, dass die Stabilität des Preisniveaus unabdingbare Voraussetzung für hohen Beschäftigungsstand und Wachstum sei, hat sich nicht erfüllt. Deutschland war in den letzten dreißig Jahren zwar immer Stabilitätsweltmeister, aber bei den realwirtschaftlichen Zielen Wachstum und Beschäftigung haben wir es im internationalen Vergleich nur zu höchst bescheidenen Ergebnissen gebracht.

Als der damalige »Superminister« für Wirtschaft und Finanzen Helmut Schmidt im Oktober 1972 sagte, das deutsche Volk könne 5 Prozent Preissteigerung besser vertragen als 5 Prozent Arbeitslosigkeit, entfachte er einen Sturm der Entrüstung seitens der neoliberalen wirtschaftspolitischen Institutionen und Vertreter.

Die einschlägige ökonomische Wissenschaft leistete kräftig Schützenhilfe, indem sie behauptete, ein gewisser Teil der Arbeitslosigkeit sei strukturell bedingt und könne durch Nachfrageexpansion nicht beseitigt werden. Es wurden hochwissenschaftliche Berechnungen ins Feld geführt, die so ausfielen, dass angeblich nur 1 Prozentpunkt, allenfalls 2 Prozentpunkte der Arbeitslosenquote durch mangelnde Nachfrage bedingt seien. Der weitaus größere Teil habe eben strukturelle Gründe. Flankierend wurde zum einen die gesamtwirtschaftliche Nachfragelücke – ein wesentlicher Bestandteil der keynesianischen Überlegungen – kleingerechnet und zum anderen der Glaubenssatz aufgestellt, dass expansive Staatsausgaben allenfalls ein Strohfeuer entfachen können, das nur zu mehr Staatsverschuldung führe. Bundesbank, Sachverständigenrat, die Forschungsinstitute – bis vor kurzem mit Ausnahme des DIW-Berlin –, die Masse der Wirtschaftsprofessoren, aber auch die OECD schwenkten auf diese Linie ein und immunisierten den Ansatz damit gegen jede Kritik.

Das Ergebnis dieser einseitigen Ausrichtung der Wirtschaftspolitik, die in Deutschland seit über dreißig Jahren konsequent verfolgt wird, sehen wir heute. Die Erkenntnis, dass die reale Bedrohung durch Arbeitslosigkeit wirklich schlimmer sein kann und schlimmere Folgen haben kann als eine leichte Preissteigerung, ist ganz offensichtlich richtig. Nur in den Arbeitszimmern der Zentralbanker, also bei Bundesbankpräsident Axel Weber und EZB-Chef Jean-Claude Trichet, und bei ihren Chefvolkswirten ist sie noch nicht angekommen.

Die Geldpolitiker der Bundesbank konterkarierten schon Anfang der siebziger Jahre die Fiskalpolitik der Bundesregierung. Die Bundesbank trat brutal auf die Zinsbremse. So erhöhten sich die kurzfristigen Zinsen von 5,7 Prozent 1972 auf 12,2 Prozent 1973, das ist ein Anstieg um 114 Prozent und damit ein echter Schock. Ähnlich wurde die Vereinbarung des Bonner Weltwirtschaftsgipfels von 1978 geldpolitisch »begleitet«: Die kurzfristigen Zinsen wurden von 3,7 Prozent (1978) bis auf 12,2 Prozent (1981) hochgetrieben. Das wirkte enorm dämpfend auf die Konjunktur. Beim Bonner Weltwirtschaftsgipfel hatten sich die Teilnehmer einschließlich Deutschlands jedoch zu Maßnahmen zur Belebung der Wirtschaft verpflichtet. Die Bundesregierung wollte aufgrund dieser Verabredung 1 Prozent des Bruttosozialprodukts zusätzlich für konjunkturanregende Maßnahmen ausgeben.

So waren die siebziger Jahre vom gegenläufigen Kräftespiel zwischen Wirtschafts- und Finanzpolitik auf der einen Seite und Geldpolitik auf der anderen Seite geprägt. War die Wirtschafts- und Finanzpolitik stark, wie es von 1974 bis 1979 der Fall war, dann schaffte sie es, wirtschaftliche Schwierigkeiten zu überwinden. Das beste Beispiel sind die beiden Ölpreisexplosionen vom Oktober 1973 und im Jahr 1979. Nach der ersten Ölpreisexplosion ging das Wachstum 1975 unter die Nullinie: minus 1,3 Prozent. Ein Jahr später war ein Wachstum von 5,3 Prozent erreicht. Zusammen mit den darauf folgenden drei Jahren kam die deutsche Volkswirtschaft auf ein durchschnittliches reales Wachstum von 3,8 Prozent – davon würde man heute träumen.

Vier Jahre hintereinander 3,8 Prozent – das ist kein Strohfeuer, wie die späteren Propagandisten gegen die Konjunkturprogramme behaupteten. Die Arbeitslosenquote ging von 4,7 auf 3,8 Prozent zurück, bevor diese Politik abgebrochen wurde, und mit den öffentlichen Investitionen wurde viel Vernünftiges gemacht: Kläranlagen gebaut, Städte saniert, Schulen und Hochschulen gebaut, Flüsse saniert.

Aber der Einfluss der monetaristischen und angebotsökonomischen Kräfte, wie man diese wirtschaftspolitische Richtung nannte, wuchs. Dann kam das sogenannte Lambsdorff-Papier im September 1982, das bereits die Grundzüge der heutigen Reformpolitik enthielt. Dieses Memorandum des damaligen FDP-Wirtschaftsministers Otto Graf Lambsdorff markiert das Ende der sozialliberalen Koalition und prägte die Regierung Kohl mit. Es wurde dann zwar nicht in Reinkultur nach neoliberalem Rezept reformiert, aber reihenweise wurden soziale Errungenschaften abgebaut. Es wurde Druck auf die Löhne und die Arbeitnehmer ausgeübt. Die Lohnsteigerungen blieben unterhalb der Produktivitätsentwicklung. Es wurde dereguliert und privatisiert. Bei alldem blieben die Löhne beachtlich unterhalb der Möglichkeiten, die im Rahmen der Produktivitätsentwicklung gelegen hätten (siehe Abbildung 10).

Abbildung 10: Die Entwicklung der tatsächlichen Nominallöhne und die hypothetische Entwicklung der Nominallöhne nach der Produktivitätsregel zwischen 1993 und 2004

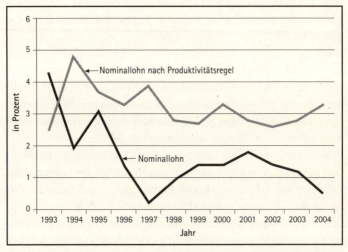

Quelle: Sachverständigenrat zur Begutachtung der gesamtwirtschaftlichen Entwicklung (Hrsg.): *Jahresgutachten 2005/06*, Wiesbaden 2005, S. 69.
Für den tatsächlichen Nominallohn wird die Entwicklung der Bruttolöhne und -gehälter je Arbeitnehmer genommen. Die Arbeitsproduktivität errechnet sich aus dem preisbereinigten BIP je Erwerbstätigem. Die Produktivitätsregel für die nominale Entlohnung setzt sich zusammen aus dem Fortschritt der Arbeitsproduktivität zuzüglich eines (hypothetischen) Inflationsziels in Höhe von 2 Prozent.

Die Programme zum Sparen und die Reformen zum Zwecke der Entlastung der Wirtschaft, die in der Regierungszeit Helmut Kohls verabschiedet wurden, haben so wohlklingende Namen wie »Standortsicherungsgesetz« oder »Programm für mehr Wachstum und Beschäftigung«. Den so oft beschworenen »Reformstau« hat es in Wahrheit nie gegeben, auch wenn Gerhard Schröder und seine Entourage immer wieder behaupteten, erst er habe mit den Reformen begonnen.

Die wirtschaftsnahen Kreise in der Union und der FDP wollten mehr Reformen, also akzeptierten sie gerne die Behauptung, es habe bis zu Schröders Regierungsantritt einen Reformstau gegeben. Sie nahmen hin, dass man ihnen Untätigkeit vorwarf, auch wenn es diese Untätigkeit gar nicht gab.

Immerhin, einer wehrt sich gegen diesen falschen Eindruck, Helmut Kohl:

> »Mit unserem Kurs der Erneuerung der sozialen Marktwirtschaft hatten wir seit der Regierungsübernahme im Herbst 1982 weitreichende Maßnahmen und Reformen in vielen Feldern der Wirtschaftspolitik durchgesetzt und eingeleitet, für den Mittelstand, in der Finanz- und Steuerpolitik, für die Familien, bei der Privatisierung und Deregulierung, in der Umwelt- und Wohnungsbaupolitik, in der Arbeitsmarkt- und Beschäftigungspolitik sowie im Bereich der sozialen Sicherungssysteme. [...]
> Die überwiegende Mehrheit der Wirtschaftsexperten würdigte unsere Reform. Die Wirtschaftssachverständigen beispielsweise bezeichneten sie als ›unverzichtbaren Beitrag zur Erhaltung der Qualität des Standortes Bundesrepublik‹. [...]
> Zu unserem Anliegen, im Rahmen der Erneuerung der sozialen Marktwirtschaft den Staat auf seine Kernaufgaben zurückzuführen und mehr Freiraum für Wettbewerb und private Eigeninitiative zu schaffen, gehörte konsequenterweise die Rückführung von Beteiligungen des Bundes.«[23]

Heute wird das von unseren Meinungsführern anders dargestellt. Heute wird so getan, als folgten unsere Probleme daraus, dass

Reformen hierzulande halbherzig gemacht worden seien, dass unser Land blockiert sei, dass die neoliberale Ideologie sich nicht ausreichend hätte durchsetzen können.

Eliten, die einfach so daherreden

»Blockade« ist ein Schlüsselwort unserer Meinungsführer. Wer wichtig ist, spricht von Blockade: der Sachverständigenrat und der frühere Kanzler Schröder, der Leiter des Instituts für Wirtschaft und Gesellschaft (IWG) Meinhard Miegel und der Altbundespräsident Herzog, der *Spiegel* und der Staatsrechtler von Arnim, die Bertelsmann Stiftung, die FDP-Führung und sogar die EU-Kommission.

Sollen wir das glauben? In anderen Ländern, namentlich in Großbritannien und in den USA, hat man sich schon lange von der reinen neoliberalen Lehre verabschiedet. Die amerikanischen Geldpolitiker, namentlich der ehemalige Chef der US-Notenbank, Alan Greenspan, sind längst auf eine pragmatische Linie eingeschwenkt. Nur ihre deutschen Glaubensbrüder laufen auf dem einmal eingeschlagenen Weg weiter. Diese Leute sind blind, sie haben nicht gesehen, dass ihre Freunde in Großbritannien und den USA einen differenzierteren Weg gegangen sind. Die deutschen Eliten in diesem Segment sind ideologisch verbohrt. Ihr Blick reicht gerade bis nach Frankfurt zur Europäischen Zentralbank oder bis nach Brüssel zur dortigen Kommission. Und da sie keine eigenen Ideen haben, sprechen sie das nach, was sie einmal gelernt haben.

Das Glaubensbekenntnis der neoliberalen Eliten

Unsere Eliten berufen sich zwar auf verschiedene Theorien, aber in den Kernglaubenssätzen sind sie sich weitgehend einig.

Sie glauben, es komme vor allem darauf an, Vertrauen bei den Unternehmern zu schaffen. Dazu müsse man die »**Angebotsbedingungen**«, wie sie sagen, verbessern. Gemeint ist: Löhne und Steuern niedrig halten beziehungsweise senken; kein Kündigungsschutz; flexible und mobile Arbeitnehmer; keine Betriebsräte; keine Streiks; gut ausgebildete und brave Arbeitnehmer, die mit sich machen lassen, was nach Meinung des Managements dem Betrieb nutzt; die Bürokratie und den Staatsanteil abbauen, dennoch gute Infrastruktur und Geld vom Staat für Forschung und Ansiedlung; und so weiter.

Sie glauben, die **Löhne** seien zu hoch, und wenn sie sinken, werde mehr investiert und produziert. Also sagen sie uns, die Löhne müssten weiter sinken, dann gehe es aufwärts, und die Arbeitslosigkeit werde sinken.

Sie sagen uns: **Gewerkschaften** sind von Übel. Und sie seien unglaublich mächtig. Das glauben noch nicht einmal die Funktionäre der Arbeitgeber.

Sie haben gelernt: Konjunkturprobleme gibt es eigentlich nicht mehr, alles ist strukturbedingt, und deshalb brauchen wir **Strukturreformen** wie die Privatisierung der sozialen Sicherungssysteme. Beschäftigungspolitik im traditionellen Sinn eines John Maynard Keynes gibt es nicht mehr. Die Zentralbank muss auf Preisstabilität achten. Das reicht und erledigt alles andere.

Sie glauben, der Staat sei zu fett; wenn man den **Staatsanteil** reduziert und wenn man entstaatlicht, würden die Unternehmen den gewonnenen Freiraum nutzen und sich entfalten, und schon wächst die Wirtschaft.

Sie haben gelernt: Der Staat muss **sparen**. Wie er sparen kann, darüber haben sie allerdings nicht nachgedacht. Deshalb versuchen sie, in Krisen hineinzusparen, und haben am Ende mehr Schulden als zuvor.

Sie glauben, man müsse die **Kosten** für die Unternehmen so minimieren, dass sie aus Freude darüber investieren und mehr produzieren. Der Begriff »Vertrauen« spielt dabei eine große Rolle.

Sie glauben, die Unternehmensleitungen sollten ihre Geschäftspolitik vor allem am sogenannten **Shareholder-Value** orientieren. Was dem Aktienwert des Unternehmens an der Börse dient, soll die Richtschnur unternehmerischer Entscheidungen sein, für Investitionen genauso wie für Entlassungen.

Merke: Wenn Eliten mehr Eigenverantwortung und mehr Risikobereitschaft fordern, dann sind sie selbst in der Regel gut abgesichert. Sei es, dass sie Professoren sind, unkündbar und mit Pensionsberechtigung. Oder Spitzenjournalisten mit einem guten Vertrag und entsprechendem Gehalt und Vermögen. Oder es sind gut verdienende Vertreter der Wirtschaft, die ebenfalls über Vermögen verfügen.

Sie glauben: Wenn wir die Unternehmenssteuern und die **Steuern für die hohen Einkommen und Vermögen senken**, dann wird investiert. Sie huldigen der sogenannten Pferdeäpfel-Theorie, die besagt, dass die Spatzen auch noch etwas finden, wenn man den Pferden ordentlich Hafer gibt.

Sie glauben: Die **Lohnnebenkosten** sind zu hoch und müssen runter, dann springt die Wirtschaft an.

Sie glauben: Der **Sozialstaat** ist eine Belastung, er ist übertrieben, also muss er *ab*gebaut werden. Wenn sie klug sind, drücken sie dasselbe anders aus und sagen, wir müssten den Sozialstaat *um*bauen.

Sie glauben: Mit **Eigenverantwortung** lässt sich die Vorsorge fürs Alter, für Krankheit und gegen Arbeitslosigkeit und Pflegebedürftigkeit regeln.

Sie glauben, man müsse den **Arbeitsmarkt** flexibler gestalten. Dann werde es genug Arbeitsplätze geben.

Sie glauben, die Menschen müssten **mobiler** sein – zeitlich und örtlich und in der Konsequenz auch familiär. Letzteres sagen sie allerdings nicht laut.

Sie glauben: **Jeder ist seines Glückes Schmied.** Diese Philosophie hat sich nach und nach als herrschende Lehre durchgesetzt. Sie bestimmt die Grundlinien der Wirtschaft und der Gesellschaftspolitik, obwohl die neoliberale Bewegung mit ihren Konzepten in Deutschland erwiesenermaßen gescheitert ist. Dass sie trotzdem weitermachen kann, hat viel damit zu tun, dass die meinungsführenden Eliten das Scheitern noch nicht begriffen haben. Sie leben wie in einem Bunker.

Allerdings muss man differenzieren: Es gibt in Deutschland einige Spitzenpersonen, die den ökonomischen Niedergang nicht aus Unwissenheit oder Dogmatismus begleitet, sondern ihn wohlwollend geduldet haben. So hat sich der aus meiner Sicht mächtigste Mann Deutschlands, der Mehrheitseigentümer von Bertelsmann, Reinhard Mohn, 1996 in einem Interview mit dem *Stern*[24], der zu seinem Konzern gehört, unter anderem wie folgt geäußert:

> *Stern:* »Das bisherige Solidaritätskonzept ist ohnehin nicht mehr zu finanzieren.«
> *Reinhard Mohn:* »Ja. Es ist ein Segen, dass uns das Geld ausgeht. Anders kriegen wir das notwendige Umdenken nicht in Gang. Müssen wir uns vielleicht statt über Solidarität nicht längst viel mehr über Subsidiarität unterhalten?«
>
> »... Warum können wir nicht soviel Freiheit wie die Amerikaner ertragen? Oder: Warum haben wir noch einen Kündigungsschutz, der längst nicht mehr sachgerecht ist? Das ist in Deutschland eine heilige Kuh.«
>
> »... aber die Regierung und die Parteien sind zur Zeit nicht in der Lage, die Grundfragen der Gesellschaft neu zu ordnen. Wir müssen deshalb dem Schicksal danken,

dass jetzt schmerzliche Sachzwänge entstehen, die neue Schubkraft bringen.«

Diese Äußerungen erscheinen wie ein erklärender Kommentar zum bewusst gewollten Niedergang unserer Volkswirtschaft und den stagnierenden Wachstumsraten ab 1992.

Auch Hans-Olaf Henkel, früher einmal Präsident des Bundesverbands der Deutschen Industrie (BDI), hantiert mit der Vorstellung, dass Krise und der »Nullpunkt« Chancen böten.[25] Die dahinterstehende Idee ist klar: Den Leuten muss es schlechter gehen, damit sie mit niedrigeren Löhnen, weniger Kündigungsschutz, einer längeren Arbeitszeit, weniger Urlaub, mehr Stress und dem Abbau sozialer Leistungen einverstanden sind. Den Leuten muss es schlecht gehen, damit sie sich in einen sogenannten Niedriglohnsektor abdrängen lassen und mit prekären Arbeitsverhältnissen zu leben lernen. Damit sie »umdenken« lernen.

Hier wird nicht angedeutet und auch nicht ansatzweise behauptet, dass die Mehrheit der deutschen Unternehmer so denkt. Aber maßgebliche Personen denken so. Und maßgebliche Manager verhalten sich so. Und maßgebliche Eliten machen das mit und widersprechen nicht.

IV. Die Totengräber und ihre Leichen

Das Ansehen unseres Landes wird systematisch beschädigt

In den Debatten unserer Eliten spielen die Folgen ihrer Politik und ihrer ideologischen Begleitmusik keine große Rolle. Darauf verliert man nicht sonderlich viele Gedanken. Das gilt im besonderen Maß für die Auswirkungen der Reformpolitik auf die Psyche von Menschen, auf den sozialen Zusammenhalt, auf die Familien, auf ihre Gesundheit und ihre Hoffnungen für die Zukunft.

Politik bedenkt ohnehin meist nur harte Fakten. Was bringt es ökonomisch? Was kostet es? Im Falle einer neoliberal geprägten Politik verleitet dieser beschränkte Blickwinkel dazu, manche sehr bedrückenden und belastenden Folgen zu übersehen. Die neoliberale Bewegung hinterlässt Zeitbomben: bei einzelnen Menschen wie für die Gesellschaft als Ganzes, auf nationaler Ebene wie auf internationaler.

Die zu Beginn des Buches zitierte Rede des Bundespräsidenten ist typisch dafür, wie die neoliberalen Reformer mit dem Ansehen unseres Landes umgehen – oder vielmehr wie sie meinen, damit umgehen zu müssen. Denn der missionarische Eifer, mit dem sie ihr Wirtschafts- und Gesellschaftsmodell durchsetzen wollen, zwingt sie, das bestehende Modell des Zusammenlebens schlechtzureden. Der Bundespräsident will Neuwahlen ermöglichen, also zeichnet er den Zustand des Landes in den schwärzesten Farben. Wo gibt es denn so etwas, dass das eigene Staatsoberhaupt so schlecht über sein Land redet, wie Horst Köhler dies getan hat? Und nicht nur bei seiner Rede zur Auflösung des Deutschen Bundestags, sondern auch bei vielen anderen Anlässen, zum Beispiel bei seiner »Brandrede« vor einem Arbeitgeberforum (siehe S. 252 ff.). Professor Hans-Werner Sinn will, dass die Löhne gedrückt werden, also behauptet er, wir seien auf den Weltmärkten nicht mehr wettbewerbsfähig. Die Versicherungswirtschaft will private Altersvorsorge, also übertreibt sie das demographische Problem und macht die gesetzliche Rente schlecht (siehe S. 294 ff.). Und so weiter.

Wie gezielt die Schwarzmalerei ausfällt und betrieben wird, konnten wir im Umfeld der Neuwahlen des Jahres 2005 studieren. Vor der Neuwahlentscheidung wurde noch alles in schwarzen Farben gemalt, aber schon während der Vorbereitung auf die Wahlen war eine Kampagne zur Feier unseres Landes vorbereitet: »Du bist Deutschland«. Als die ersten Anzeigen und Fernsehspots dieser Kampagne Ende September 2005 erschienen[26], meinte Peter Zudeick im Deutschlandradio, es sehe ganz danach aus, als ob die Kampagne im Hinblick auf eine erhoffte schwarz-gelbe Regierung geplant worden wäre. Die Initiatoren der »Du bist Deutschland«-Kampagne hätten wohl warten wollen, bis Merkel und Westerwelle am Ruder sind. »Um dann in alle Welt hinauszutrompeten, wie toll das mit Deutschland ist. Wenn man nur will.«[27]

Die Kampagne erschien dann etwas deplaziert, als sie anlief, ohne dass die Verantwortlichen in Berlin wussten, wer nun eigentlich an die Spitze der neuen Regierung gelangen oder welche Koalition zustande kommen würde – und ob sie nun eher sagen sollten, es stehe gut ums Land oder es stehe schlecht ums Land.

»Du bist Deutschland«

»Du bist Goethe«, »Du bist das Wunder von Deutschland« – diese Kampagne ist eine gemeinsame Aktion deutscher Medienunternehmen im Rahmen der Initiative »Partner für Innovation«, hinter der wiederum eine Reihe von Unternehmen, Einrichtungen und Verbänden und eine PR-Agentur stecken. Die Kampagne »Du bist Deutschland« wird von der Bertelsmann AG koordiniert. Anzeigen, Fernsehspots, Plakate und Auftritte in Online-Medien werden kostenlos zur Verfügung gestellt. Sie erreichen einen Wert von mehr als 30 Millionen Euro.[28] Berühmte Größen aus Funk und Fernsehen machen mit. Zur besten Sendezeit, kurz vor den Nachrichten haben sie versucht, uns ihre gute Stimmung zu vermitteln. So weit, so gut. Es ist ja nichts Schlechtes, gute Stimmung zu machen. Im Gegenteil.

Die Kampagne soll aber auch den Eindruck erwecken, als läge es nur an uns, wenn wir Schwierigkeiten haben. An der Realität der Menschen geht sie vorbei. Denn: Ob du als Arbeitsloser Erfolg hast, hängt von der Konjunkturpolitik ab und nicht von dir. Ob du als Einzelhändler Erfolg hast, hängt wesentlich davon ab, ob die Binnennachfrage endlich wieder auf die Beine kommt, also auch davon, ob die Löhne endlich wieder steigen. Ob du als Facharbeiter deinen Job behalten kannst, hängt auch davon ab, ob dein Unternehmen hemmungslos von sogenannten Heuschrecken gefleddert werden kann; in den Ohren der Mitarbeiterinnen und Mitarbeiter der Armaturenfirma Grohe, die von einem solchen Investor mit Schulden erdrückt werden, klingt der Slogan »Du bist der Laden« – wie es im Manifest der Propagandaaktion heißt – wie böser Hohn. Ob du als Frau, die sich für Kinder entschieden hat, dennoch weiterarbeiten kannst, hängt auch davon ab, welche Kinderbetreuungsmöglichkeiten die Gemeinde anbietet.

»Du bist Deutschland« ist der Versuch unserer Eliten, das Volk »rumzukriegen«, seine Meinung grundlegend zu verändern, den Menschen vor allem beizubringen, es läge nur an ihnen, das Tal der Tränen zu verlassen. Insofern ist die Kampagne typisch für den Umgang unserer Eliten mit dem Volk: Politik ist zur Hälfte Propaganda, vielleicht sogar zu drei Vierteln. Unsere Eliten stellen sich vor, man könne dem Volk alles verkaufen, vorausgesetzt, man hat das nötige Kleingeld und spritzige Ideen.

Seltsamerweise haben alle gängigen Prominenten mitgemacht – auch solche, die man sonst eher zu den Aufgeklärten und Linksliberalen zählen würde –, obwohl durchschaubar war, wer dahintersteckt und zu welchem Zweck die Aktion gestartet wurde: Die positive Begleitmusik zum Einstieg der schwarz-gelben Koalition sollte das sein. Als aus dieser Koalition nichts wurde, war es dann eben die Begleitmusik für Angela Merkel und die große Koalition.

Man konnte sehen und lesen und hören, wie die Wirtschaftsforschungsinstitute und der Sachverständigenrat vor der Wahl und noch kurz danach düstere Prognosen für das Jahr 2006 abgaben. Wenige Wochen später schalteten die Volkswirte um und prognostizierten 1,8 oder 2 Prozent Wirtschaftswachstum. Das ifo-Institut erhöhte von 1,2 auf 1,7 Prozent, und auch der Vorsitzende des Sachverständigenrats, Professor Bert Rürup, diagnostizierte artig den »Merkel-Aufschwung«. Objektiv betrachtet sind das lächerlich kleine Wachstumsraten, wenn man aus dem tiefen wirtschaftlichen Loch herauskommen will, in dem wir uns befinden. Aber der Vorgang zeigt, wie sogenannte Fachleute die Lage je nach Stimmung und politischer Opportunität unterschiedlich bewerten. Das Glas kann halbvoll und halbleer sein – je nachdem.

Die Medien haben bei der pessimistischen Darstellung unseres Landes eine wichtige Rolle gespielt. Prototypisch dafür ist der *Spiegel*, dessen einflussreicher Berliner Büroleiter Gabor Steingart ein Buch mit dem Titel *Deutschland – Der Abstieg eines Superstars* geschrieben und damit in seiner Redaktion den Ton vorgegeben zu haben scheint. Seine streckenweise sehr seltsamen Thesen finden auch in Nachfolgeartikeln und Interviews immer wieder Verwendung.

Achten Sie doch einmal darauf, wie schwer sich die *Spiegel*-Redaktion damit tut, irgend etwas gut zu finden an den Strukturen unseres Landes und seiner Wirtschaft. Bei Interviews sollten üblicherweise die Interviewten ihre Meinung sagen. In *Spiegel*-Interviews scheint das anders zu sein. So erschien zum Beispiel im *Spiegel* vom 19. Dezember 2005 ein Interview mit dem Wirtschaftshistoriker Werner Abelshauser zum Kampf zwischen dem rheinischen und dem amerikanischen Kapitalismusmodell, wie es in den Unterzeilen hieß. Dann folgten Fragen, die auf Miesmacherei unseres Landes, seiner Strukturen und seiner Wirtschaft getrimmt waren:

> *»Spiegel:* Herr Abelshauser, [...] Hiesige Unternehmen fühlen sich dem globalen Kapitalmarkt hilflos ausgeliefert.

Hat der Shareholder-Kapitalismus amerikanischer Prägung gesiegt?
Abelshauser: Ich glaube nicht. Ihre Schilderung ist zu pessimistisch. Sie entspricht nicht den Fakten.
[...]
Spiegel: Etwas mehr Flexibilität würde auch der deutschen Wirtschaft guttun. Seit Jahrzehnten hängt ihr Wohl und Wehe an denselben Branchen, etwa am Fahrzeugbau, während sich Amerika dem Strukturwandel sehr viel schneller und dynamischer angepasst hat.
Abelshauser: Das Geld wird zunächst da verdient, wo man besser als andere ist. Man muss sich auf die Methoden und Märkte konzentrieren, die man beherrscht. Erst dann kann man neue Märkte erobern. Die Deutschen sind da durchaus erfolgreich. Wir haben in den vergangenen Jahren auch bei den Patenten für Spitzentechnologie aufgeholt.
Spiegel: Ist es nicht eher so, dass die Basis der deutschen Wirtschaft immer schmaler wird? Im Pharmabereich, wo sie einst führend war, ist sie fast nicht mehr vertreten. Die Banken, die einst die Weltliga anführten, spielen international fast keine Rolle mehr. Auf der anderen Seite ist außer SAP kein großes Unternehmen mehr von Weltrang nachgewachsen.
Abelshauser: Die deutsche Organisation der Wirtschaft ist eben vor allem für Verfahrensinnovationen von Vorteil: also vor allem im Fahrzeugbau, Maschinenbau, in Chemie und Elektrotechnik. In anderen hat sie diese Vorteile nicht. Man kann nicht beides gleichzeitig haben. Die Amerikaner sind dafür in den Bereichen schwächer, in denen wir stark sind.
[...]
Spiegel: Warum ist die Arbeitslosigkeit dann in Deutschland viel höher als in den USA?
[...]

Spiegel: Ist die Arbeit in Deutschland nicht schlicht zu teuer?
[...]
Spiegel: Woran krankt das System noch?
[...]«

Die Fragen sagen alles. Die Antworten, so gut sie sind, scheinen den *Spiegel* nicht näher zu interessieren.

Wenn die interessierten Kräfte weitere Reformen wollen, schildern sie das Land in düsteren Farben. Denn wer Strukturreformen will, muss das Bestehende schlechtmachen. Worüber wurde und wird nicht alles geklagt: über die hohen Lohnkosten, über die angeblich mangelnde Flexibilität, über die Blockade durch den deutschen Föderalismus. Um darüber zu lamentieren, sind deutsche Manager und Politiker sogar bis in die USA gereist. Dabei lässt sich schon am Beispiel Lohnkosten belegen, wie falsch diese Klagen sind.

In den letzten zehn Jahren sind die Reallöhne unter vergleichbaren Ländern nur in Deutschland gesunken (minus 0,9 Prozent), die sogenannten Lohnstückkosten – das sind die Lohnkosten nach Berücksichtigung der Produktivitätsentwicklung – sind in den letzten Jahren eklatant niedriger ausgefallen. Im Vergleich mit den zweiundzwanzig wichtigsten OECD-Industrieländern haben die deutschen Lohnstückkosten seit 1995 insgesamt um 21,9 Prozent abgenommen.[29]

Auch die Flexibilität ist um vieles höher, als behauptet wird, und das nicht nur in den neuen Bundesländern, wo Arbeitnehmer in ihrer Angst vor dem Arbeitsplatzverlust schon lange zum gleichen Lohn länger arbeiten.

Und der Föderalismus? Er ist nach den Erfahrungen mit der Diktatur aus guten politischen Gründen in Deutschland eingeführt worden. Und er hat gerade in der Wirtschaftspolitik wegen der Eigenständigkeit und einer daraus folgenden Eigendynamik der Länder sehr viel Positives bewirkt. Sind wir schlechter gefahren als das zentralisierte Frankreich? Hat uns der Föderalismus daran gehindert, das schwierige Problem der Vereinigung zweier sehr verschiedener Volkswirtschaften zu schultern? Ganz im Gegenteil, die föderale Struktur hat sich in vielen Bereichen positiv ausgewirkt, weil die Länder der alten Bundesrepublik die neuen Bundesländer unterstützt haben. Wer weiß, ob das Zusammenwachsen der beiden Teile Deutschlands nicht noch viel schlechter gelungen wäre, wenn es diese dezentrale Struktur nicht gegeben hätte.

Die Dauerklage über die deutsche Misere ist nicht nur falsch, sie ist auch kontraproduktiv. Wer soll in Deutschland investieren, wenn er von deutschen Managern gesagt bekommt, hier sei alles schlecht? Wie will man deutsche Spitzenkräfte im Land halten und ausländische hierher holen, wenn man ihnen erzählt, im Ausland sei alles besser? Wie will man die Konjunktur ankurbeln, wenn man den Menschen andauernd erzählt, wie schlecht die Zukunftsperspektive ist?

Deutsche Manager, Professoren und Politiker haben im Ausland auch über die Macht der Gewerkschaften, über die Mitbestimmung und das Betriebsverfassungsgesetz geklagt. Darüber hätte man auch anders reden können. Wenn man sich der Fakten erinnert hätte, hätten unsere Abgesandten davon berichten können, wie wenig Streiktage wir im Vergleich zu anderen Ländern haben und wie kooperativ es zwischen Arbeitnehmern und Gewerkschaften auf der einen Seite und den Unternehmern auf der anderen Seite zugeht beziehungsweise zuging – zum Vorteil der Produktivitätsentwicklung unserer Volkswirtschaft. Statt dessen haben die Abgesandten unserer Eliten über Missbräuche der Arbeitnehmerrechte, des Kündigungsschutzes und des sozialen Netzes geklagt. Missbräuche, die es gab und gibt, die aber auch nicht ansatzweise ein korrektes Bild der Verhältnisse in Deutschland zeichnen.

Unsere Meinungsführer hätten davon schwärmen können, dass sich die Gewerkschaften in Deutschland nie, wie in anderen Ländern geschehen, dem technischen Fortschritt entgegengestellt haben, sondern vielmehr dabei behilflich waren, neue Wege zu gehen. Sie hätten davon schwärmen können, wie viele Fehlentscheidungen durch die Mitbestimmung der Arbeitnehmer, der

Betriebsräte und der Gewerkschaften verhindert werden konnten.

Ich behaupte nicht, unser System habe keine Schwächen. Die entscheidende Frage ist, ob unser Land im Ausland fair und gerecht dargestellt worden ist. Anderswo würde man diese Frage viel brutaler stellen. Da würde man fragen: Wie kommt ein Abgesandter unseres Landes dazu, sein eigenes Land im Ausland derartig mieszumachen? So sehen es zum Beispiel die Franzosen. So sehen es nolens volens die Briten, die ihr Modell loben, obwohl die Schattenseiten der Privatisierung auf der britischen Insel für niemanden zu übersehen sind.

Die neoliberale Ideologie birgt enorme Risiken

Durch die andauernde Unterbeschäftigung der Potentiale der deutschen Volkswirtschaft verzichten wir jährlich auf einen Wohlstandszuwachs in dreistelliger Milliardenhöhe. Vom Potential der Erwerbspersonen liegen rund 7 Millionen brach. Eine Zunahme der Erwerbstätigkeit um knapp 4 Millionen würde zwar noch nicht Vollbeschäftigung bedeuten, aber doch einen »hohen Beschäftigungsstand« – worauf das Stabilitäts- und Wachstumsgesetz uns eigentlich verpflichtet. Eine solche Zunahme der Erwerbstätigkeit um 10 Prozent und unter der vorsichtigen Annahme, dass dabei wegen Teilzeit, eingliederungsbedingter Minderleistungen etc. nur 75 Prozent der aktuellen Produktivität realisiert würden, ergäbe ein zusätzliches Bruttoinlandsprodukt von über 150 Milliarden Euro. Mit diesen 150 Milliarden jährlich könnten wir sehr viel anfangen: Damit könnten Schulden des Staates abgebaut werden, damit könnte neu investiert werden, in Infrastruktur, in Gesundheit, in Familien und in Bildung, damit könnte man dafür sorgen, dass die große Mehrheit der Menschen etwas mehr in der Tasche hat und sich mehr leisten kann.

Das Volkseinkommen (Bruttoinlandsprodukt/BIP) in Deutschland liegt im Jahr 2005 um rund 700 Milliarden Euro unter dem Betrag, den wir erreicht hätten, wenn wir statt des schwachen realen Wachstums von durchschnittlich 1,2 Prozent seit 1993 eine etwas bessere reale Wachstumsrate von 2,5 Prozent erreicht hätten. Das ist eine gewaltige verspielte Chance.

Deutsche Unternehmer verschwenden heute, wenn sie auf den Binnenmarkt konzentriert sind, Unsummen von Stunden für unnütze Tätigkeit: für das Einsammeln und Einklagen von faulen, überfälligen Forderungen und für die unermüdliche und häufig unbefriedigende und erfolglose Akquisition von Aufträgen. Dass ein so hoher Anteil der Zeit, der Anstrengung und der Nerven vieler insbesondere mittelständischer Unternehmer auf diese eher unproduktiven Tätigkeiten verwendet werden muss, ist inzwischen zu einem kostenträchtigen Problem geworden. Wenn ein

Markt nicht einigermaßen im Gleichgewicht ist, dann hat dies eben unproduktive Folgen.

Technischer Fortschritt und die Steigerung der Produktivität werden in erster Linie durch Investitionen realisiert. Wenn Unternehmen nicht genügend Aufträge haben, dann investieren sie nicht mehr. Wenn sie nicht mehr investieren, dann wird mit der Neuinvestition auch kein technischer Fortschritt finanziert – von wenigen Ausnahmen abgesehen. Deshalb leidet eine stagnierende Ökonomie immer auch unter einem Mangel an technischem Fortschritt und einer unterdurchschnittlichen Steigerung der Produktivität. Die Produktivitätsfortschritte sind bei uns parallel zum Niedergang der Investitionen unterhalb des früheren Niveaus geblieben. Von 1998 bis 2004 stieg die Produktivität durchschnittlich gerade mal um 0,9 Prozent pro Jahr.

Großbritannien, dessen Entwicklung noch sehr viel mehr als unsere vom neoliberalen Geist geprägt ist, zeichnet sich dadurch aus, dass die Produktivität pro Arbeitsstunde erheblich niedriger ist als in Deutschland, Frankreich oder Italien. Es wird vermutet, dass dieser Unterschied zwischen Deutschland und Großbritannien nicht nur daraus folgt, dass Großbritannien mit 1,93 Prozent vom Bruttoinlandsprodukt erkennbar weniger für Forschung und Entwicklung ausgibt als Deutschland mit 2,5 Prozent, sondern auch daraus, dass die britischen Unternehmen viel stärker als die deutschen unter dem Druck der Anteilseigner, der Shareholder, stehen. Deshalb wird weniger in langfristig wirksame neue Technologien investiert.[30] Je mehr wir uns dem Trend zur Orientierung am Shareholder-Value anpassen, um so mehr wird sich vermutlich auch unser Ergebnis dem britischen annähern.

Deutschland löst derzeit einen Teil seiner vom bisherigen Kurs verursachten volkswirtschaftlichen Probleme dadurch, dass es die Probleme nach außen verschiebt: Wir exportieren viel mehr, als wir an Gütern und Diensten importieren.

Besonders dramatisch ist die Entwicklung des Leistungsbilanzdefizits in den USA. Das kann sich zum Dollar-Crash und damit zum großen Desaster auswachsen. Auch wenn unsere Wirtschaftspolitik und die daraus resultierende extrem hohe Exportorientierung mangels ausreichender Binnennachfrage nur *mit*verantwortlich sind für das Ungleichgewicht der amerikanischen Zahlungsbilanz, wären wir doch mitschuldig an einer echten Währungskrise und deren bitterem Ende. Dass sich eine solch gefährliche Entwicklung überhaupt abzeichnet, ist ein Zeichen mangelnder Verantwortung und Wachsamkeit der führenden Personen.

In einzelnen Blättern wird immerhin auf die Gefahr hingewiesen. So schreibt die *Financial Times Deutschland*[31], das bei weitem größte makroökonomische Ungleichgewicht in der Weltwirtschaft sei das weiter wachsende Leistungsbilanzdefizit der USA: »Es wird 2005 voraussichtlich mit rund 800 Milliarden $ über 6 Prozent des US-Bruttosozialprodukts ausmachen. Damit erreicht die Verschuldung der USA gegenüber dem Rest der Welt fast ein Viertel des Bruttosozialprodukts. Beim derzeitigen Trend würde die Verschuldung in fünf Jahren schon 50 Prozent am BSP ausmachen.«

Das ist eine gefährliche Entwicklung, und trotzdem scheinen sich unsere meinungsführenden Eliten nicht darum zu kümmern, obwohl ein Crash des Dollars uns wegen unserer extremen Exportabhängigkeit empfindlich treffen würde. Von mehr als drei Millionen gefährdeten Arbeitsplätzen ist in einer Berechnung des Bruegel-Instituts, einem Brüsseler Think-Tank, die Rede.[32]

Offenbar ist der Blick unserer Meinungsführer in der wirtschaftspolitischen Debatte so sehr auf die wirtschaftlichen Schwächen unseres Landes verengt, dass sie dieses Pulverfass in der Weltwirtschaft gar nicht sehen. Wehe, wenn die Chinesen und vielleicht noch die Japaner und einige andere ostasiatische Gläubiger ihre Dollarbestände verkaufen!

Aber nicht nur gegenüber den USA führt unsere Wirtschaftspolitik zu Problemen. Wir exportieren de facto Arbeitslosigkeit, wenn wir mehr Güter exportieren als importieren, wir exportieren und verursachen damit wirtschaftliche und vor allem währungspolitische Probleme bei unseren Handelspartnern. Darunter leiden Frankreich, Italien, Spanien, die im Wettbewerb mit der deutschen Volkswirtschaft nur schwer bestehen. Auf Dauer wird sich das auch auf uns nachteilig auswirken, denn wenn Überschüsse und Defizite nicht einigermaßen ins Lot kommen, nehmen die internationalen Handelsbeziehungen Schaden.

Der Chefökonom der UN-Welthandels- und Entwicklungskonferenz UNCTAD und ehemalige Staatssekretär im Bundesfinanzministerium Heiner Flassbeck sieht die Probleme innerhalb der Europäischen Währungsunion als dramatisch an. Ihn bedrückt es zu sehen, wie radikal und wie schnell Deutschland mit seiner Vernachlässigung der Binnennachfrage und der Konzentration auf die Wettbewerbsfähigkeit im Export die Europäische Währungsunion zerstört. Flassbecks Bedenken werden durch einen Bericht der *Financial Times Deutschland* vom 21. Dezember 2005 bekräftigt. Unter der Überschrift »Italiener verpassen den Aufschwung« war dort zu lesen:

> »Um international wieder wettbewerbsfähiger zu werden, müssten die italienischen Firmen nach Schätzung der Deutschen Bank zunächst ihr Kostenniveau um 20 Prozent senken. Da in einer Währungsunion eine Abwertung nicht möglich sei, müssten Löhne gekürzt und Kosten eingespart werden. ›Das ist aber sehr schmerzhaft und bremst das Wachstum während des Anpassungsprozesses‹, sagte Walter.«

Norbert Walter ist Chefvolkswirt der Deutschen Bank und predigt seit Jahren, in Deutschland müssten die Löhne drastisch gesenkt werden, um in Sachen Wachstum und Jobs wieder auf einen grünen Zweig zu kommen. Die Umsetzung seiner Empfehlung, die Senkung der Reallöhne und noch mehr der Lohnstückkosten, würde in Deutschland zu genau denselben Schwierigkeiten wie in Italien führen, vor denen Norbert Walter jetzt warnt.

Fazit: Die wirtschaftlichen Folgen der neoliberal bestimmten Wirtschaftspolitik in Deutschland sind jetzt schon gravierend. Man kann in einem Land wie Deutschland nicht eine die Nachfrage abwürgende und nur auf den Export zielende Politik betreiben, ohne die Währungsunion zu gefährden und/oder den Partnerländern eine ähnlich verrückte Stagnationspolitik zuzumuten. Wenn die sich abzeichnenden währungspolitischen Auswirkungen tatsächlich eintreten, könnte sich unsere Situation noch erheblich verschlechtern.

Privatisierung und Deregulierung kommen uns teuer zu stehen

Das Wort »konservativ« leitet sich aus dem lateinischen Tätigkeitswort »conservare« ab, was so viel wie »erhalten, bewahren« heißt. Unsere konservativen Spitzenpolitiker, ob sie Christian Wulff heißen, Roland Koch, Günther Oettinger oder wie auch immer: Sie wollen von uns wahrgenommen werden als verantwortungsbewusste Hausväter, die mit den Gütern, die wir ihnen durch die Wahl anvertraut haben, behutsam umgehen und das Ererbte und Erworbene sorgsam erhalten und bewahren wollen. So versichern sie es uns jedenfalls immer wieder.

Warum aber haben es die Konservativen wie auch ehedem Linke so eilig, die Bahn, die gemeinnützigen Wohnungen, die Straßen, das Wasser oder die öffentlichen Gebäude, um nur einige Privatisierungsobjekte zu nennen, an mehr oder weniger bekannte »Investorengruppen« zu veräußern? Bewahrende Hausväter würden doch alles nur Erdenkliche tun, um zu vermeiden, dass das eigene Häuschen an irgendwelche undurchschaubaren Herrschaften geht, während sie selber und ihre Nachgeborenen in der ehedem eigenen Behausung zur Miete wohnen müssen. Selbst einfache Gemüter würden doch schnell durchschauen, dass man spätestens nach einer Generation den Kaufpreis des Hauses durch Mietzahlungen an den Käufer zurückerstattet hätte.

Was im Kleinen gilt, gilt auch im Großen. Zweifellos lassen sich durch den Verkauf des öffentlichen Tafelsilbers kurzfristige Engpässe in den öffentlichen Haushalten überwinden. Das verbessert vielleicht die Chancen, wiedergewählt zu werden. Am Ende aber bleiben einem nur noch die laufenden Kosten für die Miete der einstmals staatseigenen Vermögenswerte.

Zudem verliert man mit der Eigentümerschaft über ein Objekt auch die Verfügungsgewalt. Das bedeutet: Eigentum, das der Gemeinschaft der Bundesbürger gehört, kann durch demokratische Mehrheitsentscheidung im Interesse der Allgemeinheit genutzt werden. Gehört solch ein Objekt jedoch einer Investorengruppe, bestimmen letztlich diese Investoren, was damit geschieht.

Dass trotzdem soviel öffentliches Eigentum verkauft wird, ist nur vor dem Hintergrund gewisser Glaubenssätze zu verstehen wie zum Beispiel: Der Abbau von Schulden hat Vorrang, ganz gleich, was das an Vermögen kostet. Wahr ist: Wenn der Staat ein öffentliches Unternehmen verkauft, dann vermindert sich das Vermögen parallel zu den Schulden. Ob unter dem Strich etwas übrigbleibt, hängt wesentlich vom erzielten Verkaufspreis ab.

Im privaten Bereich würde keiner der besonders engagierten Fürsprecher dieser Art von Privatisierung ein solches Verhalten, wie es dem Staat ständig empfohlen wird, als vernünftig bezeichnen. Die Eigentümer eines Einfamilienhauses, die – um ihre Schulden etwas abzubauen – ihr Anwesen in einer schlechten Marktsituation zu einem schlechten Preis verkaufen, um es dann vom Käufer zurückzumieten oder sich anderweitig eine Mietwohnung zu suchen, würden wir zumindest der Kurzsichtigkeit bezichtigen.

Fast alle Bedenken aus dem privaten Bereich gelten auch für den öffentlichen Bereich: Öffentliche Einrichtungen, Stadtwerke zum Beispiel, sind vielerorts zu schlechten Preisen verkauft worden; die Kunden dieser Einrichtungen müssen über die Gebühren mindestens das an die neuen privaten Eigentümer zurückzahlen, was der öffentliche Träger durch Verkauf gewonnen hat; die künftige Generation dürfte in den meisten Fällen mehr belastet sein, als wenn man sowohl Vermögen als auch Schulden behalten hätte. Die Bilanz wäre länger – auf der einen Seite mehr Vermögen, auf der anderen höhere Schulden –, was noch kein Vorteil ist, vermutlich wäre aber in vielen Fällen auch das Nettovermögen noch größer, wenn der öffentliche Träger sein Eigentum nicht »unter Preis« verkauft hätte.

Diese Erwägungen sind sehr aktuell: Immer wieder wird ins Gespräch gebracht, man möge doch die Autobahnen privatisieren und sie dann praktisch wieder zurückleasen. Auch so verringert der Staat seine Schulden. Aber gleichzeitig verringert er auch sein Sachvermögen; die jetzige und künftige Generationen müssen dann über Steuern die Leasinggebühren bezahlen. Da die

Käufer der Autobahnen einen Gewinn machen wollen und da auch das Privatisierungsverfahren Geld kostet, werden die dafür aufgewandten Steuern wahrscheinlich höher sein, als es die Zinsen für die Schulden gewesen wären.

In vielen Städten sind öffentliche Einrichtungen schon privatisiert worden, entweder direkt oder in Form der sogenannten Öffentlich-Privaten Partnerschaft (ÖPP), in vielen anderen steht die Privatisierung noch an. Der Bundesfinanzminister hat in seiner Grundsatzrede vom Januar 2006 zu weiteren Privatisierungen ermuntert. Allein im Land Berlin kann man sich Schauergeschichten von diesen Vorgängen erzählen. Ich zitiere aus dem Dokument einer kritischen SPD-Gruppe in Berlin, dem Donnerstagskreis: »Alle ÖPP-Projekte und Großprivatisierungen in Berlin haben den Berlinerinnen und Berlinern nur geschadet: der Verkauf der Bewag an Southern Energy (USA), der Verkauf der Gasag an Gaz de France, die Bankgesellschaft Berlin, das ÖPP-Modell ›Teilprivatisierung der Wasserbetriebe‹ an die Konzerne Vivendi und RWE. Und außer Landowsky und Diepgen tummeln sich noch alle Verantwortlichen in Politik oder Beraterbranche.«[33]

Unsere Eliten haben eine große Sympathie für die von der neoliberalen Bewegung gepriesenen Privatisierungen. Viele Politiker mögen sie, weil man mit der teilweisen Haushaltskonsolidierung, dem Erfolg der Privatisierung, *heute* glänzen kann und die Folgen für Gebührenzahler und Steuerzahler und Mieter erst in fünf, zehn oder zwanzig Jahren eintreten, wenn die Verantwortlichen nicht mehr zur Wahl stehen oder im Zuge des Privatisierungsgeschäfts zum Käufer gewechselt sind und ausgesorgt haben.

Die Lastenträger dieser Privatisierung sind die Bürgerinnen und Bürger, vor allem als Gebühren- und Steuerzahler. Den Berlinern zum Beispiel wurde von ihren teilprivatisierten Wasserwerken innerhalb von nur drei Jahren eine Erhöhung des Preises für Wasser und Abwasser um zirka 25 Prozent zugemutet, so die Auskunft der Berliner Wasserwerke; von sogar 28 Prozent schreibt die *taz*.[34]

In anderen Ländern ist das nicht anders. Auch Schweden ist teilweise dem Glaubensbekenntnis der Modernisierer gefolgt und hat in den neunziger Jahren privatisiert und dereguliert. Das Ergebnis nach einer Dekade: Bahntickets kosten 125 Prozent mehr, die Strompreise stiegen um 86 Prozent.[35]

Unsere Eliten mögen und begehren Privatisierungen auch deshalb, weil die Privatisierungsverfahren Geld kosten und ihnen Geld bringen. An Privatisierungsvorgängen kann ein ganzer Rattenschwanz von Berufen verdienen: der Generalunternehmer, die Beraterfirmen, die Rechtsanwälte, die Steuerberater, die Wirtschaftsprüfer, die Architekten, die Versicherungen, die Vergabeverfahrensexperten für gemischtwirtschaftliche Gesellschaften und die Immobilienberater. Bei dieser großen Zahl von Beteiligten ist es kein Wunder, dass die sogenannten Transaktionskosten sehr hoch sind.

Das fördert die Neigung, öffentliches Eigentum zu verscherbeln. Denn die eifrigsten Befürworter der Privatisierung sind in der Regel auch die Profiteure dieser Entwicklung.

Merke: Die Privatisierung von Staatsvermögen kann man nicht begreifen, wenn man nur fragt, was sie an Geld zur Konsolidierung der öffentlichen Haushalte bringt und was sie für die betroffenen Bürger bedeutet. Der Schlüssel zum Verständnis liegt im Privatisierungsvorgang selbst. Daran verdienen einflussreiche Eliten: Rechtsanwälte, internationale Beratungsunternehmen, Wirtschaftsprüfer, Berater, die ehemals Politiker waren.

Ein anderes, in der Öffentlichkeit mit unbegreiflichem Gleichmut hingenommenes Phänomen ist die massenhafte Privatisierung genossenschaftlichen und kommunalen Wohnraums.

Viele Menschen wohnen vergleichsweise günstig in Mietwohnungen, die von nicht profitorientierten gemeinnützigen Wohnungsbaugesellschaften betrieben werden. Es handelt sich entweder um genossenschaftlich entstandene Arbeiterselbsthilfevereine, um Betriebswohnungen von öffentlichen Unternehmen oder um kommunal betriebene Wohnungen. Diese Vermieter wollen eine erschwingliche Grundversorgung mit Wohnraum gewährleisten – das ist ihr gemeinsames Interesse. Jahrzehntelang hat die Sozialdemokratie die öffentlichen Wohnungseinheiten wie ein Wachhund verteidigt. Seit einigen Jahren haben die gemeinnützigen Institutionen jedoch keinen starken politischen Flankenschutz mehr.

Wir stehen gerade am Anfang einer gigantischen Verramschung dieser gemeinnützigen Wohneinheiten an dubiose Geldanlagekonsortien, vornehmlich aus den USA und Großbritannien. Die Städte sind klamm und verkaufen ihr Hab und Gut. Privatisierte Unternehmen wie die Deutsche Bahn AG wollen durch Verkauf ihrer Betriebswohnungen an liquide Mittel kommen. Internationale Fonds und Kapitalgesellschaften mit martialisch klingenden Namen wie Cerberus, Blackstone, Fortress (= Festung), Lone Star und Annington kaufen massenweise deutsche »Wohnungspakete«. Diese Firmen vertreten allein die Gewinninteressen ihrer diversen Geldanleger.

Die sozial schwachen Mieter sind jetzt sogenannten REITs (Real Estate Investment Trusts) ausgeliefert. Das bedeutet: Diese Gesellschaften sind an der Börse notiert. »Dass es hierbei in erster Linie um Renditen und Gewinnmaximierung geht, liegt auf der Hand«, meint der Direktor des Deutschen Mieterbunds, Franz-Georg Rips.

Das sieht der Bundesfinanzminister ganz anders. Am 10. Januar 2005 versprach er vor dem Auditorium der Industrie- und Handelskammer Frankfurt, er wolle den Finanzstandort Deutschland auch durch »Produktinnovationen« wie REITs stärken – ein gutes Beispiel dafür, wie unsere Eliten losgelöst von den Interessen der von ihren Maßnahmen betroffenen »kleinen Leute« handeln.

Der kurzfristige Liquiditätsgewinn der Kommunen durch Wohnungsverkäufe wird sie langfristig teuer zu stehen kommen: denn die durch Mieterhöhungen geschaffenen Wohnungslosen müssen irgendwo wieder untergebracht werden. Letztlich darf die Solidargemeinschaft der Steuerzahler dafür aufkommen.

In der öffentlichen Debatte zu diesem Thema wird auch meist verschwiegen, dass keinem Staat unendlich Material zur Privatisierung zur Verfügung steht. Irgendwann ist das Tafelsilber weg. Dann geht es ans Eingemachte. Und dann ist irgendwann Ende der Fahnenstange.

Man kann den Eindruck gewinnen, dass ÖPP ein besonderes Arbeitsfeld in der SPD ist. Schon am 8. März 2005 meldete sich der arbeitsmarktpolitische Sprecher der SPD-Fraktion, Klaus Brandner, mit einem engagierten Papier zu Wort, das den Titel trug: »Mehr Öffentlich Private Partnerschaften!«. Und Bundesfinanzminister Steinbrück kündigte in seiner Frankfurter Grundsatzrede an, er wolle die PPPs (Public-Private Partnership) – ein Synonym für ÖPPs – ausweiten. Unser Ziel müsse es sein, den Anteil von PPPs an den öffentlichen Investitionen von heute 4 Prozent auf das Niveau anderer Industrieländer zu bringen, das bei bis zu 15 Prozent liegt. Dazu wolle er auch die weitergehende Öffnung des Investmentgesetzes zugunsten der PPP vorantreiben.

Der Nutznießer als Gesetzgeber

Der Journalist Marcus Rohwetter hat in einem Artikel in der *Zeit* nachgezeichnet, wie schnell und entschlossen Politiker aller Parteien im Windschatten des letzten Bundestagswahlkampfs ein Gesetz verabschiedeten, mit dessen Hilfe öffentliche Liegenschaften an private Interessenten verkauft werden können.[36] Er ist für diesen Artikel mit dem Otto-Brenner-Preis für kritischen Journalismus ausgezeichnet worden.

Bislang gab es Verfahrensschwierigkeiten bei der Veräußerung öffentlicher Immobilien an Privatleute. Das »Gesetz über Öffentlich-Rechtliche Partnerschaften«, in Kraft seit dem 1. September

2005, hebt diese Hemmnisse auf. Grundgedanke des Gesetzes ist, dass der Staat als Mieter seiner Liegenschaften Geld für Unterhaltungskosten sparen würde. Als zusätzlicher Kaufanreiz lockt die potentiellen Privatbesitzer von Schulen oder Behörden die Befreiung von der kommunalen Grundsteuer.

Nicht nur der gesetzliche Freibrief zum beschleunigten Verkauf des öffentlichen Tafelsilbers ist ein Novum. Auch die Art, wie das Gesetz zustande gekommen ist, offenbart einen, sagen wir: neuen Politikstil. War es nämlich bislang üblich, dass Ministerialbeamte einen Gesetzentwurf formulieren und ihn dann an Experten und Parlamentarier zur weiteren Bearbeitung übergeben, so ist dieses ÖPP-Gesetz von der amerikanischen Anwaltssozietät Hogan & Hartson Raue ausgearbeitet worden. Eine Arbeitsgruppe aus vierzig Ministerialen und sechzig Privatjuristen hat diese Vorlage dann in Gesetzesform gegossen. Exponierte Partner bei diesem Handstreich waren der SPD-Bundestagsabgeordnete Michael Bürsch und der Hogan-&-Hartson-Anwalt Kornelius Kleinlein.

Doch das ist nur die Spitze des Eisbergs. Immer häufiger werden die internationalen Anwaltssozietäten als neue Mitspieler beim Gesetzentwicklungsprozess in Berlin eingebunden. Vielmehr: Sie haben sich selber diskret eingebunden. Oftmals formulieren sie kostenlos neue Gesetze. »Ihre Handschrift findet sich im Gesundheits- ebenso wie im Energie-, Telekommunikations- oder Arbeitsrecht«, schreibt Marcus Rohwetter. Da von diesen privat formulierten Gesetzen häufig die Großkunden ebendieser Anwaltskanzleien nicht unerheblich profitieren, lohnt sich diese Selbstlosigkeit der Privatjuristen.

Verfassungsrechtlich ist der Vorgang mehr als bedenklich, denn die Gesetzentwicklung wird aus dem Gefüge der Gewaltenteilung herausgenommen und entzieht sich der öffentlichen Kontrolle. Die Komplexität der neuen Gesetzeswerke wird zudem nur noch von privaten Spezialjuristen verstanden – von ebenjenen Juristen, die diese Gesetze entworfen haben.

Die Privatisierung hat unser Land verändert. Sie hat in manchen Bereichen dafür gesorgt, dass wir wahrscheinlich preiswerter mit Leistungen versorgt werden. Zumindest für die Telekommunikation wird das behauptet. Ich will das gar nicht grundsätzlich bestreiten, doch in vielen Fällen werden die Kosten solcher Vorgänge nicht voll berechnet, und deshalb halten die hochgejubelten Bilanzen der Privatisierung einer genauen Prüfung oft nicht stand.

So arbeiten und denken unsere Eliten: Sie fragen nicht, ob eine Entscheidung, eine Maßnahme, eine Gesetzesänderung Sinn macht. Sie sagen: Andere Industrieländer haben 15 Prozent, wir haben nur 4, also machen wir 15. Man braucht sich nicht zu wundern, dass die Politik so dürftig ist, wenn die Begründungen so dürftig sind. An der Spitze unserer Republik stehen gedankenlose Nachahmer.

Unsere Eliten haben häufig Scheuklappen auf und sehen bei den Privatisierungen nur die betriebswirtschaftlichen Rechnungen. Das sind aber nur Teilanalysen, deren Ergebnisse für eine ökonomische Bewertung des gesamten Vorgangs nicht ausreichen. Trotzdem machen wir immer wieder dieselbe Beobachtung: Es werden politische, das heißt das Ganze betreffende Aussagen auf der Basis von sehr begrenzten Analysen gemacht.

So hat zum Beispiel der Bund bei der Privatisierung von Post, Telekom und Bahn auf Vorschlag der Berater den überwiegenden Teil der Pensionslasten übernommen. Nach einem Bericht der *Stuttgarter Zeitung* müssen die privatisierten Unternehmen bis zum Jahr 2090 nur etwa 18 Milliarden Euro an Pensionslasten tragen, während der Bund mit 555 Milliarden Euro belastet wird.[37] Diese Lasten müsste man dazurechnen, wenn man eine Bilanz der Privatisierungsvorgänge zieht.

Außerdem erscheinen die Privatisierungen in vielen Fällen nur deshalb als nützlich, weil im Zuge dieses Prozesses Mitarbeiter aus festen Arbeitsverhältnissen entlassen und in Minijobs geschoben wurden. In vielen Fällen muss dann die Öffentlichkeit auf andere Weise für diese Menschen aufkommen: durch Sozialhilfe, Entlastung der Minijobs von Steuern und Abgaben, möglicherweise später durch Zuschüsse des Staates zur Vermeidung von Altersarmut. Viele dieser Folgen werden heute nur unzureichend oder gar nicht berechnet. Beachtet werden sie sowieso nicht.

Die Gewinne werden heute gemacht, die Lasten werden auf künftige Generationen verschoben. Sie, die man doch angeblich entlasten will, müssen über Gebühren, Steuern und weniger öffentliche Leistungen die Zeche zahlen.

Hand in Hand mit der Privatisierung geht die Deregulierung. Das Gros der konservativen Eliten in Deutschland hat sich zu Befürwortern der Deregulierung gemacht oder machen lassen. Auch das widerspricht eigentlich dem guten Sinn des Wortes »konservativ«. Wirklich konservative Kräfte müssten vom Staat verlangen, dass er vernünftig gestaltet – dass er optimale Regeln findet:

- Es müsste bessere und nicht weniger Regeln geben gegen den Ausverkauf deutscher Unternehmen.
- Es müsste bessere Regeln geben für die Erhaltung schöner Landschaften und gegen unreguliertes Bauen.
- Es müsste Regeln geben für den Erhalt unserer Innenstädte als Zentren des Einkaufs und der städtischen Kommunikation.
- Es müsste Regeln und bessere Kontrolle bei Lebensmitteln geben, wie die immer wiederkehrenden Skandale zeigen. Wir wollen uns gesund ernähren und brauchen deshalb einen sorgfältig regulierenden und auch kontrollierenden Staat.

In vielen Fällen zeigt sich: Die Deregulierung hat volkswirtschaftlich keinerlei Gewinn, sondern Nachteile gebracht. Zugegeben, das ist ein subjektiver Eindruck. Ich kann die Gesamtbilanz nicht quantifizieren. Aber wenn ich mir die Folgen der Deregulierung beim Baurecht für unsere Landschaft anschaue, dann kann das Ergebnis nicht positiv sein. Und wenn die Dächer von Sporthallen gleich reihenweise einsturzgefährdet sind, dann kann bei der Regelsetzung etwas nicht stimmen. Und wenn ich an einem Vormittag die Lieferwagen von vier verschiedenen Paketzustellern durch unsere Straße fahren sehe, dann glaube ich nicht, dass diese Deregulierung volkswirtschaftlich sinnvoll ist.

Die Entwertung privaten Vermögens

Die Vorherrschaft der Neoliberalen in der Wirtschafts- und Gesellschaftspolitik unseres Landes hat über die Entwertung öffentlichen Vermögens hinaus auch weitgehende Eingriffe in private Vermögens- und Schuldenlagen gebracht:

- Das fängt bei den einfachen Folgen der Arbeitslosigkeit an: Arbeitslose zehren von ihrem Vermögen, wenn sie sich noch etwas leisten wollen. Es geht weiter mit den gesetzlich verfügten Vermögensdispositionen. Wer Hartz-IV-Empfänger ist, wird auch gesetzlich verpflichtet, sein Vermögen anzugreifen.
- Hinter den mindestens 40 000 Insolvenzen pro Jahr stehen meist gravierende Vermögensverluste und Umverteilungen.
- Die seit zwanzig Jahren zunehmende Ungerechtigkeit der Einkommensverteilung führt zu Vermögenszuwächsen in den oberen Bereichen und zu relativen Vermögensverlusten im unteren Bereich.
- Hinzu kommen gewaltige Vermögensverschiebungen durch die sogenannten Spekulationsblasen auf den Kapitalmärkten. Da gab und gibt es Gewinner, aber auch Verluste bis zum Bankrott.
- Auch die Aktivitäten der »Private Equity Fonds« – Beteiligungskapitalgesellschaften, die immer auf der Suche nach Unternehmen und Unternehmensteilen sind, die sie kaufen, mit Schulden belasten, im besten Fall sanieren und weiterverkaufen können – führen zu Vermögensverschiebungen zwischen gut organisierten Aktionären und anderen Beteiligten. Die Folgen tragen vor allem die Arbeitnehmer.

Nehmen wir als Beispiel den Armaturenhersteller Grohe.[38] Ein britischer Investor, BC Partners, kaufte das Unternehmen 1998 von der Familie Grohe für 900 Millionen Euro. Grohe machte zu diesem Zeitpunkt Gewinne, hatte innerhalb von zehn Jahren den Umsatz verdoppelt und beschäftigte 4500 Mitarbeiter/-innen. 80

Prozent der Wertschöpfung fand in Deutschland statt. Der Eigenkapitalanteil lag über 50 Prozent, es gab Rücklagen und Beteiligungen. Das Unternehmen war kerngesund. Doch das änderte sich. Der Investor investierte nicht, sondern entzog dem Unternehmen fast das gesamte Kapital und ersetzte es durch teure Bankkredite und eine Anleihe. Die Zinsen dafür fraßen 2003 schon drei Viertel des Betriebsgewinns auf. BC Partners hatte schätzungsweise nur 100 Millionen der Kaufsumme von 900 Millionen selbst investiert, den Rest des Kaufpreises bezahlten das Unternehmen und seine Mitarbeiter.

Schließlich verkaufte der britische Investor das Ganze inklusive Schulden an die Texas Pacific Group (TPG) und die Credit Suisse First Boston (CSFB) Private Equity für 825 Millionen, also mit einem achtfachen Gewinn. Die neuen Investoren haben, die Schulden eingerechnet, rund 1,5 Milliarden bezahlt. Um die Zinsen darauf zu zahlen, wollen sie drastisch den Gewinn erhöhen. Der Weg dazu aus ihrer Sicht: Verlagerung eines großen Teils der Produktion in Niedriglohnländer und Streichung der Stellen von 3000 der 4500 Mitarbeiter/-innen. Leidtragende sind also die, die das Unternehmen mit groß gemacht haben – und die Gemeinden und der Fiskus insgesamt, weil kaum mehr Gewinn in Deutschland anfällt, dafür in der Steueroase Cayman Islands.

Der Fall Grohe ist ein ganz typisches Beispiel für die seit dem Jahr 2000 immer rasanter werdende Entwicklung. Das Erstaunliche daran ist, dass die Verantwortlichen in der Politik ihre Hände in den Schoß legen. Durch die zum 1. Januar 2002 eingeführte Steuerbefreiung der Gewinne bei Unternehmensverkäufen fördern sie diese Untaten sogar. Und denken nicht daran, die Steuerbefreiung angesichts dieser unglaublichen Vorgänge wieder zu streichen.

Das Netzwerk der Investoren

Die »Heuschrecken«, also ausländische und deutsche Hedgefonds und andere sogenannte Investoren, haben offensichtlich erkannt: Wenn sie ihr Treiben unbehelligt von staatlicher Intervention oder hinderlicher Rahmensetzung durch die öffentliche Hand fortsetzen wollen, müssen sie Einfluss auf die Politik und die Entscheidungsträger gewinnen. Das haben sie in Deutschland schon gut organisiert: Sie lassen hochrangige Politiker für sich arbeiten. So arbeitet der CDU-Finanzexperte Friedrich Merz in einer Anwaltskanzlei, die die Übernahme der Frankfurter Börse AG durch einen britischen Investor begleitet hat. Und bei dem Schweizer Konzern, der sich als Investor in der zweiten Runde der Ausplünderung von Grohe beteiligte, der Credit Suisse, war Altkanzler Kohl einmal Berater.

Die »Investoren« lassen PR-Agenturen für sich arbeiten und Beratungsunternehmen. Die Planung für den Stellenabbau und die Verlagerung der Produktion von Grohe in Niedriglohnländer zum Beispiel wurde von McKinsey gemacht. McKinsey wiederum ist – wie auch andere Beratungsunternehmen – in vielfältiger Weise mit der Politik verbunden: McKinsey saß in der Hartz-Kommission, berät den Bundesvorstand der CDU, war Innovationsberater der Regierung Schröder, berät die Bundesagentur für Arbeit und so weiter. Durch solche Geschäfte wie die Planung der Produktionsverlagerung von Grohe entsteht ein enges Geflecht von Interessen zwischen unseren und ausländischen Eliten.

Das Vertrauen in die sozialen Sicherungssysteme wird untergraben

Was immer Sie auch sehen, hören und lesen – Sie kommen an der Warnung nicht vorbei, dass es die gesetzliche Rente nicht mehr bringt und Sie Privatvorsorge betreiben müssen. In der gemeinsamen Kampagne von *Bild*-Zeitung, T-Online und Allianz zur sogenannten Volksrente, in den vielen Anzeigen für Lebensversicherungen in den Onlinediensten, in den Fernsehspots oder den Anzeigen der Versicherungswirtschaft – überall wird Ihnen eingeschärft, dass Sie privat vorsorgen müssen: für das Alter und um die Krankenkosten tragen zu können und für den Fall der Pflege. Denn die gesetzliche Rente und die gesetzliche Krankenkasse sind angeblich Auslaufmodelle.

Systematisch wird nun schon seit mehr als zehn Jahren in allen Medien gegen die solidarischen Sicherungssysteme Stimmung gemacht. Es gibt kaum eine Anzeige der privaten Krankenkassen und der privaten Lebensversicherer ohne den Hinweis auf die Unsicherheit der gesetzlichen Rente und der gesetzlichen Krankenkasse. Die Stimmungsmache zeigt Wirkung: Am 20. Dezember 2005 meldete die *Bild*-Zeitung mit Bezug auf eine Umfrage des Marktforschungsinstituts GfK, drei Viertel aller Deutschen rechneten auf Dauer mit weiter sinkenden Renten; nur 9 Prozent haben noch Hoffnung auf höhere Renten, während 69 Prozent eine private Altersvorsorge für nötig halten. Auch wenn man berücksichtigt, dass diese Umfrage ihrerseits Teil der Stimmungsmache ist, wird man wohl ernst nehmen müssen, dass das Vertrauen in die gesetzliche Rente schon beachtlich ramponiert ist.

Die Politik hat in vielfältiger Weise zu dieser Erosion des Vertrauens beigetragen. So wurden die sozialen Kosten der deutschen Einheit weitgehend aus dem Topf der Sozialversicherung (Renten-, Kranken- und Arbeitslosenversicherung) bezahlt. Insgesamt sind heute noch über 3 Prozentpunkte des Gesamtsozialversicherungsbeitragssatzes durch den West-Ost-Transfer bedingt. Allein dadurch haben die Arbeitnehmer 2,5 Prozent weniger in der Lohntüte.

Abbildung 11: Dies ist ein Ausriss aus einem Werbeblatt der gemeinsamen Werbeaktion von Allianz AG, Bild-Zeitung und T-Online für die sogenannte VolksRente. »VolksRente« ist der Begriff für die von der Allianz AG vertriebenen Modelle der Riester-Rente. Schon beachtlich, dass ein Unternehmen wie T-Online sich an der Agitation gegen die gesetzliche Rente beteiligt. »Die gesetzliche Rente wird immer weniger, die Versorgungslücke im Alter größer. Höchste Zeit, selbst vorzusorgen!«, heißt es unten im Text.

Zur Verantwortung der Politik gehört auch, dass die Renten einfach nicht mehr erhöht werden. Und wieder verlieren die betroffenen Menschen ein Stück mehr Vertrauen in diese Systeme, weil das Verhältnis von Leistung des Beitragszahlers zur Leistung des Systems – in Form von Rentenzahlungen nicht mehr stimmt. (Zu diesem Vorgang und seinen Hintergründen siehe S. 291 ff.)

Auch die Debatte um die angeblich unmöglich zu finanzierende Pflegeversicherung dient gewollt oder ungewollt dem Zweck, das Vertrauen in diese gesetzliche Regelung zu stören und zu zerstören.

Noch härter ist die Erfahrung mit der Arbeitslosenversicherung. Millionen von Menschen haben bis zur Einführung von Hartz IV und der damit beschlossenen Zusammenlegung von Arbeitslosenhilfe und Sozialhilfe zum Arbeitslosengeld II daran geglaubt, dass sie sich mit ihren Beiträgen zur Arbeitslosenversicherung gegen das Risiko Arbeitslosigkeit absichern könnten. Die Leistungen der Arbeitslosenversicherung waren zwar nie unbegrenzt, aber zusammen mit der Arbeitslosenhilfe gab das Arbeitslosengeld den Menschen das Gefühl, im Notfall versichert zu sein.

Mit der Verringerung des sogenannten Arbeitslosengelds I auf ein Jahr wird in Kombination mit der schwierigen Arbeitsmarktlage jedem Versicherten klar, dass er sich nicht in einem Versicherungssystem befindet. Das Vertrauen in die Arbeitslosenversicherung ist beträchtlich gestört.

Angesichts des Ausmaßes dieser Vertrauenskrise fällt es schwer, dagegen anzugehen. Auch wenn es wie ein aussichtsloser Kampf erscheinen mag, bleibt einer verantwortungsbewussten Politik gar nichts anderes übrig, als die vorhandenen solidarischen Sicherungssysteme zu stabilisieren. Weil die heutigen Beitragszahler Anwartschaften auf künftige Renten erwerben, muss es auch künftig Beitragszahler geben. Und deren Bereitschaft, Beiträge zu zahlen, darf man nicht unterminieren, weil sonst die Leistungen reduziert oder eingefroren werden müssen, und das wiederum erhöht die Unlust, Beiträge zu zahlen. Ein Teufelskreis.

Völlig ignoriert werden dagegen die Meldungen über den Zusammenbruch von privaten Vorsorgesystemen und auch die Entscheidungen vieler Unternehmen – wie zuletzt um die Jahreswende 2005/2006 von IBM –, ihre Betriebspensionssysteme zusammenzustreichen. Offenbar will man sich die Stimmungsmache gegen die gesetzlichen Versicherungen nicht durch Nachrichten über den Zusammenbruch der privaten Vorsorgesysteme kaputtmachen lassen. So bleibt der Eindruck, dass die Zerstörung des Vertrauens in die sozialen Sicherungssysteme kein Zufall ist.

Die kalkulierte Erosion des Vertrauens in die solidarischen Sicherungssysteme zeugt von extremer Verantwortungslosigkeit unserer Eliten. Da wird ein kaum wiedergutzumachender Schaden verursacht. Das Prinzip dabei ist einfach: nach uns die Sintflut.

Einer der großen Experten für Sozialpolitik, der Bremer Professor Winfried Schmähl, bewertet diese Entwicklung ähnlich dramatisch. Er ist Mitglied in der von der rot-grünen Bundesregierung eingesetzten Kommission für den Fünften Altenbericht. Dieser Bericht liegt seit August 2005 vor, ist aber bis Januar 2006 noch nicht veröffentlicht worden, da noch eine Stellungnahme der Regierung aussteht. Unter dem Titel »Der Weg zurück ins 19. Jahrhundert« veröffentlichte die *Frankfurter Rundschau* am 13. Januar 2006 die wichtigsten Thesen von Professor Schmähl. Im Vorspann der *Frankfurter Rundschau* heißt es:

> »Seit 2001 baut die Politik die Sicherung fürs Alter um. Der Trend geht weg von öffentlichen umlagefinanzierten Systemen hin zu privaten kapitalfundierten. Auch die große Koalition folgt diesem Pfad. Der Autor sieht dabei aber erhebliche Risiken für den Großteil der Bevölkerung.«

So ist es. Die Eliten arbeiten gegen die Interessen der Mehrheit – und zugunsten von »Anbietern von Finanzmarktprodukten«, so Winfried Schmähl. (Siehe dazu auch S. 291 ff.)

Unser Sozialstaatsmodell steht auf dem Spiel

In der gängigen Reformdebatte wird häufig ins Feld geführt, man wolle den Sozialstaat nicht abschaffen, sondern nur umbauen. Das funktioniert in der Praxis jedoch nicht. Es ist wie mit dem Kinderkriegen: Ein bisschen schwanger sein geht nicht. Das System des Sozialstaats ist auf die Solidarität aller angewiesen. Das bedeutet, dass Ausnahmen von der Verpflichtung, füreinander einzustehen, so gering wie möglich gehalten werden müssen. Jeder muss sich darauf verlassen können, auf Dauer an der solidarischen Sicherung teilhaben zu können.

An der Riester-Rente, die als eine notwendige Umbaumaßnahme des Sozialstaats eingeführt wurde, kann man bereits sehen, dass sie keinen solidarischen Charakter mehr hat. Wer kein Geld hat, das zeigt die Praxis, kann sich die private Vorsorge nicht leisten. Die Riester-Rente verbessert die Altersvorsorge deshalb nur für einen kleinen Teil unserer Gesellschaft. Ist das Umbau?

In Ländern, die auf Privatvorsorge umgestellt haben, wächst die Altersarmut, weil Menschen mit niedrigen Einkommen sich keine vernünftige Privatvorsorge leisten können und/oder weil die Privatvorsorgesysteme zusammengebrochen sind. Wenn wir auch diesen Weg gehen, was sich deutlich abzeichnet, ist das dann Umbau unseres Sozialstaats?

Wenn demnächst die Pflegeversicherung in ihrer bisherigen Form aufgelöst wird, richtet sich die Pflegemöglichkeit in Zukunft eben wieder stärker nach den finanziellen Möglichkeiten der Pflegebedürftigen und ihrer Familien. Und wenn die Studiengebühren in Deutschland eingeführt werden, dann bedeutet dies in der Praxis, dass zunehmend Kinder aus Familien mit geringen Einkommen und ohne Vermögen und möglicherweise sogar mit Schulden nicht mehr studieren werden. Oder mit hohen Schulden ins Berufsleben starten. Ist das nur Umbau?

Und wenn immer mehr bisher öffentliche Leistungen privatisiert werden und am Markt bezahlt werden müssen, dann fällt auch hier der solidarische Ausgleich weg.

Man kann diese Veränderungen der Regeln unseres Zusammenlebens nicht mehr mit dem freundlichen Wort »Umbau« bezeichnen, hier geht es um eine Systemänderung. Unser bisheriges Sozialstaatsmodell steht auf dem Spiel.

Artikel 20 des Grundgesetzes garantiert uns, dass wir in einem sozialen Bundesstaat leben. Daraus leitet sich das sogenannte Sozialstaatsgebot ab. Die inzwischen durchgesetzten Reformen haben eine Wirklichkeit geschaffen, die diesem Verfassungsgebot schon nicht mehr entspricht.

Die meisten Akteure wissen gar nicht, was sie kaputtmachen, weil sie in ihren Kreisen auf die Vorteile dieses Modells nicht angewiesen sind und es deshalb nicht zu schätzen wissen. Sie wissen nicht, was Sozialstaatlichkeit bedeutet, deshalb gehen sie damit so unbekümmert um.

Besonders prekär ist diese Entwicklung, weil das sozialstaatliche Modell nicht nur hier bei uns untergraben wird. Auch in Brüssel, das heißt in der EU, ist vieles darauf angelegt, die sozialstaatliche Bastion Europa zu schleifen. Das deutsche und das europäische Sozialstaatsmodell haben in Brüssel offenbar keine Lobby. Die sogenannte Lissabon-Strategie, mit der die EU mit einer Reihe von maßgeblich neoliberal geprägten Elementen zum wettbewerbsfähigsten und dynamischsten Wirtschaftsraum der Welt werden will, die Dienstleistungsrichtlinie, die Ernennung des Portugiesen José Manuel Barroso zum Kommissionspräsidenten, die Fixierung der Europäischen Zentralbank auf eine engstirnige monetaristische Linie – all das zeigt exemplarisch, dass auf EU-Ebene die maßgeblichen Kräfte nicht mehr für das europäische Sozialstaatsmodell streiten.

Offenbar sind die Lobbyisten einer grundlegenden Veränderung in Europa erstaunlich erfolgreich gewesen. Angelsächsische Berater haben, nachdem sie in den achtziger Jahren über den Internationalen Währungsfonds (IWF) und die Weltbank Südamerika ruiniert hatten, in den neunziger Jahren Osteuropa zu ihrer ideologischen Spielwiese gemacht – mit ähnlich ruinösen Ergebnissen. Die innere Entwicklung der neuen Beitrittsländer und anderer osteuropäischer Staaten ist von der traditionellen sozialstaatlichen Konzeption Europas nur wenig, aber dafür um so mehr von der neoliberalen Ideologie geprägt. Das strahlt wiederum auf die eher traditionell wohlfahrtsstaatlichen Länder ab: Immer wieder werden die Franzosen oder wir Deutsche mit neoliberalen Rezepturen und ihrer Anwendung in anderen Teilen Europas konfrontiert.

Die europäischen Eliten – Ein Trauerbild

Es ist bezeichnend, dass ausgerechnet der ehemalige portugiesische Ministerpräsident Barroso mit dem einflussreichen Posten des EU-Kommissionspräsidenten belohnt worden ist. Barroso war in seinen Anfangsjahren als Politiker Funktionär einer marxistischen Partei. Er ist dann von links unten nach rechts oben gewandert, ein Vorgang mit Vorbildcharakter für viele Karrieren, auch in Deutschland.

Dann war Barroso Chef der Sozialdemokraten (PSD) in Portugal. Auch an dieser Karrierestufe lässt sich Interessantes ablesen: Die portugiesischen Sozialdemokraten sind eine konservative Partei, die sich zum Schein diesen Namen gegeben hat. Als Ministerpräsident machte er in Portugal von 2002 bis 2004 die typische neoliberale Sparpolitik, er verdoppelte die Arbeitslosenzahlen und unterstützte Bush im Irak-Krieg. 2004 verlor er die Wahlen – und fiel die Treppe hoch, wie es – siehe Hans Eichel und Peer Steinbrück – fast schon typisch ist für neoliberal beflügelte Karrieren von Wahlverlierern. Vierzehn Tage nach der verlorenen Wahl wurde Barroso vom EU-Gipfel zum neuen Präsidenten der Europäischen Kommission auserkoren.

Da sitzt er nun als verlängerter Arm der USA in der wichtigsten Funktion, die Europa zu vergeben hat, und ruft auf zur Reform der Sozialsysteme in Europa. Durch Modernisierung würden wir unsere Werte bewahren, heißt es in den maßgeblichen Papieren der Kommission. Die Steuern sollen umgestellt werden von direkter Besteuerung, also Einkommen-, Vermögen- und Gewinnsteuern, auf Verbrauchssteuern und Umweltsteuern. Es soll weiter privatisiert und liberalisiert werden, zum Beispiel mit einem Instrument wie der Dienstleistungsrichtlinie.

In den Äußerungen von Barroso und seiner Kommission ist wenig, fast nichts zu spüren vom eigentlichen Charakter eines Modells, das bisher in vielen Ländern Europas, wenn auch in vielen Variationen, gültig war: ein Modell mit starken solidarischen Akzenten und dem Wissen, dass ein starker Staat im Interesse aller und vor allem auch der Schwächeren ist.

Die Gesellschaft wird gespalten

Wie soll die Gesellschaft aussehen, die wir anstreben? Welcher Stellenwert soll der »Egalité« zukommen, der Vorstellung, alle Menschen seien gleich? Ist die Aufteilung in oben und unten, in Reich und Arm ein diskussionswürdiges Problem? Ist es ein erstrebenswertes Ziel, Unterschiede der Chancen oder gar Unterschiede in den Einkommen und Vermögen zu verringern? Welche Zielvorstellungen haben unsere Eliten?

Die konservativen und neoliberalen Meinungsführer haben in den letzten dreißig Jahren ganze Arbeit geleistet. Auch früher gab es erhebliche Unterschiede zwischen Oben und Unten, zwischen Arm und Reich. Aber noch vor zwanzig, dreißig Jahren hätte sich zumindest in einem großen Segment der Nachwuchskräfte selbst ausgegrenzt, wer diese Einteilung gerechtfertigt hätte. Und niemand stand unter Rechtfertigungsdruck, der das Versprechen der Französischen Revolution – Egalité – oder auch nur das Versprechen des Grundgesetzes, wir würden ein Sozialstaat sein, wenigstens ein bisschen mehr in die Wirklichkeit herüberholen wollte. Wer damals dafür geworben hätte, die Löhne müssten sinken, wer das Heil unserer Volkswirtschaft gar in der Einrichtung eines Niedriglohnsektors erspäht hätte, der hätte sich selbst vom Platz gestellt.

Wer hingegen heute für soziale Angleichung eintritt, läuft Gefahr, als plumper Gleichmacher abgestempelt zu werden. So haben sich die Zeiten und mit ihnen die Tatsachen geändert. Unsere Gesellschaft unterliegt einer zunehmenden Spaltung. Das zeigt sich insbesondere an folgenden Punkten:

Erstens: Die *Einkommensverteilung* hat sich zugunsten der oberen Einkommen und zu Lasten der unteren verschoben. Das zeigen die Statistiken, das zeigen aber auch schon eindeutige Signale wie der rasante Anstieg der Managergehälter auf Werte von 2 und gar 5 Millionen Euro Jahreseinkommen auf der einen Seite und der Abstieg vieler Menschen auf das Niveau des Arbeitslosengelds II. Beziffert man das ALG II für eine »Bedarfsgemeinschaft« auf 10 000 Euro im Jahr, dann steht der Bedarfsgemeinschaft unserer »Spitzenkräfte«, die besonders erfolgreich beim Arbeitsplatzabbau und der Kapitalvernichtung sind, das 200- bis 500fache zur Verfügung. Solche extremen Differenzen zwischen den Einkommen oben und unten zerstören die Moral einer Gesellschaft. Sie lassen sich nur mit außerordentlich überragenden Leistungen rechtfertigen.

Arbeitet der Chef der Deutschen Bank, Josef Ackermann, wirklich so viel mehr als sein unterster Mitarbeiter? Schafft er wirklich so viel mehr Werte mit ehrlicher Arbeit? Das kann doch nicht mit rechten Dingen zugehen, denken sich die Menschen. Die fatale Folge: Wenn es oben nicht mit rechten Dingen zugeht, warum sollten sich dann alle anderen nach den »überkommenen« moralischen Spielregeln richten?

Es gibt verschiedene Indikatoren für die Entwicklung der Einkommens- und Vermögensverteilung:

- Die Reallöhne sind zwischen 1995 und 2004 nicht gestiegen, sondern um 0,9 Prozent gefallen. Zum Vergleich: Schweden plus 25,4 Prozent, EU 15: plus 7,4 Prozent.
- Die nominalen Arbeitnehmerentgelte sind von 1995 bis 2005 gerade mal um 13,2 Prozent gestiegen, die Unternehmens- und Vermögenseinkommen um 38,8 Prozent. Die Schere öffnet sich immer weiter.
- Die Bruttolohnquote (Anteil des Bruttoeinkommens aus unselbständiger Arbeit einschließlich der Arbeitgeberbeiträge zur Sozialversicherung am Volkseinkommen/strukturbereinigt) lag 1993 bei 73,2 Prozent, im ersten Halbjahr 2005 bei 67,2 Prozent.
- Die Gewinnquote lag 1993 bei 27,1 Prozent, 2005 bei 34,3 Prozent.[39]

Das ist eine deutliche Verschiebung zu Lasten der Arbeitnehmer und zugunsten der Gewinn- und Vermögenseinkommen.

Zweitens: Die Arbeitnehmer sind bei den Auseinandersetzungen um die Löhne und damit um die Einkommensverteilung in diesem Land hoffnungslos ins Hintertreffen geraten. Sie haben in der Regel keine Alternative – von wenigen Berufsgruppen und Regionen abgesehen, sind sie den Pressionen der Arbeitgeberseite ausgeliefert. Drohungen mit Verlagerung und betriebsbedingter Kündigung haben sie kaum etwas entgegenzusetzen.

Dieses *Ungleichgewicht auf dem Arbeitsmarkt* ist das eigentliche Problem, aus dem eine Reihe von Belastungen für die Mehrheit der Menschen resultiert: Sie verdienen weniger als früher. Ihre Rechte im Betrieb sind weitgehend entwertet. Auch fest vereinbarte Rechte werden von Arbeitgeberseite zur Disposition gestellt. Wer am kürzeren Hebel sitzt, kann sich gegen diese Rechtsverletzung nicht ausreichend und mit Erfolg wehren.

Unternehmen, die im wesentlichen für den Binnenmarkt tätig sind, befinden sich allerdings häufig in einer ähnlichen Lage wie die Arbeitnehmer.

Drittens: Immer mehr Arbeitnehmer müssen mit prekären, also *befristeten und unsicheren Arbeitsverhältnissen* leben. Wir beobachten eine Tendenz hin zur Wiederbelebung von tagelöhnerähnlichen Verhältnissen. Die Spaltung unserer Gesellschaft in Menschen mit einer gesicherten Berufsperspektive und einen größer werdenden Teil von Menschen, die einer Situation vollkommener beruflicher Unsicherheit ausgesetzt sind, ist offenkundig. Diese Spaltung wird eigenartigerweise von konservativen Kreisen betrieben, die gleichzeitig den Schutz der Familie propagieren. Sie schwärmen von der Dienstleistungsgesellschaft, von Niedriglohnsektor und Minijobs. Der »Familiensender« ZDF strahlte am 31. Januar 2006 eine Lobeshymne auf diese Jobs aus. In der Sendung mit dem Titel »Feierabend abgeschafft – Von Multijobbern und Megapendlern« wurde ein Trend zur Zweitbeschäftigung diagnostiziert und hoch gelobt.

Ist diese Seite der amerikanischen Welt wirklich erstrebenswert? Familien leiden sehr darunter, wenn von einzelnen Familienmitgliedern völlige Mobilität und Flexibilität verlangt wird. Familie im gewünschten Sinn kann sich nur noch der leisten, der über die finanziellen Mittel verfügt, um die Familie überallhin mitnehmen zu können.

Viertens: Die Spaltung zeigt sich zunehmend deutlicher auch beim Unterschied der *Chancen von Kindern* aus begüterten Familien und solchen aus ärmeren Familien. Die Forscher der Pisa-Studie haben diesen Vorgang beschrieben. Die Chancen für Kinder aus Arbeitnehmerfamilien haben sich gegenüber denen von Kindern aus bessergestellten Kreisen in den letzten Jahren eher verschlechtert als angeglichen. Ihre Chancen, über das Bildungssystem gesellschaftlich aufzusteigen, sind gesunken. »Das deutsche Bildungssystem kann soziale Unterschiede nicht auffangen. Wer aus gehobener sozialer Schicht kommt, hat deutlich bessere Bildungschancen. Dieser Zusammenhang ist in Deutschland statistisch besonders markant.« Das zeigt die am 3. November 2005 veröffentlichte Studie Pisa E.

Diese Spaltung kommt nicht von ungefähr. Sie ist Teil und Ergebnis der herrschenden Philosophie. Wer den Glauben vertritt, jeder sei seines Glückes Schmied, der akzeptiert auch, dass die Gesellschaft sich aufspaltet und dass Solidarität, solidarisches Denken und Handeln als unzeitgemäß abgetan werden. Die neoliberalen Ideologen haben Solidarität als Wert zum Gespött gemacht, und sie haben damit zugleich bei den Schwächeren den Glauben an eine solidarische Gesellschaft zerstört.

Von Louis Brandeis, Richter am Obersten Gerichtshof der USA zur Roosevelt-Zeit, gibt es eine bemerkenswerte Äußerung, die vor den Folgen solcher Entwicklungen warnt: »Die Regierung ist der mächtige allgegenwärtige Lehrer. Ob im Guten oder im Schlechten: Sie formt das gesamte Volk durch ihr Beispiel. Kriminalität steckt an. Wenn die Regierung Gesetze bricht, dann provoziert sie Geringschätzung der Gesetze. Sie fordert jeden Bürger heraus, sich die Gesetze nach eigenem Bedarf zurechtzubiegen. Sie fordert zur Gesetzlosigkeit auf.«

Fünftens: Je weniger Solidarität zählt und je mehr sich der Staat als Garant der solidarischen Gesellschaft zurückzieht, um so einseitiger werden Menschen und Gruppen von Ereignissen, Katastrophen und anderen Gefahren bedroht. *Nur Reiche können sich einen armen Staat leisten* – das ist kein linksradikales Schlagwort, sondern schlichte Realität. Da der Staat sich, angetrieben von den neoliberalen Geistern, überall zurückzieht, wächst die Kluft zwischen Reich und Arm. Sichtbar war das nicht nur auf den Dächern von New Orleans, als der Hurrikan Katrina kam.

Die Spaltung der Gesellschaft wäre nicht so weit gediehen und wäre auch nicht so leise vollzogen worden, wenn nicht ein beträchtlicher Teil derer, die man als geistige Elite bezeichnen könnte, sich auf die Seite der finanziell Erfolgreichen geschlagen hätte. Dass sich Intellektuelle für den neoliberalen Glauben einspannen lassen, ist ja eher verwunderlich, aber es ist tatsächlich so. Die intellektuelle Elite hat sich zu einem merkbaren Teil auf die Seite der Mächtigen geschlagen. Das ist bitter für die Schwächeren. Denn wenn nicht zumindest ein Teil der geistigen Eliten sich für die Schwächeren einsetzt, statt das Sein ihr Bewusstsein bestimmen zu lassen, wird eine Gesellschaft kalt.

Die intellektuelle Elite schlägt sich auf die Seite der Mächtigen

Einige Beispiele illustrieren, wie sich die intellektuelle Elite in den ideologischen Kampf der Mächtigen einspannen lässt – ein erstaunlicher Schwenk:

Günter Grass, Uwe Wesel, Jürgen Flimm haben Schröders Agendakurs unterstützt und Hartz IV als einen Beitrag zur Stärkung des Standorts Deutschland verteidigt.

Sie und andere haben reihenweise die Vorurteile der Neoliberalen übernommen, Konjunkturprogramme brächten es nicht mehr. Sie realisieren nicht, dass alles, was Arbeitnehmern und Arbeitslosen ein bisschen hilft, davon abhängt, dass sie wieder

Alternativen bei der Wahl ihres Arbeitsplatzes haben. Alternativen werden sie aber nur bekommen, wenn die Konjunktur anzieht und unsere Volkswirtschaft wächst.

Günter Grass wie Erhard Eppler haben in den letzten Jahren das Vorurteil gepflegt, die Politik sei machtlos gegenüber der Ökonomie – so lautet zum Beispiel die Hauptbotschaft eines Beitrags von Günter Grass in der *Zeit*.[40] Wenn das zuträfe, wäre die Lage für die Schwächeren in unserer Gesellschaft wirklich trostlos. Es ist aber falsch. Der Freiheitsgrad der Politik ist sehr viel größer, als die ehedem linken Intellektuellen glauben. Wer behauptet, die Politik hätte zum Beispiel keinen Freiheitsgrad, mehr Beschäftigung zu schaffen, muss erklären, wieso das in Schweden oder in Österreich oder in Dänemark möglich ist, bei uns jedoch nicht. Solche Behauptungen lenken Wasser auf die Mühlen jener, die strukturelle Reformen oder noch niedrigere Löhne verlangen.

In den Reihen der sozialwissenschaftlich geschulten Intellektuellen in Deutschland, vornehmlich bei Soziologen und Politologen, gibt es eine starke Gruppe, die geprägt ist von der Vorstellung, es gebe immer weniger Arbeit, die Rationalisierung führe im Extremfall dazu, dass die Arbeit ausgeht. Bei manchen kommt verstärkend hinzu, dass sie Wachstum ökologisch für problematisch halten, was durchaus richtig ist, wenn das Falsche wächst. Bei anderen kommt hinzu, dass sie den Kapitalismus ohnehin scheitern sehen, weil der Bedarf an Gütern gesättigt sei. Hier mischt sich also vieles, und durchaus Gutwilliges. Im Kern ist das Ergebnis aber wiederum lähmend. Wer glaubt, dass die Arbeit langsam ausgeht, wird nicht gerade dafür plädieren, die Binnennachfrage anzukurbeln. Auch diese Gruppe, so nah sie der Arbeitnehmerschaft auch stehen mag, hat sich als Bündnispartner in der wichtigen Frage der Beschäftigungspolitik selbst lahmgelegt.

Reihenweise haben auch eher linksliberale Intellektuelle die Kampagne gegen die Gewerkschaften mitgemacht. Sie wurde im November 2002 vom *Spiegel* in einer Titelgeschichte besonders angeheizt, in der zu lesen war, wir lebten in einem Gewerkschaftsstaat. Das ist zwar eine groteske Verirrung, aber diese Botschaft schlug sich in zahlreichen nachfolgenden Essays auch von bis dahin eher fortschrittlichen und liberalen Intellektuellen nieder.

Die Folgen hoher und langer Arbeitslosigkeit werden unterschätzt

In den Debatten der meinungsführenden Gruppen und Personen kommen die Folgen ihrer Wirtschaftspolitik, der andauernden »Modernisierung« und damit der Veränderung unserer Gesellschaft kaum vor. Weder die politisch Verantwortlichen noch die Publizistik noch die Wissenschaft verschwenden sonderlich viele Gedanken daran.

Die meinungsführenden Eliten nehmen nicht ausreichend wahr, dass es Folgen politischer Entscheidungen gibt, die sich nicht in Mark und Pfennig, in Euro und Cent beziffern lassen. Sie begreifen nicht, dass auch psychische Folgen reale Folgen sind. Sie begreifen nicht einmal, dass Mord und Totschlag reale Folgen sind.

Die Folgen der neoliberalen Reformen sind jetzt schon gravierender, als unsere Meinungsführer und Entscheider meinen. Sie treiben eine Entwicklung voran, deren Ende sie nicht sehen und unter deren Folgen auch viele von ihnen leiden werden.

In der öffentlichen Debatte und bei politischen Entscheidungen wird die Arbeitslosigkeit fast nur nach den vorliegenden Ziffern gewichtet und vor allem danach, was diese Arbeitslosen die Bundesagentur für Arbeit und den Fiskus kosten. Das ist ein ausgesprochen enger Blickwinkel. Die Tatsache, dass bei uns zu Jahresanfang 2006 wieder über 5 Millionen Erwerbstätige arbeitslos gemeldet waren und, die Dunkelziffer eingerechnet, rund 7 Millionen als arbeitslos gelten müssen, sagt viel, aber nicht andeutungsweise das, was an seelischem und familiärem Leid und an volkswirtschaftlichen Schäden hinter diesen Ziffern steckt.

Über 12 Prozent Arbeitslosigkeit – das sind Millionen von Menschen. Es geht um zerstörte Lebensentwürfe. Es geht um Schwierigkeiten mit der Gesundheit. Es geht auch um soziale Deklassierung und den Verlust von Nachbarschaft und Heimat; um die Zerstörung des kleinen Glücks vieler Menschen und vieler Familien; um Menschen, die sich als Versager empfinden, obwohl sie persönlich ihr Elend gar nicht zu verantworten haben.

Arbeitslosigkeit, das bedeutet außerdem verschenkte volkswirtschaftliche Potentiale sowie verpasste Ausbildungs- und Weiterbildungschancen, denn wer nicht arbeitet, der kann sich in der Regel nicht so weiterbilden, wie es heute in vielen Jobs gang und gäbe und auch nötig ist.

Besonders dramatisch ist die Situation unter gesamtgesellschaftlichen und ökonomischen Aspekten für die 600 000 Arbeitslosen unter fünfundzwanzig Jahren und hier wieder insbesondere für jene, die noch nie eine Chance hatten, zu arbeiten. Was das bedeutet, wissen wir aus unserer eigenen Lebenserfahrung mit Jugendlichen. Wenn sie keine Chance haben, arbeiten zu lernen, sich an Vorgaben und eine gewisse Disziplin zu halten, dann ist vieles für das ganze Leben gestört oder sogar zerstört.

Die langfristigen Folgen hoher und langer Arbeitslosigkeit sind gravierend. Deswegen ist nicht zu verstehen, dass sie kein Thema in der öffentlichen Auseinandersetzung sind. Ich begreife nicht, wie man in der Pose des Realisten locker darüber meditieren kann, eine beträchtliche Sockelarbeitslosigkeit sei heute selbstverständlich und müsse hingenommen werden.[41] Beispielsweise geht die Europäische Kommission in ihrem *Economic Paper* Nr. 235 davon aus, dass Deutschland auch 2050 noch eine Arbeitslosenquote von 7 Prozent aufweist.

Andere sinnieren darüber, die Zukunft unserer Gesellschaft werde sich wohl so gestalten, dass ein großes Segment dauerhaft ohne Arbeit bleiben wird, während der Rest mit hoher Produktivität für das nötige Volkseinkommen sorgt. Eine erstrebenswerte Konstellation ist das nicht und schon gar keine verantwortungsbewusste Politik. Die Politik muss sich bemühen, Arbeit für alle zu schaffen. Das Ziel Vollbeschäftigung aufzugeben ist nicht nur verantwortungslos, es widerspricht auch den Vorgaben des Wachstums- und Stabilitätsgesetzes, das nach wie vor gültig ist. Wo sich Regierungsvertreter vom Ziel der Vollbeschäftigung verabschieden, brechen sie ihren Amtseid.

Angst als gesellschaftliches Steuerungsinstrument

Im August 2005 erschien im britischen Wirtschaftsmagazin *The Economist* eine Titelgeschichte zur wirtschaftlichen Lage in Deutschland. Das war, für viele überraschend, eine sehr positive Darstellung der Standortbedingungen unseres Landes. Die damalige rot-grüne Bundesregierung zitierte diesen Artikel ausführlich und immer wieder in der Wahlkampagne 2005. Im Onlinedienst der Bundesregierung hieß es am 18. August 2005: »Deutsche Arbeitnehmer und Gewerkschaften hätten in den vergangenen Jahren ein hohes Maß an Flexibilität bewiesen. Deutschlands Konzerne seien erfolgreich restrukturiert worden und hätten ihre Kosten gesenkt, lobt der *Economist*.«

Und weiter: »Das britische Wirtschaftsmagazin *The Economist* ist überzeugt, dass Deutschlands Wirtschaft die Talsohle durchschritten hat und inzwischen wettbewerbsfähiger ist als etwa Frankreich, Italien oder sogar Großbritannien. Auch dank der Reformpolitik der Bundesregierung. Deutschland stehe vor einem starken Comeback, heißt es in der neuesten Ausgabe der renommierten Zeitschrift.«

Einer der Gründe, der die britischen Beobachter zu ihrer positiven Einschätzung brachte, war Hartz IV, denn dieses Gesetz habe »bewirkt, dass viele Beschäftigte die Folgen eines Arbeitsplatzverlustes stärker fürchten. Dies hat die Position der Firmen bei neuen Lohnverhandlungen gestärkt und die Macht der Gewerkschaften geschwächt.«

Der *Economist* hat recht: Die hohe Zahl der Arbeitslosen, kombiniert mit der Drohung, nach einem Jahr Arbeitslosigkeit auf das Niveau der Sozialhilfe abzugleiten, hat dazu geführt, dass quasi eine ganze Generation von arbeitenden Menschen ihrer Sicherheit beraubt worden ist, im Falle eines Arbeitsplatzverlustes nicht gleich deklassiert zu werden.

Diese Beobachtung der Briten wird auch durch Erhebungen in Deutschland bestätigt. Der Wirtschaftsweise Peter Bofinger weist in seinem Minderheitsvotum zum Gutachten des Sachverständigenrats vom November 2005 darauf hin, dass der Ersatz der

Arbeitslosenhilfe durch das Arbeitslosengeld II »zu einer erheblichen Verminderung der kollektiven Absicherung eines Arbeitnehmers im Fall der Arbeitslosigkeit geführt und die Angst vor Arbeitslosigkeit überproportional erhöht« hat.

Abbildung 12: Arbeitslosenzahl und Anteil der Befragten, die »große Angst« vor Arbeitslosigkeit haben

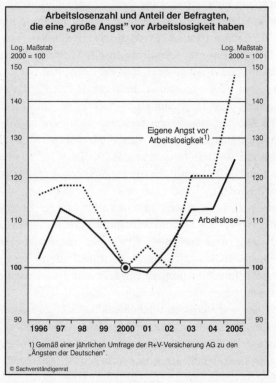

Quelle: Sachverständigenrat zur Begutachtung der gesamtwirtschaftlichen Entwicklung (Hrsg.): *Jahresgutachten 2005/2006*, Wiesbaden 2005, S. 224

Abbildung 12 zeigt deutlich, wie eng die Angst vor Arbeitslosigkeit mit der Entwicklung der Arbeitslosigkeit selbst zusammenhängt: Als zwischen 1997 und 2000 unsere Volkswirtschaft ein bisschen über dem Durchschnitt der vorherigen Jahre wuchs und die Arbeitslosigkeit leicht zurückging, sank prompt der Anteil jener, die Angst hatten; als dann danach die Arbeitslosigkeit wieder stieg, wuchs die Angst vor Arbeitslosigkeit überproportional.

Reformmaßnahmen wie die Entwertung der Arbeitslosenversicherung durch Zusammenlegung von Arbeitslosenhilfe und Sozialhilfe und Reformankündigungen wie jene, den Kündigungsschutz weiter lockern zu wollen, schüren diese Angst noch zusätzlich – eine durchaus berechtigte Angst: Heide Pfarr, Wissenschaftliche Direktorin in der Hans-Böckler-Stiftung, erklärte zu der Absicht der großen Koalition, den Kündigungsschutz weiter zu lockern: »Wir haben angesichts der Zahlen über die Dauer von Anstellungen ausgerechnet, dass 48 Prozent aller Entlassungen von der Neuregelung aktuell betroffen wären. Rund 30 Prozent aller Beschäftigten werden nie mehr in den Genuss des Kündigungsschutzes kommen. Sie werden immer in sozialer Unsicherheit leben.«[42]

Eine ähnliche Wirkung wie die Lockerung des Kündigungsschutzes haben der Abbau der unbefristeten und gesicherten Arbeitsverhältnisse und der Ausbau von Minijobs und anderer sogenannter prekärer Arbeitsverhältnisse: Sie verbreiten Unsicherheit und Angst.

Der *Economist* findet es gut, wenn die Menschen Angst vor Arbeitslosigkeit haben, und die Bundesregierung ist auch noch stolz darauf. Wie tief sind die Eliten bei uns und bei unseren europäischen Partnern gesunken, dass sie die Zunahme von Angst für etwas Positives halten? Man muss nicht einmal Ethik und Moral bemühen, man muss gar kein besonders human denkendes Wesen sein, man muss nur rechnen können, um das Lob für eine Politik, die Angst verstärkt, absurd und ignorant zu finden.

Es ist ignorant, weil diese Beobachter und Kommentatoren nicht einmal den Versuch machen, zu begreifen, welche Folgen das Anwachsen der Angst hat: Die Menschen werden seelisch und körperlich krank. Darunter leiden sie selbst und ihre Familien, sie fallen aus, sie machen Fehler in der Produktion, sie erleiden Unfälle. Glaubt man wirklich, das sei produktiv?

Angst ist kein Faktor der Produktivität, es sei denn, man kapriziert sich auf das kleine Segment derer, die die heutigen Sozialleistungen und die Arbeitnehmerrechte missbrauchen. Bei ihnen könnte man sagen, die Angst vor Arbeitsplatzverlust führe zu korrekterer und weniger missbräuchlicher Nutzung ihrer Rechte. Das ist aber auch alles. Ansonsten gilt, was jeder von sich selber kennt: Wenn wir Sorgen haben, dann schlafen wir schlecht, dann kriegen wir den Kopf nicht frei, dann nerven wir die Leute in unserer Umgebung.

Man braucht also nur den gesunden Menschenverstand zu bemühen, um zu verstehen, welcher Wahnsinn hinter dem Konzept steckt, die Standortbedingungen einer Volkswirtschaft durch Vermehrung der Angst zu verbessern. Aber dieser Wahnsinn hat Methode. So ist das Konzept der neoliberalen Ideologie angelegt.

In den Betrieben kommt es zu einer weiteren Folge von Angst: Mobbing. Wer Angst hat, ist schnell Opfer von Mobbing. Wer Angst hat, ist aber auch häufig Täter.

Hakeleien, Intrigen und Anmotzerei hat es in allen Belegschaften von der industriellen Großanlage bis zum Fünfmannbetrieb schon immer gegeben. »Mit Kollegen ist es wie mit Verwandten: Man kann sie sich nicht aussuchen, aber man muss mit ihnen leben«, heißt eine Lebensweisheit aller abhängig Beschäftigten.

Doch für immer mehr Beschäftigte wird dieses Zusammenleben mit den Kollegen zur Zerreißprobe. Seit den neunziger Jahren rückt das Phänomen des Mobbing immer mehr in den Blick der Öffentlichkeit. Mobbing unterscheidet sich von herkömmlichen Unverträglichkeiten dadurch, dass ein Kollege so lange und so systematisch gepeinigt, diffamiert, schikaniert oder von wichtigen Informationen abgedrängt wird, bis er entnervt kündigt oder ernsthaft erkrankt und vorzeitig erwerbsunfähig wird.

Die Folgen des Mobbing in Zahlen: Zwei Drittel der Gemobbten zeigen ernste Verstörungen wie Demotivierung, Misstrauen, Angst, Nervosität, Verunsicherung. 50 Prozent haben Denkblockaden, Konzentrationsstörungen, Angstzustände, Selbstvertrauensverlust, vollziehen die innere Kündigung. 43,3 Prozent werden krank, 22,5 Prozent kündigen selber, 14,8 Prozent werden gekündigt. 11,4 Prozent werden arbeitslos.

Ein Drittel aller Gemobbten wird langfristig krank, 18,6 Prozent müssen zur Kur, und jeder Sechste begibt sich in stationäre Behandlung. Ein Drittel aller Mobbingopfer nimmt psychotherapeutische Hilfe in Anspruch.[43]

Der Industrie- und Arbeitssoziologe Klaus Dörre spricht von der Rückkehr der sozialen Unsicherheit: In die reichen Nationen kehre sie in Form von Zeit- und Leiharbeit, befristeter Beschäftigung, Mini- oder Gelegenheitsjobs zurück.[44] Die Entwicklung zu solchen prekären Arbeitsverhältnissen ist in Deutschland weit fortgeschritten. Das klingt nach Fortschritt und Zwangsläufigkeit. Dem ist nicht so. Dörre weist mit Recht darauf hin, dass diese Entwicklung nicht vom Himmel gefallen ist, sondern das Ergebnis der Arbeitsmarktpolitik ist. Mit anderen Worten: das Ergebnis gerade auch der Wirtschaftspolitik und der dahintersteckenden Ideologie.

Wer getreten wird, tritt nach unten weiter

Schon zum vierten Mal hat das Institut für interdisziplinäre Konflikt- und Gewaltforschung der Universität Bielefeld »Deutsche Zustände« untersucht und beschrieben.[45] Konkret geht es dabei um die Frage, wie sich Desintegrationsprobleme auswirken. Der Leiter des Projekts, Professor Wilhelm Heitmeyer, hat in der *Zeit* vom 15. Dezember 2005 von den Ergebnissen berichtet und dabei mehrere der zuvor berichteten Tendenzen zur Spaltung unserer Gesellschaft und zum Anstieg der Angst bestätigt. Die Trends hätten sich zwischen 2002 und 2005 verschärft:

> »Signifikant zugenommen haben die Desintegrationsgefahren, die sich in Angst vor Arbeitslosigkeit, Befürchtungen eines niedrigen Lebensstandards und negativen Zukunftserwartungen ausdrücken. Dies gilt ebenso für die Frage, ob man nach eigener Wahrnehmung an Orientierung und politischem Einfluss verliert. Danach scheint eine sicherheitsverbürgende Ordnung verloren, so dass man nicht mehr weiß, wo man selber eigentlich steht (64 Prozent). Man weiß nicht mehr, was los ist (66 Prozent). Und: dass man – so das Gefühl – früher wusste, was man zu tun hatte (63 Prozent). Selbst wenn dies als problematische Nostalgie erscheint, bezeugen diese subjektiven Gefühle die Realität der Menschen.«

Diese Entwicklung betrifft nicht nur die Ränder der Gesellschaft, berichtet Heitmeyer:

> »Und was wird aus der gesellschaftlichen Mitte? Mit materiellen Zugewinnen ›oben‹ und Verlusten ›unten‹ geraten die mittleren Lagen ins Rutschen. Angst vor sozialem Abstieg verspüren heute etwa die Hälfte von allen Befragten, also nicht nur Befragte in den *unteren,* sondern auch in *mittleren* und *gehobenen* Soziallagen,

mithin jene, die viel zu verlieren haben – forciert durch ›Hartz IV‹ als Ausdruck sozialer Abstiegsgefahr.«

Seit 2002 nehme die Anerkennung sowohl im Beruf als auch im Alltag, die für die Integrationsqualität einer Gesellschaft zentral ist, signifikant ab. Das deute auf zunehmende Konkurrenz und Gleichgültigkeit gegenüber anderen hin. Heitmeyer beschreibt die Folgen:

> »Die Menschen geraten offensichtlich verstärkt unter Druck, was ihre Wahrnehmung des Zustandes dieser Gesellschaft verändert. Im Jahr 2005 vertraten fast 87 Prozent der Befragten die Auffassung, dass die Gesellschaft immer mehr auseinanderfällt. Zwischen 2002 und 2005 ist der Zweifel an der Solidarität mit Hilfsbedürftigen spürbar auf fast 39 Prozent gewachsen.«

Auch die Zweifel an der Behauptung, dass Menschen bei uns fair miteinander umgehen, seien bemerkenswert auf über 70 Prozent angestiegen. Und dass der Wohlstand gerecht verteilt sei, bezweifeln 2005 – ebenfalls ansteigend seit 2002 – 87 Prozent. »Grundprinzipien einer integrationsfähigen Gesellschaft wie Solidarität, Fairness und Gerechtigkeit scheinen zur Disposition zu stehen.«

Dieser Befund ist fast so etwas wie die Zusammenfassung der in den vorigen Kapiteln dieses Buches beschriebenen Folgen der herrschenden wirtschaftlichen und gesellschaftlichen Philosophie. Das Bielefelder Institut für Konflikt- und Gewaltforschung hat darüber hinaus noch eine Reihe weiterer gesellschaftlicher Veränderungen festgestellt.

So steigt die Fremdenfeindlichkeit in Deutschland im Beobachtungszeitraum seit 2002 an. 61 Prozent stimmen der Aussage, es lebten zu viele Ausländer in Deutschland, ganz oder eher zu. 2002 waren es 55 Prozent. Wilhelm Heitmeyer spricht von »gruppenbezogener Menschenfeindlichkeit«: Fremdenfeindlichkeit, Antisemitismus, Islamophobie, Abwertung von Obdachlosen und Homosexuellen. Der Forderung der NPD: »Wenn Arbeitsplätze knapp werden, sollte man die in Deutschland lebenden Ausländer wieder in ihre Heimat zurückschicken«, stimmen heute immerhin über 36 Prozent zu, vor vier Jahren waren es noch 28 Prozent.

Taube Eliten

Unsere Eliten begreifen scheinbar ganz einfache Zusammenhänge nicht – etwa den Zusammenhang zwischen Angst, wirtschaftlichen Sorgen, mangelnder Zukunftsperspektive und dem Umgang der davon Betroffenen mit den Nächstschwächeren. Dass, wer von oben getreten wird, den Druck nach unten weitergibt, ist eine so banale Erfahrung, dass es wundern muss, wie wenig sie in politische Überlegungen und Entscheidungen Eingang findet. Die gesamte Operation Hartz IV wie auch die Absicht der Regierung Merkel, mit einer Lockerung des Kündigungsschutzes und einer saftigen Mehrwertsteuererhöhung wirtschaftliche Probleme zu lösen, sind ohne Rücksicht auf diese sozialwissenschaftlichen Erkenntnisse beschlossen worden.

»Wer irgendwo neu ist, sollte sich erst mal mit weniger zufriedengeben« – diese Aussage wird von 70 Prozent und damit von 9 Prozent mehr als im Vergleichszeitraum für richtig befunden.

»Die Neigung, schwache Gruppen abzuwerten, ist bei Personen stärker ausgeprägt, die hohe Orientierungsunsicherheiten aufweisen«, schlussfolgert Heitmeyer. Und: »Die Mitte ist in vielerlei Hinsicht ähnlich feindselig geworden wie Personen, die ihre Position rechts verorten.«

Überraschend sind alle diese Befunde nicht. Es ist eine Alltagserfahrung, dass Menschen, die von oben malträtiert werden, nach unten treten, wenn sie keine Chance haben, nach oben zurückzuschlagen.

Heitmeyer verwendet einen Begriff, der mir passend erscheint zur Beschreibung der psychischen Lage, in der sich große Teile der Bevölkerung befinden: Er spricht von gefährlichen »Verstörungen« und mahnt an, die Politik möge mit überzeugenden Visionen gegenhalten, »die der gesellschaftlichen Entwicklung eine Richtung geben«. Gleichzeitig stellt er fest, dass man das auch in der großen Koalition offenbar nicht begriffen hat. Angela Merkels Leitspruch »Mehr Freiheit wagen« entspricht nicht dem Bedürfnis nach Orientierung und Integration. Heitmeyer zufolge verkehrt sich die Botschaft dieses Leitspruchs ins Negative: »Aber die aktuellen Verhältnisse, auf die dieser Leitspruch gemünzt ist, sind angstbesetzt. Davon wird auch die Freiheit infiziert: Sie wird vielfach verstanden als Freiheit *von* verantwortungsbewussten ökonomischen und sozialen Logiken, die lange als Maßstab galten, immer häufiger sogar als Freiheit *zu* sozialen Abwertungen und Ausgrenzungen.«

Diese Beobachtungen lassen es dringend geraten erscheinen, dass die politisch Verantwortlichen positiv mit den Werten umgehen, an denen sich die Mehrheit der Menschen bisher orientiert hat: Solidarität, Sozialstaatlichkeit, Vertrauen auf die staatliche Rahmensetzung. Gerade wenn es den Menschen schlecht geht, wenn sie arbeitslos oder von Arbeitslosigkeit bedroht sind und keine berufliche Perspektive haben, brauchen sie eine Orientierung, die ihnen Hoffnung gibt.

Die psychischen und die gesundheitlichen Folgen

Die Krankmeldungen sind seit Jahren rückläufig. Die Arbeitnehmer waren von Januar bis Oktober 2005 durchschnittlich 10,4 Tage krankgeschrieben. Im gleichen Zeitraum des Jahres 2004 waren es 10,7 Tage, im Jahr davor 12,2 Tage, 1980 sogar 15,7 Tage.[46]

Diese Entwicklung kann man gut finden. Wenn man jedoch mit Ärzten spricht, bekommt man ein differenzierteres Bild. Ohne Zweifel gab es in der Vergangenheit und gibt es vermutlich immer noch Missbräuche bei den Krankmeldungen. Einige Zeitgenossen lassen sich krankschreiben, obwohl sie eigentlich nicht wirklich krank sind. Aber diese Fälle dürften unter dem Druck und dem Risiko möglicher Entlassungen sehr stark zurückgegangen sein, und es gibt nach Auskunft von Ärzten zunehmend Menschen, die zur Arbeit gehen, obwohl sie eigentlich krank sind. Sie haben Angst davor, negativ aufzufallen.

Man sollte also die Meldungen über den sinkenden Krankenstand differenziert betrachten. Hinzu kommt, dass die hohe Arbeitslosigkeit, der Stress, die Veränderung in unserem Zusammenleben, die Entsolidarisierung und auch das Sparverhalten der öffentlichen Hand kritische Folgen für die Gesundheit haben. So berichtet der Bundesverband der Betriebskrankenkassen, dass der Rückgang der Krankheitstage zwar für alle physischen Leiden gilt, dass der Anteil der Krankschreibungen wegen psychischer Probleme dagegen kräftig angestiegen ist: um 28 Prozent seit 1991. Da die Betriebskrankenkassen nahezu ein Viertel aller Beschäftigten erfassen, dürfte das Ergebnis der Umfrage einigermaßen repräsentativ sein.

Bei der DAK ist das Bild ähnlich. Herbert Rebscher, Vorstandsvorsitzender der Deutschen Angestellten Krankenkasse, einer der größten gesetzlichen Krankenkassen in Deutschland, schlug bei der Präsentation des Geschäftsberichts für das Jahr 2004 Alarm: Zwar war der Krankenstand insgesamt im Jahr 2004 auf 3,2 Prozent gegenüber 3,5 Prozent im Vorjahr zurückgegangen. Die klassischen Begleiterscheinungen des Industriezeitalters, die

Knochen- und Gelenkerkrankungen sowie die Erkrankungen der Atemwege, sind auf dem Rückzug. Dafür konstatierte Rebscher eine »besorgniserregende Entwicklung« bei der Zunahme von psychisch bedingten Erkrankungen: Diese Krankheitsfälle sind bei der DAK von 1997 bis 2004 um 70 Prozent angestiegen. Bei Männern im Alter zwischen 25 und 29 Jahren gab es in diesem Zeitraum eine Zunahme um 106 Prozent, bei Frauen zwischen 20 und 24 Jahren sogar um 123 Prozent.

»Angststörungen und Depressionen werden immer mehr zu Volkskrankheiten der Zukunft. In Zeiten wirtschaftlicher Unsicherheit reagieren offensichtlich auch mehr junge Menschen mit psychischen Problemen auf berufliche und private Anforderungen«, erläuterte DAK-Chef Rebscher.[47] Andere Daten weisen in die gleiche Richtung. So hat sich die Zahl der Krankheitstage wegen Depressionen seit 2000 um 42 Prozent vermehrt, und die Ausfälle wegen Angststörungen haben im gleichen Zeitraum um 27 Prozent zugenommen.

Psychische Erkrankungen kommen die Krankenkassen besonders teuer zu stehen, denn psychisch Erkrankte verbringen erheblich mehr Tage im Krankenhaus als Menschen mit organischen Befunden. Eine Untersuchung der Gmünder Ersatzkasse (GEK) registrierte 1991 5 Prozent Einweisungen wegen psychischer Erkrankungen. 2000 waren es bereits 8 Prozent. Der Anteil der psychischen Erkrankungen am stationären Leistungsgeschehen – also das, was die GEK für den Krankenhausaufenthalt ihrer Mitglieder bezahlen muss – stieg von 8,3 Prozent 1991 auf 11,6 Prozent im Jahr 2000.[48]

In der neoliberalen Reformpolitik spielen diese psychischen Faktoren wie auch andere gesundheitliche Folgen des heutigen Wirtschaftens kaum eine Rolle, obwohl sie seit langem diskutiert werden und messbar sind.

Unter Fachleuten wird eine Reihe von seelischen und daraus folgenden körperlichen Krankheiten diskutiert, die aus ihrer Sicht in einem engen Zusammenhang mit zunehmendem Stress und hoher Arbeitslosigkeit, mit der Verbreitung von Angst und der Spaltung unserer Gesellschaft stehen:

- Viele Menschen, vor allem ältere Berufstätige, deren Leistungsfähigkeit langsam abnimmt, leiden wegen der wachsenden Konflikte am Arbeitsplatz und infolge von Kränkungen unter einer »posttraumatischen Verbitterungsstörung«, wie Professor Michael Linden von der Freien Universität Berlin dieses neue Krankheitsbild der Wirtschaftskrise nennt.
- Immer mehr Bundesbürger werden übergewichtig. Das sieht man im Straßenbild. In den USA sind 60 Prozent der Bevölkerung betroffen. Wie in den USA ist auch in Deutschland Adipositas, wie dieses Phänomen genannt wird, in den ärmeren Schichten überrepräsentiert. Das hat mit der billigeren und fettreicheren Ernährung, mit Bewegungsarmut und damit zu tun, dass die Kinder vor dem Fernseher »geparkt« werden.
- Zahnärzte in den Industrieländern bemerken seit einigen Jahren, dass Patienten ihre eigenen Zähne krampfhaft zermalen. Das Phänomen wird Bruxismus oder nächtliches Zähneknirschen genannt. Arbeitslose sind vermehrt davon betroffen.
- Die kindliche Hyperaktivität (ADS) hat epidemische Ausmaße angenommen. Über die Ursachen dieser Entwicklung gibt es einen geharnischten Streit. Die Pharmaindustrie glaubt, Hirnanomalien seien verantwortlich, und hält ihr Medikament Ritalin als Heilmittel bereit. Psychologen und Sozialwissenschaftler hingegen sehen ein Bündel anderer Ursachen, die mit der wirtschaftlichen und gesellschaftlichen Entwicklung im Zusammenhang stehen.

Natürlich sind diese Phänomene nicht ausschließlich der neoliberalen Philosophie und dem damit verbundenen wirtschaftlichen Niedergang zuzurechnen. Aber sie sind nicht zu leugnen, und sie haben an Prägnanz und Dringlichkeit zugenommen. Bei der Bewertung der herrschenden Wirtschaftsphilosophie und -praxis kann man an diesen gesundheitlichen und seelischen Folgen nicht vorbeigehen.

Ein neuer Bildungsnotstand:
Verwahrlosung durch Kommerzialisierung

Die Kommerzialisierung nahezu aller Lebensbereiche ist vermutlich die weitreichendste Konsequenz der neoliberalen Ideologie. Getreu dem Motto: Der Markt bringt Freiheit. »Mehr Freiheit wagen«, sagt unsere Bundeskanzlerin. Der Markt sei geeignet, wenn man ihn denn lässt, quasi alles zu regeln. Deshalb müsse man ihn entfesseln, man müsse ihn arbeiten lassen.

Sicher denken viele Menschen in diesem Land so, vermutlich wird an vielen deutschen Hochschulen, insbesondere an Business-Schools, dieser Glaube gelehrt. Es ist ein Irrglaube.

Die Anhänger dieses Glaubens irren sich, wenn sie meinen, alle Lebensbereiche könnten nach kommerziellen Gesichtspunkten organisiert und betrieben werden. Das gilt zum Beispiel – wie schon erörtert – für die Frage, ob auch die sogenannten öffentlichen Güter wie etwa die Erziehung der Kinder in Schulen oder die Versorgung mit Wasser oder die Versorgung mit Fernsehen und Hörfunk der Organisation über den Markt und damit der Preisbildung auf dem Markt überlassen werden sollen.[49]

Den Folgen der Kommerzialisierung unserer Medien möchte ich noch etwas genauer nachgehen. Es geht um viel mehr, als bisher in der Öffentlichkeit wahrgenommen wird.

RTL und Sat.1, die *Bild*-Zeitung und das ZDF, ProSieben und die *Welt*, die *FAZ*, die *Süddeutsche Zeitung* und die ARD und all die andern Blätter und Sender produzieren nicht nur irgend etwas. Sie produzieren zugleich auch die Meinung über das, was sie produzieren, und sie produzieren die Meinung über all die anderen Produkte und Dienstleistungen und vor allem auch die Meinung über die Politik. Sie beeinflussen die politische Willensbildung und die politischen Entscheidungen.

Soll man so etwas dem Markt überlassen? Die Väter und Mütter unseres Grundgesetzes meinten: Nein. Die Meinungsbildung bedarf des besonderen Schutzes. Deshalb haben sie den Artikel 5 zur Meinungs- und Pressefreiheit ins Grundgesetz aufgenommen.[50]

Der Artikel 5, so allgemein er auch formuliert ist, soll in Kombination mit diversen Urteilen des Bundesverfassungsgerichts einen gewissen Schutz garantieren. Er hat uns über längere Zeit vor der Kommerzialisierung von Hörfunk und Fernsehen bewahrt. In Deutschland herrschte eine Arbeitsteilung zwischen kommerziellen Printmedien auf der einen Seite und öffentlich-rechtlichen elektronischen Medien auf der andern Seite. Eine nicht ganz schlechte Arbeitsteilung.

Bis 1984 war das Fernsehen öffentlich-rechtlich, und es gab nur eine überschaubare Zahl von Programmen, eine beschränkte Dosis sozusagen. Seit der Wende von Bundeskanzler Helmut Schmidt zu Helmut Kohl wurden Milliarden in die Programmvermehrung und in die Kommerzialisierung gepumpt. Die Folgen für das Wissen und den Bildungsstand wie auch für die Gewaltbereitschaft sind bereits Ende der siebziger Jahre vorhergesagt und heftig diskutiert worden. Allerdings fehlte damals die handfeste naturwissenschaftliche Erkenntnis darüber, was eine mediale Dauerberieselung in den Köpfen und Seelen der Menschen auslöst. Inzwischen ist die Forschung weiter. *Vorsicht Bildschirm!* warnt beispielsweise der Ulmer Hirnforscher Manfred Spitzer, der den Einfluss der elektronischen Medien auf Gehirnentwicklung, Gesundheit und Gesellschaft untersucht hat.[51]

Doch unsere Meinungsführer in Politik und Publizistik, in Wissenschaft und Wirtschaft blenden diese Erkenntnisse weitgehend aus. Diesen beschränkten Blickwinkel habe ich persönlich beispielhaft erfahren, als ich mich als Leiter der Planungsabteilung im Bundeskanzleramt ab 1978 mit den Folgen der Kommerzialisierung des Fernsehens und der Programmvermehrung für unsere Gesellschaft beschäftigt habe. Von interessierter Seite – konkret: seitens der interessierten Medienkonzerne, der am Ausbau des Fernsehgeschäfts interessierten Industrie und der damaligen Oppositionsparteien CDU und CSU, allen voran der spätere Postminister Schwarz-Schilling – reagierte man aggressiv darauf. Die Aggressionen gegen diese Aufklärung über die Folgen einer derartigen Kommerzialisierung hatten zudem einen handfesten, finanziellen Hintergrund: Die Ministerpräsidenten der CDU/CSU-regierten Länder bedrängten den damaligen sozialdemokratischen Bundeskanzler Helmut Schmidt, mehrere 100 Millionen Mark für die Verkabelung von zwölf deutschen Städten auszugeben. Damit wollten sie die Vermehrung der Fernsehprogramme ermöglichen, was wiederum Voraussetzung für die Kommerzialisierung war.[52]

Die meisten unserer damaligen Prognosen haben sich als richtig erwiesen: Die Infantilisierung der Gesellschaft schreitet voran, unter maßgeblichem Einfluss der kommerzialisierten Fernsehprogramme; die Bereitschaft, Gewalt anzuwenden, wächst.

Wir hatten für unser Anliegen damals die Mehrheit in der Bevölkerung, wie nicht zuletzt die Reaktionen auf Helmut Schmidts Plädoyer für einen fernsehfreien Tag zeigten, das im Kern ein Plädoyer für den vorsichtigen Umgang mit der totalen Fernsehgesellschaft war. Das änderte sich erst, als die Regierung Kohl die Programmvermehrung und Kommerzialisierung einleitete und mitbezahlte. Teile der Eliten haben diese Programmvermehrung und Kommerzialisierung gegen das Volk durchgesetzt – mit öffentlichen Geldern und mit Folgen bis heute.

Weil das Thema für die Entwicklung unseres Landes so wichtig ist, will ich einige Erkenntnisse des Hirnforschers Manfred Spitzer zitieren:

> »Die Dosis des Fernsehens [...] nahm vor etwa 15 Jahren deutlich zu. Und wir haben in den letzten Jahren einen Anstieg der Aggressivität unter Jugendlichen. Nach kürzlich vom baden-württembergischen Kultusministerium veröffentlichten Angaben wurde in diesem Land von 1997 bis 2003 eine Zunahme aggressiver Verhaltensweisen bei Schülern um über 40 Prozent festgestellt.«
>
> »Die Gewalt in den Medien schadet besonders jungen Kindern unter acht Jahren, da diese noch Schwierigkeiten haben, zwischen Realität und Phantasie zu unterscheiden. Sie hat nachweislich eine ganze Reihe von Auswirkungen bei Kindern: Sie verstärkt Aggressivität und antisoziales Verhalten, verstärkt aber auch Ängste, selbst Opfer von

Gewalttaten zu werden. Zudem desensibilisiert Gewalt in den Medien die Jugendlichen gegenüber realer Gewalt und Gewaltopfern. Schließlich führt Gewalt in den Medien zu einem ›verstärkten Appetit‹ auf mehr Gewalt im Unterhaltungsprogramm, aber auch im realen Leben.«[53]

Zumindest eines haben diese Untersuchungen klar gezeigt: Permanente Gewaltdarstellung führt dazu, dass die Hemmschwelle und Barriere gegen Gewaltanwendung abgesenkt wird.

In einem Bericht über eine Studie des Kriminologischen Forschungsinstituts Niedersachsen über »Medienverwahrlosung als Ursache von Schulversagen« stellte der Leiter des Instituts, Professor Christian Pfeiffer, fest: »Die schulischen Lerninhalte verblassen angesichts der emotionalen Wucht der filmischen Bilder.«[54] Und: »Wer täglich stundenlang fernsieht, hat zudem kaum noch Zeit, die schulischen Hausarbeiten konsequent zu erledigen. Außerdem bewegt er sich zu wenig. Das schädigt nicht nur den Körper, sondern auch den Geist.«

Bei diesen Untersuchungen wurden wachsende Leistungsunterschiede zwischen den Jugendlichen mit besonderer Medienverwahrlosung, also ungehemmter Mediennutzung, und den weniger Fernsehabhängigen beobachtet. Ein beachtlicher Fingerzeig.

Weder das Wissen darüber, dass Fernsehgewalt die Hemmschwelle zur Gewaltanwendung abbaut, noch das Wissen über die Folgen des hohen Fernsehkonsums für die Lernfähigkeit und Lernbereitschaft sind neue Erkenntnisse. Als die Entscheidung zur Programmvermehrung und Kommerzialisierung anstand, konnte man die Folgen kennen. Der damalige Bundeskanzler Helmut Schmidt hat sich diese Warnungen zu eigen gemacht und sich geweigert, öffentliches Geld in die sich abzeichnende mediale Verwahrlosung zu investieren.

Dann kam 1982 der Wechsel zu Kanzler Helmut Kohl. 1984 wurden die elektronischen Medien dem Markt übergeben. Das war die große Zeit von Maggie Thatcher und Ronald Reagan. Der Markt bekam nicht nur das Sagen über die elektronischen Medien, nein, der Markt wurde auch noch mit öffentlichem Geld geschmiert. Milliarden aus dem Bundeshaushalt und von der damaligen Bundespost und späteren Telekom wurden in Verkabelung und Satellitenfernsehen investiert. Es waren Milliarden für Bertelsmann und Kirch, Milliarden öffentlicher Gelder für private Interessen. Und es waren Investitionen, unter deren Folgen viele Menschen zu leiden haben.

Nichts und niemand – außer den offenkundigen finanziellen Interessen – hat die politisch Verantwortlichen in Bundesregierung, Bundesrat und Bundestag zur Kommerzialisierung des Hörfunks und des Fernsehens gezwungen. Ohne den Einsatz öffentlicher Gelder wäre der Durchbruch – im konkreten Fall: der Durchbruch zur geistigen Verelendung eines Teils unserer Gesellschaft – nicht möglich gewesen. Kanzler Kohl und sein Postminister Christian Schwarz-Schilling haben sich die Interessen der Medienkonzerne zu eigen gemacht. Zwangsläufig war das nicht, es sei denn, man unterstellt, die von uns gewählten Politiker hätten sich grundsätzlich der Medienmacht zu beugen. Doch die Interessen von Bertelsmann, Kirch und Springer waren und sind keine Sachzwänge. Sie sind deutliche Zeichen dafür, wie die Konzerne mit der Demokratie glauben umspringen zu können. Das sollte man dann auch so benennen.

In der Sprache des früheren Bundeswirtschafts- und -arbeitsministers Wolfgang Clement: Die Medienkonzerne haben Milliarden abgezockt. Doch anders als die angebliche Abzocke der Hartz-Empfänger wird das kein öffentliches Thema, weil die Abzocker selbst die Meinung machen.

Wenn man ernst nähme, was man sonst so alles über die Gefahren der Gewalt sagt, wenn man ernst nähme, was man sonst so alles über die Bedeutung der Bildung und über die Entwicklung der Intelligenz unserer Jugend in der sogenannten Wissensgesellschaft sagt, dann gäbe es nur eine Konsequenz: die Entkommerzialisierung des Fernsehens. Wir könnten den Bildungsstand unseres Volkes und damit die vielzitierten Pisa-Ergebnisse auf einen Schlag verbessern, wenn wir die mit der Kommerzialisierung verbundene Dauerberieselung eindämmen würden. Aber dazu wird es kaum kommen, weil die Politik weder in Berlin noch in Brüssel fähig oder bereit ist, sich dem Einfluss der Medienmächtigen zu entziehen. Im Gegenteil: Innerhalb der EU seien wir vertraglich zur weiteren Liberalisierung und Kommerzialisierung der Medien verpflichtet, heißt es.

»Auf der Ehrentribüne klatscht Friede Springer«, schrieb die *FAZ* am Tag nach Angela Merkels Wahl zur Bundeskanzlerin. Symbolträchtig, auch für die weitere Medienpolitik.

Es gibt keinen ernsthaften Versuch, die Ergebnisse der Pisa-Studien daraufhin zu untersuchen, ob sie womöglich eine Korrelation zu der Kommerzialisierung des Fernsehens und des Hörfunks in unserem Land und in vergleichbaren, bei Pisa-Tests besonders erfolgreichen Ländern aufwiesen. Wie von einer unsichtbaren Hand geleitet, konzentrieren sich die Kommentierung, die Analyse und die Therapie der Pisa-Ergebnisse meist auf die Schulorganisation – es fehlten uns Ganztagsschulen, wir müssten Schulen autonomer machen und sie gegebenenfalls privatisieren, lauten die gängigen Empfehlungen. Die eine Debatte läuft an der anderen Erkenntnis und Debatte vorbei, ein Phänomen, das wir bei unseren Eliten an mehreren Beispielen studieren können.

Wenn ich bei Vorträgen auf die Folgen der Kommerzialisierung des Fernsehens zu sprechen komme, ist die Betroffenheit der Zuhörer deutlich zu spüren. Unsere Eliten dagegen sehen in der Kommerzialisierung der Medien kein Problem mehr. Sie haben sich damit arrangiert. Sie nutzen diese neue Welt. Sie begreifen nicht, was diese Kommerzialisierung für Bildung und Ausbildung und für die »Wissensgesellschaft« bedeutet. Und sie begreifen nicht, was Medienmacht in der kommerzialisierten Welt für die demokratische Willensbildung bedeutet.

Die Kommerzialisierung betrifft nicht allein die privat organisierten elektronischen Medien. Sie strahlt mächtig ab auf das öffentlich-rechtliche Fernsehen, auf den öffentlich-rechtlichen Hörfunk und auch auf die Printmedien. Die einzelnen Systeme sind wie durch kommunizierende Röhren miteinander verbunden. Das ist nur folgerichtig: Beim Kampf um Einschaltquoten – dem Maßstab für Erfolg beim Publikum und damit für den Erfolg bei Werbekunden – und um möglichst billige Produktionen passen sich die öffentlich-rechtlichen Sender den privat organisierten kommerziellen Sendern an. Auch sie bieten leicht verdauliche Serien, Ratesendungen und einen Krimi nach dem anderen. Informationssendungen und Dokumentationen werden auf späte Zeiten verlegt, die Wortbeiträge im Hörfunk und im Fernsehen werden immer mehr gekürzt, so dass eine differenzierte Argumentation nahezu nicht mehr möglich ist. Am Ende gibt es nicht mehr Pluralität, Vielfalt und Qualität, wie vor der Einführung des Privatfernsehens von dessen Befürwortern versprochen worden ist; statt mehr Vielfalt gibt es mehr Einfalt, mehr vom Gleichen und das auf einem niedrigeren Niveau.

Dass die Kommerzialisierung auch auf die Printmedien abstrahlt, liegt zum einen daran, dass eine stark vom Fernsehen beherrschte und geprägte Gemeinde von Zuschauern als Leser von Zeitungen und Zeitschriften nicht anders reagiert als auf das Fernsehen selbst: Die Leser sind in Aufnahmekapazität und Nachfrageverhalten geprägt von ihrem Hauptmedium. Hinzu kommt, was die Fachleute »Crosspromotion« nennen: Printmedien, die mit einem bestimmten Sender verbunden sind oder entsprechende Verabredungen getroffen haben, begleiten und kommentieren Sendungen und machen auf diese Weise redaktionelle Werbung. Die Verflechtung prägt auch das Niveau.

In der Argumentation der neoliberalen Bewegung spielt bekanntlich die Vorstellung, wir stünden vor großen neuen Herausforderungen, eine zentrale Rolle. Die Globalisierung, die Demographie und so weiter, alles ist neu. Angela Merkel will sogar die Republik neu gründen. Wenn in unserem Lande jedoch eine Entwicklung wirklich etwas umwälzend Neues und neue Herausforderungen gebracht hat, dann die Kommerzialisierung aller Lebensbereiche, vor allem des Fernsehens, und die Überflutung mit diesen kommerziellen Produkten. Verglichen mit der Wohnzimmerwelt von vor vierzig oder dreißig Jahren, ist das eine wirklich neue Welt. Zwar nehmen die herrschenden Kreise davon keine Notiz, doch es gibt einige kluge Zeitgenossen, die das an ihrer Stelle tun. Einer davon ist Alexander Stille. Der Autor geht in seinem Buch *Citizen Berlusconi* einem bedrohlichen Element in der Entwicklung Europas nach: der Methode und den Machenschaften des italienischen Ministerpräsidenten Silvio Berlusconi. Dabei wird der Zusammenhang mit der Ideologie unserer Eliten deutlich:

»Die 80er Jahre des 20. Jahrhunderts – das Jahrzehnt Reagans und Thatchers, in Italien die Ära Craxi – markierten eine gesellschaftspolitische Wende, sowohl in den USA als auch in Europa. In diesem Jahrzehnt begann etwas abzubröckeln, das man als den ›Sozialstaat-Konsens‹ bezeichnen könnte, der in der westlichen Welt nach dem Zweiten Weltkrieg dominiert hatte. Reagan erklärte, der Staat sei nicht die Lösung, sondern das Problem. In den USA und anderswo wurde das Ziel formuliert, staatliche Dienstleistungen zu privatisieren und die staatliche Regulierung der Wirtschaft zurückzuschrauben. [...]
Die Öffnung des Rundfunks für private Programmanbieter spielte eine bedeutsame Rolle in diesem Prozess des Wertewandels. Berlusconi erkannte früh, dass die flächendeckende Berieselung der Menschen mit amerikanischen Seifenopern, mit Quiz-Sendungen und Sitcoms geeignet war, Menschen, die in Jahrhunderten der Entbehrung und der Armut gelernt hatten, Geld zu sparen, anstatt es auszugeben, einem Einstellungswandel zu unterwerfen. [...] Von Anfang an war er davon überzeugt, dass seine Fernsehprogramme die Schrittmacher eines Kommerz-Kapitalismus neuer Art sein könnten, der auf der Seite des Verbrauchers eine individuellere Konsumkultur und eine Lockerung der Bindungen an kollektive Solidaritäts-Ideologien wie Christentum oder Kommunismus entsprechen würde. Berlusconi war eine der treibenden Kräfte dieser Entwicklung, und sein Einfluss beschränkte sich nicht auf Italien. ›Ich war der Missionar des Privatfernsehens in ganz Europa.‹ [...] Die Einführung des privaten Kommerzfernsehens bedeutete in Ländern,

in denen der Rundfunk bis dahin ein Staatsmonopol gewesen war, nicht nur, dass sich die Rolle des Staates in der Gesellschaft veränderte; vielmehr durchlief in der Folge die gesamte europäische Lebenskultur einen tiefgreifenden Wandel.«

Gefahr für die Demokratie

Die Förderer der neoliberalen Ideologie haben den Sieg von Demokratie und Marktwirtschaft über das kommunistische Regime gründlich missbraucht. Sie nutzten den Wegfall der Systemkonkurrenz, um das Soziale zu diskreditieren und der Gesellschaft ihren Stempel aufzudrücken. Die gesellschaftspolitische Friedensdividende ist deshalb für die Mehrheit der Menschen eher mager ausgefallen. Sie leiden unter der Spaltung der Gesellschaft, sie fühlen sich ohnmächtig und entmutigt, und sie sind als Arbeitnehmer, obwohl sie die Mehrheit stellen, an die Wand gedrängt. Die neue Ideologie – »Jeder ist seines Glückes Schmied« – entsolidarisiert, sie mobilisiert die schlechten Seiten im Menschen, statt die guten zu fördern. Wie ehedem der Kommunismus, so unterwirft der Neoliberalismus die Menschen dem Zwang, sich den neuen Gegebenheiten anzupassen, anstatt die Gegebenheiten nach den Bedürfnissen der Menschen zu gestalten.

Je mehr wir Versuchskaninchen und Opfer der neoliberalen Ideologie werden, um so mehr entdecken wir schlimme Parallelen zu dem, was wir überwunden zu haben glaubten: Die neoliberalen Ideologen reden zwar andauernd von Freiheit, tatsächlich jedoch zielen sie darauf ab, die Menschen nach den Vorgaben ihrer Ideologie zu ändern und zu gängeln. Sie sollen flexibel sein. Sie sollen sich bewegen. Sie sollen nicht durchhängen. Sie sollen nicht im sozialen Netz hängen. Sie sollen Blut, Schweiß und Tränen vergießen, obwohl sie vom Ergebnis ihrer Mühen nichts haben. Sie sollen eigenverantwortlich sein, was in vielen Fällen nichts anderes heißt, als dass sie sich den Gewohnheiten der oberen Schichten oder Finanzinteressen anpassen sollen. Sie können sich nicht mehr darauf verlassen, dass eine von ihnen freiwillig begründete Gemeinschaft ihre Interessen nach besten Möglichkeiten vertritt. Sie sollen als Einzelwesen agieren und nicht gemeinsam, nicht im Kollektiv der Arbeitnehmervertretung zum Beispiel. Individualismus wird zur Pflicht gemacht.

Wir erleben eine dramatische Spaltung unserer Gesellschaft in oben und unten, wir erleben eine herablassende und die Manipulation und Ausbeutung des Volkes planende Elite, ohne schlechtes Gewissen, ohne Umschweife. »Die Überzeugung, dass Unternehmen und Bevölkerung durch gemeinsame Interessen verbunden sind, letztlich in einem Boot sitzen, erodiert zur Zeit«, schreibt die *FAZ* zum Ergebnis einer Allensbach-Umfrage.[55] Das Volk denkt offenbar anders, als die Eliten wollen. Und dennoch nimmt man auf diesen Willen keine Rücksicht, sondern macht weiter mit dem Versuch, die Menschen mit Hilfe von Propaganda im Sinne der Eliten »rumzukriegen«. Das ist ein im Kern undemokratisches Vorgehen, denn es missachtet den Willen des Volkes, das in einer Demokratie ja eigentlich herrschen soll.

Neoliberalismus und Demokratie vertragen sich nicht. Der praktizierte Neoliberalismus ist im Kern keine liberale, sondern eine feudalistische Bewegung.

V. Der Fisch stinkt vom Kopf her

Es liegt an den Eliten, nicht am Volk

Wir schöpfen unsere Kapazitäten nicht aus, wir machen ein über Jahrzehnte erprobtes, sozialstaatliches Modell kaputt, wir häufen weitere Schulden an, statt sie abzubauen, die Menschen wissen in ihrer Mehrheit nicht mehr, was mit ihnen geschieht, sie fühlen sich ohnmächtig und verlieren das Vertrauen in die Problemlösungskompetenz der Politik. Und keiner weiß, warum. Andere Völker, die weitaus geringere Potentiale haben, machen es besser. Und deren Fachleute und auch einige wenige innerhalb unseres Landes raufen sich die Haare, verzweifeln über den Unverstand, der die Wirtschafts- und Gesellschaftspolitik in Deutschland bestimmt.

Unter allen vergleichbaren Ländern – Großbritannien, Schweden, USA, Dänemark, Österreich, Niederlande, Frankreich, Slowenien, Kanada – sind wir vermutlich das Land mit der unzureichendsten Führungsschicht, wenn es um die Gestaltung und Steuerung unserer gesamten Volkswirtschaft geht. Wir verschleudern durch Unterauslastung unserer Kapazitäten Milliarden, aber wir leisten uns das Vergnügen, von einer mittelmäßigen Truppe aus Politik und Publizistik, aus Wirtschaft und Wissenschaft geführt zu werden.

Was für Leute sind das an der Spitze? Horst Köhler, Angela Merkel und Josef Ackermann von der Deutschen Bank, Martin Kannegiesser von den Metall- und Elektroarbeitgebern und der Arbeitgeberpräsident Dieter Hundt, Jürgen Thumann und Michael Rogowski, der amtierende und der frühere Präsident des Bundesverbands der Deutschen Industrie (BDI), Stefan Aust und Gabor Steingart vom *Spiegel,* die Bertelsmänner, Friede Springer und Mathias Döpfner von Springer, Jürgen Kluge von McKinsey und Roland Berger, Bert Rürup, Hans-Werner Sinn, Klaus Zimmermann, Bernd Raffelhüschen und nahezu der ganze Rest der Wirtschaftsprofessoren, Arnulf Baring und Lord Dahrendorf, Paul Nolte, Meinhard Miegel, Warnfried Dettling und Werner Weidenfeld, Liz und Reinhard Mohn, die Bertelsmann Stiftung samt deren Centrum für angewandte Politikforschung (CAP) und dem

Bertelsmann-Centrum für Hochschulentwicklung (CHE), die Initiative Neue Soziale Marktwirtschaft mit ihrem Kuratoriumsvorsitzenden Hans Tietmeyer und ihren »Botschaftern« und über ein Dutzend Nachahmer-Initiativen, Franz Müntefering, Edmund Stoiber, Matthias Platzeck, Friedrich Merz, Guido Westerwelle und die jungen Netzwerker in allen Parteien – und so weiter ... Sie und noch viele, viele andere, die hier nicht genannt werden, sind die Köpfe und Institutionen, die als Treibende und Getriebene den neoliberalen Strom ausmachen. Sie bilden die Elite, von der hier die Rede ist.

Die Arbeitnehmer und ihre Gewerkschaften kommen in diesem Kartell der Macht nicht mehr vor. Alle ihre Schlüsselbotschaften zur Gestaltung unseres Landes sind vergessen, aus dem öffentlichen Bewusstsein verschwunden. Dass Mitbestimmung ein produktiver Faktor ist und sich das in der Vergangenheit in den meisten Fällen auch erwiesen hat, dass das soziale Netz Sicherheit bietet, Freiraum und Kreativität schafft und dieser Vorteil den Nachteil potentieller Missbräuche bisher weit überwog, dass gut ausgebildete und gut bezahlte Arbeitnehmer ein Kapital sind, dass Löhne mehr sind als ein Kostenfaktor – alles das ist vergessen, nicht mehr relevant.

Die politisch-ökonomische Gehirnwäsche ist komplett und perfekt. Die Gewerkschaften sind quasi ausverkauft, ihre Entmachtung war eines der Ziele der – mit Unterbrechungen – nunmehr schon seit fünfundzwanzig Jahren andauernden Repression. Nichts hat die Gewerkschaften und die Arbeitnehmer so sehr entmachtet wie die sinkenden Wachstumsraten der vergangenen zweieinhalb Jahrzehnte. Damit sind die Arbeitnehmer auf dem Arbeitsmarkt ohnmächtig geworden und auf die Schattenseite der Gesellschaft geraten.

Die herrschende Ideologie ist von Teilen der Wirtschaft geprägt

Innerhalb der den politischen Markt beherrschenden Eliten hat sich eine besondere Gruppe durchgesetzt: eine allenfalls betriebswirtschaftlich richtig denkende Wirtschaftselite mit starker Exportorientierung, auf Wachstum und den Kapitalmarkt orientiert. Sie ist der eigentliche Träger der Ideologie.

Die strategische Effizienz der Arbeitgeberseite kann man nur bewundern. Ihr Sieg hat zwar keinem guten Zweck gedient, nicht mal aus der Sicht der Arbeitgeber insgesamt, aber aus der verengten eigenen Perspektive ist es schon beachtlich, wie sie zu nahezu 100 Prozent die Hegemonie in Deutschland erobert haben. Und wie sie den Gewerkschaften und Arbeitnehmern das Kreuz gebrochen haben. Wie sie der europäischen Entwicklung ihren Stempel aufdrücken. Wie sie sich kategorisch gegen Sozialstaatlichkeit und für die eigenen Interessen verwenden.

Es fällt ihnen immer nur das gleiche ein: Sozialabbau (Ackermann), Kürzung sozialer Leistungen (DIHK-Präsident Braun). »Wenn die Kosten unseres Sozialmodells die individuelle und gesamtwirtschaftliche Leistungsfähigkeit übersteigen, stellt der Sozialstaat sein eigenes Fundament in Frage.«[56] Das sagt Josef Ackermann, nachdem nun schon über zwei Jahrzehnte lang die Kosten ebendieses Sozialmodells gekürzt werden – ohne dass dies etwas bringt.

»Die Wirtschaft« bestimmt erstaunlich vieles von dem, was in den Zeitungen und in den Fernsehsendern, im Hörfunk und den Internetmedien gedacht, gezeigt und gesagt wird; die Legende vom Rotfunk wird allenfalls noch an ultrakonservativen Stammtischen erzählt; die modernen Herren des Landes lachen sich tot.

Sie bestimmen mit ihrer Linie und den ihnen nahestehenden Personen nicht nur in weitem Maß die Magazinsendungen, die Talkshows und Nachrichten, sondern sie intervenieren auch hart und intolerant, wenn ihre Agitation durchleuchtet und kritisiert wird.

Die Öffentlichkeit und selbst interessierte Kreise ahnen noch nicht einmal, wie weit die Arbeitgeberverbände, ihre Vorfeldorganisationen wie die Initiative Neue Soziale Marktwirtschaft und einzelne Unternehmen schon in die Schul- und Hochschulpolitik eingreifen: Die Unternehmensberatung McKinsey zum Beispiel kümmert sich um die vorschulische Erziehung.[57] Auch auf den Stoff vieler Schulen nehmen sie Einfluss, etwa wenn die Initiative Neue Soziale Marktwirtschaft eigene Themenhefte für den Unterricht zur Verfügung stellt. Sie mischen sogar in der Lehrerfortbildung mit. Die Bertelsmann Stiftung nimmt über ihr eigenes Centrum für Hochschulentwicklung (CHE), aber auch direkt und unmittelbar Einfluss auf die Hochschulpolitik, und zwar – wie andere bei der Schulpolitik auch – immer in Kooperation mit staatlichen Stellen. Das bedeutet, dass hier private Interessen jenseits der demokratischen Linien von Parlamenten, Regierungen und Behörden die Politik mitbestimmen.

Nicht nur Bertelsmann, auch andere Unternehmen greifen auf die praktische Hochschulpolitik zu. Der Vorstandsvorsitzende des Pharmaunternehmens Altana AG, Nikolaus Schweikart, sagt, wie das geht: »Durch die Finanzierung von Stiftungslehrstühlen, durch die Unterstützung privater Hochschulen, durch die personale Beteiligung von erfahrenen Wirtschaftsführern in den Hochschulgremien ...«[58] Bei vielen Hochschulen redet die Wirtschaft sogar in den Führungsgremien direkt mit.[59]

Der Einfluss der Wirtschaft bei den Hochschulen erhält eine neue Qualität durch neue Regelungen von staatlicher Seite. So hat der nordrhein-westfälische »Innovationsminister« Andreas Pinkwart (FDP) ein, wie er es nennt, Hochschulfreiheitsgesetz eingebracht. Es ist geprägt von einer geradezu feindseligen Einstellung gegenüber dem demokratischen Staat und dem Parlamentarismus. Die Fachaufsicht über die Hochschulen soll an einen ständestaatlich anmutenden Hochschulrat abgetreten werden, in dem aller Erfahrung nach vor allem Vertreter der Wirtschaft das Sagen haben dürften.[60]

Unternehmen wirken als Sponsoren tief hinein in die Gesellschaft; sie reden mit bei Volkshochschulen und kirchlichen Akademien. Sie verfügen über Geld. Und wer zahlt, schafft an.

Die praktische Politik richtet sich in hohem Maße nach den Meinungsführern der Wirtschaft: Nichtstun gegen die Krise, Privatisierung, Deregulierung, Sozialabbau, Steuerfreiheit für »Heuschrecken«. Von ihnen kommen die wichtigsten Glaubenssätze: dass wir unter Strukturproblemen leiden und der Sozialstaat übertrieben ist, dass die Löhne zu hoch und die Lohnnebenkosten unzumutbar sind, dass die Gewerkschaften schuld sind an der Blockade und an allem, was sonst noch als Ursache unserer wirtschaftlichen Schwierigkeiten diagnostiziert wird.

Was der gewerbliche Mittelstand so alles über sich ergehen lässt

Das binnenmarktorientierte Gewerbe und das Handwerk, der Einzelhandel und die Gastronomie haben es hingenommen,

- dass nunmehr schon über zwei Jahrzehnte lang die Binnennachfrage nicht mehr richtig wächst und unnötig viele Betriebe von Insolvenz bedroht sind.
- dass die Errichtung von Supermärkten auf der grünen Wiese auf vielfältige Weise gefördert wird und damit die Vitalität der Innenstädte und deren Einzelhandel zusehends leidet.
- dass die Mehrwertsteuer zum 1.1.2007 um 3 Prozentpunkte erhöht wird, obwohl dies die Schwarzarbeit fördert und tendenziell die Exportwirtschaft zu Lasten des am Binnenmarkt orientierten Gewerbes begünstigt.
- dass die öffentlichen Investitionen zu Lasten des Bauhandwerks gekürzt wurden, ja, sie haben diese Entwicklung mit Sparappellen sogar noch ideologisch gestützt.

Es ist beachtlich, dass es die Arbeitgeberseite geschafft hat, das Bild unserer Gesellschaft – nach einer etwas anders geprägten

Zwischenphase zu Zeiten der sozialliberalen Koalition von 1969 bis 1974 – neu zu prägen. Ihr Geist bestimmt unser Zusammenleben. Sie tun das zusammen mit den privaten Medien, die selbstredend auch zuallererst unternehmerische Interessen wahrnehmen. Die öffentlich-rechtlichen Medien fügen sich teils, teils führen sie den Zug sogar an.

Das alles wäre nicht so schlimm, wenn diese Hegemonie sinnvoll genutzt würde. Wenn die Arbeitgeberseite wenigstens verstanden hätte, dass es auch in ihrem Interesse liegt, wenn der »Kuchen« wächst und größer wird, und man sich deshalb nicht zuallererst über die Größe des Stücks streiten muss, das eine verunsicherte Arbeitnehmerseite für sich noch haben will. Dass die herrschenden Kreise aus der Wirtschaft dies nicht verstehen, hat nicht nur mit ihrem betriebswirtschaftlichen Blick auf eine Volkswirtschaft zu tun, es folgt auch daraus, dass sie die Interessen der binnenmarktorientierten Teile unserer Volkswirtschaft, des Einzelhandels und des Handwerks zum Beispiel, nicht im Blick haben. Die herrschende Ideologie denkt vor allem an die Interessen der Finanzindustrie und der exportorientierten Großindustrie. Warum sollten sie ihre speziellen Interessen auch nicht vertreten, wenn der Mittelstand sich wie ein lahmer Stier am Nasenring durch die Manege führen lässt?

Wer die Macht über die öffentliche Meinung hat, hat die politische Macht

Den Siegeszug der neoliberalen Bewegung und ihren Einfluss auf die politischen Entscheidungen in Deutschland versteht man nur, wenn man in Rechnung stellt, dass in der modernen Gesellschaft politische Entscheidungen im wesentlichen über die öffentliche Meinung bestimmt werden. Wer Einfluss nehmen will auf politische Entscheidungen, der muss die öffentliche Meinung zu den wichtigsten Problemen unserer Zeit bestimmen. Die konservativen und neoliberalen Kräfte haben das schnell verstanden. Das ist nicht sonderlich erstaunlich, es entspricht dem, was in ihrem Milieu des Geschäftslebens seit Jahren gang und gäbe ist: Wenn man eine Ware loswerden will und Gewinn erzielen will, dann muss man sie gut verkaufen. Um sie zu einem guten Preis zu verkaufen, muss man gute Werbung dafür machen. Das sind Erfahrungen, die für den Erfolg in der politischen Arena prädestinieren. Die wirtschaftlichen Eliten sind gewohnt, mit Medien umzugehen, sie sind gewohnt, Public Relations einzusetzen, sie wissen, dass der Erfolg etwas kostet.

Und sie haben in der Regel mehr Geld als alle anderen Gruppen in unserer Gesellschaft zusammengenommen. Diese Konstellation macht sie naturgemäß zu den Mächtigen in der modernen demokratischen Gesellschaft. Ihr einziges Problem: Sie sind in der Minderheit. Wenn es danach ginge, wie viele Stimmen sie ohne Beeinflussung anderer auf die Waage bringen, dann hätten sie schon verloren. Sie haben aber nicht verloren, sie haben gewonnen und gewinnen immer mehr, weil sie die anderen beeinflussen. Sie verschaffen sich Mehrheiten.

Um Missverständnissen vorzubeugen: Es geht nicht um Werbung im traditionellen Sinn. Was uns interessiert, sind jene (gelungenen) Versuche der wirtschaftlich führenden Kräfte, auch die politischen Entscheidungen der Mehrheit bei Wahlen und zwischen den Wahlen durch Einflussnahme auf die Meinungsbildung zu prägen.

Diese Einflussarbeit der neoliberalen und arbeitgebernahen

Kräfte lässt sich belegen. Hier nur eine kurze Auswahl, auf einige Beispiele gehe ich in anderem Zusammenhang noch ausführlicher ein:

- Namhafte Wirtschaftsfunktionäre machen seit Jahren Propaganda gegen Konjunkturprogramme und für einen schlanken Staat. Von den Arbeitgeberverbänden und dem Bundesverband der Deutschen Industrie war schon lange kein abgewogenes Urteil zur Makropolitik mehr zu hören. Auch nach Verkündung des Investitionsprogramms der Regierung Merkel und den erkennbaren Versuchen des neuen Wirtschaftsministers Michael Glos, die Bedeutung der Binnennachfrage zu verstehen, ist bei den Funktionären der Unternehmerverbände keine Einsicht eingekehrt. Selbst angesichts der Tatsache, dass die Chance zu einer nachhaltigen wirtschaftlichen Verbesserung davon abhängt, dass es 2006 massiv aufwärts geht, bevor 2007 die Mehrwertsteuererhöhung dämpfend wirkt, vermochte sie nicht zu beirren. In dieser Situation verschickte das Institut der deutschen Wirtschaft am 18. Januar 2006 eine Pressemitteilung mit der Überschrift: »Konjunkturprogramme – Schädliche Therapie«. Diese Sorgen möchte man haben.
- DB Research, die ökonomische Forschungsabteilung der Deutschen Bank, liefert unentwegt Papiere und Materialien im Sinne der neoliberalen Theorie. Der Chefvolkswirt der Deutschen Bank, Norbert Walter, hat mit diesen Arbeiten und den Materialien seiner Einrichtung großen Einfluss auf die deutsche Publizistik, vor allem auf den *Spiegel*. Artig bedankt sich etwa der Leiter des Berliner Büros des *Spiegel,* Gabor Steingart, bei Norbert Walter für den »unbestechlichen ökonomischen Rat« bei der Arbeit an Steingarts Buch *Deutschland – Der Abstieg eines Superstars.*
- Bertelsmann versucht auf den verschiedensten Ebenen und zu den verschiedensten Themen Einfluss auszuüben: zum Thema Demographie und für Privatvorsorge, in der Schul- und Hochschulpolitik, für Studiengebühren und für den Rückzug des Staates aus bisher öffentlichen Dienstleistungen. Die Bertels-

mann Stiftung hatte großen Einfluss auf die Agenda 2010 und die Hartz-Reform-Entwürfe.
- Die deutschen Medienunternehmen tragen die Kampagne »Du bist Deutschland«, unter tatkräftiger Hilfe wiederum der Bertelsmann Stiftung.
- Das Pharmaunternehmen Altana AG, das im wesentlichen der Familie Quandt gehört, finanziert eine Aktion der sogenannten Jungen Bundestagsabgeordneten zur sogenannten Generationengerechtigkeit und damit pro Privatvorsorge.
- Die Deutsche-Bank-Gruppe finanziert das Deutsche Institut für Altersvorsorge (DIA), das wiederum Aufträge an andere Personen und Institutionen des neoliberalen Netzwerks vergibt.
- Die Robert Bosch Stiftung finanziert eine Kommission unter dem Vorsitz von Kurt Biedenkopf zu Familie und demographischem Wandel.
- McKinsey ist der Initiator eines Kreises, der zusammen mit dem *Stern*, ZDF und Web.de mit Hilfe einer Umfrage eine subtile Propaganda für neoliberale Ideen macht. Als Schirmherr der Kampagne »Perspektive Deutschland« hat sich der ehemalige Bundespräsident Richard von Weizsäcker hergegeben.
- Der Arbeitgeberverband Gesamtmetall, in dem die Arbeitgeber der Metall- und Elektroindustrie zusammengeschlossen sind, finanziert schon seit Oktober 2000 die Initiative Neue Soziale Marktwirtschaft mit 8,8 Millionen Euro jährlich.[61] Das sind bisher schon weit über 50 Millionen Euro. Hinzu kommt ein weitverzweigtes Netz von Kooperationspartnern, die jeweils selbst ihren Personal- und vermutlich auch Sachaufwand dazutun und damit die Wirkung multiplizieren.

Die Initiative Neue Soziale Marktwirtschaft (INSM) wurde am 12. Oktober 2000 aus der Taufe gehoben. Sie arbeitet sehr professionell und ist in Deutschland inzwischen so etwas wie das Rückgrat der neoliberalen Agitation (Näheres dazu siehe S. 303 ff.). Die INSM ist ein gutes Beispiel dafür, dass diese Elitenorganisationen sich bewusst und planend zum Ziel setzen, eine vorhandene Meinung so zu verändern, dass sie den Interessen der Wirtschaft entspricht (und nicht mehr den Interessen und Wünschen der Mehrheit der Bürger) und dass daraus dann politische Entscheidungen folgen, die sich an den Interessen der Führungspersonen in der Wirtschaft orientieren.

Von Anfang an war klar, zu welchem Zweck die INSM gegründet worden war. In einem Artikel mit der Überschrift »Revolution von oben« hat der *Stern* dies im Dezember 2003 ausführlich beschrieben.[62] Ausgangspunkt war eine Allensbach-Umfrage, die zeigte, dass die Bevölkerung in vielen Bereichen nicht der Meinung der Wirtschaft folgte. Die Mehrheit der Bürger hält viel vom Sozialstaat, sie hält viel von der Verantwortung des Staates für die Daseinsvorsorge, sie hält viel von Solidarität, sie will sogar Arbeitszeitverkürzung und Kündigungsschutz und hat von den Arbeitgebern und Unternehmern keine sehr hohe Meinung.

Deshalb haben die Elektro- und Metall-Arbeitgeberverbände beschlossen, die Meinung des Volkes zu ändern. Ob sie damit bis jetzt sonderlich erfolgreich waren, ist ungewiss. Eine neuere Umfrage von Allensbach spricht für eine gewisse Kontinuität der Mehrheitsmeinung. Aber es sind Einbrüche zu verzeichnen. So ist das Vertrauen in die gesetzliche Rente nahezu zerstört worden; auch das Vertrauen in den Staat und die Bereitschaft, öffentliche Verantwortung und damit auch den Staat als etwas Positives und Kooperatives zu sehen, dürfte geschwunden sein. Der Widerstand gegen Sozialabbau, der Widerstand gegen die Hartz-Gesetze ist unter dem Wirbel der Propaganda zusehends schwächer geworden, und dass die Löhne schuld sind an der schlechten Wirtschaftslage, daran glauben inzwischen wohl sogar jene Gruppen, die für höhere Löhne streiten müssten.

Propaganda wirkt, Wiederholung wirkt. Und wenn der Trick angewandt wird, bestimmte Parolen aus ganz verschiedenen Ecken aussenden zu lassen, also von CDU/CSU- und SPD-Personal, von Freien Demokraten und Grünen, von Professoren, Sportlern und Intellektuellen, dann wird auch die fragwürdigste Propaganda glaubwürdig. Diese Agitationsmethode ist uns am 2. Oktober 2004 meisterhaft demonstriert worden. An diesem Tag erschien in der *Süddeutschen Zeitung* eine ganzseitige Anzeige mit der Schlagzeile »Auch wir sind das Volk«.

Anlass und Hintergrund dieser Anzeige waren die aufkeimen-

Abbildung 13: Ganzseitige Anzeige in der Süddeutschen Zeitung *vom 2. Oktober 2004*

AUCH WIR SIND DAS VOLK

Die unter dem Angst machenden und abschreckenden Schlagwort Hartz IV beschlossenen Änderungen in der Arbeitslosen- und Sozialhilfe sind überlebensnotwendig für den Standort Deutschland.
Der ist gepflastert mit den Grabsteinen verblichener Chancen. Totengräber sind in allen Parteien zu Hause.
In der Vergangenheit haben alle Regierungen dem Wähler versprochen, was nicht zu halten war.

Umso schmerzlicher ist nun die Stunde der Wahrheit. Jetzt hilft nur noch ein radikaler Kurswechsel.
Solche Einschnitte tun weh wie alle schweren Operationen, aber aus Furcht vor Schmerzen nichts zu tun, wäre verantwortungslos.

Nur Demagogen, die ihre Zukunft hinter sich haben, reden dem Volk nach dem Maul. Ihre Rezepte sind so simpel wie ihre Motive durchsichtig.

Deshalb unterstützen wir Bundeskanzler Gerhard Schröder – ungeachtet aller unserer sonstigen politischen Präferenzen – in einer großen Koalition der Vernunft. Wir hoffen, dass er den Parolen der Populisten von links und rechts, die gnadenlos die Sorgen der Betroffenen für ihre Zwecke ausbeuten, Stand hält.

Wir, die Initiatoren dieser Anzeige, wählten und wählen ganz unterschiedliche Parteien. Wir arbeiten in diesem Land, wir bezahlen unsere Steuern in diesem Land, wir bekennen uns zu diesem Land.
Wir haben das Jammern über Deutschland satt.

Wer mutig ändert, was geändert werden muss, hat uns auf seiner Seite.

Georg Althammer	Werner Knopf
Peter Amberger	Dr. Martin Kohlhaussen
Wolfgang Berghofer	Dr. Hartmut Krafft
Roland Berger	Dr. Bernd Laudien
Manfred Bissinger	Prof. Rolf-Dieter Leister
Dr. Wilhelm Friedrich Boyens	Klaus Liedtke
Hero Brahms	Johann C. Lindenberg
Uwe Bremer	Markus Lüpertz
Jürgen Conzelmann	Walter Mennekes
Dr. Volker Christians	Dr. Thomas Middelhoff
Harald Eschenlohr	Dr. Werner Müller
Joachim Fehling	Marius Müller-Westernhagen
Dr. Thomas Fischer	Michael Nesselhauf
Dr. Michael Frenzel	Friedrich Päfgen
Nicola Fortmann-Drühe	Jim Rakete
Hans-Jürgen Fip	Dr. Eberhard Reuther
Jürgen Flimm	Dr. Michael Rogowski
Götz v. Fromberg	Prof. Albert Speer
Dr. Werner Funk	Dr. Bernd-Georg Spies
Heiko Gebhardt	Bernd Schiphorst
Prof. Dr. Peter Glotz	Dr. Walter Schlebusch
Günter Grass	Gerd Schulte-Hillen
Dr. Jürgen Großmann	Dr. Klaus Schumacher
Ullrich Grillo	Helmut Thoma
Dr. Dieter Hundt	Gunter Thielen
Michael Jürgs	Dr. Dieter H. Vogel
Dr. Wolfgang Kaden	Dr. Christoph Walther
Wilhelm Dietrich Karmann	Jürgen Weber
Dr. Hans-Peter Keitel	Prof. Dr. Uwe Wesel
Dr. Walter Klosterfelde	Dr. Kurt Wessing
Detlef Kloß	Dr. Wendelin Wiedeking

V. i. S. d. P.:
Manfred Bissinger, Harvestehuder Weg 42, 20149 Hamburg, Michael Jürgs, Isestraße 55, 20149 Hamburg

den Montagsdemonstrationen gegen die mit dem Begriff Hartz IV verbundenen Arbeitsmarktreformen, die zum Ziel hatten, Arbeitslosenhilfe und Sozialhilfe zusammenzulegen. In der Anzeige wurde dem Volk von seinen Spitzen-Eliten mitgeteilt, Hartz IV sei »überlebensnotwendig für den Standort Deutschland«. Diese abstruse und inzwischen widerlegte Behauptung wurde dadurch glaubwürdig, dass die Anzeige nicht nur von den Repräsentanten der Wirtschaft unterschrieben worden war, sondern auch von Günter Grass, von Peter Glotz, dem Theatermann Jürgen Flimm, dem linksliberalen Professor Uwe Wesel und Mario Müller-Westernhagen. Sie sorgten für die Glaubwürdigkeit der Propaganda. Ihr gemeinsames Auftreten mit der Crème de la Crème der deutschen Wirtschaft ist symptomatisch für den Niedergang der kritischen Intelligenz in Deutschland und ihre teilweise Integration in den neoliberalen Mainstream (siehe S. 192 ff.).

Diese einzige Anzeige in einer einzigen deutschen Tageszeitung ließ das Medieninteresse an den Montagsdemonstrationen übrigens schlagartig schwinden. Wahrscheinlich war dies auch das einzige Ziel der Aktion: von Medien und Journalisten wahrgenommen zu werden. Andernfalls hätte es gar keinen Sinn gemacht, nur in der *Süddeutschen Zeitung* zu inserieren.

Die Gründung der Initiative Neue Soziale Marktwirtschaft ist nur ein Beispiel unter vielen, das zeigt, wie bewusst Meinung gemacht wird. Andere Fälle sind etwas weniger offensichtlich, aber dennoch in ihrer Wirkung grandios. Das gilt zum Beispiel für die große Kampagne der Versicherungswirtschaft und der Banken für die Privatvorsorge (beschrieben in Kapitel VI, siehe S. 291 ff.). Dafür wurde die demographische Entwicklung zu einem kaum zu bewältigenden Problem stilisiert. Die finanzielle Dimension dieser Kampagne zugunsten der Versicherungswirtschaft und der Banken dürfte sogar die finanziellen Mittel der Initiative Neue Soziale Marktwirtschaft beträchtlich übersteigen.

An Geld für Öffentlichkeitsarbeit hat es bisher nicht gemangelt. Noch wichtiger sind aber die Vernetzung und die Infrastruktur und die organisatorische Kraft jener, die diese Öffentlichkeitsarbeit zu ihren Gunsten organisieren und konzipieren.

Opfer, die zu Tätern werden

Unter den Eliten finden sich Täter und Opfer. Genauer gesagt: Es finden sich Täter und Opfer, und es finden sich Opfer, die zu Tätern werden.

Jene, die beispielsweise die Gründung der Initiative Neue Soziale Marktwirtschaft geplant und dann mit Geld ausgeführt haben und immer wieder neu mit Aktionen und mit Werbung füttern, das sind »Täter«. Auch jene Verbände und einzelnen Unternehmen, Wissenschaftler und Publizisten, die die Privatisierung unserer Altersvorsorge geplant haben und durchzusetzen versuchen, sind Täter.

Aber was wären sie ohne die Opfer, aus denen Handlanger werden? Die Propagandisten im Hintergrund brauchen Multiplikatoren aus den Reihen der deutschen Eliten, aus dem Bildungsbürgertum und den Medien, aus den Kirchen und den Parteien, aus der Wissenschaft und der Kunst. Ohne diese Multiplikatoren aus den Kreisen der Eliten würden sie ihre Hegemonie nicht erreicht haben und schon gar nicht halten können.

Dabei war für die Macher, die ich für clevere Leute halte, von vornherein klar: Es macht keinen Sinn, die eigenen Anhänger und Glaubensbrüder noch »katholischer« zu machen, als sie schon sind. Bedeutende Zielgruppen sind deshalb für sie eher jene, die von ihrer Grundauffassung und ihren Grundwerten her nicht von vornherein zu den Anhängern der neoliberalen Ideologie und ihrer Protagonisten in Deutschland gehören. Also haben sie sich die Sozialdemokraten und die Grünen zur Zielgruppe erkoren und diese beiden Parteien nachhaltig verändert.

Die SPD und die Grünen haben nicht erst bei den Wahlen verloren. Sie sind lange vorher geistig unterwandert worden, haben sich angepasst und sind damit kraftlos und unattraktiv zumindest für den politisch engagierten Teil ihrer eigenen Anhänger geworden. An der SPD kann man das gut studieren. Die neoliberale Bewegung nahm über einzelne Personen wie Wolfgang Clement, Florian Gerster, Sigmar Mosdorf, Peter Glotz, Olaf Scholz, Bodo Hombach und Gerhard Schröder, über einzelne Gruppen in der Partei wie zum Beispiel den Seeheimer Kreis sowie über ausländische Parteifreunde wie Tony Blair und Anthony Giddens Einfluss auf das Denken und die programmatische Entwicklung. So wurde die SPD in Programm und Stil von innen heraus verändert – und zugleich saft- und kraftlos. Der Wahlverlust war dann nur noch die Draufgabe. Ähnlich bei den Grünen.

Für die neoliberale Bewegung ist die programmatische Veränderung von SPD und Grünen von großer Bedeutung gewesen. Wäre die Veränderung dieser beiden ursprünglich als links geltenden Parteien nicht gelungen, dann hätten sich auch die konservativen Parteien dieser Ideologie nicht so total geöffnet.

Den Medien kam bei dieser Veränderung von SPD und Grünen die Rolle des Hebels zu, getreu der Erkenntnis, dass die programmatische Entwicklung von Parteien wie auch von Medien miteinander verknüpft ist. Auf die praktische Politik bezogen, kann man feststellen: Gerhard Schröder hat mit seiner Agenda 2010 und den anderen Reformpolitiken das Bett gemacht, in dem sich die jetzige Regierung – und davon vor allem die Union – so richtig suhlen kann. SPD und Grüne sind wegen ihrer Anpassungspolitik in der gemeinsamen Regierungszeit zahnlos und profillos geworden.

Eine andere wichtige Zielgruppe der neoliberalen Bewegungen der Arbeitgeberfunktionäre sind die Kirchen. Vor nicht allzu langer Zeit waren sie noch entschiedene Fürsprecher für mehr soziale Gerechtigkeit. Man denke nur an das bemerkenswert engagierte gemeinsame Sozialwort der evangelischen und der katholischen Kirche von 1997. Das ist lange her. Bei der katholischen Kirche gab es im Dezember 2003 eine neue Verlautbarung mit dem Titel »Das Soziale neu denken«. Daran mitgeschrieben hat der Kuratoriumsvorsitzende der Initiative Neue Soziale Marktwirtschaft, Hans Tietmeyer.

Beide Kirchen signalisierten Zustimmung zu dem Reformkurs von Gerhard Schröder. Wie andere bürgerliche Kreise sind auch die Kirchen den Parolen zu den angeblich neuen Herausforderungen, zur Demographie und zur Globalisierung auf den Leim gegangen. Möglicherweise besinnen sie sich noch. Vorerst aber sind sie mehrheitlich Opfer, die zu Tätern wurden.

Wie Eliten zu Opfern von Manipulation und dann zu Tätern werden

Gegen Jahresende 2005 häuften sich wieder einmal die Beiträge zum Thema Demographie. Ich hätte es nicht für möglich gehalten, dass die Aufmerksamkeit für dieses Thema noch zu steigern ist, doch es ging. Zwar wissen wir, dass es schon unzählige Kommissionen zum demographischen Wandel gab und gibt. Das macht nichts. Der Bundespräsident gründete am 27. November 2005 zusammen mit der Bertelsmann Stiftung eine neue Initiative: »Forum demographischer Wandel«. Allein schon, dass die Variation der Worte Demographie, Wandel, Kommission und Forum noch eine neue Namenskombination hergab, ist beachtlich.

In der Pressemitteilung zur neuen Initiative des Bundespräsidenten zu einem alten Thema heißt es, man wolle Problembewusstsein schaffen, um die Zukunft zu gewinnen, denn in Deutschland würden immer weniger Kinder geboren. Das hatte wahrhaft Nachrichtenwert. Eine Serie von Gesprächsrunden und Konferenzen mit Führungskräften aus Staat und Gesellschaft wird folgen.

Der Bundespräsident hatte seine Akten noch nicht geschlossen, als wenig später, am 15. Dezember 2005, eine Expertenkommission der Robert Bosch Stiftung namens »Familie und demographischer Wandel« ihren Bericht mit dem beeindruckenden Titel »Starke Familie« vorlegte. Wir halten also fest: Die Bertelsmann Stiftung hat ihr »Forum demographischer Wandel«, und die Bosch Stiftung hat eine Kommission zum gleichen Thema. Zu dieser Kommission gehören unter anderem Kurt Biedenkopf als Vorsitzender, die Landesbischöfin von Hannover, Margot Käßmann, Paul Kirchhof, Bundesverfassungsrichter außer Dienst und Steuerexperte der Kandidatin Angela Merkel, Hans-Werner Sinn, Präsident des ifo-Instituts; außerdem die stellvertretende Leiterin der Hauptstadtredaktion der *Zeit*, Elisabeth Niejahr, sowie Professor Hans Bertram aus Berlin, der auch Vorsitzender der Sachverständigenkommission des 7. Familienberichts der Bundesregierung ist. Auch in dieser Funktion hat er schon Bericht erstattet. Die Berichte mehren sich.

Aber der Bericht der Robert Bosch Kommission hatte es doch in sich. Am 16. Dezember 2005, einen Tag nach seiner Vorstellung, fand er in den Printmedien ein beachtliches Echo. Denn er enthielt neben einer Reihe von offensiven Vorschlägen zur Unterstützung von Familien etwas Neues: eine Berechnung des ifo-Instituts, deren publikumswirksamer Kern besagte, ein Kind mit einer durchschnittlichen Erwerbsbiographie zahle als Erwachsener knapp 77 000 Euro mehr Steuern und Beiträge an den Staat, als es durch staatliche Leistungen bekommt. Ein gutes Geschäft für den Staat, fanden die Kommissionsmitglieder, die von der *taz* »Wissenschaftler« genannt werden, und forderten vom Gesetzgeber, dieses Geld an die Familien zurückzugeben.

In den Medien, deren ich habhaft wurde, wird die Berechnung des ifo-Instituts nicht in Frage gestellt. Keine Andeutung von Zweifeln. In der *taz* beispielsweise heißt es ohne jegliches Fragezeichen und ohne An- und Abführung ganz einfach: »Steuersystem benachteiligt Kinder«.

So wird sich auch diese Behauptung weiter festsetzen in den Köpfen unserer Eliten, genauso wie sich festgesetzt hat, dass »der demographische Wandel, unser längeres Leben und die sich ausbreitende Kinderlosigkeit in Deutschland uns während der nächsten 30 Jahre als Probleme begleiten« werden. So steht es in einem Artikel von Susanne Gaschke in der *Zeit,* der am gleichen Tag erschienen ist, an dem die Kommission ihre Ergebnisse vorgelegt hat.

Jeder denkende Mensch hätte sich doch angesichts dieser Berechnung fragen müssen: Wie kann man eine Berechnung anstellen über ein ganzes Jahrhundert? Und wieso erwirtschaften Kinder, für deren Kindergeld, Schulausbildung, Studium, Krankenkasse und so weiter die Kinderlosen mitbezahlen, einen Mehrwert von 77 000 Euro? Und welche Berechnung hat die Kommission angestellt, um beispielsweise die ökologische Belastung von zu vielen Menschen zu ermitteln?[63]

Ich muss gestehen, ich selbst kenne keine derartige Berechnung, und ich würde auch keine anstellen, weil ich ein solches Unterfangen für total absurd halte. Das gilt für den Versuch, die

Last von Kindern in Euro zu berechnen, genauso wie für den Versuch, den Gewinn, den ein Kind im Lauf seines Lebens für ein Gemeinwesen erbringt, zu berechnen. Aber Professor Sinn macht das, und er schafft das. Er hat es ja auch schon geschafft, Deutschland einen stark sinkenden Welthandelsanteil anzudichten (siehe S. 249 ff.). Diesem Professor glaubt die gesamte Kommission – einschließlich der ehrenwerten Landesbischöfin aus Hannover.

Dieser Vorgang illustriert, was damit gemeint ist, wenn ich sage, die Täter der Manipulation brauchen Opfer, die wiederum zu Tätern werden. Hätte Hans-Werner Sinn seine Thesen und Berechnungen ganz allein unter seinem Namen veröffentlichen müssen, hätte vielleicht nur noch Professor Biedenkopf mit unterschrieben, dann hätten einigermaßen aufmerksame Beobachter dies einzuordnen vermocht. Professor Sinn wissen die Kenner einzuschätzen, von Biedenkopf weiß man, dass er zusammen mit Meinhard Miegel ein Institut gegründet hat und dass beide seit langem Vertreter einer Art Basisrente sind und damit der Versicherungswirtschaft das Tor öffnen für die Expansion der privaten Vorsorge. Das zentrale Ergebnis der Kommission der Robert Bosch Stiftung hätte dann nicht weiter überrascht: Die Kinderlosen sollen nämlich die Rentenbeiträge für die Eltern mit Kindern aufstocken, während sie selbst auf eine Art Grundrente zurückfallen sollen, was wiederum heißt, dass sie zusätzlich privat vorsorgen sollen.

Von Biedenkopf hätte man diese oder eine ähnliche Werbung für die privaten Lebensversicherer erwartet, eine solche Form von Lobbyismus ist bei ihm nicht ungewöhnlich. Von der Landesbischöfin Käßmann jedoch wussten wir das nicht. Sie ist ein Opfer der von Interessen geprägten Irreführung und verleiht der Manipulation im nächsten Schritt die notwendige Glaubwürdigkeit. Darauf kommt es den Machern im Hintergrund an.

Wenn wir von Meinungsmache und Manipulationen hören, dann fällt uns aus Gewohnheit und Erfahrung die *Bild*-Zeitung ein.

Wir trauen es ihren Machern zu, dass sie dies täglich versuchen, und wir trauen ihren Lesern eher zu, anfällig für Meinungsgängelung zu sein. Bei Manipulationen und Manipulierbarkeit denken wir nicht zuallererst an die Leser des *Spiegel* oder der *Zeit* oder der *Frankfurter Allgemeinen*. Weil viele der Analytiker und Beobachter zu den Eliten und zum Kreis der Leser dieser Blätter gehören, denken sie zuallerletzt an sich als Ziel von Manipulation. Die Realität sieht anders aus: Die Eliten sind ebensosehr Opfer von Manipulationen wie die ganz normalen Bürger. Das variiert zwar von Thema zu Thema. Aber in der entscheidenden Debatte um das, was zu geschehen hätte, um unser Land aus der wirtschaftlichen Krise herauszuführen, wie auch bei der Debatte um die gesellschaftspolitische Ausrichtung des Landes sind die Eliten deutlich mehr ein Opfer von Manipulationen als die übrige Bevölkerung.

Das hat verschiedene Gründe, und es wirken verschiedene Mechanismen:

Das Sein bestimmt das Bewusstsein.
Die soziale Sicherheit sei das »Vermögen der kleinen Leute«, so sagten führende Sozialdemokraten früher. Überholt ist diese Redensart auch heute nicht: Wer über kein oder nicht viel Vermögen verfügt, der ist auf die Solidarität der Stärkeren angewiesen, wenn er die Risiken des Lebens zu spüren bekommt – im Alter, bei Krankheit, bei Arbeitslosigkeit. Eine intakte solidarische Absicherung gegen diese Risiken hilft wenigstens gegen die materielle Bedrohung. Wer krank wird, wird immerhin von den Kosten her einigermaßen aufgefangen. Wer alt wird und gebrechlich, setzte und setzt noch auf die gesetzliche Rente. Und wer auf die Pflege angewiesen ist, findet in der Pflegeversicherung zumindest eine finanzielle Absicherung. Auch wenn kein Vermögen vorhanden war, fühlte sich die Mehrheit der Menschen lange Zeit einigermaßen abgesichert durch die solidarischen Sicherungssysteme. Deshalb auch die hohe Zustimmung zum Sozialstaat.

Wer über gutes Vermögen verfügt oder solches erwarten kann oder so gut verdient, dass ein gutes Vermögen angesammelt werden kann, schätzt die Bedeutung der sozialen Sicherungssysteme verständlicherweise geringer ein. Alles andere wäre sonderbar. Deshalb sind diese Eliten auch um vieles offener für neue Experimente und für den Abschied von sozialstaatlichen, solidarischen Sicherungssystemen. Sie haben auch sehr viel eher die finanziellen Mittel für Privatvorsorge. Die Mehrheit der Menschen, insbesondere die Mehrheit der Arbeitnehmerfamilien, weiß hingegen, was sie an der solidarischen Absicherung und damit am Sozialstaat hat. Sie sind lange immun gewesen gegen die Dauerpropaganda der neoliberalen Kräfte gegen sozialstaatliche Regeln. Sie wollten keine Experimente, weil sie ahnen, dass diese zu Lasten ihrer sozialen Sicherheit gehen und damit zu Lasten ihrer Sicherheit und ihres wirtschaftlichen Auskommens insgesamt. Man mag ja die Unbeweglichkeit der breiten Bevölkerung beklagen. Sie hat jedoch ihren begründeten Ursprung und ihre Basis in realer Lebenserfahrung. Deshalb ist die Mehrheit der Menschen risikoscheu.

Das Sein bestimmt das Bewusstsein. Das führt bei den Eliten zu einer höheren Empfänglichkeit für die von anderen Eliten ausgesandten Parolen zur Durchsetzung von Interessen: Für Elite-Universitäten engagieren sich Arbeitnehmerkinder vermutlich wenig; die obere Mittelschicht, die Angst hat, die eigenen Kinder könnten in Konkurrenz mit ähnlich ausgebildeten Kindern der großen Masse kommen, schon eher. Vergleichbares gilt aus ähnlichen Motiven für die Einführung von Studiengebühren.

Ziemlich spannend war der Widerhall, den die Behauptung fand, Akademikerinnen wären von einer weit überdurchschnittlichen Kinderlosigkeit betroffen, und es müsste ein einkommensabhängiges Elterngeld eingeführt werden, damit auch Akademiker und andere Gutverdienende mal eine Babypause machen könnten. Dieses Projekt wird von der Mehrheit der Menschen wenig verstanden. Geringverdiener finden die etwas höhere Kinderlosigkeit bei Akademikerinnen nicht sonderlich dramatisch und bedrückend. Dass unserem Volk die Kinder von wohlsituierten Akademikern mehr wert sein sollen als die Kinder der anderen Schichten, will dem Normalverdiener nicht so recht in den Kopf. Den Eliten dagegen leuchtet das schnell ein.

Eliten wissen über alles Bescheid.
Historiker wollen mitreden, wenn über zu hohe Löhne diskutiert wird. Soziologen meinen ein Urteil abgeben zu müssen, wenn es um die Wirkung der Senkung von Lohnnebenkosten geht. Und sie wissen auch ganz genau, dass die Produktivität so hoch ist, dass die Arbeit ausgeht. Der Soziologe Ralf Dahrendorf zum Beispiel empfiehlt, die Betroffenen sollten auf Lohnfortzahlung und Pflegeversicherung verzichten, berichtet die *Welt*.[64]

Die meisten Menschen mit einfacher Ausbildung und einem einfachen Beruf dagegen haben keinen Bedarf, über Konjunkturprogramme als Strohfeuer zu diskutieren. Sie maßen sich auch nicht an, über das Umlageverfahren im Vergleich zum Kapitaldeckungsverfahren zu urteilen. Was sie dazu an Bewertungen gelernt haben, zum Beispiel dass die gesetzliche Rente nicht mehr trägt, das haben sie sozusagen im zweiten Schritt von anderen Multiplikatoren »gelernt«, von den elitären Multiplikatoren könnte man sagen. Aber zunächst schützt sie ihre geringere Neigung, überall mitreden zu wollen, vor Fehlurteilen. Das schützt sie in gewissem Maß auch vor Indoktrination, weil sie nicht glauben, sich ein Urteil bilden zu müssen.

Der Kommunikationsbedarf der Eliten ist um einiges höher. Sie wollen mitreden, sie haben Lust am Diskutieren und am Meinungsstreit. Wenn sie bei den Rotariern, im Lehrerkollegium, im Kreis der IHK-Junioren oder im Hintergrundkreis der Journalisten mitreden wollen, dann müssen sie sich notgedrungen eine Meinung bilden. Damit werden sie anfällig für die Einflüsterungen der Stichwortgeber, die die Meinung machen.

Damit kein Missverständnis entsteht: Es ist ehrenwert und es ist notwendig, sich zu informieren und sich eine Meinung zu bilden. Ich versuche nur zu erklären, warum die Eliten in diesem berechtigten Drang sehr schnell zu Opfern werden, wenn sie nicht aufpassen. Die Eliten aus dem bildungsbürgerlichen Lager müssen wieder lernen, zu zweifeln und skeptisch zu sein. Das gehört genauso zur Urteilsbildung wie die Neugier und das Interesse.

Eliten sind in besonderer Weise Opfer der Meinungsbeeinflussung, *weil sich Public-Relations-Agenturen* zur Durchsetzung von bestimmten Meinungen und Themen, die sie im Auftrag von Interessenten betreiben, *zuallererst an Eliten wenden.* Sie sind die geborene Zielgruppe für eine lohnenswerte Indoktrination. Auch das ist keine Kritik an diesen Eliten. Es ist eine kleine Mahnung zur Skepsis. Mehr nicht.

Korruption setzt bei den Eliten an und nicht beim Volk.
Es wäre viel zu teuer und würde sich nicht lohnen, wollte man das ganze Volk korrumpieren. Die Korruptionsfälle, denen ich bisher begegnet sind, spielen alle in den Regionen der Eliten: bei Professoren, Journalisten, Politikern, Wirtschaftsführern. Dazu mehr im Kapitel VI (siehe S. 263 ff.).

Eliten gefallen sich im Zuspruch Gleichgesinnter.
Der Glaube an die Unmöglichkeit von aktiver Konjunkturpolitik und an die Notwendigkeit von Reformen, an die Bedeutung von Lohnnebenkosten und die Notwendigkeit, soziale Leistungen über Steuern zu finanzieren, der Glaube daran, dass es mit unserem Sozialstaat nicht so weitergehen kann, dass wir über unsere Verhältnisse leben und Strukturen ändern müssen, hat eine erstaunlich gemeinschaftsbildende Bedeutung. Diese Kommunikationsgemeinschaft ist sogar auf einer abgehobenen Ebene möglich. Unsere Eliten müssen gar nicht konkret werden. Sie müssen nichts Konkretes wissen. Sie müssen nur die Parolen kennen. Dann klappt die Kommunikation.

So stoßen wir immer wieder auf das gleiche Phänomen, heute beim Glauben an die neoliberale Erlösung genauso wie vor Jahrzehnten beim Glauben an die heilsame Wirkung der Vergesellschaftung der Produktionsmittel.

Unsere Eliten sind in diese Glaubensgemeinschaft eingebunden, die ihnen Kommunikation und Sicherheit bietet. Sie leben und wachsen im gemeinsamen Jargon. Wer draußen bleibt, ist einsam. Das Volk bleibt draußen. Wer drinnen weilt, genießt die Wärme der Gemeinschaft. Da spielt es dann keine Rolle, ob der Glaube Bestand hat, ob er Berge versetzt, ob er Sinn macht und uns weiterbringt oder ob er Wichtiges behindert und zerstört.

Exkurs: Die traurige Rolle der Intellektuellen und des kritischen Bürgertums

Die Vorherrschaft der neoliberalen Bewegung in der Gesellschaft einerseits, ihre bedrückende Bilanz nach gut zwei Jahrzehnten Experimentierens in Deutschland andererseits – eigentlich müsste diese Kombination das kritische Bürgertum auf den Plan rufen, eine wache Intelligenz herausfordern, Intellektuelle mit Biss aufstacheln. Aber wo sind sie denn, die deutschen Intellektuellen, angesichts dieser weltweiten Herausforderung? Wo sind die kritischen Analysen? Wo der Widerstand? Das kritische Bürgertum erlahmt, die Gleichschaltung hat zumindest jene Intellektuellen erfasst, die in den Medien vorkommen:

- Auch Intellektuelle sind Opfer der gängig gewordenen *Gehirnwäsche*. Wenn fünfmal hintereinander im *Spiegel* und in der *Zeit* zu lesen steht, wir litten unter Reformstau, dann glauben sogar hochintelligente Naturwissenschaftler diese geplante und gemachte Botschaft. Wissenschaftler, die in ihrem eigenen Fach auf empirische Belege achten, übernehmen außerhalb ihres Fachgebiets wie selbstverständlich die gleichgeschaltete Botschaft, auch wenn die Fakten dem widersprechen.
- Auch intelligente und studierte Zeitgenossen haben sich zu Opfern des *semantischen Tricks* machen lassen, den Reformbegriff, dessen guter Klang aus der Zeit wirklicher Reformen zugunsten der Mehrheit unserer Gesellschaft und der Schwächeren herrührt, auf Reformen zu übertragen, die in der Regel zu Lasten der Schwächeren und zu Lasten der Mehrheit gehen. Gegen diesen geplanten Kunstgriff, gegen diese semantische Operation gab es von seiten der Intelligenz keinen Protest.
- Auch Intellektuelle sind auf den Trick hereingefallen, das Land erst *in schwarzen Farben zu malen* und ihm Strukturschwächen anzudichten, um dann Strukturreformern und Systemänderungen fordern zu können.
- Auch intelligente Zeitgenossen haben nicht durchschaut, wie

die Modernisierer zunächst die *Lasten der deutschen Einheit* so eingesetzt haben, dass die Kosten der sozialen Sicherungssysteme anschwellen mussten, um dann anschließend die hohen Kosten und Finanzprobleme der sozialen Sicherungssysteme und die Staatsschulden insgesamt dem Sozialstaat anzuhängen statt einer verkorksten Vereinigungspolitik.

- Auch die Intelligenz wurde und wird zusehends ein Opfer der Agitation für *Bewegung an sich,* auch intelligente Beobachter klagen über das »Stillstandsland« und schwärmen vom »Ruck«, einer Erfindung des ehemaligen Bundespräsidenten Herzog. »Wer die Welt verändern will, muss sie in ihrer Bewegung verstehen und aufhören, sich dieser entgegenzustellen. Wer stehenbleibt, hat Unrecht. Das Projekt der Moderne ist noch nicht vollendet«, hat Ulf Poschardt in der *taz* geschrieben.[65]
Als Kommentar dazu zitiere ich Friedrich Schiller: »In allen Dingen muss ich Wandlung sehen, weil es die flinke Zeit nicht dulden mag, dass etwas Festes soll bestehen.«

- Auch intelligente Zeitgenossen meinen die Geschichte besser verstehen zu können, wenn sie *große Brüche diagnostizieren.* Nur kontinuierliche Veränderungen zu sehen wäre viel zu langweilig; darüber ließe sich nicht gut schwadronieren, sich per Stichwort verständigen, ohne etwas zu sagen. Die Debatte zu den neoliberalen Theorien und Glaubenssätzen ähnelt frappierend den Debatten der Vulgärmarxisten Ende der sechziger, Anfang der siebziger Jahre. Auch damals haben sich die meist jungen Intellektuellen in einem eigenen Jargon verständigt, genauer muss man wohl sagen: Sie lebten und schwebten in diesem Jargon, ohne etwas zu sagen. Der Jargon vermittelte das Gemeinschaftsgefühl. Sachlich verwurzelt war er nicht. Das sieht man schon daran, dass viele aus jenen Gruppen wie etwa dem Kommunistischen Bund Westdeutschland (KBW) ohne große Schwierigkeiten in den neoliberalen Milieus gelandet sind und sich in dieser Sprache und Denkschablone ähnlich wohl fühlen wie damals.

- Auch Intellektuelle glauben an die *völlig neuen Herausforderungen,* vor denen wir angeblich stehen: Globalisierung, Demo-

graphie, Ende der Erwerbsarbeit und des Normalarbeitsverhältnisses.
- Auch die Intelligenz glaubt vermutlich mehrheitlich daran, *die älteren Generation würde auf Kosten der jungen leben,* und unser Problem bestehe unter anderem darin, dass wir immer weniger und – noch schlimmer – immer älter werden. Und die sogenannte Alterslast würde unerträglich werden.
- Auch Juristen, Philosophen und Physiker glauben in ihrer Mehrheit vermutlich inzwischen, mit einer *Umstellung des Finanzierungssystems der Altersvorsorge* vom Umlageverfahren zum Kapitaldeckungsverfahren könne man eines der angeblichen Probleme lösen. Auch viele intelligente und studierte Menschen sind so denkfaul geworden, dass sie schon nicht mehr fragen, wie das funktionieren soll? Bringt uns die Umstellung des Finanzierungssystems etwa mehr Geburten? Das kann doch wohl nicht sein. In der Ökonomie kennen wir das sogenannte Mackenroth-Theorem, wonach die arbeitende Generation immer die Alten und Jungen aushalten muss, ganz gleich wie man das Finanzierungssystem gestaltet. Daran gibt es nichts zu deuteln.
- Als der Bundespräsident in seiner Fernsehansprache zur Bundestagsauflösung behauptete, der *Föderalismus* sei überholt, schluckten auch intelligente Menschen diesen dreisten Angriff auf unsere Verfassung ohne Protest. Auch die Intelligenz in Deutschland ist inzwischen autoritätsgläubig geworden.
- Wenn gut ausgebildete und mitten im Berufsleben stehende Akademiker in der *FAZ* immer wieder lesen, die *Lohnnebenkosten* seien unser Schicksal und die Löhne seien insgesamt zu hoch und deshalb seien wir nicht mehr wettbewerbsfähig, dann glauben sie das, obwohl alle Fakten dagegen sprechen: Die Löhne in Deutschland haben in den letzten Jahren im Vergleich zu allen wichtigen Konkurrenten stagniert, die wichtigen Lohnstückkosten – also die Lohnkosten nach Einbeziehung der Produktivitätsentwicklung – sowieso; Deutschland hat kein Problem mit der Wettbewerbsfähigkeit, wir hatten 2004 einen Leistungsbilanzüberschuss von 104 Milliarden

Dollar, und er ist 2005 noch höher ausgefallen. Dennoch wird in Talkshows – wie zum Beispiel in der Wahlnacht 2005 beim *ZDF-Nachtstudio* – in einem Kreis von sogenannten Intellektuellen das Gegenteil behauptet – mehrmals und unwidersprochen und völlig unbeeindruckt von den Fakten.

- Auch die akademische Welt betet die eigenartige Litanei nach, wonach es an der Zeit sei, den Menschen in unserem Land Schmerzen zuzufügen, ihnen weh zu tun, *Tränen und Schweiß* zu verursachen. Eine seltsame Philosophie des Kasteiens, nicht des Selbstkasteiens!, wird in einschlägigen Kreisen gepflegt und erfasst auch das Bildungsbürgertum.
- Auch die kritische Intelligenz hat den Zirkus hingenommen, den uns die politischen Eliten seit der Landtagswahl in Nordrhein-Westfalen vom 22. Mai 2005 zugemutet haben. Wo blieb der Protest der kritischen Intelligenz? Wo blieben die Analysen der Publizisten? In der *FAZ* kam ein bitterer Kommentar – nach der Wahl, als klar war, dass auch das Kalkül, die *Neuwahl* brächte eine schwarz-gelbe Regierung, nicht zog.

Warum sind Intellektuelle und andere Eliten so anfällig für das Reform-Brainwashing?

Offenbar spielt eine Rolle, dass die öffentliche Debatte nahezu ausschließlich um das Terrain der Ökonomie kreist. Auch Menschen, deren Fach dies nicht ist, sehen sich zu einem Urteil gezwungen. Dennoch bleibt es ein Rätsel, dass sich Menschen, die wenig Ahnung von einer Sache haben, davon eine um so festere Meinung bilden. Das ist seltsam, zumal sie das in ihrem eigenen Fach ja auch nicht tun würden. In der Regel sind Wissenschaftler vom Umgang mit Theorien der eigenen Wissenschaft her gewöhnt, skeptisch zu sein. Sie haben gelernt, zu zweifeln. Im Umgang mit den neoliberalen Theorien für die Ökonomie und die Gesellschaft vergessen sie diese gute Tugend jedoch.

Der Einsatz der Sprache als Mittel der Manipulation hat in Kreisen der Eliten offenbar ähnlich gut gewirkt wie bei den *Bild*-Zeitungslesern: »Ruck«, »Reformen«, »Chancen für alle«, »Lohnnebenkosten senken«, »Eigenverantwortung«, »Generationenkonflikt« und »Generationenkrieg«, »die Frustrierten« – das sind die ALG-II-Empfänger –, »neu«, »neu« und noch mal »neu«: »neue soziale Marktwirtschaft«, »neue Herausforderung«, »neu denken«, »die Republik neu gründen«. Solch eigentlich leicht durchschaubare Sprachfiguren haben auch gebildete Menschen beeindruckt.

VI. Egoisten in einer Scheinwelt:
So funktionieren unsere Eliten

Man staunt jeden Tag neu

Es ist der 27. Dezember 2005. Ich unterbreche die Arbeit an diesem Kapitel für die *Tagesschau* und werde Zeuge von vier einschlägigen Auftritten unserer Eliten:

Zum ersten: Bundeswirtschaftsminister Michael Glos (CSU) und der nordrhein-westfälische Ministerpräsident Jürgen Rüttgers (CDU) fordern die Wirtschaft auf, in der kommenden Tarifrunde bessere Löhne zu zahlen. Für gute Arbeit müsse es gutes Geld geben, meint Michael Glos. Wesentliche Teile der deutschen Wirtschaft wie Einzelhandel und Handwerk seien auf eine kaufkräftige Nachfrage angewiesen. Auch Jürgen Rüttgers meint, es sei notwendig, Binnennachfrage und Wirtschaft zu stärken. Bravo, denke ich, aber warum erst jetzt diese Einsicht? Warum lösen sich diese Politiker erst jetzt von der falschen Vorstellung, unser Land leide unter Reformstau und mit Strukturreformen wäre unsere wirtschaftliche Schwäche zu überwinden? Warum nicht schon beim Einstieg in die große Koalition? Das wäre spät genug gewesen.

Zum zweiten wurde uns in der *Tagesschau* mitgeteilt, die Minijobs – deren Zahl seit Einführung der Agenda-2010-Reformen kräftig angewachsen ist – hätten leider nicht zu einer Zunahme der sozialversicherungspflichtigen Beschäftigungsverhältnisse geführt. Dass man das mit Erstaunen feststellt, ist erstaunlich. Auf welchem Glaubensbekenntnis beruhte denn die Erwartung, man könne die sozialversicherungspflichtigen Beschäftigungsverhältnisse ausbauen, wenn man die konkurrierenden Minijobs subventioniert? Was haben wir für eine meinungsbildende und entscheidende Elite, die solche einfachen Zusammenhänge nicht erkennt?

Zum dritten: Mit Berufung auf das *Handelsblatt* wird gemeldet, eine wissenschaftliche Evaluierung der Reformpakete Hartz I bis III durch eine Reihe von Forschungsinstituten im Auftrag der

Bundesregierung habe ergeben, dass die Hartz-Reformen verpuffen. Große Teile der Hartz-Reformen verfehlten ihr Ziel, die Arbeitslosigkeit zu senken. Einzelne Teile wirkten sogar kontraproduktiv und kosteten sehr viel Geld. Der SPD-Arbeitsmarktexperte Klaus Brandner erklärt dazu im Fernsehen, ohne Wachstum hätten die Hartz-Reformen eben nicht wirken können. Donnerwetter, kann man da nur sagen. Hatten der Arbeitsmarktexperte und seine gesamte Fraktion und die von ihr getragene rot-grüne Regierung und ihre Verhandlungskommission zur Bildung der großen Koalition Watte in den Ohren, als die wenigen, aber immerhin ihm nahestehenden Wirtschaftswissenschaftler und Gewerkschafter immer wieder und zunehmend beschwörend mahnten, das »Fordern« der Hartz-Reformen müsse jedenfalls durch das »Fördern« ergänzt werden, und Fördern sei erst dann möglich, wenn endlich die Binnennachfrage angekurbelt wird, die Wirtschaft wächst und Arbeitsplätze angeboten und Arbeitskräfte nachgefragt werden? Die Ökonomen, die gegen die neo-

Minijobs – Ein Rechenbeispiel

Peter Bofinger, Mitglied des Sachverständigenrats zur Begutachtung der gesamtwirtschaftlichen Entwicklung, hat in seinem Minderheitsvotum zum Jahresgutachten vom November 2005 vorgerechnet, dass bei einem angenommenen Nettoeinkommen von 1200 Euro drei Minijobber mit je 400-Euro-Jobs den Unternehmer 1500 Euro kosten, während die sozialversicherungspflichtige Vollzeitkraft mit gleicher Stundenzahl 2272 Euro kostet. Dieser Unterschied folgt daraus, dass für die 400-Euro-Jobs nur eine pauschale Abgabe von 25 Prozent entrichtet werden muss. Bei der sozialversicherungspflichtigen Vollzeitkraft fallen hingegen zurzeit (Januar 2006) 41 Prozent Sozialbeiträge, also ein Arbeitnehmer- und Arbeitgeberbeitrag von 930 Euro an. Mit Steuern ergibt das 2272 Euro.

liberale Bewegung anreden und anschreiben, haben die ihnen Nahestehenden nahezu täglich angefleht, endlich zu begreifen, was wirklich nötig ist, um aus dem Tal herauszukommen.[66] Wir stießen auf taube Ohren oder vielmehr: auf selektiv wahrnehmende Ohren. Wahrgenommen wurde nur, was vom großen Strom der Publizisten und Medien, von der angepassten Wissenschaft und den von der Exportwirtschaft beherrschten Wirtschaftsverbänden abgesegnet und verbreitet wurde.

Übrigens zeigt das Beispiel auch, dass diesen Eliten eine Nachricht – die Hartz-Reformen sind gescheitert – als neu erscheint, die zu diesem Zeitpunkt, im Dezember 2005, seit vierzehn Monaten bekannt war – schließlich hatte sich im Oktober 2004 der Bundesrechnungshof mit einer entsprechenden Warnung zu Wort gemeldet – und die man spätestens seit fünf Monaten, als die Medien breit darüber berichteten, kennen konnte (siehe S. 36 ff.).

Zum vierten wurde uns an diesem Abend noch verkündet, dass mehrere Allgemeine Ortskrankenkassen und andere gesetzliche Krankenkassen planen, im Jahr 2006 die Beitragssätze zu erhöhen. Die zuständige Ministerin Ulla Schmidt wunderte sich über diese Meldung und kündigte Beratungen an. Dass sie sich wunderte, ist einigermaßen verständlich, weil sie sich vermutlich noch daran erinnerte, dass genau zwei Jahre zuvor, sieben Tage vor Weihnachten 2003, eine große Kostendämpfungsreform inklusive der Praxisgebühr beschlossen worden war – verbunden mit der Hoffnung und dem Versprechen, dass die Beiträge sinken würden.

Aber warum sinken sie denn dann nicht? Das überrascht wohl nur den herrschenden Mainstream, jene Medien, Wissenschaftler und Politiker, die nicht verstehen, dass auch die finanzielle Gesundung der sozialen Sicherungssysteme wie Renten- und Krankenversicherung nur gelingen kann, wenn insgesamt wieder mehr Beiträge bezahlt werden. Wenn also statt 1-Euro-, Mini- oder Midijobs wieder mehr versicherungspflichtige Normalarbeitsplätze angeboten werden, wenn wieder mehr Menschen erwerbstätig werden können, wenn die Löhne wieder steigen und damit die prozentual daran gekoppelten Krankenkassenbeiträge wachsen, wenn mehr Frauen ihren Wunsch nach Erwerbsarbeit erfüllen können und als Beitragszahlerinnen in die Kassen einzahlen, statt nur mitversichert zu sein, wenn es einen steuerfinanzierten Risikostrukturausgleich zwischen den höheren Belastungen der Kassen in den ostdeutschen Ländern und der alten Bundesrepublik gibt und damit die Kassen insgesamt von der Finanzierung der Einheitskosten entlastet werden, wenn dann vielleicht noch die Flucht in die privaten Krankenversicherungen durch eine Erhöhung der Bemessungsobergrenze gestoppt wird. Das alles setzt aber voraus, dass die Wirtschaft die Talsohle überwindet, dass die Einkommen steigen und mehr Menschen in Arbeit kommen, so dass insgesamt mehr Beiträge gezahlt werden. Das sind Einsichten, die jedermann zugänglich sind. Aber unsere Eliten sind ideologisch so fixiert, dass sie nicht mehr fähig sind, Tatsachen zur Kenntnis zu nehmen.

Das waren in einer knappen Viertelstunde *Tagesschau* vier Nachrichten und vier Beispiele für die Wahrnehmungsunfähigkeit und Mittelmäßigkeit unserer Eliten. Anschließend blickte ich im Internet auf eine Nachrichtenseite. Diese lieferte mir zwei weitere einschlägige Nachrichten und Geschichten:

Dort war – **zum fünften** – zu lesen, auf Basis des neuen Zuwanderungsgesetzes hätten im Jahr 2005 gerade mal 900 qualifizierte ausländische Arbeitnehmer den Weg nach Deutschland gefunden. Bei gut 82 Millionen Einwohnern und 38,8 Millionen Beschäftigten ist das ein lächerliches Ergebnis. Wegen 900 zugewanderter Fachkräfte ein eigenes Gesetz. Wochenlang hat die Greencard zur Erleichterung des Zuzugs gut ausgebildeter Ausländer die Zeit und Kapazität unserer Politiker und Medien beansprucht.

Auch hier wundere ich mich, dass man sich über den geringen Zuspruch wundert. Bei einer derart hohen Arbeitslosigkeit auch von akademisch ausgebildeten Fachkräften, wie wir sie haben, ist es nun wirklich nicht verwunderlich, dass keine zusätzlichen Fachkräfte »importiert« werden müssen. Und: Wenn so schlecht über unser Land geredet wird und wenn die Fremdenfeindlichkeit bis zur Gewaltanwendung wächst, dann ist es kein Wunder, dass Ausländer, die viel können und überall willkommen sind, sich einen Besuch im alles andere als ausländerfreundlichen Beckstein-Schily-Schäuble-Land verkneifen. Wenn man als Deutscher durch die USA oder durch Indien reist, wird man ja schon von vielen durchaus aufgeklärten Leuten gefragt, ob es wirklich wahr sei, dass Menschen mit einer anderen Hautfarbe in Deutschland nachts nicht mehr auf die Straße gehen könnten.

Zum sechsten las ich dann noch, der Deutsche Mieterbund rechne im Jahr 2006 mit vielen durch die Hartz-IV-Reform bedingten Zwangsumzügen. Rund 500 000 Bescheide würden verschickt werden, in denen die betroffenen ALG-II-Empfänger aufgefordert werden, ihre Wohnkosten anzupassen.

Im *Hamburger Abendblatt* hatte exemplarisch eine Zweiundfünfzigjährige von ihrem Fall berichtet. Sie war von ihrer Arbeitsagentur aufgefordert worden, eine preisgünstigere Wohnung zu suchen, weil ihre Grundmiete von 329 Euro um 11 Euro über dem zulässigen Betrag lag. Das sind die Ergebnisse intensiver Reformarbeit durch die Hartz-Gesetze, einer Reformarbeit, an der die konzeptionellen Kader der Eliten jahrelang gearbeitet haben, in Kommissionen und Benchmarking-Groups, vorgearbeitet von Beratungsfirmen und Stiftungen.

Das war meine Ausbeute von einer knappen Stunde. Eine Stunde Erfahrung mit den Ergebnissen des Wirkens derjenigen, die hierzulande die Meinung machen und die Entscheidungen vorbereiten oder treffen. Jeden Tag können wir den Katalog der Erfahrungen mit der Borniertheit unserer Eliten erweitern.

Wenn man sich das immer wieder anhören muss, kann man nur zum Schluss kommen, dass die gesamte meinungsbildende (und -findende) Elite in hohem Maß gedanklich eingepfercht ist; sie steht an der Grenze des Gedankenspektrums wie eine Herde

Schafe am Gatter. Sie ist oft ohne eigenes sicheres Urteil, sie hat den Bezug zu dem, was die normalen Leute umtreibt, verloren, sie hat nur noch ein Ohr für die Einflüsterungen einer mächtigen Lobby – oder sie hat sich durch Beratungsverträge oder Nettigkeiten auf die Seite von Konzernen und Interessenorganisationen ziehen lassen, härter gesagt: Sie ist politisch bestochen und – einer ganzen Reihe ist das bereits gerichtlich attestiert worden – schlicht korrupt.

Aber immerhin, an diesem Abend gab es wenigstens etwas Trost: Auch diese Eliten fangen an, nachzudenken. Vielleicht halten die beiden Unionspolitiker Rüttgers und Glos sogar den Sturm der Entrüstung aus, der sich sofort erhebt, wenn in Deutschland jemand angemessene Löhne für sinnvoll hält und dies auch noch sagt, dachte ich.

Der Sturm hat sich erhoben, und der Bundeswirtschaftsminister jedenfalls »hat seine Forderung nach Lohnerhöhungen zur Konjunkturbelebung deutlich relativiert«, schreibt das *Handelsblatt* am 31. Dezember 2005. Die beiden sind zurückgerudert. Die Schwalben Glos und Rüttgers machen offenbar noch keinen Sommer.

Unbotmäßige Eliten werden abgebürstet

Hämisch ist der *Spiegel* am 16. Januar 2006 über den *Müllermeister Glos aus Prichsenstadt in Unterfranken* hergefallen: »Irgendwo stand gerade Glos herum«, als Angela Merkel »dringend Ersatz« für den flüchtigen Edmund Stoiber brauchte. »Michael Glos tut alles, um seinem Ruf als Notbesetzung für das Amt des Bundeswirtschaftsministers gerecht zu werden.«

Es stünde dem *Spiegel* gut an, ein bisschen zurückhaltender zu sein. Mit seinen Erkenntnissen, für gute Arbeit müsse es gutes Geld geben und wesentliche Teile der deutschen Wirtschaft wie Einzelhandel und Handwerk seien auf eine kaufkräftige Nachfrage angewiesen, ist der Bundeswirtschaftsminister jedenfalls der

Wirtschaftsredaktion und dem Berliner Büro des *Spiegel* meilenweit voraus; diese sind unheilbar gefangen im neoliberalen Glauben.

Davon abgesehen hat der *Spiegel* recht mit seiner Feststellung, »als Merkels Notbesetzung fürs Wirtschaftsministerium« fange Michael Glos ganz von vorne an. Es ist bemerkenswert, dass in den zentralen Ämtern der Wirtschafts-, Gesellschafts- und Finanzpolitik seit Jahren keine guten Nationalökonomen tätig sind. Wo sind die großen Nationalökonomen mit einer eigenen Gedankenwelt und Konzeption? Wissende Leute wie Karl Schiller, Klaus-Dieter Arndt, Franz-Josef Strauß, Helmut Schmidt, Herbert Ehrenberg, Karl Otto Pöhl. Ja, auch Strauß. Er war Philologe, aber immerhin hat er in Innsbruck Ökonomie nachstudiert. Und heute? Juristen, Lehrer, Physiker. Da ist der Müllermeister auch nicht so fehl am Platz.

Schade, einmal mehr hat sich bestätigt, dass die führenden Eliten Mittelmaß sind. Die Charakteristika dieser schlechten Qualität unserer Eliten, ihre seltsamen Eigenheiten und ihre Verflechtungen, ohne die die miserable Qualität nicht zu kaschieren wäre, lassen sich in fünf Punkten beschreiben. Vorweg eine Übersicht darüber, was Sie in diesem VI. Teil des Buches erwartet:

Erstens: Ich spreche von *Regression*, von einem Rückschritt (gradi = gehen, schreiten; regressio = Rückzug) auf ein früher schon mal erreichtes Niveau (so interpretiert die Psychologie den Begriff Regression), das gekennzeichnet ist durch naives, undifferenziertes und durch die dominanten Autoritäten (in der Psychologie sind das die Eltern) bestimmtes Denken.

Zweitens: Unsere Eliten leben in einer selbstreferentiellen, das heißt sich immer wieder nur auf sich selbst beziehenden *Scheinwelt*. Sie bestätigen und feiern sich gegenseitig. Was sie sagen, was sie vertreten, was sie tun, wird dadurch richtig und wahr, dass viele es sagen. Unsere Eliten leben in einer Welt von geliehenen Gedanken. Sie wären nichts, jedenfalls viel weniger, wenn sie sich nicht in geschlossenen Kreisen und Netzwerken selbst bestätigen könnten. Sie blühen auf im gemeinsamen Jargon. Tucholsky hatte dafür den schönen Begriff der »Papagei-Papageien«.

Drittens: Gerade weil sie spüren, dass sie ihr Denken und ihre Konzepte nur schlecht der Bevölkerung »vermitteln« können, erkennen unsere Eliten, dass sie »Vermittlungsprobleme« haben, und sie scheuen deshalb nicht vor den Mitteln der *Propaganda* oder der *Meinungsmanipulation* zurück.

Viertens: Sie sind mehr und mehr nur noch *Sachwalter* ihrer Käseglockenwelt und *ihrer eigenen Interessen* und insofern weit weg von der traditionellen Vorstellung, eine Elite zerbreche sich den Kopf zum Wohl des Volkes. Sie haben eine feste Vorstellung von oben und unten. Elite ist, wo oben ist.

Fünftens: Sie machen sich gemein mit *mächtigen Interessen,* und die mächtigen Interessen brauchen zu ihrer Durchsetzung zuallererst die Eliten. Deshalb bauen sie zum Beispiel rund um das politische Berlin ihre Repräsentanzen wie mittelalterliche Bergfriede. Deshalb geben sie Empfänge für die Eliten, laden sie zu Festivitäten und in die Logen der Sportarenen. Deshalb geben sie den Eliten lukrative Beraterverträge oder Aufsichtsratsposten. Deshalb drängt sich bei vielen getroffenen und anstehenden Entscheidungen die Frage auf: Was steckt dahinter – menschliche Schwäche, Unvermögen oder gar Korruption?

Regression oder Der Rückfall in undifferenziertes, naives Denken

Unsere Eliten haben sich fast durchgängig auf eine wirtschaftspolitische Konzeption eingelassen, die nicht nur erfolglos, sondern auch rückschrittlich und, man muss es so sagen, sehr einfach gestrickt ist. Da hilft es auch nichts, wenn sie sich hinter einer pseudowissenschaftlichen oder Technokratensprache und hinter den komplexesten mathematischen Modellen versteckt. Wenn mittlerweile auch solche Zeitgenossen, die eher dem neoliberalen Gedankengut verpflichtet sind, merken, dass die Löhne eine Doppelfunktion haben – dass sie zum einen Kostenfaktor für die Betriebe sind und zum anderen Nachfrage nach Leistungen der darniederliegenden Binnenwirtschaft, des Einzelhandels und des Handwerks bedeuten –, und wenn sie deshalb höhere Löhne fordern, dann ist das nicht nur ein Fortschritt an Erkenntnis.

Es ist zugleich ein Stückchen Abkehr von der vereinfachenden Vorstellung der herrschenden ökonomischen Ideologie, wonach es vor allem darauf ankomme, die Angebotsbedingungen der Wirtschaft zu verbessern und die betriebswirtschaftlichen Kosten der Unternehmen zu senken, und schon gehe es aufwärts. Diese gängige Vorstellung ist so schlicht, dass sie noch nicht einmal von den Urvätern der liberalen ökonomischen Schulen und schon gar nicht von den Vätern der sozialen Marktwirtschaft je vertreten wurde. Es ist ein geradezu geschichts- und theorieloser Rückschritt im Wissen und im Verständnis von wirtschaftlichen Prozessen.

In einem Beitrag für die *Süddeutsche Zeitung* vom 31. Dezember 2005 wandten sich die Professoren Wolfgang Wiegard, immerhin Mitglied des Sachverständigenrats, und Hans-Werner Sinn, der umtriebige Chef des ifo-Instituts, gegen den Vorstoß von Glos und Rüttgers. Die banale Anregung, die Löhne sollten auch mal wieder steigen – bescheiden nur, im Rahmen der Produktivität –, provozierte eine bemerkenswerte Nervosität. Offenbar geht es um sehr viel. »Hohe Löhne machen Deutschland arm«, war der Artikel der beiden prominenten Ökonomen überschrieben. Wiegard und Sinn konstruieren darin eine eigenartige

Investitionstheorie. Der Forderung, die Löhne sollten steigen, damit dann auch der Konsum und die Nachfrage nach den Leistungen unserer heimischen Wirtschaft wieder etwas angekurbelt werden, halten sie entgegen:

> »Für die Investitionen von heute kommt es aber auf den erwarteten Konsum von morgen an. Ein höherer Konsum in der Zukunft erfordert einen Konsumverzicht in der Gegenwart, der durch eine höhere Nachfrage nach Investitionsgütern ausgeglichen wird. Eine Gesellschaft, die ihren Konsum dauerhaft wachsen lassen will, muss ihn zunächst reduzieren. Sie muss dauerhaft einen höheren Prozentsatz ihres Sozialprodukts sparen und investieren, um auf diese Weise ihren Kapitalstock und mit ihm das Sozialprodukt, das Lohnniveau und den Konsum schneller anwachsen zu lassen.«

Das ist ein reines Konstrukt, weit weg von den Fakten unserer Gesellschaft und Wirtschaft. Die Doppelfunktion der Löhne als Kosten- und Nachfrageelement akzeptieren die beiden Autoren nicht, sie tun so, als würde investiert, weil irgendwann in der Zukunft ein höherer Konsum erwartet werden könnte, sie sehen nicht, dass heute nicht investiert wird, weil *heute* auf dem Binnenmarkt zu geringe Absatzchancen da sind, sie unterschlagen, dass die Deutschen unglaublich sparfreudig sind, dass es an Nachhilfe zum Sparen nun wirklich nicht fehlt, und sie übertreiben wie üblich in der ökonomischen Debatte, wenn sie behaupten, es würde ein »ordentlicher Schluck aus der ›Lohnpulle‹« gefordert, nur weil einige Ökonomen und nun auch einige Politiker maßvolle Lohnerhöhungen anregen und die Gewerkschaften diese fordern.

Das Niveau der herrschenden Wirtschaftswissenschafts-Eliten ist nicht zu unterbieten. Dass unsere Universitäten von diesem Mittelmaß angefüllt sind, ist eine der schweren Bürden, die vielleicht sogar noch Jahre auf jedem Versuch lasten, in unserem Land wieder zu vernünftigeren wirtschaftspolitischen Entscheidungen zu finden.

Eliten basteln sich ihre eigenen Naturgesetze

Zu den Eliten gehören auch unsere Wirtschaftswissenschaftler, übrigens meist Professoren, die wir als Steuerzahler aushalten, und sogenannte Berater, die sich ihre Beratungsverträge teuer aus Steuergeldern finanzieren lassen.

Als unmittelbare Reaktion auf die Anregungen von Rüttgers und Glos meldete sich der Hamburger Wirtschaftsprofessor Bernd Lucke protestierend zu Wort. Er gehört zu einem Kreis von zweihundertfünfzig Professoren, die sich im Juni 2005, also im Vorfeld der Bundestagswahl, mit dem sogenannten Hamburger Appell in die wirtschaftspolitische Debatte einschalteten und bestritten, durch eine Umschichtung von Gewinnen zu den Löhnen könnte die Binnennachfrage gestärkt werden. Lucke meinte wörtlich: »Lohnerhöhungen können die Nachfrage nicht beleben, weil sie zu Lasten der Investitionen finanziert werden müssen, ohne Investitionen entstehen auch keine neuen Arbeitsplätze.«

Lucke unterstellt, dass Investitionen daran scheitern könnten, dass sie nicht zu finanzieren sind, wenn die Löhne wenigstens entsprechend der Steigerung der Produktivität steigen. Richtig ist: Investitionen werden dann getätigt, wenn die Unternehmen erwarten können, die damit zu produzierenden Waren und Dienstleistungen mit Gewinn verkaufen zu können. In einem solchen Fall hat ein Unternehmen in Deutschland heute in der Regel kein Problem, seine Investitionen auch (über Kredite) zu finanzieren.

Im übrigen haben diese Professoren die Doppelfunktion von Löhnen nicht verstanden. Sie wollen sie auch nicht verstehen, weil sie den Arbeitsmarkt wie einen Markt für Artischocken betrachten. Sie wollen sie nicht verstehen, weil sie nicht sehen, dass hinter den Anbietern von Arbeitskraft auf dem Arbeitsmarkt Menschen stehen, die sich und ihre Familie ernähren müssen und wollen. Sie blenden aus oder vernachlässigen, dass Lohnempfänger auch Nachfrager auf dem Gütermarkt sind. Für die überwiegende Mehrheit der in diesem Denken befangenen Wissenschaftler scheint ein schlichtes Naturgesetz zu gelten: Das Angebot schafft seine Nachfrage oder: Autos kaufen Autos.

Gleichrichtung der Wissenschaft

In Deutschland ist die wirtschaftspolitische Diskussion auch deshalb so wenig plural und offen, weil es in der Wirtschaftswissenschaft selbst zu einer Verengung gekommen ist. Anders als zum Beispiel in den USA gibt es bei uns eine sehr dominante Hauptströmung und nur noch wenige Gegenstimmen. Vermutlich hat dies mit einer sehr einseitigen Berufungspraxis an unseren Universitäten und Hochschulen zu tun.

Beispielhaft dafür war das Verfahren an der Humboldt-Universität Berlin. Dort wurde vom Berliner Senat der Bonner Wirtschaftswissenschaftler Wilhelm Krelle für die Zeit von 1991 bis 1993 zum Vorsitzenden der Struktur- und Berufungskommission der wirtschaftswissenschaftlichen Fakultät ernannt. Er war zu diesem Zeitpunkt schon pensioniert und wickelte nun die alte Fakultät aus DDR-Zeiten ab. Krelle hat in Berlin dafür gesorgt, dass tiefdunkel gefärbte Neoliberale, meist mit mathematischem Hintergrund, berufen wurden. Wirtschaftswissenschaftler, die eher der Richtung des britischen Nationalökonomen Keynes zuneigten, hatten kaum eine Chance. Bewerbungen von Kandidaten, die nicht zum herrschenden Strom der Wirtschaftswissenschaften gehörten, wurden nicht einmal mit einem Eingangsvermerk bestätigt. Mit harter Hand sorgte Krelle für die von ihm als richtig befundene Ausrichtung der Fakultät.

Auch die Entwicklung bei den wirtschaftswissenschaftlichen Forschungsinstituten ist von einer beängstigenden Verengung gekennzeichnet. Das letzte unter den sechs Instituten, das in Fragen der Konjunkturpolitik eher die Keynesianische Richtung vertrat, wurde mit der Berufung von Professor Klaus Zimmermann zu seinem Präsidenten 1999 in den großen Strom eingepasst – mit der Konsequenz zum Beispiel, dass der profilierte Konjunkturforscher Gustav Adolf Horn das Institut verlassen musste. Jetzt sind alle deutschen wirtschaftswissenschaftlichen Forschungsinstitute gleich ausgerichtet.

Je mehr ich mich bei der Arbeit an diesem Buch mit dem Zustand meines Fachs, der Nationalökonomie, beschäftigt habe, um so unheimlicher und unappetitlicher sind mir das dogmatisch Abgehobene des herrschenden Denkens und die zunehmend erkennbare Interessenabhängigkeit der Wissenschaft geworden. Kritische Wissenschaft in diesem Bereich gibt es nur noch in Nischen abseits der großen Medien – ein Appell gegen den Agenda-Kurs wurde immerhin von über zweihundert Ökonomen unterzeichnet. Aber solche Aktionen werden weder in der Politik noch in den Medien groß wahrgenommen.

Bei der Lösung unserer Alltagsprobleme, aber auch in den Wissenschaften, sogar in den »objektiven« Naturwissenschaften, würde man sich nie darauf einlassen, nur einen einzigen Weg zur Lösung eines Problems zu prüfen und nur einen einzigen Instrumentenkasten anzurühren. Schon die Volksweisheit rät, dass man nie alle Eier in einem Korb tragen soll. Um auf der sicheren Seite zu sein, würden wir immer mehrere Eisen im Feuer halten. *Wir würden unterschiedliche Konzepte ausprobieren, und vor allem würden wir versuchen, die Methoden zur Lösung eines Problems zu optimieren. Nur in der Wirtschaftspolitik tun wir das in Deutschland nicht.* Wir haben die wissenschaftlichen Erkenntnisse, die mit dem Namen Keynes verbunden sind, beiseite geschoben. Wir haben sogar Ludwig Erhard über Bord geworfen; darauf weist Peter Bofinger mit Recht unermüdlich hin.

Welch ein Rückschritt das ist, habe ich selbst in der Anfangszeit meiner wissenschaftlichen Karriere erfahren. Ich war Assistent bei einem der Vorgänger von Hans-Werner Sinn an der Universität München. Es war damals in der wissenschaftlichen Diskussion auch dieser Fakultät unstrittig, dass die Frage der optimalen Kombination (Allokation) unserer Ressourcen und damit die Stärkung der Wettbewerbsfähigkeit eine wichtige Rolle spielen sollte. Zugleich fanden die Theorien von Keynes großen Raum in der Debatte; sie wurden fünf Jahre später, 1967, wegen der beginnenden Rezession hochaktuell. Niemand wäre damals auf die Idee gekommen, eine Theorie aus seinen Erwägungen auszuschließen, selbst wenn er von einer anderen überzeugt war.

Die aktuelle Eindimensionalität im wirtschaftswissenschaftlichen Denken und die Militanz, ja sogar Brutalität bei der Durchsetzung des eigenen Credos, das ist für mich als Ökonom ein neues Phänomen. Es wirkt wie ein Einmauern in einen Fundamentalismus, eine geradezu kindische Regression, ein Rückfall hinter ein schon erreichtes Niveau der wissenschaftlichen und der öffentlichen Debatte und der Anwendung von ökonomischen Erkenntnissen in der praktischen Politik. Leider ist es ein Rückschritt nicht nur in der Theorie, sondern auch in der Praxis, und leider müssen wir ihn teuer bezahlen.

Unter einer solchen Regression leiden wir nicht nur im Blick auf die konjunkturpolitischen Versäumnisse. In anderen Bereichen stellen wir das gleiche fest. Jene Ökonomen, die sich mit der optimalen Allokation der Ressourcen befassen – vereinfacht könnte man auch sagen: mit der optimalen Kombination der Produktionsfaktoren –, hatten schon vor hundert Jahren erkannt, dass es der Markt allein nicht richten kann, dass es der Korrekturen, eben der Rahmensetzung durch den Staat und die Gesellschaft bedarf, wenn die Produktionsfaktoren optimal, auch im Sinne gesellschaftlicher Ziele, kombiniert werden sollen.

Der Markt funktioniert nicht überall und bei jedem Problem. Wenn zum Beispiel bei der Produktion eines Gutes oder einer Dienstleistung Kosten nicht bei den Produzenten, sondern bei Dritten oder bei der Allgemeinheit anfallen, dann muss der Staat in gravierenden Fällen dafür sorgen, dass diese externen Kosten – zum Beispiel des Lkw-Verkehrs – in die Kalkulationen der Spediteure gezwungen werden. Man kann das eine Korrektur des Marktversagens nennen. Diese Korrektur ist eine marktwirtschaftlich gebotene Notwendigkeit, nicht etwa eine Untat.

Von der Einsicht in diese selbstverständliche Notwendigkeit zur Korrektur von Marktversagen sind die Eliten, die heute das Sagen haben, weit entfernt. Sie predigen Privatisierung, Deregulierung, Entstaatlichung. Der Staat soll sich raushalten, der Markt kann alles besser – simpler geht es nicht.

Parallelwelten

Kein Geringerer als der Nobelpreisträger und frühere Chefökonom der Weltbank Joseph Stiglitz hat sich ausführlich mit dem Marktversagen beschäftigt. Seine Erkenntnisse sind weit verbreitet. Viel zitiert. Nicht widerlegt. Unsere Eliten stört das nicht. Ihre Glaubensvorstellungen existieren völlig unabhängig davon, was Realität und Kenntnisstand ist.

Wir haben es folglich mit zwei Öffentlichkeiten zu tun. Mit einer rational argumentierenden kleinen Bewegung auf der einen Seite. Und mit einer Art Glaubensbekenntnis auf der anderen, das sich prinzipiell nicht in Frage stellen lässt und dessen Anhänger es auch gar nicht nötig haben, ihre Position zu hinterfragen, weil sie die Mehrheit stellen. Das ist allerdings nichts Neues in der Geschichte. Wir kennen das alles, angefangen von der Vorstellung, dass die Erde eine Scheibe sei, über die Hexenverbrennung und die Inquisition bis hin zu den faschistischen Heilslehren und der modernen Hybris der fundamentalistischen Religiösen um George W. Bush.

Unsere Eliten huldigen der noch nicht einmal in primitiven Gesellschaften herrschenden Ideologie, etwas privat zu organisieren sei in jedem Fall besser, als es öffentlich beziehungsweise gemeinsam zu tun. Dass diese Wertung zumindest zweifelhaft ist, zeigen schon die in Kapitel IV beschriebenen Folgen vieler Privatisierungsaktionen. Weltweit erleben wir zur Zeit eine Rückbesinnung auf öffentliche Verantwortung – von den britischen Bahnen bis zu den Sozialversicherungssystemen in Südamerika. Bei uns rufen Kenner und Engagierte zugleich nach mehr öffentlichem Engagement für Bildung und Familie.

Nichts gegen privates Engagement. Es ist auch nichts dagegen zu sagen, dass jeder Betrieb oder jeder Privatmann seinen eigenen Vorteil sucht. Aber schon der Blick auf die Bilanzen der Hartz-Reformen zeigt, dass das nicht die Lösung aller Probleme ist. Die Vermittlung von Arbeitslosen zur Leiharbeit wurde zum Beispiel an die sogenannten Personal-Service-Agenturen (PSA) vergeben. Diese privaten Agenturen stellen Arbeitslose ein und verleihen sie an Unternehmen weiter; Ziel ist die Festanstellung beim die Arbeitskräfte leihenden Unternehmen. Die Vermittlungserfolge waren äußerst gering, dafür lagen die Vermittlungskosten über die PSAs im Schnitt um 5700 Euro höher als bei der Vermittlung über die Arbeitsagenturen.[67] Viele Personal-Service-Agenturen haben inzwischen übrigens Pleite gemacht.

Ein Teil unserer Management-Eliten hat sich dem *partialanalytischen einfachen Denken verschrieben*. Sie orientieren ihre Entscheidungen am sogenannten Shareholder-Value. Das ist der Aktienwert ihres Unternehmens. Je höher die Aktionäre den Wert einschätzen, je mehr sie in Aktien des Unternehmens spekulieren, je mehr sie auch durch eine geschickte Öffentlichkeitsarbeit auf diese Aktien gelenkt werden, um so höher ist der Börsenwert des Unternehmens und um so erfolgreicher erscheint der Manager. Dem ehemaligen Mannesmann-Boss wurde eine solche Spekulationsblase sogar mit 30 Millionen Euro honoriert, als sein Unternehmen von Vodafone übernommen wurde. Die neue Firma konnte das Geld dann als Betriebsausgaben von der Steuer absetzen.

Das Shareholder-Value-Denken kann zu schlimmen Fehldispositionen führen, weil die Orientierung dem schnellen Erfolg gilt und die langfristig wichtigen Entwicklungen für das Unternehmen zu kurz kommen. Der Blick auf den Shareholder-Value kann dazu verleiten, wie es häufig geschieht, Mitarbeiter zu entlassen, auch solche, die das Unternehmen bräuchte, wenn es ein wenig langfristiger orientiert wäre. Entlassungen finden stets den Beifall der Analysten und der Anleger, die glauben, wenn weniger Geld für Löhne und Gehälter gezahlt wird, steige automatisch der Gewinn. Dabei übersehen sie, dass durch solche Entlassungen wichtige Kapazitäten ausfallen und zugleich die verbleibenden Mitarbeiter unter Stress gesetzt und demotiviert werden. Dies alles ist so selbstverständlich, dass man es eigentlich gar nicht zu erwähnen braucht. Doch Tatsache ist, dass genau das die Wirklichkeit bei vielen Unternehmen ist. Es ist, als würden viele der Entlassungen mit Blick auf die Urteile veranlasst, die von den Beobachtern der Kapitalmärkte über ein Unternehmen gefällt werden.

Dass sich so viele führende Kräfte in der Wirtschaft immer noch einseitig an den Kapitalmärkten orientieren und für bare Münze halten, was dort passiert, mag betriebswirtschaftlich noch zu verstehen sein, weil die Bewertung eines Unternehmens durch die Kapitalmärkte ein Faktum schafft für die betriebswirtschaftliche und finanzpolitische Disposition. Aber dass man darüber hinaus diesen Bewertungen auf den Kapitalmärkten folgt, dass man rasante Kurssteigerungen für wirkliche Wertzuwächse hält, begreife ich nach den Erfahrungen mit den Aktienmärkten und insbesondere mit den sogenannten Neuen Märkten im Umfeld des Jahres 2000 nicht mehr. Da war vor aller Augen klargeworden, dass der Börsenwert eines Unternehmens nicht zuallererst von der Substanz des Unternehmens, sondern von dem öffentlichen Eindruck, vom Image und der dahinterstehenden Öffentlichkeitsarbeit abhängt.

Ein 1999 noch existierendes Wochenblatt, *Die Woche,* schrieb aus ihrer Sicht ganz richtig, man solle sein Geld bei solchen Unternehmen anlegen, die gute Öffentlichkeitsarbeit für ihre Aktienkurse machen. Das war ein guter Rat für Anleger, die rechtzeitig wieder ausgestiegen sind. Dass aber erwachsene Manager, Unternehmer, Politiker, auch Publizisten und andere Eliten daran glaubten, Yahoo könnte so viel wert sein wie DaimlerChrysler, das ist schon gespenstisch. Hier mangelt es den Eliten offenkundig an kritischem Verstand, an Durchblick, an der Fähigkeit zu komplexem Denken.

Ein Vertreter des einfachen Denkens, wenn auch auf seine Weise und in seinem Milieu, ist der Chef der Deutschen Bahn AG, Hartmut Mehdorn. Für ihn ist der Börsengang offenbar das Ein und Alles, dafür wollte er den Firmensitz der Bahn AG von Berlin nach Hamburg verlegen, dafür dünnt er die Leistungen für das bestehende Netz aus.

Die Bahn AG leidet immer noch unter dem von Mehdorn eingeführten und dem Luftverkehr abgeschauten Preissystem. Die Bahn leidet allerdings, das muss man zugunsten von Mehdorn sagen, auch noch unter den Nachwirkungen der Tätigkeit des von Helmut Kohl eingesetzten Bahnchefs Johannes Ludewig. Das Image der Bahn ist nach meinen Erfahrungen wegen Mehdorns und Ludewigs »Leistungen« heute – und somit nach Umwandlung des Unternehmens in eine Aktiengesellschaft – schlechter als zu Behördenzeiten.

Komplizierte Wirkungszusammenhänge übersteigen offenbar das Fassungsvermögen der Entscheider.
Sie glauben zum Beispiel, es gebe eine einfache Wirkungsbeziehung zwischen »Senken der Unternehmenssteuern« und »Investieren«. Die Bereitschaft zu Investitionen hängt aber von vielen verschiedenen Faktoren ab und dabei sehr viel mehr von der Absatz- und Gewinnerwartung oder von Veränderungen der Währungsparitäten als von einer Steuersenkung. Unsere Eliten glauben auch, man müsste nur die Lohnnebenkosten senken, dann ginge es los mit der wirtschaftlichen Belebung. Aber warum sollte die Senkung der Lohnnebenkosten um 2 Prozentpunkte die Wettbewerbsfähigkeit verbessern, die Verteuerung des Euro gegenüber dem Dollar um 29 Prozent sie aber nicht verschlechtern?[68]

Unabhängig von den Fakten bleiben unsere Eliten beharrlich ihrer Vorstellung von der überragenden Bedeutung der Senkung der Lohnnebenkosten treu und formulieren sie immer wieder neu. Allein zum Jahreswechsel 2005/2006 tauchte sie zum Beispiel im Brief der Bundeskanzlerin an die Deutschen wie auch in einem Interview des Bundespräsidenten mit dem *Stern* auf.

Weil wir unsere Eliten ja nicht für so unfähig halten dürfen, dass sie die komplizierten Wirkungszusammenhänge nicht erfassen könnten, kann man nur schlussfolgern, dass sie die Arbeitnehmer für so dumm halten, dass sie nicht merken, wie sie mit der Kampagne für die Senkung der Lohnnebenkosten verschaukelt werden. Deshalb die notorischen und ständig wiederholten Forderungen nach der Senkung der Lohnnebenkosten. Das Motto ist wohl: Wenn möglichst viele in dasselbe Horn blasen, dringen andere Stimmen nicht mehr durch. Und dann bestimmt das Horn die Melodie.

**Eliten verweigern die sorgfältige Diagnose
und kommen deshalb immer nur auf die gleiche Rezeptur.**
In der Wirtschaftspolitik und speziell bei den sogenannten Arbeitsmarktreformen mit der Komponente Hartz IV zeigt sich auf bittere Weise die Unfähigkeit unserer Eliten, ihr Handeln zu hinterfragen. Wie sonst konnten sich die herrschende Lehre und ihre Umsetzung in der Berliner Politik auf eine Arbeitsmarktreform kaprizieren und dort fast die gesamte politische Kapazität konzentrieren? Dass die Arbeitsmarktreformen immer nur ein vergleichsweise kleines Segment unseres wirtschaftlichen Lebens betreffen, habe ich bereits erläutert (siehe S. 44). Zugegeben, es ist ein wichtiges Segment, aber auch wenn es um Arbeitslosigkeit und die Vermittlung von Stellen geht, ist es doch nur ein Teilsegment.

In einer normal laufenden Wirtschaft, die sich nicht in einer Rezession befindet, ist die Aufgabe, die eine Einrichtung wie die Bundesagentur für Arbeit zu leisten hat, eine Restgröße. Der weitaus größere Teil der Bewegungen auf dem Arbeitsmarkt findet jenseits ihrer Obhut statt – zwischen Unternehmen und Arbeitnehmern direkt, über bisherige Mitarbeiter/-innen, über Aushänge, über Anzeigen und Headhunter. Doch die für die Wirtschaftspolitik zuständigen Teile der Bundesregierung beschäftigten sich nun schon mindestens drei, eher fünf Jahre lang damit, einen Teil des Arbeitsmarkts zu regeln. Mit voller Kraft. Sie haben ihre ganze Energie auf ein einzelnes Symptom konzentriert, nämlich auf die bessere Verwaltung der Arbeitslosigkeit und darauf, mehr finanziellen Druck auf die Arbeitslosen auszuüben. Hätte man sich darauf konzentriert, die Binnennachfrage anzuschieben, dann wäre die Restgröße immer kleiner geworden, und man hätte sich eine Menge an politischem Ärger und den Menschen viel Leid ersparen können.

Sich auf eine Arbeitsmarktreform zu konzentrieren, um dadurch die wirtschaftlichen Probleme eines Landes zu bewältigen, zeugt von beachtlichem wirtschaftspolitischen Scheuklappendenken. Dennoch wird der Satz »Wir brauchen Arbeitsmarktreformen« von den Eliten unseres Landes ohne jeden Anflug von Zweifel einfach nachgesagt. Immer wieder nachgesagt. Weil alle das sagen. Peter Hartz sagte es so und Wolfgang Clement und der Sachverständigenrat und die EU-Kommission, Gerhard Schröder und Angela Merkel, Franz Müntefering und die Arbeitgeber. Alle sagen es. Ist es deshalb richtig? Wie lautet die Begründung für diese eigenartige Konzentration der Politik? Gibt es überhaupt eine Begründung?

Ich möchte Sie gern animieren, solche kritischen Fragen zu stellen. Wenn wir nicht kritischer fragen, und zwar schon bei solchen fundamentalen Festlegungen auf ein politisches Arbeitsfeld, dann werden wir von der herrschenden Ideologie immer wieder aufs Neue überrollt. »Warum konzentriert ihr euch auf Arbeitsmarktreformen, die doch nur ein Segment betreffen? Gibt euch die Erfolglosigkeit von Hartz I, II, III und IV nicht zu denken? Warum in der jetzigen Situation überhaupt Arbeitsmarktreformen? Und dann noch ohne eine Verknüpfung mit einer flankierenden Wirtschaftspolitik?«

Wir müssen so grundsätzlich fragen, wenn wir der Unvernunft der maßgeblichen Eliten zu Leibe rücken wollen.

Zudem: Fragen Sie einmal unsere Reformer, was sie mit der kräftig ausgebauten Bundesagentur, ihren regionalen und lokalen Agenturen, ihren Beschäftigten und den umgebauten Räumlichkeiten machen wollen, wenn sie eines Tages beim Kampf gegen Arbeitslosigkeit Erfolg haben sollten, wenn zum Beispiel die Arbeitslosigkeit unter 5 Prozent fällt? Man könnte in der Sprache der Reformer gegen sie polemisieren: Mit der Konzentration der gesamten politischen Kraft auf die Arbeitsmarktreformen und den dort geschaffenen Strukturen werden falsche Anreize gesetzt, nämlich womöglich gar die Arbeitslosigkeit zu erhalten, damit man sie weiter verwalten kann. Ich gebe zu, das klingt in der gegenwärtigen Situation zynisch, und ich meine es auch wirklich nicht ernst. Ich will damit nur deutlich machen, dass mit den Arbeitsmarktreformen das Pferd vom Schwanz her aufgezäumt worden ist.

Unseren Eliten fehlt ganzheitliches Denken.
Sie übersehen auch naheliegende Rückwirkungen von Entscheidungen. Das in der *Tagesschau* erwähnte Beispiel (siehe S. 198) ist prototypisch: Wenn der Staat Minijobs subventioniert, dann ist es kein Wunder, dass sozialversicherungspflichtige Arbeitsplätze durch Serien von Minijobs ersetzt werden. Nichts daran ist jenseits der Erkenntnismöglichkeit. Es ist den Verantwortlichen auch ausreichend oft und deutlich genug gesagt worden. Und die Gewerkschaften wurden nicht müde, von ihren entsprechenden betrieblichen Erfahrungen zu berichten.

Wenn die Verantwortlichen den kritischen Ökonomen nicht glauben wollen, weil diese nicht der Mehrheitsglaubensgemeinschaft angehören, hätte es immerhin gereicht, sich schlicht die Zahlen vorlegen zu lassen – zum Beispiel vom IAB, dem öffentlichen Institut für Arbeitsmarkt- und Berufsforschung der Bundesagentur für Arbeit (siehe Infokasten S. 219).

Besonders interessant am IAB-Kurzbericht ist der Hinweis darauf, dass in der Zwischenperiode von 1998 bis 2000 der Abbau sozialversicherungspflichtiger Arbeitsplätze gestoppt war. Offensichtlich hat das bisschen überdurchschnittliches Wachstum (das mit einem Jahresdurchschnitt von 2,3 Prozent wahrlich bescheiden war; hier von »wachstumsstark« zu sprechen, wie es das IAB tut, ist eine maßlose Übertreibung) schon geholfen, die Zahl der sozialversicherungspflichtigen Beschäftigten wieder steigen zu lassen. Das könnte man als hoffnungsvolles Zeichen werten: Offenbar kann man gegen die Verluste sozialversicherungspflichtiger Arbeitsverhältnisse etwas tun. Offenbar ist das gar kein Trend.

Was der IAB-Kurzbericht verschweigt, ist, dass die damalige Erholung bei den sozialversicherungspflichtigen Beschäftigungsverhältnissen etwas mit einer politischen Entscheidung zu tun hatte: Die rot-grüne Bundesregierung hatte nämlich unter der Ägide des Finanzministers Oskar Lafontaine die Bevorzugung der Minijobs reduziert. Die Nebenerwerbstätigkeit eines Arbeitnehmers und der Minijob eines Ehepartners mussten damals voll versteuert und es mussten Sozialversicherungsbeiträge bezahlt werden.

*Die Eliten verweigern sich den Erkenntnissen
ihrer eigenen Institute – Auszüge aus dem IAB-Kurzbericht*

In der Ausgabe Nr. 26 des vom Institut für Arbeitsmarkt- und Berufsforschung der Bundesagentur für Arbeit (IAB) herausgegebenen Kurzberichts vom 28. Dezember 2005 war zu lesen:

»Obwohl die Zahl der Erwerbstätigen von 38,6 Millionen Menschen im Jahr 1991 auf 38,8 Millionen im Jahr 2005 leicht gestiegen ist, hat in dieser Zeit die sozialversicherungspflichtige Beschäftigung um 13 Prozent abgenommen, von 30,0 auf 26,2 Millionen Menschen, [...] die Vollzeitbeschäftigung sogar um 5 Millionen Personen beziehungsweise 18 Prozent.«

»Seit dem Frühjahr 2001 verliert die deutsche Wirtschaft saisonbereinigt durchschnittlich rund 100 000 sozialversicherungspflichtige Arbeitsplätze pro Quartal. Dieser Trend hält bereits seit Beginn der neunziger Jahre an, abgesehen von einer Unterbrechung in den wachstumsstarken Jahren 1998 bis 2000.«

Im IAB-Kurzbericht wird dann ausdrücklich darauf hingewiesen, dass zu den Gründen für den Rückgang der sozialversicherungspflichtigen Beschäftigungsverhältnisse »die Abgabenbelastung auf sozialversicherungspflichtige Beschäftigung sowie die Flexibilität und Verfügbarkeit von Teilzeitkräften und geringfügig Beschäftigten« gehöre. »Nicht sozialversicherungspflichtige Beschäftigung wird zudem von der Arbeitsmarktpolitik besonders gefördert.«

Wenn sie wollten, könnten unsere Verantwortlichen also nahezu alles wissen über die Entwicklung der sozialversicherungspflichtigen Beschäftigungsverhältnisse und ihre Beeinflussbarkeit sowie über den Zusammenhang zwischen der Förderung der Minijobs einerseits und dem Niedergang der regulären Jobs andererseits. Und dennoch tun die Meinungsmacher völlig überrascht. Am 31. Dezember 2005 meldete *Spiegel-Online,* »die Neuordnung der geringfügigen Beschäftigungsverhältnisse« habe »lange Zeit als Erfolgsgeschichte« gegolten. »Doch dann stellte sich heraus, dass mehr und mehr Arbeitgeber Vollzeitstellen spalten und Minijobber einsetzen.« Auf welchem Stern lebt eigentlich die *Spiegel*-Redaktion, dass sie diese alte Befürchtung als neue Erkenntnis verkauft?

Abbildung 14: Sozialversicherungspflichtige Beschäftigung und Bruttoinlandsprodukt

Quelle: Statistisches Bundesamt; Bundesagentur für Arbeit; Berechnungen des IAB (FB 4). © IAB

Ergänzt wurde die Meldung in *Spiegel-Online* durch den Hinweis, dass die SPD die 400-Euro-Jobs durch Kombilöhne ersetzen will. Noch mehr will das die Union. Aber auch bei diesem Vorschlag ist nicht bedacht, dass diese »Sozialtechnik« ebenfalls Rückwirkungen hat, die den Erfolg des Projekts konterkarieren: Es wird Mitnahmeeffekte und Missbrauch geben, vor allem aber stellt sich die Frage, aus welcher Kasse eigentlich die Subvention beim Kombilohn bezahlt wird? Wenn nur die normalen lohn- und mehrwertsteuerpflichtigen Arbeitnehmer dafür herangezogen werden, dann wird wiederum das sozialversicherungs- und steuerpflichtige Arbeitsverhältnis mit diesen Kosten belastet. Anders geht das auch gar nicht, wenn man solche Umwege geht, statt endlich die Wirtschaft insgesamt aus der Krise zu holen.

Der Kombilohn wurde übrigens schon einmal in einem Feldversuch bundesweit erprobt. Mit dem sogenannten Mainzer Modell. Das wurde nach etwas über einem Jahr Laufzeit sang- und klanglos begraben, weil schlicht nicht genug Stellen für Niedrigstlöhner angeboten wurden.

Es ist immer wieder die gleiche Konstellation: Man tut nichts Entscheidendes für die Überwindung der Rezession und flüchtet sich statt dessen in Ersatzhandlungen. Ganz entgegen der Philosophie der Neoliberalen nehmen die übrigens zusehends dirigistischere und bürokratischere Formen an.

**Unsere Eliten denken einzelwirtschaftlich
und betriebswirtschaftlich,
wo gesamtwirtschaftliche Betrachtung nötig wäre.**
Das beste Beispiel für die fatale Anwendung betriebswirtschaftlichen Denkens auf volkswirtschaftliche Zusammenhänge ist die Vorstellung, der Staat könne in einer konjunkturellen Krise sparen, wenn der Finanzminister *beabsichtigt* zu sparen. Wie wir in den letzten fünfundzwanzig Jahren immer wieder beobachten konnten, macht der Staat, wenn er »in die Krise hineinspart«, mit seiner Sparabsicht den Sparerfolg kaputt.[69] 90 Prozent aller Deutschen, so schätze ich, machen diesen Denkfehler, und fast alle Vertreter unserer Eliten verfestigen ihn täglich, weil sie die einzelwirtschaftlich zutreffende Erfahrung – ihre private Sparabsicht bringt ihnen auch den Sparerfolg – auf unsere Volkswirtschaft übertragen.

Die Eliten haben von gesamtwirtschaftlichen Zusammenhängen offensichtlich wenig Ahnung, aber sie maßen sich trotzdem immer wieder ein festes Urteil an.

Unsere Meinungsführer fordern ständig einen sogenannten Niedriglohnsektor. Das klingt so, als könne man unsere Volkswirtschaft aufteilen in klar abgegrenzte Bereiche. Das geht aber nicht, und es ist auch nicht sinnvoll. Menschen mit verschiedenen Qualifikationen sind nicht gruppenweise zusammengefasst und durch Mauern voneinander getrennt. Die Sektoren des Arbeitsmarkts sind fließend und durchlässig. Wenn die Wirtschaft floriert, werden Spitzenqualifikationen rar, und die Nachfrage der Wirtschaft wird Menschen in diesen Spitzenbereichen beschäftigen, die vorher eine etwas weniger qualifizierte Arbeit verrichtet haben. Und wo diese dann eine Lücke hinterlassen, wachsen andere von unten nach, teilweise gefördert durch zusätzliches Training für die neue, höher qualifizierte Aufgabe. Und so geht das bis ganz nach unten weiter.

Das ist keine graue Theorie. In wirtschaftlich guten Zeiten hat die Durchmischung des Arbeitsmarkts genau so funktioniert. Warum sollte es nicht wieder so sein? Das Problem der besonders hohen Arbeitslosigkeit unter den weniger Qualifizierten muss dadurch gelöst werden, dass die Ökonomie insgesamt brummt. Alles andere ist zu bürokratisch und zu teuer und ganz und gar erfolglos, eben genauso wie Hartz I, II, III und IV. Wann endlich lernen unsere Eliten aus ihren Fehlern?

In der deutschen Diskussion spielen die Drohungen von Unternehmen, nach Osteuropa, nach Asien und insbesondere nach China abzuwandern, eine immer größere Rolle. Die Hintergrundmusik dazu bilden Nachrichten von den großen Exporterfolgen Chinas, oder wir hören davon, komplette Softwareabteilungen seien nach Indien verlegt worden. Was die Abwanderungsvorgänge für die betroffenen Mitarbeiterinnen und Mitarbeiter bedeuten, will ich überhaupt nicht verniedlichen. Aber wenn wir diese Vorgänge aus dem Blickwinkel der Volkswirtschaft bewerten wollen, dann geht es auch in solchen Fällen um die Gesamtwirkung. Eine Ausweitung des Welthandels ist an sich nichts Schlechtes. Dass China und Indien ihren Anteil am Welthandel ausdehnen, ist auch nicht überraschend. Entscheidend ist: Wie sieht am Ende die Bilanz von Lieferung und Gegenlieferung aus? Wie werden wir mit den Strukturänderungen fertig, die die Folge höherer internationaler Arbeitsteilung sind?

In der gegenwärtigen Debatte wird lange vor solchen Gesamtbilanzen mit dem Denken Schluss gemacht und das Urteil gefällt: Alle wandern ab, mit China und mit chinesischen Löhnen können wir sowieso nicht konkurrieren, und so weiter. Überall wird so argumentiert und Stimmung gemacht. Als ich Mitte Januar 2006 ein Zeitungsstreitgespräch mit Oswald Metzger hatte, kam prompt der Hinweis auf die Chinesen ... Dabei wäre es so wichtig, dass unsere Eliten endlich die Gesamtzusammenhänge samt all ihren Rückwirkungen bedenken. Gerade weil die Entwicklung nicht leicht zu bewältigen ist.

Trotz des Vordringens der Volksrepublik China auf den Weltmärkten haben wir bisher kein Problem mit unserer internationalen Wettbewerbsfähigkeit, allerdings brillieren wir meist mit anderen Gütern, als China sie produziert. Die chinesischen Firmen, die expandieren, tun das häufig mit Maschinen von außerhalb, und Deutschland liefert jede fünfte Maschine auf dem Weltmarkt. Wir sind auf dem Investitionsgütermarkt stark. Deshalb ist für unsere gesamte Volkswirtschaft das Wachstum einer Ökonomie wie der chinesischen zunächst einmal keine Bedrohung.

Klar ist jedoch: Es ist eine riesige Herausforderung für einzelne Teile unserer Industrie. Es müsste auch klar sein, dass der Staat eine fürsorgende Rolle zur Erleichterung von notwendigen Umstrukturierungen wahrnehmen muss. Unsere Eliten müssten, statt zu jammern, den ohnehin vorhandenen Trend der deutschen Firmen zu Qualität und Spezialisierung fördern. Sie sollten aufhören, Wasser auf die Mühlen jener Ökonomen zu lenken, die behaupten, es müsse eine Lohnangleichung an die Verhältnisse in Polen oder China geben.

Unsere Eliten machen seit langem den Fehler, ein altes Prinzip der Nationalökonomie zu missachten: die Anwendung des Prinzips des komparativen Kostenvorteils. China ist bei nahezu allen Waren billiger als wir; dennoch liefern wir zunehmend mehr, weil sich eine Arbeitsteilung einstellt, bei der wir die noch besseren und technologisch noch ausgereifteren Produkte herstellen und gegen die weniger ausgereiften und weniger ehrgeizigen Güter austauschen. Und selbst zwischen ausgereiften Volkswirtschaften gibt es Austausch, und es gibt ihre speziellen Binnenmärkte. Auch in China und in Polen und in Slowenien und in der Slowakei und in Brasilien und in Indien gibt es Menschen, die

Bedürfnisse haben. Vielleicht sollten wir unsere Anstrengungen darauf verwenden, diese Staaten und Völker zu ermuntern, ihren Lebensstandard schneller steigen zu lassen, dabei mehr als bisher auf ökologische und soziale Belange zu achten und nicht so sehr auf Exportüberschüsse zu setzen, wie China das tut.

Selbst wenn die Lage kritischer wäre, als hier dargestellt, dürfen Verantwortliche, dürfen unsere Eliten das Problem doch nicht dadurch verschärfen, dass sie unsere Lage schwarzmalen. Wir müssen uns im Hinblick auf den Standort und die Produkte als attraktiver Partner präsentieren. Und insbesondere die Eliten müssten an diesem Image mitbauen, statt in Panik zu verfallen.

Unsere Eliten denken die Dinge nicht zu Ende.
Die Eliten sagen zum Beispiel, der Sozialstaat sei nicht mehr bezahlbar, konkret: Die gesetzliche Rente nach dem Bismarckschen System sei überholt, von vorgestern.[70] Aber sie klären nicht, ob die private Vorsorge es besser macht, sie klären nicht, wie der Übergang zu bewältigen wäre, da es doch auf Jahrzehnte hinaus Anwartschaften auf gesetzliche Renten geben wird. Sie ziehen nicht ins Kalkül, dass auch die Alternative zur sozialen, gesetzlichen Finanzierung der Vorsorge für die Risiken des Lebens Ressourcen braucht und verbraucht. Und zwar in der Regel nicht weniger, sondern mehr, denn die Administratoren und Vermittler der Privatvorsorge müssen ja auch bezahlt werden, zusätzlich zu den Versicherten selbst. Diese Systeme sind nachweislich teurer (siehe S. 300 f.) und nehmen mehr Menschen als Leistungserbringer in Anspruch, als es die sozialstaatlichen Regeln, konkret das Umlageverfahren, tun. Vor dieser Erkenntnis verschließen unsere Eliten die Augen. Und sagen einfach: Der Sozialstaat ist nicht mehr bezahlbar.

Wollen sie die Alten in den Wald schicken? Sollen die Arbeitslosen mit noch weniger auskommen oder gar nichts mehr bekommen? Nach meinem Eindruck ist eine Parole wie »Der Sozialstaat ist nicht mehr bezahlbar« nicht nur ungerecht, sie ist einfach dumm. Alltagssprachlich würde man sagen, das sei einfach so dahergeplappert. Denn wie auch immer man die Versorgung der Alten organisiert, ob mit staatlicher Rente oder mit privater Rente, die arbeitende Generation muss so oder so dafür aufkommen. Eine Binsenweisheit, aber nicht begriffen von unseren Eliten. Auch nicht von den Professoren, jedenfalls tun sie so.

Angesichts der unterdurchschnittlichen Qualität der herrschenden Ökonomen kann man sich nur wundern, dass wir Steuerzahler immer noch bereit sind, ihre Professorentitel und Gehälter zu bezahlen. Wir sollten sie alle privatisieren und ihnen die Titel wegnehmen. Sie sollten sich auf dem freien Markt bewähren. Einen beachtlichen Teil unserer Probleme hätten wir damit gelöst. Man stelle sich Professor Bernd Raffelhüschen aus Freiburg ohne Professorentitel vor, dann wäre er ein Handelsvertreter der Arbeitgeberinteressen und der Versicherungswirtschaft. Ohne weiteren Wert für diese Interessen. Sie würden ihn sofort fallen lassen. Heute, mit Professorentitel, wirbt Bernd Raffelhüschen unentwegt für die Privatvorsorge. Er hat für einen einzigen Finanzdienstleister schon vierzig Vorträge gehalten, so lässt uns das Heidelberger Unternehmen auf einer Werbeseite mit dem Professor im Internet wissen (Näheres dazu siehe S. 265 f.). Oder Professor Paul Kirchhof – ohne Professorentitel und ohne das Renommee eines ehemaligen Verfassungsrichters wäre er lediglich ein Jurist, der sich auf ökonomisches Feld verirrt hat und die Lösung aller Probleme schematisch und einseitig im Subventionsabbau sucht.

Unsere Eliten sind Mittelmaß bei der Diagnose und Analyse der Probleme, die unser Land bedrücken.
Das zur Schicksalsfrage hochgespielte allgemeine demographische Problem zum Beispiel[71] ist ein lächerlich kleines Problem, gemessen daran, was uns sonst noch ins Haus steht:

- mit der mangelhaften Integration von Ausländern und der extrem schlechten Ausbildung von Ausländer- und Aussiedlerkindern,
- mit der geistigen und emotionalen Verwahrlosung durch das kommerzialisierte Fernsehen und andere Medienangebote,

- mit der mangelhaften Kontrolle von gesundheitsbedrohenden Umwelteinflüssen,
- mit den psychischen und sozialen Folgen der Langzeitarbeitslosigkeit (wie in Teil IV geschildert),
- mit der Spaltung unserer Gesellschaft,
- mit der grassierenden Ent-Demokratisierung und der Tatsache, dass die Willensbildung in unserem Lande in weiten Teilen schon an ein Konglomerat aus Medienwirtschaft, Wirtschaft, Public-Relations-Industrie und Finanzindustrie übergegangen ist,
- mit der grassierenden Korruption (siehe dazu S. 263 ff.).

Doch statt sich diesen wirklich drängenden Problemen zuzuwenden, tauschen sich unsere Eliten permanent über die angeblich erkannten Hauptprobleme aus: Demographie, Älterwerden, Globalisierung, Bildung, Kinder, Kinder, Kinder – wenn sie's denn ernst nähmen. Aber die ausgetauschten Parolen sind Moden.

Die Eliten und ihre Welt der geliehenen Gedanken

Als Bundesfinanzminister Peer Steinbrück im Dezember 2005 eine eigene Strategie gegen den Steuerdumping-Wettbewerb innerhalb Europas, zum Beispiel in Osteuropa und Irland, ankündigte und damit aus dem Steuersenkungswahn, wonach die Unternehmenssteuern immer wieder und weiter gesenkt werden müssten, auszubrechen versuchte, wurde er sofort hart attackiert. Ähnlich erging es – wie beschrieben – den beiden Unionspolitikern Jürgen Rüttgers und Michael Glos mit ihrem Ausbruchsversuch aus dem Dogma der permanenten Lohnsenkung und ihrem überraschenden Votum für maßvolle Lohnerhöhungen.

Wer dem Katechismus unserer Eliten widerspricht, wird sofort gestellt. Der Hintergrund dieses Abwehrmechanismus ist nicht nur die Tatsache, dass es um Geld geht, nämlich um die durch Lohnerhöhungen nicht gefährdeten Gewinne und um weitere Steuersenkungen zugunsten der Unternehmen, denen das Steuerdumping von Ländern wie Irland, der Slowakei oder Ungarn gerade recht kommt; der Hintergrund ist auch, dass die herrschenden Kreise darauf angewiesen sind, dass ihre Glaubenssätze nicht hinterfragt werden. Deshalb wird sofort interveniert, wenn sie in Zweifel gezogen werden.

Die Vorherrschaft der neoliberalen Ideologie beruht auf einer größtmöglichen Geschlossenheit der Glaubensgemeinschaft. Deshalb gerät jeder, der auszubrechen versucht, unter Sperrfeuer. Wer hingegen im System bleibt, wird in vielfältiger Weise belohnt. Professoren bekommen Gutachtenaufträge, halten bestens bezahlte Vorträge, werden in Kommissionen berufen, in den befreundeten Medien herumgereicht und gewinnen an Popularität. Journalisten werden zu gut honorierten Vorträgen und Moderationen eingeladen oder mit angeblich vertraulichen Dossiers beliefert. Politiker kommen regelmäßig in Talkshows unter. Oder sie werden, wenn sie sich wie der ehemalige Grünen-Abgeordnete Oswald Metzger besonders tapfer gegen aufkeimende Kritik in ihren eigenen Parteien stellen, zu Fellows der Bertelsmann Stiftung ernannt oder von der Initiative Neue Soziale Marktwirtschaft als Kronzeuge gegen ihre eigene Partei ins Feld geführt, ja sie dürfen sogar einem einstmals renommierten Forschungsinstitut wie dem Deutschen Institut für Wirtschaftsforschung als Forschungsberater dienen.[72] So bekommen auch die Glaubensbrüder, deren Stern in ihren Parteien schon längst gesunken ist, wieder einen Ehrentitel und eine öffentliche Plattform. Und alle zusammen bekommen ein leicht verdientes und dennoch opulentes Zubrot, indem sie in Aufsichtsräten, Verwaltungsräten, wissenschaftlichen Beiräten und Kommissionen »mitarbeiten« dürfen.

Und besonders tüchtigen Bannerträgern der Ideologie verleiht dann die Initiative Neue Soziale Marktwirtschaft den Titel des »Ministerpräsidenten des Jahres« oder des »Reformers des Jahres«, mindestens aber wird man zum Botschafter oder gar zum Kuratoriumsmitglied ernannt. Reisekostenpauschalen und Aufwandsentschädigung eingeschlossen.

Unsere Eliten wollen vor allem dazugehören.
Die eigentliche Belohnung findet aber auf einer ganz anderen Ebene statt. Ich nenne es das Glück des gemeinsamen Jargons, das Aufgenommensein in die Loge der »Reformer«.

In allen Verzweigungen eine Sache zu durchdenken, alle Folgen und Rückwirkungen zu bedenken, ganzheitlich zu denken – das ist doch sehr, sehr anstrengend. Eigene Gedanken zu haben und sich der Kritik zu stellen ist um vieles anstrengender, als sich Gedanken einfach auszuleihen. Mit eigenen Gedanken eckt man an. Mit geliehenen Gedanken findet man Anerkennung und gewinnt Freunde, man gehört dazu.

Wenn alle sagen, Konjunkturprogramme seien Strohfeuer, dann sagt man es eben auch und stößt nicht an.

Wenn konservative und sich für fortschrittlich haltende Politiker, Sozialwissenschaftler und Publizisten gemeinsam sagen, Vollbeschäftigung werde es nie mehr geben, Wachstum bringe es nicht mehr und stoße ohnehin an seine Grenzen, dann bewegt man sich locker in der richtigen Richtung des Mainstreams.

Wenn alle sagen, die Lohnnebenkosten seien unser Schicksal,

wir müssten sie senken, dann wiegen sich wohlgefällig die Häupter der Glaubensgemeinschaft.

Diesen Kult der gegenseitigen Bestätigung würde natürlich stören, wer einen kritischen Gedanken wagt und hartnäckig behauptet, die Lohnnebenkosten seien nur *ein* Faktor unter vielen bei der Entscheidung über Produktion und Investition.

Angela Merkel kann in ihrem Brief an uns zur Jahreswende 2005 schreiben, an erster Stelle stehe die Bekämpfung der Arbeitslosigkeit. Und wenn man dann auf eine Antwort hoffend weiterliest, kommt als einziges: »Wir senken die Lohnnebenkosten, damit endlich wieder mehr Menschen in Arbeit kommen.« Da eckt man nicht mehr an, denn das haben inzwischen alle seit Jahrzehnten schon und an die tausendmal gehört. Das kennen wir vom Ansatz her schon vom Lambsdorff-Papier anno 1982 bis zum Kanzleramtspapier der Jahreswende 2002/2003. Und selbstverständlich auch vom Sachverständigenrat, von den Forschungsinstituten, von Wissenschaftler X und Y und auch noch von Z.

Das gleiche immer wieder zu sagen ermüdet offenbar nicht. Es bringt ein Gefühl von Heimat in die grauen Hütten.

Bei all diesen Reden, bei den Interviews und Fernsehstatements unserer Eliten lässt sich übrigens ziemlich genau vorhersagen, was kommt. Sie können das selbst testen. Zum Beispiel hätten Sie locker vorhersagen können, dass im Offenen Brief der Bundeskanzlerin bei der Frage, wie wir Arbeitsplätze schaffen können, der Hinweis auf die »Lohnnebenkosten« kommt.

Oder wenn es um die Frage geht, was jetzt an großen Reformen ansteht, dann können Sie davon ausgehen, dass wie aus dem Automaten kommt: mehr Kinder, Privatvorsorge, weniger Staat, mehr Bildung, Föderalismusreform. Auch wenn manches gar nicht zusammenpasst, weniger Staat und mehr Bildung zum Beispiel. Das macht nichts. Es wird einfach gedankenlos immerzu wiederholt. Das ist das sicherste Erkennungssignal dafür, dass es sich nicht um durchdachte Gedanken handelt, sondern lediglich um Erkennungssignale innerhalb der Glaubensgemeinschaft.

Abbildung 15: Diese als »Offener Brief der Bundeskanzlerin an die Bürger« bezeichnete Anzeige der Bundesregierung erschien am 29. Dezember 2005 in vielen Zeitungen

Gemeinsam sind wir *stärker*

Liebe Bürgerinnen und Bürger,

in den vergangenen Wochen und Monaten bin ich oft gefragt worden, warum ich dieses Land regieren möchte. Bei all den Problemen, vor denen wir zurzeit stehen.

Ich entgegne dann immer: weil ich an dieses Land und seine Menschen glaube! Weil Deutschland voller Chancen steckt. Und weil ich davon überzeugt bin, dass wir sie nutzen können. Ich weiß, dass viele von Ihnen genauso denken. Die große Koalition hat den festen Willen, die Probleme zu lösen und die Herausforderungen zu meistern.

FÜR MEHR ARBEIT
An erster Stelle steht die Bekämpfung der Arbeitslosigkeit. Ich kann nicht akzeptieren, dass wir für so viele arbeitswillige Männer und Frauen in unserem Land keine Beschäftigung finden. Die Bundesregierung hat damit begonnen, ein neues Klima für Unternehmen zu schaffen. Wir senken die Lohnnebenkosten, damit endlich wieder mehr Menschen in Arbeit kommen.

FÜR NÖTIGE REFORMEN
Wir brauchen die Bereitschaft für Veränderungen. Nur so können wir unseren Wohlstand und das hohe soziale Niveau in Deutschland für uns und die kommenden Generationen bewahren. Deshalb werden wir alles daransetzen, dass die Wirtschaft stärker wachsen kann. Das ist die Voraussetzung dafür, dass unsere Sozialsysteme finanzierbar und leistungsfähig bleiben und der Staat seine Aufgaben erfüllen kann.

FÜR MEHR WACHSTUM
Schon in wenigen Tagen beschließen wir ein Sofortprogramm für höheres Wachstum und mehr Beschäftigung über insgesamt 25 Milliarden Euro. Damit investieren wir in bessere Verkehrswege, in Forschung und Technologie, in Gebäudesanierung. Wir entlasten kleine und mittlere Unternehmen. Und wir stärken die privaten Haushalte als Arbeitgeber. Handwerkerarbeiten und Dienstleistungen wie Pflege und Betreuung sind künftig stärker steuerlich absetzbar.

FÜR EINE BESSERE ZUKUNFT
Uns geht es um Zukunftsvorsorge für alle Bürgerinnen und Bürger, um bessere Förderung der Familien, um mehr Kinder. Wir wollen es Eltern leichter machen, für ihre Kinder zu sorgen. Nur wenn unser Land stark und unsere Wirtschaft konkurrenzfähig ist, können wir all denjenigen, die unsere Hilfe brauchen, auch Hilfe geben.

Überraschen wir uns damit, was möglich ist und was wir können! Lassen Sie uns unser Land gemeinsam nach vorn bringen. Mit Mut und Menschlichkeit.

Ich wünsche Ihnen und Ihren Familien alles Gute für 2006!

Ihre Angela Merkel

Angela Merkel

Mehr Informationen unter www.bundesregierung.de und www.bundeskanzlerin.de

Wenn uns die Bundeskanzlerin in ihrem »Offenen Brief« zuruft: »Wir brauchen die Bereitschaft für Veränderungen«, dann sagt sie, was alle sagen, und fühlt sich – und wir sollen das genauso fühlen – eng eingebunden in die dringendste Notwendigkeit: Reformen. Oder »Erneuerung«, wie der Bundespräsident zu sagen pflegt. Das gleiche immer wieder zu sagen enthebt vom Nachdenken. Geliehene Gedanken sind eine feine Sache. Sie sind ein Kompliment ans Leihhaus und ersparen unglaublich viel Arbeit. Und sie schützen vor den Fragezeichen, vor Kritik, ja Widerstand oder gar persönlicher Anfeindung.

Wenn alle sagen, die Globalisierung sei eine völlig neue Herausforderung, ist man durch die vielen anderen, die das gleiche sagen, wie in einer Burg geschützt, wenn man sich dieser angeblichen Erkenntnis anschließt. Für Politiker hat die Berufung auf die Globalisierung zusätzlich noch den Vorteil, dass der eigene Misserfolg immer auch Gründe hat, die außerhalb der eigenen Verantwortung liegen. Dabei gibt es bis heute keine einzige einigermaßen klare Definition, was eigentlich unter dem erst seit den neunziger Jahren in den Sprachgebrauch eingeflossenen Begriff »Globalisierung« zu verstehen ist. Aber diese Unschärfe ist gerade der Vorteil dieses Totschlagbegriffes, mit dem man alles begründen kann, von Steuersenkungen über den Abbau des Sozialstaats bis hin zum Kinderkriegen.

Das andere Zauberwort ist »demographische Entwicklung«. Wer mit der Globalisierung nicht mehr weiterkommt in der Argumentation, der greift auf die Überalterung oder auf die »Unterjüngung« – wie es neuerdings heißt – unserer Gesellschaft zurück, spätestens damit lässt sich zwanglos begründen, dass alles nicht mehr bezahlbar ist und dass wir nicht auf Kosten der jüngeren Generation leben dürfen.

Es hat kaum jemals einen gesellschaftlichen Diskurs gegeben, der mit so unscharfen und ungesicherten Prämissen ausgekommen ist. Unsere Eliten bewegen sich mit ihrer Argumentation häufig auf einer abstrakten Sprachebene, auf der die Überprüfung der Aussagen nicht möglich ist und keinen Sinn macht. Wenn jemand sagt: »Wir wollen einen Ruck«, dann kann man schlecht widersprechen und auch schlecht kritisieren. Wenn jemand sagt: »Der Sozialstaat ist so nicht mehr zu halten«, was soll man da sagen? Genauso: »Wachstum braucht Freiheit.« Solche Sprüche verschlagen einem die Sprache.

Unsere Spitzenpolitiker haben kein Sacharbeitsprofil

Zur Welt der Gedankenlosigkeit passt eine andere Beobachtung: In Spitzenfunktionen der Politik rücken Personen ein, von denen nicht bekannt ist, dass sie je ein wichtiges Problem unserer Zeit konzeptionell durchdacht hätten. Nehmen wir etwa den neuen Generalsekretär der SPD, Hubertus Heil. Man kann Zeitungs- und Zeitschriftenarchive oder das ganze Internet absuchen, ohne einen neuen oder unkonventionellen Gedanken von ihm zu finden.

Auch von Matthias Platzeck, dem neuen Star der SPD, ist mir nicht in Erinnerung, dass er irgendein gravierendes Problem unserer Gesellschaft mit einem originellen Konzept angegangen wäre.

Und wenn ich an Angela Merkel denke, will mir kein Sachproblem einfallen, von dem ich hörte und empfand, sie hat es durchdacht.

Ähnlich bei Stoiber und bei Müntefering und bei Gabriel, bei Westerwelle sowieso.

Unsere politischen Spitzen sind Generalisten ohne Fundament. Auch deshalb sind ihre Erklärungen und Reden eine Artistik des Wiederholens der immer gleichen Gedanken und darüber hinaus Habitate von Sprachblüten und des wortreichen Nichtssagens.

In den Glaubensgemeinschaften, die diese Leerformeln absondern, sind die verschiedensten Milieus miteinander verbunden: der Soziologe Ulrich Beck mit Edmund Stoiber, der Historiker

Paul Nolte mit Angela Merkel, Angela Merkel mit der Feministin und *Emma*-Herausgeberin Alice Schwarzer, Roland Koch und Günter Grass, und Roland Berger und Lord Dahrendorf mit dem ganzen Rest. Es gibt nur wenige Ausnahmen.

Unsere Eliten leben in einer Scheinwelt. Sie genießen die Stabilität und das Gefühl, dazuzugehören, und alles, was sie dafür tun müssen, ist, fleißig mitmachen und tun, was von ihnen erwartet wird: glauben, nachsagen, weitersagen, wiederholen und immer weitersagen.

Mit dem Motto ihrer ersten Regierungserklärung am 30. November 2005 hat unsere Bundeskanzlerin belegt, wie weit man sich von der Realität der Menschen und der Realität unseres Landes verabschieden kann, wenn man einen Glauben mit der notwendigen Unterstützung verbreitet: »Mehr Freiheit wagen« lautet die Parole. Ist denn ein Mangel an Freiheit unser Problem? Der Anstieg der Arbeitslosigkeit und Armut folgt doch nicht aus einem Mangel an Freiheit. Was soll der junge Familienvater in Mecklenburg-Vorpommern, wo die Bundeskanzlerin herkommt, tun? Er ist gut ausgebildet und motiviert, lebt aber in einer Region mit 30 Prozent Arbeitslosigkeit. Soll er die Freiheit wagen, nach Stuttgart zu gehen? Ist das nicht ein bisschen sehr zynisch? Wo bleibt da die Freiheit seiner daheim gebliebenen Frau und seiner Kinder?

Was soll der Einzelhändler in einer ganz normalen westdeutschen Kleinstadt mit Freiheit anfangen, wenn die Discounter auf der grünen Wiese vor seiner Stadt ihm die Kunden wegholen und die Innenstadt aussterben lassen? Freiheit hat er, die wagt er schon. Was ihm fehlt, ist eine gestaltende öffentliche Hand, die begriffen hat, dass Innenstädte wichtig sind. Und eine Antikorruptionseinheit in der nächsten Bezirksregierung, die bereit ist zu untersuchen, wieviel und welche Investitionen außerhalb der Städte nur deshalb getätigt werden, weil irgendwelche Gemeinderäte und Bürgermeister dafür sorgen, dass die Grundstücke irgendwelcher Spezis als Bauland ausgewiesen werden, damit sie sie an die Discounter verkaufen können. Sonst bleibt dem Einzelhändler nur die Freiheit zur Insolvenz.

Davon unberührt hat unsere Bundeskanzlerin in ihrer Neujahrsansprache 2005 gesagt: »Arbeit braucht Wachstum, und Wachstum braucht Freiheit.«

»Wachstum braucht Freiheit« – so einfach ist das. Wir müssen nur glauben. Unsere Eliten tun es schon. Seit fünfundzwanzig Jahren. Sie kultivieren ihre Wahnvorstellungen und können das auch weiter tun, solange niemand stört und solange es genügend andere Vertreter der Eliten gibt, die das gleiche kultivieren und sich gegenseitig applaudieren.

Erkennungssignale für die Glaubensgemeinschaft der Eliten – diesmal aus Davos

Bundeskanzlerin Merkel hat am 25. Januar 2006 beim Weltwirtschaftsforum in Davos eine Rede gehalten, für die sie sehr gelobt worden ist. Dieses Lob begreift wohl nur, wer zur elitären Glaubensgemeinschaft gehört oder gehören möchte. Machen Sie die Erfahrung anhand der ersten Absätze dieser Rede doch einmal selbst:

»Sehr geehrter Herr Bundespräsident,
lieber Herr Schwab,
meine Damen und Herren!

Ich möchte mich ganz herzlich für die Einladung bedanken, anlässlich der Eröffnung dieses Forums zu sprechen. Ich weiß, dass dies eine große Ehre für Deutschland ist, und ich freue mich, dass ich hier sein kann.

Der Titel ›Der kreative Imperativ‹ wird viele erst einmal an Immanuel Kant und seinen ›kategorischen Imperativ‹ erinnern, der damals zum selbstbestimmten Umgang mit der menschlichen Freiheit aufgerufen hat. Kreativer Imperativ – das klingt vielleicht kompliziert, aber ich verstehe es einfach so: Es gibt in unserer Zeit die unbedingte Notwendigkeit – man kann fast sagen, den Zwang – zum Kreativen. Dies sollte eigentlich immer Triebkraft zumindest vernünftiger Politik sein, wenn ich für das spreche, für das ich zuständig bin. Aber ich glaube, dass heute mehr denn je gilt: Wer im Wettbewerb der Ideen besteht, der kann auch seine Zukunft gestalten, und das gilt für jeden in dieser Welt.

Wir sprechen im Augenblick in Deutschland, gerade auch in Vorbereitung auf die Fußball-Weltmeisterschaft, von Deutschland als dem Land der Ideen. Manche sagen angesichts der Probleme – das Problem Nr. eins ist die Arbeitslosigkeit –, die wir haben: ›Ideen, einfach so dahingesprochen, sind schön und gut!‹ Ich glaube, von Ideen allein können wir nicht leben, sondern wir müssen auch zeigen, dass wir diese Ideen anschließend in die Tat umsetzen können – jeder an seinem Platz, in Deutschland, in Europa und in der Welt.

Ich möchte, dass Deutschland, wenn ich für mein Land sprechen kann, in den nächsten zehn Jahren wieder unter die ersten drei in Europa kommt – was Wachstum, was Beschäftigung und was Innovation anbelangt. Wir sagen und wir machen das. Ich glaube daran, dass wir es schaffen können, aber ich sage auch, dass es von entscheidender Bedeutung für Europa sein wird, ob Deutschland dies schaffen kann. Ideen in die Tat umzusetzen hört sich gut an, aber zur Wahrheit gehört bei einer klaren Analyse natürlich auch, dass es bei uns an vielen Stellen eine selbstverschuldete Lähmung gibt: Hier ein Hindernis, dort ein Hindernis, dies geht nicht, jenes geht nicht. Das heißt, ich habe das Gefühl, wenn ich über Deutschland spreche, dass wir mehr Freiraum brauchen, genauer gesagt, dass wir mehr Freiheit brauchen.

Da wir das Ziel erreichen wollen, in zehn Jahren bei Wachstum, Beschäftigung und Innovation wirklich wieder vorne zu sein, werbe ich in meinem Land wieder und wieder für eine eigentlich alte Weisheit: Arbeit – das ist unser zentrales Problem in Deutschland – braucht Wachstum, und Wachstum braucht Freiheit. Das heißt eben, dass man Bremsen löst, dass man Hindernisse aus dem Weg räumt, dass man die Fenster aufmacht, dass man wieder durchatmet, dass man zuerst einmal die Chancen von Entwicklung und nicht zuerst die Risiken sieht. Das ist eine verantwortete Freiheit – keine Freiheit von etwas, sondern die Freiheit zu etwas.«

Die vollständige Rede ist zu finden unter:
http://www.bundeskanzlerin.de/bk/root,did=46706.html

Mittelmaß in der Sache,
aber Meister in der Kunst der Verführung

Wenn die skizzierten Mittelmäßigkeiten alles wären, dann bliebe der Erfolg der herrschenden Lehre und der sie tragenden Personen unverständlich. Unsere Führungspersonen sind aber sehr geübt, sozusagen Spitzenkräfte, in der Fähigkeit zur Verführung und Führung von anderen Menschen, man kann auch sagen: Sie sind geübt in der Beeinflussung, ja sogar der Manipulation der öffentlichen Meinung. Sie wissen, wie man andere Menschen »rumkriegt«. Und sie beziehungsweise die Macher im Hintergrund sind offenbar auch clever in der Organisation der Netzwerke, die sie brauchen, um die notwendige Wiederholung und damit die Durchschlagskraft für die meist falschen Parolen sicherzustellen. Ohne das Netzwerk aus Wirtschaft, Wissenschaft und Politik, ohne die Zuarbeit vieler Medien und Intellektueller wäre der Erfolg der neoliberalen Bewegung nicht möglich gewesen und auch nicht so lange zu halten (zum Netzwerk siehe S. 303 ff.).

Das Verhältnis der Eliten zum Volk ist auf professionelle Public Relations eingestellt. So ist das in jeder Demokratie, wenn die wirtschaftlich Mächtigen sich bei den wirtschaftlich Ohnmächtigen Mehrheiten organisieren müssen. So ist es insbesondere, wenn die Eliten einer Ideologie verpflichtet sind, die so viele Schwächen und Lücken wie die neoliberale hat. Je schwächer die Ideologie, um so mehr sind die Eliten darauf angewiesen, die Mehrheit des Volkes immer wieder neu herumzukriegen. Dafür wird das gesamte Instrumentarium der Meinungsbeeinflussung bis hin zur Manipulation eingesetzt.

Aus dem reichen Arsenal der vielen gängigen Irreführungen will ich einige markante **Beispiele für die Manipulation der öffentlichen Meinung** beschreiben. Die neoliberale Ideologie und demnach auch unser Alltag ist voll davon, im Großen wie im Kleinen.

Fall 1: Chancengerechtigkeit
Als die SPD-Führung zu Zeiten der rot-grünen Koalition merkte, dass die Gerechtigkeitsbilanz ihres Reformwirkens alles andere

als gut ausfallen und keinesfalls dem Geist der Sozialdemokratie entsprechen würde, begann sie unter Federführung ihres Generalsekretärs Olaf Scholz den Begriff einfach umzudefinieren. Da war dann mehr von einem »umfassenderen Begriff von Gerechtigkeit« die Rede, auf die es ankomme: »Gerecht ist, was die Menschen in die Lage versetzt, ihr Leben so zu gestalten, wie sie es selbst gestalten möchten.«

Hauptsache, der Begriff »Gerechtigkeit« bleibt besetzt. Das hatte man von Heiner Geißler gelernt, der als Generalsekretär der CDU das Besetzen von Begriffen zur Methode der Machterlangung und -erhaltung machte. Geißler führte den Begriff der »neuen sozialen Frage« ein, um die wirklichen sozialen Fragen zu überdecken. »Semantik« nannte er das. Das ist nur ein schönes Wort für den unschönen Vorgang der Irreführung.

Um die Jahreswende 2005/2006 haben sich CDU und FDP dieser Methoden zum gleichen Sujet erinnert. Nachdem die Deutschen mit ihren Stimmzetteln am 18. September 2005 den Parteien ziemlich klargemacht hatten, dass sie für soziale Gerechtigkeit sind und für den Sozialstaat, machten sich alle Parteien daran, Begriffe wie »Gerechtigkeit« oder »sozial« für sich zu besetzen. In der Mainzer Erklärung der CDU vom 7. Januar 2006 taucht deshalb der Begriff »Neue Gerechtigkeit« auf. Dahinter steckt zwar nichts anderes als das, was die Bundeskanzlerin sagt und was die CDU schon immer gefordert hat, aber es soll der Eindruck erweckt werden, als setze sich die CDU in besonderer Weise für Gerechtigkeit ein. Warum dann nicht das so gefällige Wort »neu« mit dem Altbekannten kombinieren?

Man sieht, es gibt auch sehr plumpe Versuche der Meinungsmanipulation. Die CDU setzte im konkreten Fall noch einen drauf: Der CDU-Vorstand kombinierte auf seiner Klausur Anfang 2006 die »neue Gerechtigkeit« mit der »Freiheit«: »Neue Gerechtigkeit durch mehr Freiheit«, so lautete die Botschaft der auf der Klausur verabschiedeten Mainzer Erklärung. Hier werden einfach zwei hehre Begriffssignale aneinandergehängt, ohne dass damit etwas Konkretes oder gar Neues gesagt wird, und das alles nur in der Absicht, den Menschen das Hirn zu vernebeln.

Spuren eines Leihgedankens

Am 10. Januar 2006 beim Neujahrsempfang der IHK Frankfurt hat Bundesfinanzminister Peer Steinbrück (SPD) eine »Grundsatzrede« gehalten. Dabei spielte die Gegenüberstellung von »Chancengerechtigkeit vs. Ergebnisgleichheit« eine wichtige Rolle. Eine Leserin der *NachDenkSeiten* hat sich auf die Suche gemacht, in welche ideologische Nachbarschaft sich Steinbrück mit dieser unsinnigen Gegenüberstellung begibt.

Steinbrück hatte gesagt: »Um diese Aufgabe weiterhin erfüllen zu können, müssen die Leistungen des Staates strikt an die Art ihrer Wirkungen gebunden werden [...] Entscheidend ist dabei, dass wir den Menschen früher helfen als in der Vergangenheit, also bevor sie ihren Job verlieren, bevor sie am Schulabschluss scheitern und bevor sie in die Schule kommen, ohne die deutsche Sprache zu beherrschen. *Damit wird Chancengerechtigkeit – und nicht Ergebnisgleichheit – zum Grundprinzip eines modernen Sozialstaates.* Von ihr hängen die Lebensperspektiven gerade derjenigen Menschen ab, deren Startbedingungen – aus welchen Gründen auch immer – nicht so gut sind wie die anderer.«*

Nie war Sozialstaatlichkeit so verstanden worden, dass Ergebnisgleichheit erreicht werden sollte. Hier wird erst ein Popanz aufgebaut, um damit dann eine Abkehr vom bisher gültigen Bild des Sozialstaats zu begründen.

Aber schauen Sie mal, wo der Bundesfinanzminister sich seine Gedanken leiht:

Das Reformportal »**Initiative Neue Soziale Marktwirtschaft**« am 16.8.2004:
»Es muss ein Klima entstehen, das den Leistungsbegriff wieder positiv auflädt. Bedingung dafür ist, dass das Spannungsverhältnis von Freiheits- zu Gleichheitswerten neu ausbalanciert wird. *Die niveauschädigende Gleichheitsfiktion ist durch das Prinzip der Chancengerechtigkeit am Start abzulösen. Um Ergebnisgleichheit kann es in einer freiheitlichen Gesellschaft nicht gehen.*«*

Peter Gauweiler (CSU):
»*Wir brauchen Chancengerechtigkeit für alle. Ergebnisgleichheit für alle kann es nie geben*, weil jede Chance immer nur nach den unterschiedlichen persönlichen Anlagen des einzelnen genutzt werden kann.«*

FDP – Die Liberalen (in Gernsheim):
»Wie zivilisiert und gerecht eine Gesellschaft ist, zeigt sich auch an ihrem Umgang mit Talenten. *Chancengerechtigkeit und Chancengleichheit sind nicht identisch mit Ergebnisgleichheit.* Nivellierung macht eine Gesellschaft arm durch Gleichheit. Freiheitliche Gesellschaften brauchen Eliten in allen Berufen.«*

Aus einem Leitantrag der CSU vom 29.11.2004:
»Der Staat wird tätig, wenn die individuellen und gesellschaftlichen Möglichkeiten nicht ausreichen. Die staatlichen Aufgaben konzentrieren sich nach dem Subsidiaritätsprinzip auf das Notwendige und Unverzichtbare. *Staatliche Maßnahmen haben nicht Ergebnisgleichheit zum Prinzip, sondern Chancengerechtigkeit.*«*

Jürgen Rüttgers im *Tagesspiegel* vom 25.8.2003:
»*Früher bedeutete Gerechtigkeit mehr Gleichheit, und zwar mehr Verteilungs- und mehr Ergebnisgleichheit.* Heute verlangt niemand mehr, dass jeder Mensch das Gleiche besitzt. Wer das will, das haben die todbringenden Ideologen des 20. Jahrhunderts gezeigt, zerstört die Freiheit.«

Dies alles sind aufgeblasene Wortklaubereien. Man nenne mir irgendeinen früheren oder heutigen ernstzunehmenden Beitrag, der zu den Elementen des Sozialstaats die »Ergebnisgleichheit« zählt. Das gab es vielleicht mal in der Bibel, wonach alle siebzig Jahr, also alle Jubeljahre, der Grundbesitz wieder neu verteilt wurde. Vielleicht hat irgendwann einmal ein DDR-Politik so etwas aufgeschrieben, aber in der Geschichte der Bundesrepublik und auch in der Geschichte der SPD hat das Ziel einer Ergebnisgleichheit nie eine Rolle gespielt. Hier wird also ein Schreckbild aufgebaut, um daraus einen Systemwechsel zu begründen.

*Alle Hervorhebungen von AM.

Eine besonders schöne Schöpfung hat sich die FDP einfallen lassen: Von »neosozial« spricht Westerwelle. Mein Mitherausgeber der *www.NachDenkSeiten.de* hat sich den Spaß erlaubt, in die Google-Suchmaschine »FDP neosozial« einzugeben. Prompt kam die zweifelnde Rückfrage: »Meinten Sie: FDP dissozial«. Anscheinend erkennt der hirnlose Sprachcomputer solche manipulativen Sprachspiele rascher als die vielen Leitartikler, die sich ernsthaft mit einer solchen Wortschöpfung auseinandersetzen.

Die großen Begründungslinien für die sogenannten »Strukturreformen« sind fast ausschließlich auf Manipulation angelegt. Schon die Wortbildung »Struktur plus Reform« ist manipulativ. »Struktur« ist alles oder nichts, ist nichtssagend und hört sich bestenfalls intelligent an. Und Reformen hatten ja in der Vergangenheit immer den Sinn, dass man etwas verbessern wollte. Dass man die große Masse der Menschen Zumutungen aussetzt, war bis zur Agenda-Politik jedenfalls nicht der Sinn dieses Wortes. Die Grundbedingung des Manipulationserfolgs ist deshalb nicht ein tatsächlicher Fortschritt für die Menschen, sondern die Wiederholung, dass solche »Strukturreformen« objektiv notwendig seien.

Es vergeht keine Rede, kein Essay wird gedruckt und keine Regierungserklärung grundsätzlicher und allgemeiner Art abgegeben, in denen uns nicht erzählt würde, wir stünden vor »völlig neuen Herausforderungen der Globalisierung«, »unsere Wettbewerbsfähigkeit sei bedroht«, »Löhne und Lohnnebenkosten seien zu hoch«, »das demographische Problem und speziell das Altern verlangten grundsätzliche Änderungen«, »die Erneuerung«, »den Umbau unseres Sozialstaats«, »Strukturreformen« eben. Das sind die großen Linien der Irreführung, die in vielen Variationen gespielt werden, und die neoliberalen Eliten aus Wirtschaft und Wissenschaft, aus Politik und Publizistik wirken jeder an seinem Platz arbeitsteilig daran mit.

Fall 2: Die ideale Bevölkerungspyramide

Es gibt einige demographische Probleme, über die kaum gesprochen wird. Beispielsweise wird die Abwanderung junger und gut ausgebildeter Kräfte aus den wirtschaftlich schwachen Regionen in Ostdeutschland und einigen Teilen Westdeutschlands zum Problem für die Zurückbleibenden und für die Regionen, von denen aus sie in die Ballungsräume aufgebrochen sind. Zurück bleiben auseinandergerissene Familien und Gemeinden mit einem extrem hohen Altersdurchschnitt und sinkender Steuerkraft. Die Politik sollte sich dieser Art von demographischen Problemen in der Tat widmen.

Abbildung 16: Drohung mit der Urne – So wird mit Graphiken Politik gemacht

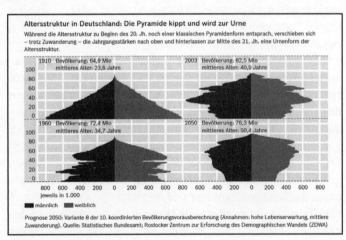

Ein Schaubild der Kommission »Familie und demographischer Wandel« der Robert Bosch Stiftung

Mit dieser Herausforderung beschäftigten sich die Wortführer der demographischen Debatte aber sehr selten. In der vorherrschenden Diskussion wird vor allem eines beklagt: dass die Bevölkerung hierzulande insgesamt schrumpft, dass die Alterung angeblich bedrückend sei und deshalb der Generationenvertrag nicht mehr trage.

Diese allgemeine demographische Debatte wird aus verschiedenen Motiven gespeist. Eines der Hauptmotive ist das übermächtige Interesse der Finanzindustrie, der Versicherungswirtschaft und der Banken, an das Geld – beziehungsweise die Umsätze gleich Beitragseinnahmen – der bisher im wesentlichen solidarisch gestalteten Vorsorgesysteme zu kommen. Deshalb müssen sie behaupten, die Alterung verlange neue Finanzierungsmethoden, in Zeiten der Alterung funktioniere das Umlageverfahren nicht mehr, und so weiter (siehe dazu auch S. 291 ff.).

Hinzu kommt die atavistische Angst vor dem Schreckgespenst eines »aussterbenden Volkes«. Dieser Angst bedienen sich die Bevölkerungspolitiker und diejenigen, die sich dafür halten. Nachdem diese Sorte von Bevölkerungspolitik mit den Nazis in Misskredit geraten war, sehen einige Demographen – herausragend zum Beispiel der Bielefelder Bevölkerungswissenschaftler Herwig Birg[73] – jetzt eine Chance, zu einer aktiven Bevölkerungspolitik zurückzukehren.

Eine weitere Gruppe nutzt die Thematisierung des angeblichen demographischen Problems, um die Familienpolitik weiter nach vorne zu bringen, damit endlich die schlechten Chancen vieler Frauen korrigiert werden, die nicht nur Kinder haben, sondern auch einen ordentlichen Beruf ausüben möchten. Das ist ein ehrenwertes Motiv, allerdings bezweifle ich, dass man sich dafür an eine Meinungsmanipulation anhängen sollte.

Aber nicht nur die Motive sind fragwürdig. In der demographischen Debatte stimmt fast nichts:

Es ist nicht richtig, dass »die Deutschen aussterben«, wie eine gängige Schlagzeile lautet. Nach der mittleren Modellrechnung des Statistischen Bundesamtes würden wir im Jahr 2050 mit 75 Millionen immer noch mehr Menschen in Deutschland sein als im Jahre

1950 mit 68,7 Millionen Menschen. Wir sind obendrein mit einer Bevölkerungsdichte von 231 Personen auf dem Quadratkilometer eines der am dichtesten besiedelten Länder in Europa. Es gibt also keinen Grund, zu dramatisieren. Dennoch wird genau das immer wieder von unsern Eliten getan, indem sie sich wie Frank Schirrmacher, der Autor des Buches *Das Methusalem-Komplott,* auf die pessimistische Variante der Modellrechnung des Statistischen Bundesamts berufen und dazu behaupten, auch über einen Zeitraum bis zum Jahr 2050 lasse sich daran nichts ändern.[74]

Auch das Problem der angeblichen Überalterung wird maßlos übertrieben. Als manipulatives Instrument bedient man sich dabei gerne der Abbildung von Bevölkerungspyramiden. Weil es so eingängig ist, wird behauptet, die Pyramidenform mit einem breiten Fuß und einem sich nach oben durchgehend verjüngenden Körper sei eine »natürliche und gesunde« Form des Altersaufbaus. Bezeichnend für dieses Vorgehen ist ein Schaubild aus dem Bericht der Kommission »Familie und demographischer Wandel« der Robert Bosch Stiftung. Schon die Sprache ist darauf angelegt, dem Betrachter Angst einzujagen: »Die Pyramide kippt und wird zur Urne«, heißt es da (siehe Abbildung 16, S. 242). Da können wir uns ja gleich drin begraben.

Eine Pyramide steht kopf

»Die Bevölkerungspyramide, die vor dem Ersten Weltkrieg noch die klassische Form eines Dreiecks mit der Spitze nach oben hatte, wird 140 Jahre später ›nahezu auf dem Kopf stehen‹, wie der Präsident der Behörde [des Statistischen Bundesamts], Johann Hahlen, in Berlin erklärte« *(FAZ* vom 6. Juni 2003 nach einer Meldung von AP).

»Nach einer Vorausberechnung der Entwicklung des Statistischen Bundesamtes aus dem Jahre 2003 wird im Jahr 2050 in Deutschland die Bevölkerungspyramide quasi kopfstehen« *(Commerzbank Journal).*

Der Hinweis auf die klassische Pyramidenform suggeriert etwas Positives – und damit etwas Falsches. Denn die so idealtypisch wirkende Pyramide, die die Kommission »Familie und demographischer Wandel« in ihrem Bericht für 1910 abbildete, entsprach einem Bevölkerungsaufbau, der mit unendlich viel Leid verbunden war. Eine solche Pyramide kommt nämlich nur zustande, wenn die Kindersterblichkeit und auch die Erwachsenensterblichkeit sehr, sehr hoch sind. Es mussten damals viele Kinder geboren werden, damit (der Pyramidenform zuliebe) viele sterben konnten, und zwar auf der gesamten Lebensstrecke. Auf diesen Sachverhalt und die Absurdität der Lobeshymnen für diese Pyramidenform (»A«) des Bevölkerungsaufbaus wies der Mainzer Physiker Professor Ruprecht Jaenicke in einem längeren Beitrag für die *FAZ* vom 15. März 2005 hin, der den schönen Titel »A-H-O-V-X« trug. Er bezeichnete die Alterspyramide mit der Form eines großen »A« als »zutiefst inhuman«.

Diese Bewertung ist korrekt. Und dennoch ist die Bewunderung für diese »klassische Form« der Bevölkerungspyramide überall und gerade auch bei den Eliten fest verankert. So gedankenlos verlaufen bei uns die Debatten.

Professor Jaenicke traute sich auch, darauf aufmerksam zu machen, dass eine aktive Bevölkerungspolitik mit dem Versuch, die Geburtenrate zu steigern, in der jetzigen Phase dazu führen würde, dass die aktive Generation einer sehr hohen und wachsenden Belastung ausgesetzt wird. Sie muss nämlich dann außer dem relativ breiten Segment von Älteren und Rentnern auch noch ein breiter werdendes Segment von Kindern und Jugendlichen unterhalten. Die Pyramide hat dann die Form eines X. Die Taille, das heißt die Zahl der arbeitenden Bevölkerung, ist schmal, Kopf (die Alten) und Fuß (die Jungen) sind breit.

Die die öffentliche Diskussion beherrschenden Demographen sehen dieses Problem nicht, weil sie in ihren Debattenbeiträgen bei der Berechnung der Belastung für die arbeitende Generation immer nur die Belastung durch die Älteren heranziehen und die Belastung durch die Kinder- und Jugendgeneration, die doch auch ernährt und zudem ausgebildet werden muss, weglassen.

Dass die Demographen um diese Verzerrung nicht wissen, ist kaum vorstellbar. So bleibt nur der schlimme Verdacht, dass sie diese Darstellung in irreführender Absicht verbreiten.

Wenn man beide Belastungselemente addiert, wird man im übrigen feststellen, dass die Entwicklung der Gesamtbelastung der arbeitenden Generation im weiteren Verlauf überhaupt nicht dramatisch wird. Wenn man dann noch die weiter wachsende Produktivität unserer Volkswirtschaft mit einbezieht – etwas, was die aufgeregten Demographen in der Regel tunlichst unterlassen –, dann kann man auch als Deutscher gelassen in die Zukunft blicken. Wenn die Produktivität der Arbeit[75] um 1,55 Prozent im Jahr wächst, was unterhalb der vor der Rezession gängigen Marge liegt, dann verdoppelt sich das gemeinsam Produzierte bis zum Jahr 2050. Das heißt zugleich, weniger arbeitende Menschen können ohne Schwierigkeiten mehr Alte und Junge aushalten – und allen Gruppen zusammen, der arbeitenden Generation, der Rentnergeneration und der Kinder- und Jugendgeneration, kann es im Jahr 2050 besser gehen als heute.[76]

Trotz dieser guten Botschaft werden Interventionen wie die von Professor Jaenicke oder auch die Veröffentlichungen des Mathematikers Gerd Bosbach und anderer kritischer Stimmen in der demographischen Debatte einfach ausgeklammert und beiseite geschoben. Die neoliberalen Agitatoren und ihre vielen Unterstützer unter den Demographen und Journalisten blenden störende Erkenntnisse einfach aus. Sie machen weiter, als gäbe es die begründeten Fragezeichen am Rande ihrer Agitation nicht.

Fall 3: Über 40 Prozent Kinderlosigkeit bei Akademikerinnen

Ein ziemlich dreister Fall von Manipulation auf dem Feld der Demographie ist mir persönlich im Oktober 2005 begegnet. Ich hatte bis dahin geglaubt, ungefähr 40 Prozent der Akademikerinnen in Deutschland blieben kinderlos. Von verschiedenen an der Debatte Beteiligten wie der ehemaligen Bundesministerin Renate Schmidt, dem *Spiegel*, der *Zeit*-Redakteurin Susanne Gaschke, dem Sozialrichter Jürgen Borchert, den Bevölkerungswissenschaftlern und den Lobbyisten für die Privatvorsorge, bei der

Internet-Enzyklopädie Wikipedia und von vielen anderen wurde ein Anteil von 40 Prozent und sogar 43 Prozent genannt.

Nun gibt es auch in dieser ziemlich gleichgeschalteten Debatte immer mal wieder Ausreißer, im konkreten Fall einen Beitrag in der *Zeit* mit dem Titel »Von wegen 40 Prozent«. Der Autor Björn Schwentker klärte in dem Artikel darüber auf, dass man erstens nicht genau weiß, wie hoch die Kinderlosigkeit der Akademikerinnen ist, weil es keine verlässlichen Erhebungen gibt, dass in annähernden Berechnungen sich ein Anteil von gut 25 Prozent Kinderlosigkeit im Vergleich zur durchschnittlichen Kinderlosigkeit von etwa 20 Prozent ergäbe und dass man vermutlich mit Absicht nichts Genaues wisse.

Nach einer Befragung von Emnid vom Herbst 2004 unter fünfhundert Frauen mit Hochschulabschluss sind nur 21 Prozent dieser Akademikerinnen kinderlos. »Die Erhebung ist ein weiterer Hinweis, dass hochgebildete Frauen weit seltener kinderlos sind, als lange aufgrund irreführender Mikrozensus-Daten behauptet«, folgerte die *taz* am 7. Februar 2006.

Die Emnid-Umfrage hat wegen der geringen Zahl der Befragten vermutlich eine hohe Fehlerquote. Vielleicht sind 25 Prozent kinderlos, sicher keine 40 Prozent. Die Fragen, mit denen man das genauer hätte erforschen können, wurden auf Betreiben der Bundesratsmehrheit aus dem neuen Mikrozensusgesetz herausgenommen. Björn Schwentker berichtet:

> »Hinter vorgehaltener Hand aber sprechen die Forscher von der politischen Dimension des demographischen Datendurcheinanders. Die unglückliche Kommunikation der 40 Prozent Kinderlosigkeit bei Akademikerinnen sei vielleicht kein Zufall, gibt ein Vertreter der amtlichen Statistik zu: ›Mit dramatischen Zahlen erreicht man eben mehr in der Öffentlichkeit.‹ Genau das war nach dieser Interpretation das Ziel des Statistischen Bundesamtes. Dessen Pressemeldungen waren es nämlich, die die 40 Prozent erst in Umlauf brachten.«

Nicht nur von konservativer Seite gibt es ein Interesse daran, die These von der hohen Kinderlosigkeit der Akademikerinnen aufrechtzuerhalten. Auch viele, die sich dafür einsetzen, dass Frauen bessere Voraussetzungen bekommen müssen, um einen guten Beruf und Kinder miteinander verbinden zu können, setzen auf die übertreibende Darstellung der Kinderlosigkeit von Akademikerinnen, weil sie ihnen Argumente an die Hand gibt, Besserungen einzufordern.

So kommt es zur nicht enden wollenden Irreführung in der Demographiedebatte.

Fall 4: »Von den Weltmärkten verdrängt«

Der Münchner Professor Hans-Werner Sinn erzählt uns, unsere Volkswirtschaft sei eine »Basarökonomie«. Und unsere Eliten verschlingen sein Buch geradezu. Sie glauben, was Professor Sinn so eindringlich schildert: Die deutsche Wirtschaft würde im Ausland produzierte Komponenten, wie zum Beispiel Motoren und Karosserieteile, importieren, die dann hierzulande nur noch zusammengesteckt und wieder verkauft würden.

Das kann allerdings schon deshalb nicht sein, weil wir sonst nicht einen so großen Leistungsbilanzüberschuss von weit über 100 Milliarden US-Dollar erzielen würden, wie es im Jahr 2004 und noch mehr im Jahr 2005 der Fall war. Einen Überschuss erzielt man nur, wenn das Ausland bei uns entsprechende Waren kauft und bezahlt. Würde hier keine Wertschöpfung stattfinden, dann würde auch nicht bezahlt werden. Luft wird nicht bezahlt.

Wie kommt es aber, dass Professor Sinn für seine Basar-These soviel Aufmerksamkeit und Zustimmung bekommt? Nun, er kann auf die tägliche Erfahrung vieler Menschen rechnen, dass in der Tat vieles importiert wird, was sie beim Einkauf sehen; zugleich erfährt die Mehrheit der Menschen aber nicht, wieviel exportiert wird.

Die internationale Arbeitsteilung hat zugenommen. Wir importieren zunehmend neben fertigen Produkten auch Vorprodukte, die hier verarbeitet und möglicherweise, addiert um neue

Wertschöpfung, als fertiges Produkt exportiert werden. Die Gesamtbilanz unserer wachsenden Verflechtung mit dem Weltmarkt ist positiv. Wir exportieren mehr, als wir importieren. Das heißt, dass die Gesamtbilanz der Arbeitsteilung von einer zunehmenden Wertschöpfung hier bei uns im Land gekennzeichnet ist. Richtig ist: Es gibt eine Zunahme der Importe, doch sie wird von der Zunahme der Exporte weit überkompensiert. Wer von »Basarökonomie« spricht, unterschlägt diese Gesamtbilanz.

Dass und wie sehr Professor Sinn in dieser Frage irrt, wurde ihm von mehreren Seiten, sogar vom Sachverständigenrat und den Ökonomen des Bundesverbands der Deutschen Industrie (BDI) nachgewiesen. Auch eine Pressemitteilung, die das Statistische Bundesamt am 17. August 2004 herausgegeben hat, bestätigt die hier erläuterte Sicht. Damals war festgestellt worden, der Importanteil der deutschen Exporte sei zwischen 1995 und 2002 von 29,7 Prozent auf 38,8 Prozent gestiegen. Allerdings sei eben auch der Export gestiegen und damit auch die durch Exporte induzierte inländische Bruttowertschöpfung. Wörtlich: »Auch wenn man davon ausgeht, dass sich der gestiegene Importanteil der Exporte im Zeitraum 1995 bis 2002 auf das Bruttoinlandsprodukt dämpfend ausgewirkt hat, wurde dies überkompensiert von der positiven Wirkung der stark gestiegenen Exportnachfrage nach inländischen Produkten.«

In der öffentlichen Debatte und hinsichtlich der Glaubwürdigkeit des Ökonomen Sinn und seiner geistesverwandten Multiplikatoren zeigte diese Widerlegung allerdings ebensowenig Wirkung wie eine andere von ihm in die Welt gesetzte Fehlinformation, die er indirekt sogar dadurch eingestehen musste, dass er eine Abbildung und die zugehörige Textpassage in seinem Buch *Ist Deutschland noch zu retten?* nachträglich änderte.

Die erste Abbildung von Seite 71 seines Buches enthält eine Kurve des Welthandelsanteils der USA im Vergleich zu dem der Bundesrepublik (siehe Abbildung 17, S. 251). Demzufolge wäre, wie auch im Text von Professor Sinn beschrieben, der Anteil der USA von 15 Prozent auf 19 Prozent gestiegen, während unser Anteil im Lauf der letzten Jahre von 11 auf 8 Prozent abgesunken ist. Entsprechend lautet die Überschrift über der Grafik: »Von den Weltmärkten verdrängt«.

Diese Aussage bezieht sich auf Deutschland und hat mit der Realität nichts zu tun. Deutschland hatte im Jahr 2004 und wohl auch 2005 den höchsten Welthandelsanteil unter allen Ländern, gemessen an den Warenexporten, während die USA einen leicht sinkenden Anteil verzeichnen mussten.

Professor Sinn wurde darauf aufmerksam gemacht, dass er offenbar Exporte und Importe verwechselt hatte und deshalb aus der großen Schwäche der USA, einem bizarren Leistungsbilanzdefizit aufgrund viel zu hoher Importe, eine Welthandelsstärke gemacht hatte. Von einer Auflage zur nächsten musste der Professor die Abbildung auf Seite 71 austauschen. Sinnigerweise ließ Sinn darüber eine eher groteske Überschrift stehen. »Wieder von den Weltmärkten verdrängt.«

Es ist bei der Beurteilung dieses Vorgangs ziemlich unerheblich, ob der Professor mit Absicht eine irreführende Grafik plaziert hatte oder nicht. Im einen wie im anderen Fall ist es gravierend. Ein Nationalökonom darf in einer so entscheidenden Frage und noch dazu, wenn er über längere Passagen darüber schreibt, Exporte und Importe beim Vergleich von Deutschland mit den USA eigentlich nicht verwechseln.

Zwei Dinge sind symptomatisch an diesem Vorgang: zum einen, dass die deutschen Eliten solche Irreführungen über sich ergehen lassen und sogar noch mitmachen, zum anderen die Tatsache, dass die Medien darauf nicht mit Sanktionen reagieren. Der Professor wird weiterhin zu Interviews und in Talkshows geholt, als gäbe es keinen Anlass, an seiner Glaubwürdigkeit zu zweifeln. Die neoliberalen Eliten sind in ihren Netzwerken der gegenseitigen Bestätigung so sicher aufgefangen, dass ihnen auch begründete Zweifel nichts anhaben können.

Fall 5: Ein Gespenst geht um: Implizite Schulden und die Verletzung der Generationengerechtigkeit

Unser Bundespräsident Horst Köhler ist gewissermaßen der höchste Repräsentant der neoliberalen Bewegung in Deutschland

Abbildung 17: Abbildung aus der ersten Auflage von Hans-Werner Sinns Buch: Ist Deutschland noch zu retten?

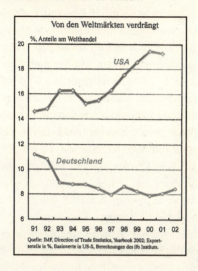

Abbildung 18: Ausgetauschte Abbildung in der vierten Auflage

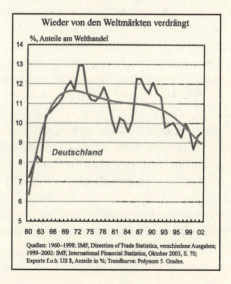

und zugleich einer der größten Eiferer bei der Umerziehung des störrischen Volkes – und dies auf vielfältige Weise.

Horst Köhler hat es meisterhaft geschafft, als unverbrauchte politische Kraft zu erscheinen; er kam vom Olymp des Internationalen Währungsfonds und konnte so tun, als habe er nichts mit der jetzigen wirtschaftlichen Misere, nichts mit der Arbeitslosigkeit, nichts mit den Schwierigkeiten, aus der Rezession herauszukommen, und schon gar nichts mit den hohen Schulden zu tun. Dass er als Staatssekretär im Finanzministerium in der entscheidenden Phase von 1990 bis 1993 mitverantwortlich war für die falsch geplante Währungsunion, für die Plünderung der Sozialkassen, für das Verschleudern von öffentlichem Vermögen im Zuge der Vereinigung – zum Beispiel für die auf S. 81 ff. geschilderte Verschleuderung der DDR-Banken – und für den Maastricht-Vertrag mit all seinen Konsequenzen für die Stagnation in Europa, ist aus dem öffentlichen Bewusstsein verschwunden – und keiner spricht darüber.

An der Aufrechterhaltung dieser selektiven Wahrnehmung wirkt Horst Köhler kräftig mit. So hat er zum Beispiel am 15. März 2005 auf einem Arbeitgeberforum in einer als »Köhlers Brandrede« vermerkten Ansprache den hohen Schuldenstand und die »Erblast für unsere Kinder und Enkel« beklagt, ohne mit einem Wort zu erwähnen, dass diese hohen Schulden auch etwas mit der Belastung durch den Vereinigungsprozess zu tun haben. Ganz zu schweigen davon, dass er seine Mitverantwortung für die schuldentreibenden Fehler im Vereinigungsprozess erwähnen würde.

Horst Köhler beklagt die »Erblast« und macht dabei klar, dass er auch bereit ist, zu unseriösen Mitteln der Irreführung zu greifen: Die Massenarbeitslosigkeit sei kein konjunkturelles, sondern vorwiegend ein strukturelles Problem. (Köhler ist immer auf Linie.) Dies alles spiegle sich auch im Stand der Schulden und künftigen Lasten wider. Diese beziffert er dann auf 7,1 Billionen Euro. Wörtlich: »Das entspricht 330 Prozent des Bruttoinlandsprodukts.«

Das ist eine maßlose und unsachgemäße Übertreibung, die wir

bei dem Bundespräsidenten immer wieder erleben und beispielsweise schon von seiner Begründung zur Auflösung des Bundestages her kennen. Im konkreten Fall kommt er zu der hohen Belastung von 7,1 Billionen Euro nur dadurch, dass er Anwartschaften in den Sozialversicherungen in Höhe von 5,7 Billionen Euro zum aktuellen Schuldenstand des Staates von 1,4 Billionen Euro hinzurechnet. Das ist ein übler Trick, den Köhler allerdings nicht allein anwendet. Auch Oswald Metzger, der frühere Bundestagsabgeordnete und haushaltspolitische Sprecher der Bündnisgrünen, spricht von impliziten Schulden, seine Parteifreundin, die Bundestagsabgeordnete Anja Hajduk, haushaltspolitische Sprecherin auch sie, weist in einem Beitrag vom 1. April 2004 gleich achtmal darauf hin, ebenso verbreitet der Münsteraner Professor und Botschafter der Initiative Neue Soziale Marktwirtschaft Ulrich van Suntum diese Mär, auch auf der Homepage der FDP war die Rede davon, und so weiter ...

Diese irreführenden Rechenkunststücke machen bei den Anwartschaften auf die Sozialversicherungen zu einem Zeitpunkt X einen Schnitt und berechnen von da an die Rentenanwartschaften fiktiv weiter, ohne allerdings gegenzurechnen, dass bei einem solchen revolvierenden System (das heißt: beim gegenwärtigen Umlageverfahren) laufend weitere Beitragszahlungen geleistet werden, die die vielzitierten Kinder und Enkel entlasten.

Prinzipiell gilt: Bei einem Umlageverfahren kann man nicht zu einem x-beliebigen Zeitpunkt einen Schnitt machen und die Anwartschaften kapitalisieren. Wenn man das trotzdem unbedingt tun will, muss man die gleichzeitig im Zeitablauf bestehenden Forderungen an die Beitragszahler als Vermögen gegenrechnen. Insgesamt aber ist das Verfahren absurd. Es dient auch nur der Panikmache und der Diskreditierung aller Umlageverfahren und insbesondere der gesetzlichen Rente.

Da der Trick schwer zu durchschauen ist, will ich es noch einmal mit einem Blick rückwärts erläutern: Stellen Sie sich vor, 1960 wäre eine Berechnung der sogenannten impliziten Schulden angestellt worden. Wir sind die Kinder und Enkel der damals arbeitenden Generation. Wenn der Köhlersche Rechenweg richtig wäre, müssten wir heute eine Schuldenlast aus Anwartschaften in einer ähnlichen Größenordnung haben. Das ist aber nicht der Fall. Warum nicht? Weil alle arbeitenden Menschen von 1960 bis heute Beiträge gezahlt haben, die verwendet worden sind, um die Renten der jeweiligen Rentnergeneration zu bezahlen. Da sind keine Schulden in einer ähnlichen Größenordnung angewachsen.

Wenn man schon davon reden will, dass sprunghaft Anwartschaften hinzugekommen sind, die man als eine besondere Belastung betrachten kann, dann solche, die den Sozialsystemen bei dem gerade auch von Horst Köhler mitzuverantwortenden Prozess der deutschen Einheit und wegen der Aussiedlerzuzugspolitik der Regierung Kohl aufgebürdet worden sind, der Köhler als Staatssekretär angehörte.

Dass sich der oberste Repräsentant unseres Staates dazu hergibt, ein wichtiges Element unserer Sozialstaatlichkeit, die gesetzliche Rente, durch Angstmacherei so maßlos zu diskreditieren, ist wohl einzigartig.

Mit Abstand und bei Licht betrachtet, muss die Bewertung des Tuns und Argumentierens unseres Bundespräsidenten noch viel schlimmer ausfallen. Horst Köhler reiht sich nämlich in eine gefährliche Auseinandersetzung zwischen den Generationen ein. Alles, was Rang und Namen hat unter unseren Eliten, behauptet, wir lebten heute auf Kosten unserer Kinder und künftiger Generationen. Altbundeskanzler Schröder sprach so, Dutzende »Weise« Professoren sprachen so, reihenweise Kommissionen haben diese Botschaft aufgeschrieben, die neue Bundeskanzlerin Merkel sagt es und der Bundespräsident ebenfalls: 330 Prozent des Bruttoinlandsprodukts als Erblast für unsere Kinder und Enkel. Eine kaum zu fassende Größenordnung.

Zum Glück ist nichts daran wahr. Den Trick mit den impliziten Schulden habe ich bereits erläutert. Die expliziten Schulden, jene 1,4 Billionen Euro Staatsschulden, sind ebenfalls keine Schulden der jetzigen Generation, die sie der künftigen vererbt. Es sind Schulden des Staates gegenüber der jetzt lebenden Generation. Den Schulden des Staates stehen in der jetzigen Generation Forderungen an den Staat von seiten der Staatsbürger gegenüber, also Vermögen. Dieses Vermögen wird wie die Schulden, soweit sie nicht abgetragen werden, an die künftigen Generationen weitergegeben. Sie erben also beides, Schulden und Vermögen.

Wenn man die Gesamtbilanz von Erbe und Schulden aufmachen will, muss man noch ganz andere Vermögenselemente miteinbeziehen. Zum Beispiel: Wenn der Staat sich verschuldet hat, um mit Investitionen für die Infrastruktur und damit bei der Vorsorge für die Zukunft einen besonderen Sprung zu machen, dann erben die künftigen Generationen sowohl die Vorteile dieser Vorsorge als auch Schulden. Ganz konkret: In den siebziger Jahren sind große Beträge in die Wasserversorgung, in weiterführende Schulen, in neue Universitäten und zum ersten Mal auch in den Umweltschutz investiert worden; davon zehren noch Generationen. Auch die Lösung des Problems der deutschen Vereinigung und die Beendigung des Ost-West-Konflikts war eine grandiose Zukunftsinvestition, selbst wenn sie schlecht gemacht worden ist. Da sind große Schulden entstanden (siehe Abbildung 8, S. 80). Warum aber wertet man nur diese Schulden und nicht den gleichzeitig entstandenen Vorteil, zum Beispiel den Gewinn, in Ost und West nicht mehr gegeneinander aufrüsten zu müssen?

Abwegige Diskussionen

Das Thema Generationengerechtigkeit ist ein typisches Eliten-Thema. Sie leisten sich den Luxus, ein Phantom, nämlich die Behauptung, die Alten lebten auf Kosten der Jungen, zu einem der wichtigsten Debattenthemen zu machen, Kommissionen damit zu beschäftigen, politische Kapazität daran zu verschwenden ... und das in wirtschaftlich kritischen Zeiten. Und mit oberster Protektion.

Der Frankfurter Sozialpolitiker Richard Hauser hat in einem Festschriftbeitrag darauf hingewiesen, dass die ältere Generation der jüngeren auch noch die Investitionen in das Humankapital vererbt.[77] Anders gesagt: Die heutigen Rentner, die man für so bevorzugt hält, haben in ihrer Jugend und Ausbildungszeit auch nicht annähernd so viel »geschenkt« bekommen, wie sie dann in ihrer aktiven und Elternzeit in die heute Jungen und Arbeitenden investiert haben. Professor Hauser hat näherungsweise Berechnungen darüber angestellt und kommt zu dem Schluss:

> »Unter Berücksichtigung dieser akkumulierten Bildungsausgaben dürfte das Generationenerbe, das die heute alte Generation hinterlassen wird, ein größeres Vielfaches des Bruttoinlandsproduktes ausmachen als jenes, das sie selbst erhalten hat.«

All diese Fakten ergeben ein völlig anderes Bild als das, was uns ständig entgegengehalten wird. Wenn man den Dingen auf den Grund geht, müsste man den begonnenen Generationenkonflikt sofort einstellen, statt ihn anzuheizen. Das wäre die Pflicht des Bundespräsidenten. Doch er tut das Gegenteil.

Es könnte eine Entschuldigung dafür geben: Horst Köhler hat die Zusammenhänge nicht verstanden. Das kann man ihm jedoch nicht unterstellen.

Denn Horst Köhler war sicher kein schlechter Ökonom, sonst wäre er 1976 nicht im Bundeswirtschaftsministerium (BMWi) eingestellt worden. Ausgangs der siebziger Jahre war Horst Köhler siebenunddreißig Jahre alt und Hilfsreferent. Schon damals waren aufgrund des Stellenplans auch für gute Leute die Perspektiven beschränkt und die Chancen gering, alsbald Referatsleiter zu werden. Da bot sich 1981 die Chance, in die Kieler Staatskanzlei unter Ministerpräsident Gerhard Stoltenberg zu wechseln und Referatsleiter zu werden. Wer konnte ahnen, dass der an Jahren schon alte Neuhistoriker Stoltenberg noch einmal Bundesfinanzminister würde. Köhlers Mitmachen hat sich ausgezahlt: Seit 1982 zündete Karrierestufe nach Karrierestufe, das große Geld kam dann auch – Köhler wurde Präsident des Deutschen Sparkassen- und Giroverbandes –, und das war noch nicht das Ende. Horst Köhler im Wunderland – Widersprüchliches zum Mainstream würde ihn aus diesem Paradies vertreiben.

Bei der Lektüre der erwähnten Rede vor den Arbeitgebern wie auch bei anderen Gelegenheiten muss man den Eindruck gewinnen, Horst Köhler verstehe sich als eine Art Vorkämpfer und aktiver Werber für die neoliberale Bewegung und – deren angebotsorientierten Prämissen entsprechend – die Arbeitgeberseite. Es kommt bei ihm alles vor, was auch die Neoliberalen zur Diskreditierung unseres Landes und unseres Sozialstaatsmodells parat haben: Regulierungen, flächendeckende Tarifverträge, zu viele Wohltaten und Geschenke, zu hohe Abgaben, zu hohe Löhne, zu hohe Lohnnebenkosten, die Gewerkschaften müssten den Pfad der Lohnzurückhaltung fortsetzen, ein die Investoren abschreckendes Steuersystem, mehr Flexibilität, der demographische Wandel gefährde die Geschäftsgrundlage des bestehenden Generationenvertrags. Der Bundespräsident lässt sich widerstandslos in die Kampagne der neoliberalen Bewegung einspannen.

Noch schlimmer ist, dass er auch personell die Voraussetzungen für eine reibungslose Interessenverflechtung schafft. Ab 1. März 2006 arbeitet Gert Haller, der bisherige Vorstandsvorsitzende des Finanzkonzerns Wüstenrot & Württembergische AG (W&W), als Chef des Bundespräsidialamts im Range eines Staatssekretärs – ohne Gehalt. Für den Lebensunterhalt des neuen Chefs der Behörde von Köhler kommt de facto der schwäbische Finanzkonzern mit einer Pension auf. Damit hat Köhler einen Repräsentanten der Versicherungswirtschaft, der schon qua bisheriger Funktion für die kapitalgedeckte Privatvorsorge eintritt, zu seinem Amtschef gemacht.

Diese bisher nur aus den USA bekannte Interessenverflechtung zwischen Wirtschaft und Politik bekommt von der *Bild*-Zeitung auch noch die publizistische Weihe: »Solche Männer braucht das Land!« schwärmt *Bild*. Diesen Vorgang kommentiert Wolfgang Lieb in den www.NachDenkSeiten.de:

»Nur weiter so. Bald stellen DaimlerChrysler oder E.on die Staatssekretäre im Wirtschaftsministerium, Siemens vielleicht den Chef des Kanzleramts oder der Bundesverband der Deutschen Industrie (BDI) ordnet kostenfrei die Amtschefs für das Sozialministerium ab. Das spart Geld – dem Staat und natürlich auch den Konzernen. Letztere könnten sich nämlich dann die teure Lobby- und PR-Arbeit ersparen, denn ihre Leute säßen dann gleich unmittelbar an den Hebeln des Staatsapparats.«[78]

Das war schon eine herausragende Inszenierung, die dem Volk da vorgeführt wurde. Allerdings kann man am Falle von Horst Köhler auch zeigen, dass dies ohne das Netzwerk (siehe ausführlich in Kapitel VII) – ohne die *Bild*-Zeitung zum Beispiel, die aus dem Skandal der Berufung eines Interessenvertreters zum Chef des Präsidialamts eine Wohltat macht, ohne die unkritischen Fernsehkommentatoren, ohne die Bertelsmann Stiftung, die die »Initiative des Bundespräsidenten« »Forum demographischer Wandel« fördert – nicht möglich wäre.

Egoismus statt Dienst für das Gemeinwesen

Es gab eine denkwürdige Sitzung bei Sabine Christiansen im Herbst des Jahres 2005. Sie hatte den Multimillionär und Reeder Peter Krämer eingeladen – zusammen mit Michael Glos, dem damals designierten und heute amtierenden Bundeswirtschaftsminister, mit Oskar Lafontaine von der Linkspartei, mit Hermann Otto Solms von der FDP und dem designierten Bundesfinanzminister Peer Steinbrück von der SPD.

In dieser Sendung bot der Hamburger Peter Krämer in aller Öffentlichkeit an, der Staat möge doch bei den Reichen endlich höhere Steuern verlangen. Die Vermögen seien in Deutschland weit weniger belastet als in anderen Ländern, namentlich in Großbritannien, Frankreich, Japan und den USA. Zusammen mit einigen anderen Unterzeichnern hatte er schon vorher in einer Anzeige dafür geworben, das Steuersystem etwas gerechter zu gestalten.

Die Reaktion in der Talkrunde war mehrheitlich ausgesprochen feindselig-distanziert und insofern sehr typisch. Die meisten, die sich zu den Eliten zählen, gehören zur wohlhabenderen Oberschicht und sind so – manchmal sogar ohne dass es ihnen selbst noch bewusst ist – zuallererst Sachwalter von deren Interessen. Sie pflegen noch die gleichen Ideale wie ihre großbürgerlichen Vorgänger, doch von denen fühlten sich deutlich mehr als die heutigen Nachfolger für das Ganze verantwortlich.

Unsere neuen Eliten denken fest in den Kategorien von oben und unten, sie sind nicht auf Partnerschaft mit dem Volk eingestellt. Im Gegenteil: Ihre Wirtschaftsphilosophie enthält als wichtiges Element, Kosten zu sparen. Und Kosten spart man nach der heute gängigen Version vor allem an den Löhnen und beim Staat vor allem bei den Sozialtransfers. Deshalb kommen sich diese Eliten geradezu systemerhaltend vor, wenn sie tagein, tagaus predigen, die Löhne und die Sozialleistungen müssten sinken, was nichts anderes heißt, als dass die Einkommen, dass die soziale Sicherheit der Mehrheit der Menschen untergraben wird.

Sie intervenieren sofort und ganz eifrig, wenn irgend jemand

– und sei es der neue Wirtschaftsminister – andeutet, die Löhne könnten und sollten auch mal wieder steigen, damit sich die Kaufkraft auf dem Binnenmarkt erhöht. Wie auf Knopfdruck werden Gutachten vorgestellt und Experten ins öffentliche Rampenlicht gerückt, die verkünden, dass unsere Löhne im Vergleich zu anderen Ländern viel zu hoch seien. Geradezu mit einem gewissen Masochismus vergleichen sie unser Lohnniveau mit dem polnischen oder gar dem chinesischen, das wir im Auge behalten müssten, wenn wir konkurrenzfähig bleiben wollten.

Die Fantasie ganzer Riegen von Betriebswirten und Ökonomieprofessoren scheint nur damit beschäftigt zu sein, sich zu überlegen, wie man die inzwischen lächerlich geringe Macht der Gewerkschaften und der Arbeitnehmer weiter reduzieren könnte. Alles, was die Arbeitnehmer sich an kleiner Sicherheit über die Jahrzehnte erkämpft haben, ist in die Schusslinie der finanziell bestens abgesicherten Eliten geraten. Sie polemisieren gegen den Sozialstaat, gegen die Mitbestimmung und den Kündigungsschutz, sie wettern gegen angebliche Sozialnostalgie. Sie lassen immer wieder die gleichen Gutachten schreiben, die zu den immer gleichen Ergebnissen kommen, und zahlen üppig dafür. (Genauer müsste man wohl sagen: Sie lassen uns, die Steuerzahler, für diese häufig im öffentlichen Auftrag erstellten Gutachten zahlen.) Sie lassen sich immer wieder bestätigen, dass unser Land an Haupt und Gliedern reformiert werden müsste, und vor allem seine angeblich übertriebenen wohlfahrtsstaatlichen Elemente loswerden müsse.

Was sind das für Eliten? Es geht ihnen gut, es fehlt ihnen an nichts:

- Soweit sie Professoren sind oder Politiker, werden sie vom Steuerzahler bezahlt und können bei ihrem Ausscheiden oder für ihren Lebensabend Pensionen erwarten, die um ein Vielfaches höher liegen als die Rente des »Standard-Rentners«.
- Soweit sie Unternehmensberater und Public-Relations-Manager sind, werden sie häufig gleichfalls üppig vom Staat bezahlt. Um nur ein Beispiel von sehr vielen zu nennen: Im Jahr

2002 hat das Verteidigungsministerium in dreiundzwanzig Beraterverträgen ein Gesamtvolumen von 20,4 Millionen Euro vergeben.[79] Diese staatlichen Transferleistungen dürfen natürlich nicht gekürzt werden, im Gegenteil, die Titel für Gutachten in den öffentlichen Haushalten haben sich seit Jahren dramatisch erhöht.

- Und als Manager eines Industrieunternehmens müssen sie zwar in der Regel viel arbeiten, aber ein wirkliches Risiko tragen sie nicht, und wenn sie ausscheiden, werden sie mit Abfindungszahlungen bedacht, für die ein normaler Arbeitnehmer hundert oder gar mehrere hundert Jahre arbeiten müsste.

Die heute dominanten Wirtschaftseliten passen ins Gesamtbild der herrschenden Ideologie. Ihre Unternehmen machen teilweise hohe Gewinne, und sie entlassen Leute. Sie entlassen sie auch deshalb, weil die Zunft der international agierenden Analysten und Kapitalmarktstimmungsbarometer applaudiert, wenn Menschen aus der Arbeit entlassen werden und Druck auf die Arbeitnehmer ausgeübt wird. Die »Leistungs«-Honorierung unserer Wirtschaftseliten ist in vielfältiger Weise daran gekoppelt, dass der Preis für den Faktor Arbeit gesenkt wird, konkret: dass es den Arbeitnehmern schlechter geht. Ihre Vorstellung vom Funktionieren der Wirtschaft enthält die Zielvorgabe, Arbeitnehmer durch Verunsicherung unter Druck zu setzen. Weil ihr Menschenbild so in Bilanz- und Börsenwerten geronnen ist, dass sie glauben, Arbeitnehmer würden nur dann richtig und profitabel arbeiten, wenn sie unter Druck stehen, wenn sie unsicher sind. Das war auch eine der Basisannahmen des bereits erwähnten Artikels aus dem *Economist* vom August 2005, in dem die optimistischere Sicht auf die Entwicklung Deutschlands unverhohlen damit begründet wurde, dass Furcht und Unsicherheit der Arbeitnehmer (zum Glück für die Unternehmen) zugenommen hätten (siehe S. 145 ff.).

Das ist eine unmenschliche Welt. Doch unsere Führungsgarnitur scheint sich in dieser zynischen Welt ganz wohl zu fühlen, sie misst daran sogar ihre Leistung und damit ihr Gefühl, zur Elite zu gehören.

Die neoliberale Ideologie liefert unseren Eliten eine ihr Gewissen beruhigende Theorie für ihren Egoismus, die sogenannte Pferdeäpfel-Theorie, wonach man die Pferde gut mit Hafer füttern muss; dann bekommen die Spatzen aus den Pferdeäpfeln auch noch ein paar Körner mit.

Und wenn diese Theorie noch nicht reicht, gibt es auch noch die Formel von der unbegrenzten Freiheit eines jeden, es genau wie sie selbst zu machen: »Jeder ist seines Glückes Schmied«. Den Kopf des Volkes zerbrechen sich diese Eliten nicht.

Dumm, arglos oder korrupt?

Bei vielen Entscheidungen unserer Eliten, die so sehr im Sinne mächtiger Interessen handeln, stellt sich die Frage: Was steckt dahinter? Menschliche Schwäche? Dummheit? Oder Korruption?

Dass diese Fragen nur schwer zu beantworten sind und Antworten noch schwerer zu belegen sind, liegt auf der Hand. Niemand wird eine Quittung ausstellen, wenn er oder sie für eine bestimmte Entscheidung oder auch nur für die Werbung zugunsten bestimmter Interessen belohnt oder entlohnt wird. Niemand wird einen Aktenvermerk hinterlassen, wenn er oder sie eine Entscheidung beispielsweise zugunsten einer bestimmten Richtung der Altersvorsorge trifft und sich die Begünstigten dafür erkenntlich zeigen. Zudem gibt es die verschiedensten Formen der verdeckten Zahlung: überhöhte Vortragshonorare, Scheingutachten, Lohn- oder Abfindungszahlungen ohne Gegenleistung, »Zahlung« durch Beförderung in einen neuen attraktiven Job, mediale Unterstützung für die gefälligen Politiker zur Verbesserung ihres Images oder zu ihrer Wahl oder Wiederwahl, und so weiter.

Dass die Frage »Dumm oder korrupt?« dennoch berechtigt ist, ist andererseits nicht zu bestreiten. Man muss es ja nicht so hart formulieren. Man kann freundlich und verbindlich fragen:

- Zum einen: Gibt es **politische Entscheidungen**, die von privaten Interessen beeinflusst und auf irgendeine Art und Weise honoriert werden?
- Zum anderen: Gibt es **Einflussnahmen auf die öffentliche Meinungsbildung**, gibt es also Meinungsmache zugunsten von Interessen, die dotiert wird, in welcher Form auch immer?

Da solche Einflussnahmen nicht aktenkundig gemacht werden und Interna meist nur dann ans Licht kommen, wenn jemand plaudert, weiß man wenig. Aber es gibt eine Reihe offenkundiger

Fälle und eine Fülle fragwürdiger Fälle und von sich aufdrängenden Indizien.

Abbildung 19: Ein Beispiel für die passende Kombination von Werbung und redaktioneller Berichterstattung über private Altersvorsorge

Gerade zum zweiten oben genannten Komplex, der gezielten Meinungsbeeinflussung zugunsten von privaten Interessen, gibt es unzählige Beispiele, die nachdenklich machen müssten. Es ist jetzt, während ich diese Zeilen schreibe, der 26. Januar 2006. Quasi stündlich kommen mir Meldungen auf den Bildschirm, die belegen, wie in dieser Gesellschaft inzwischen eine Hand die andere wäscht. Zum Beispiel: In einem Interview im Deutschlandfunk behauptet der saarländische Ministerpräsident Peter Müller, die Übernahme von ProSiebenSat.1 durch den Springer-Konzern liege im »nationalen Interesse« und deshalb plädiere er für eine Ministererlaubnis des Bundeswirtschaftsministers zugunsten einer Fusion des Springer Verlages mit dem größten privaten Fernsehkonzern. Und das, obwohl das Bundeskartellamt und die Kommission zur Ermittlung der Konzentration im Medienbereich (KEK) die Gefahr eines Meinungsmonopols sehen.

Zur selben Zeit bringt die Internetseite des *Stern* einen Bericht über eine Allensbach-Umfrage zur angeblich mangelhaften Information der Menschen über die notwendige private Altersvorsorge – und auf derselben Seite, praktisch als grafische Begleitmusik, wirbt »FinanceScout 24« für private Altersvorsorgemodelle (siehe Abbildung 19, S. 264).

So geht das seit Tagen und Wochen. Wir sind umzingelt von interessenbezogener Meinungsbeeinflussung, von offenen oder verdeckten Manipulationsversuchen. Die Wertmaßstäbe haben sich so verschoben, dass man gegenseitige Hilfen zu beiderseitigem Vorteil, aber zu Lasten Dritter, nicht mehr als das bezeichnet, was sie sind: Klüngel oder Käuflichkeit oder schlicht politische Korruption.

Ein Beispiel für den Einsatz der Wissenschaft für privatwirtschaftliche Interessen bietet Marschollek, Lautenschläger und Partner (MLP). Auf seiner Homepage kündigt der Heidelberger Finanzdienstleister »für anspruchsvolle Kunden« an, dass künftig neben Professor Bernd Raffelhüschen, der bereits vierzig Vorträge für die potentiellen Kunden von MLP gehalten hat, jetzt auch der Vorsitzende des bisher bei vielen als unabhängig geltenden Sachverständigenrats zur Begutachtung der gesamtwirtschaftlichen Entwicklung, Professor Bert Rürup, für den Finanzdienstleister Vorträge halten wird.

Beide Professoren haben wesentlichen Einfluss auf die Gesetzgebung gehabt, die Grundlage des jetzigen Privatisierungsschubs ist, und beide arbeiten seit längerem auf allen Kanälen dafür, das Vertrauen in die gesetzliche Rente zu untergraben. Wenn sie sich jetzt für MLP einspannen lassen, handelt es sich in meinen Augen um nichts anderes als um Öffentlichkeitsarbeit zugunsten privater Interessen.

Wenn man unsere Demokratie auch nur ein bisschen schätzt, darf man über solche Interessensverquickungen nicht tatenlos hinweggehen. Denn was ist das anderes als eine Form von politischer Korruption?

Abbildung 20: Wissenschaft und Wirtschaft gehen Hand in Hand (Website des Finanzdienstleisters MLP)

MLP-Forum: Der Wandel der Sozialsysteme

Vortrag

Die Reform des Sozialstaates - Auswirkungen der neuen Gesetze und Zukunftsperspektiven

Referent: Prof. Dr. Dr. Bert Rürup

Vortrag

Der Wandel der sozialen Sicherungssysteme - was wirklich passiert

Referent: Prof. Dr. Bernd Raffelhüschen

Die sozialen Sicherungssysteme in Deutschland befinden sich in einem fundamentalen Umbruch. Mit dem Rentenversicherungsnachhaltigkeitsgesetz und dem Alterseinkünftegesetz hat der Gesetzgeber einen Großteil der Verantwortung für die Altersvorsorge in private Hände gelegt. Auch im Gesundheitswesen gibt es weit reichende Änderungen.

Doch obwohl die Medien fast täglich über die neuen Gesetze berichten, können sich viele Menschen die Auswirkungen auf ihre persönliche Situation nur schwer vorstellen.

MLP lädt Sie daher im Rahmen des MLP-Forums zu bundesweiten Seminarreihen ein. Referenten sind zwei der profiliertesten Ökonomen Deutschlands: Prof. Dr. Dr. Bert Rürup und Prof. Dr. Bernd Raffelhüschen.

Prof. Rürup zählt als Vorsitzender des Sachverständigenrates zur Begutachtung der gesamtwirtschaftlichen Entwicklung und Vorsitzender der nach ihm benannten Rürup-Kommission zu den wichtigsten Beratern in sozial- und wirtschaftspolitischen Fragen. Seit 1976 leitet Prof. Rürup einen Lehrstuhl für Finanz- und Wirtschaftspolitik an der TU Darmstadt. Prof. Raffelhüschen war ebenfalls Mitglied der Rürup-Kommission. Der Finanzwissenschaftler lehrt an der Universität Freiburg.

Die Teilnahme an den einzelnen Veranstaltungen ist kostenlos.

Informieren Sie sich über Veranstaltungsorte und Termine unserer Informationsabende und melden Sie sich online an.

‹ zurück

Grad und Ausmaß dieser Art der politischen Korruption haben ein neues Niveau erreicht, das vor allem von Schamlosigkeit gekennzeichnet ist:

- Dass ein Bundeskanzler ohne Schamfrist zum Vertreter eines ausländischen Konzerns wird, dessen Milliardengeschäfte er als Amtsinhaber eingefädelt hat,
- dass der frühere Bundeskanzler Helmut Kohl seine obskuren Spender trotz einer offenkundigen Verletzung des Parteienfinanzierungsgesetzes geheimhält und dennoch als »Ehren«-Vorsitzender seiner Partei gefeiert wird,

- dass Manager mit fragwürdigen Verfahren sich gegenseitig ihre Gehälter erhöhen,
- dass die *Bild*-Zeitung, die sich auf ihrer Titelseite als »unabhängig« bezeichnet, sich offen in die Werbekampagne eines großen Unternehmens einspannen lässt und diese Kampagne im redaktionellen Teil begleitet (siehe Abbildung 11, S. 129),
- dass sich mit Steuergeldern bezahlte Professoren und Sachverständige unentwegt (!) als Berufungsinstanz für private Interessen hergeben,
- dass ein Unternehmenschef quasi zum Dank für eine verlorene Übernahmeschlacht einfach mal so 30 Millionen Euro als Abfindung mitnimmt, wie es Klaus Esser von Mannesmann getan hat,

das sind neue Dimensionen von Klüngelei, Interessenverflechtung und politischer Korruption.

Neben dieser Schamlosigkeit gibt es zumindest noch zwei weitere neue Dimensionen der politischen Korruption, die meinen Eindruck begründen, dieses Unwesen hätte ein neues Niveau erreicht:

- Das ist zum einen die Tatsache, dass private Interessen mit Hilfe williger Eliten gerade dabei sind, einen wichtigen Teil unserer gesellschaftlichen Ordnung zu zerstören: die solidarische Sicherung gegen die Risiken des Lebens. Diese Eliten verdienen an dem **Zerstörungswerk**. Sie nennen es »Bewegung«, »Ruck«, »Umbau«. Was in Sachen Rente zur Zeit in den Medien abläuft, hat er in diesem Ausmaß noch nicht erlebt, meint ein kritischer Beobachter der Vermischung von redaktioneller Information und PR. Das sei die Spitze des Eisbergs (siehe dazu S. 287 ff.).
- Und zum zweiten ist neu, dass es praktisch keine gesellschaftlichen Kräfte mehr gibt, die gegen diesen neuen Trend der Korruption angehen. **Der Widerstand ist gebrochen.** Die privaten Interessen beherrschen die Szene.

Wie kommt man schnell zu viel Geld?

Die normale Art, Geld zu verdienen, erscheint unseren Eliten als ziemlich altmodisch. Sich als Arbeitnehmer mit seinen Arbeitsleistungen zu verdingen, das ist vergleichsweise brotlos. Als Unternehmer Kapital und seine unternehmerischen Fähigkeiten in eine Firma einzubringen, beides mit der Arbeitskraft der Mitarbeiterinnen und Mitarbeiter zu kombinieren und so Werte zu schaffen, das finden die Spitzen unserer Eliten viel zu altbacken, jedenfalls erscheinen ihnen die Gewinne wohl nicht ausreichend, die dabei herausspringen. Deshalb können wir nur feststellen: Was unsere Spitzen in Wirtschaft und Politik heute tun, wendet sich auch gegen die ehrliche Arbeit von mittelständischen Unternehmern. Wenn die Rendite des eingesetzten Kapitals bei der üblichen Kombination von Kapital und Arbeit bei 10 bis 15 Prozent liegt, ist man zwar gut bedient, aber die Gier unserer Eliten will mehr. Deshalb haben findige Eliten in Politik und Wirtschaft andere Wege zum Geld gesucht, und sie sind fündig geworden:

- **Erstens:** Man muss dafür sorgen, dass das eigene Unternehmen beziehungsweise die Firma, für die man arbeitet, eine marktbeherrschende Stellung erreicht. Um dies zu erreichen, braucht man gelegentlich politische Rückendeckung gegenüber Institutionen, die – wie das Bundeskartellamt zum Beispiel – eigentlich dazu da sind, den Wettbewerb zu schützen. Das praktische Instrument dafür ist bei uns die Ministererlaubnis für eine Fusion beziehungsweise eine Unternehmensübernahme.
- **Zweitens:** Man zapft den Staat direkt an und kassiert zum Beispiel überhöhte Beratungshonorare oder Provisionen bei der Vermittlung staatlicher Hilfen und Subventionen etc.
- **Drittens:** Man bewirkt die Privatisierung oder Teilprivatisierung von Staats- oder, genauer, von Volksvermögen und verdient daran.
- **Viertens:** Man hilft bei der Privatisierung von bis dahin solidarischen Sicherungssystemen und verdient am Vorgang der

Privatisierung und/oder bei jenen, die sich mit der Einführung der Privatvorsorge neue Märkte verschafften.
- **Fünftens:** Man partizipiert an den besonderen Gewinnen beim Handel mit Vermögenswerten.

Kombinationen dieser schnellen Wege zum finanziellen Glück sind möglich und üblich. Jede dieser Möglichkeiten zum Geldverdienen bringt mehr ein als die ehrliche Arbeit.

Im folgenden führe ich nacheinander Fälle und Personen auf, bei denen ich annehmen muss, dass nur eine Interessenverflechtung ihre Entscheidungen beziehungsweise ihr öffentliches Werben für bestimmte Entscheidungen erklären kann. Ein längerer Infokasten geht auf die besondere Bedeutung ein, den der Handel mit Vermögenswerten bei solchen Verhaltensweisen hat (siehe S. 282 ff.). Das betrifft vor allem den dritten bis fünften der oben aufgeführten Wege zum schnellen Geld. Zum Schluss dieses Kapitels gehe ich auf die wohl massivste und zugleich unappetitlichste Korruption ein, deren Opfer wir sind: die Werbung und die begleitende politische Weichenstellung zugunsten der Privatvorsorge und zu Lasten unserer solidarischen Altersvorsorge.

Wege zum Geld: Die schnellen Umsteiger – mit Umsicht vorbereitet?

- **Gerhard Schröder** (SPD) schließt als Bundeskanzler in unserem Auftrag einen Vertrag mit Russland über den Bau einer Pipeline und wird unmittelbar anschließend zum Aufsichtsratsvorsitzenden des deutsch-russischen Gaspipeline-Konsortiums nominiert, das diese Pipeline durch die Ostsee bauen soll.
- Von dem ehemaligen Bundeswirtschaftsminister und FDP-Vorsitzenden **Martin Bangemann** wissen wir, dass er 1999 unmittelbar im Anschluss an sein Amt als EU-Kommissar in Brüssel, als der er für Industriepolitik einschließlich Telekommunikation zuständig war, sein politisches Insiderwissen gegen viel Geld bei der spanischen Telefonica einsetzen wollte, die wie-

derum von den in Bangemanns Amtszeit getroffenen Brüsseler Liberalisierungsentscheidungen profitierte. Das hatte einen so penetranten Beigeschmack, dass die Europäische Union ein Verfahren gegen ihn vor dem Europäischen Gerichtshof anstrengte, mit dem Ziel, Bangemann seine Pensionsansprüche abzuerkennen. Die Klage wurde zurückgezogen, nachdem Bangemann drei ziemlich belanglose Zusagen gemacht hatte. So wurde der Beginn der offiziellen Arbeitsaufnahme für Telefonica um ein Jahr auf Juli 2000 verschoben. Dieser Fall war sogar Anlass dafür, einen (wenngleich zahnlosen) Ehrenkodex für EU-Beamte zu erarbeiten.

- Von Ex-Verkehrsminister **Matthias Wissmann** (CDU) wissen wir, dass er nach seinem Ausscheiden aus dem Regierungsamt 1998 zu der Anwaltskanzlei Wilmer Cutler Pickering Hale and Dorr LLP wechselte. Die Kanzlei gehöre zu den führenden Verkehrslobbyisten der Welt, schreibt der Berliner *Tagesspiegel* am 11. August 1999, und ADN schreibt, die Kanzlei berate auch die Berliner Flughafen-Holding bei der Privatisierung. Und seltsam: Bei den Privatisierungsverhandlungen habe Wissmann den Bund vertreten, der zu den Altgesellschaftern der Holding gehöre. Wissmanns Wechsel stinke zum Himmel, meinte der Grünen-Politiker Michael Cramer.[80]

- **Otto Wiesheu** (CSU) war bis Herbst 2005 Wirtschaftsminister in Bayern und wechselte, unmittelbar nachdem er noch auf seiten der CSU an den Verhandlungen zur Vorbereitung der großen Koalition teilgenommen hatte und sich dabei sehr dafür einsetzte, dass der Bund der Deutschen Bahn knapp 4,3 Milliarden Euro für das Streckennetz zur Verfügung stellt, in den Vorstand der Bahn AG – als Beauftragter für »politische Beziehungen«.[81]

- Vom ehemaligen Staatsminister im Bundeskanzleramt **Hans Martin Bury** (SPD) wissen wir, dass er inzwischen »Managing Director« der amerikanischen Investmentbank Lehman Brothers geworden ist. Er trug im Kanzleramt unter anderem die Verantwortung für die Initiative D 21 – die Public-Private Partnership für die Entwicklung der Informationsgesellschaft –,

und er war Vertreter des Bundeskanzlers in der Regierungskommission zur Regelung von Unternehmensübernahmen. Kein Wunder also, dass die in Deutschland in die Privatisierung öffentlicher Aufgaben drängende Investmentbank Bury als Verbindungsmann zu Bund, Ländern und Kommunen geholt hat.[82]
- An **Cornelia Yzer** (CDU) erinnern wir uns kaum noch. Sie war Parlamentarische Staatssekretärin im Ministerium für Bildung und Wissenschaft, auch zuständig für Forschung, und wechselte dann zum Verband der forschenden Arzneimittelhersteller (VFA).

In einer Meldung vom 12. Dezember 2005 hat die Nachrichtenagentur ddp weitere prominente Wechsel von der Politik in die Wirtschaft genannt, unter anderem folgende:

- Von **Friedrich Merz** (CDU) ist zu hören, dass der ehemalige Finanzexperte seiner Partei seit Mai 2005 Mitglied des Aufsichtsrats der Deutschen Börse AG ist. Für Kritik sorgte, dass Merz als Berater für den Hedgefonds TCI tätig war, der als Großaktionär der Börse den Sturz von Vorstandschef Werner Seifert betrieben hat. Kein Wunder, dass Friedrich Merz nichts gegen die Steuerbefreiung für Gewinne bei Unternehmensverkäufen oder Teilverkäufen unternommen hat und unternimmt.

Man kann sich das Bett, in das man sich legt, auf verschiedene Weise vorbereiten. Unter anderem durch Ministererlaubnisse in Kartellfragen. Solche Entscheidungen können offenbar sehr karrierefördernd sein.

- Der frühere Manager des E.on-Vorläufers Veba und spätere Bundeswirtschaftsminister (1998 bis 2002) **Werner Müller** (parteilos) wurde 2003 zum Vorstandschef des Kohle- und Chemiekonzerns Ruhrkohle AG (RAG) bestellt. Als Minister war Müller wesentlich an der Verlängerung der Steinkohlesubventionen beteiligt, die vor allem die RAG begünstigten. Im Streit um die Genehmigung der Ruhrgas-Übernahme durch E.on – das Bundeskartellamt hatte sie zuvor verboten – überließ er 2002 den Entscheid über eine Ministererlaubnis dem damaligen Staatssekretär **Alfred Tacke**. Der arme Tacke musste für seinen Chef entscheiden. Und fiel prompt die Treppe rauf: 2004 wechselte er in den Vorstand der RAG-Tochterfirma Steag. Beide Unternehmen, denen Müller und Tacke jetzt dienen, werden von E.on, dem Begünstigten der Ministererlaubnis, kontrolliert. Purer Zufall?

- Der ehemalige Oberstadtdirektor der Stadt Köln **Lothar Ruschmeier** (SPD) hat in dieser Funktion für die Stadt den Bau einiger großer Projekte betrieben, zum Beispiel der Köln Arena und des Technischen Rathauses. Der Oppenheim-Esch-Fonds, in dem zahlreiche Honoratioren der Stadt finanziell engagiert sind, ist an mehreren städtischen Großprojekten beteiligt. Nachdem er an den Verhandlungen auf seiten der Stadt wesentlich beteiligt war, wechselte Ruschmeier übergangslos in die Geschäftsführung des Fonds.[83]

Inzwischen sind die als »Kölscher Klüngel« in Verruf geratenen Zustände auf Bundesebene angekommen:

- Die *Wirtschaftswoche* schreibt: »Dass selbst Beraterwissen im Wert von knapp 16 Millionen Euro das Bundesverkehrsministerium nicht vor dem Maut-Desaster schützen konnte, schürt den Verdacht, die Berater seien häufig ihr Geld nicht wert. Nach Mauschelei klingt es obendrein, dass ausgerechnet ein wesentlich am Entstehen des Fiaskos Beteiligter, der für die Verträge zur elektronischen Mautüberwachung zuständige Bundesverkehrsminister Kurt Bodewig (SPD), nach seinem Ausscheiden aus dem Ministeramt bei der Beratungsfirma KPMG anheuerte [...]«[84]
- Vom früheren Ministerpräsidenten in Niedersachsen und heutigen Bundesumweltminister **Sigmar Gabriel** (SPD) wissen wir, dass er nach seiner Abwahl vom Amt des Ministerpräsidenten

im Jahr 2004 eine Firma betrieb, die von VW einen Beratungsauftrag über 100 000 Euro bekam. Als Ministerpräsident war er im Aufsichtsrat von VW.

- Zwischen 1994 und 2002 vergaben die niedersächsischen Landesregierungen von Gerhard Schröder, Gerhard Glogowski und Sigmar Gabriel Aufträge an Consultants, PR-Agenturen, Professoren und Anwälte im Gegenwert von 28,3 Millionen Euro. Davon gingen 6,2 Millionen Euro an **Roland Bergers** Beratungsfirma. Berger fertigte auch Gutachten zur Expo 2000, als Zweifel an deren Erfolgschancen aufkamen. Dazu schreibt das *Hamburger Abendblatt* vom 20. Februar 2004: »Teure und risikoreiche Projekte wie Expo 2000 oder die Hirnklinik INI wurden mit Berger-Gutachten untermauert, deren Optimismus nur von ihrer Fehlerhaftigkeit übertroffen wurde.« Die am Ende verbliebenen Expo-Schulden von 2,3 Milliarden DM wurden von Niedersachsen und dem Bund getragen.
- Die Zahlungen für Beratung sind insgesamt auffällig ausgedehnt worden. Um die Größenordnungen zu begreifen: Manfred Overhaus, damals Finanzstaatssekretär, berichtete im Februar 2004 von 170 Beratungsverträgen seit 1999 im Wert von 168,8 Millionen Euro.[85] Die damalige Opposition, der CDU-Haushaltsexperte Dietrich Austermann, hielt das für weit unterschätzt und sprach von 1,4 Milliarden.[86] Allein die Gesellschaft für Entwicklung, Beschaffung und Betrieb (GEBB), eine ausgegliederte Firma des Bundesverteidigungsministeriums, die nicht militärische Bereiche privatisieren sollte, zahlte zwischen Mai 2000 und Januar 2004 30,1 Millionen Euro für externen Sachverstand, davon wiederum 9,9 Millionen an **Roland Berger**.[87]

Ich habe den Verdacht, dass von den üppig gestiegenen Beratungszahlungen einiges für Public Relations zugunsten von Politikern – und indirekt für neoliberale Propaganda – abgeht. Roland Berger zum Beispiel ist bestens in das Netzwerk der verschiedenen Initiativen und Konvente integriert (siehe dazu S. 303 ff.).

Beziehungen – auch in der Politik erworbene Beziehungen – werden zu Geld gemacht.

Das ist im Kern nichts außergewöhnlich Schlimmes. Wenn aber dieses Beziehungswesen vorherrschend wird und an die Stelle des Prinzips »Erfolg durch Leistung« tritt, dann wird diese Entwicklung als problematisch zu erachten sein. Es ist schon seltsam, wenn Politiker, Wirtschaftskapitäne und Journalisten, die sonst gerne von Leistung schwärmen, Beziehungen für wichtiger halten als Leistung. Vitamin B schlägt Leistung, könnte man sarkastisch notieren:

- Ehemalige Politikerinnen und Politiker lassen sich von Public-Relations-Agenturen zur Durchsetzung von Interessen ihrer Kunden einspannen. Herausragendes Beispiel dafür war der ehemalige und inzwischen verstorbene FDP-Bundestagsabgeordnete und Wirtschaftsminister **Günter Rexrodt**. Er war für die Berliner Lobbyfirma WMP tätig und hat sich zum Beispiel im Falle der Ministererlaubnis zur Übernahme von Ruhrgas durch E.on publizistisch und also meinungsbildend eingeschaltet. Für WMP ist auch **Hans-Dietrich Genscher** tätig, er ist als Aktionär und Aufsichtsratsvorsitzender von Anfang an dabei; heute ist er Ehrenvorsitzender des Aufsichtsrats. WMP Eurocom, kurz WMP genannt, mit Sitz in Berlin, betreibt Kommunikationsberatung in den Bereichen Wirtschaft, Medien und Politik. Hauptaktionäre waren zu Beginn die ehemaligen *Bild*-Macher Hans-Erich Bilges und Hans-Hermann Tiedje. Auch Roland Berger ist an der Aktiengesellschaft beteiligt; er hat die Aktien von Bilges übernommen und ist heute Aufsichtsratsvorsitzender. Im Vorstand und Aufsichtsrat von WMP Eurocom sind noch andere bekannte Persönlichkeiten aus Medien und Politik vertreten – so der SPD-Abgeordnete **Peter Danckert** und **Rupert Scholz** von der CDU. Der frühere Vorsitzende des Bundestagsausschusses für Wirtschaft und Arbeit **Rainer Wend** war engagiert, legte aber 2003 sein Aufsichtsratsmandat nieder.
- Die WMP ist durch den Rücktritt des Leiters der Bundesagen-

tur für Arbeit in die Schlagzeilen geraten. **Florian Gerster** hatte ohne Ausschreibung Bernd Schiphorst von WMP als Berater engagiert. Die Honorarhöhe von 1,3 Millionen Euro war für dieses Verfahren etwas zu hoch.
- Von **Otto Graf Lambsdorff** (FDP), der als Wirtschaftsminister wegen einer Anklage wegen Bestechlichkeit in der Flick-Affäre zurücktreten musste, wissen wir, dass er lange Zeit für die Versicherungswirtschaft in Aufsichtsräten tätig war; er wirbt sogar mit seinem Konterfei in Anzeigen für die Privatvorsorge.
- RWE hatte an **Hermann-Joseph Arentz** (CDU) 60 000 Euro im Jahr ohne entsprechende Gegenleistung gezahlt. Dieser gemessen an anderen Geldleistungen vergleichsweise geringe Betrag kostete ihn seine politische Karriere.
- Auch der ehemalige CDU-Generalsekretär **Laurenz Meyer** bekam Geld von RWE. Er hatte im Jahr 2000 rund 80 000 Euro als Abfindung von RWE angenommen, obwohl er wenig später wieder bei dem Unternehmen anheuerte. Nach Bekanntwerden dieses Transfers schied Meyer aus seinem Amt bei der CDU aus. Nach einer kurzen Schamfrist mischt er aber inzwischen schon wieder kräftig mit.
- Von der Grünen-Politikerin **Christine Scheel,** ehedem Vorsitzende des Finanzausschusses des Deutschen Bundestages, wissen wir, dass sie Mitglied in den Beiräten der Versicherungsgesellschaften Barmenia und Hamburg-Mannheimer Versicherung gewesen ist. Nach Protesten gab sie diese Mitgliedschaften auf.

Diese verschiedenen Gefälligkeiten für Politiker/-innen liegen allerdings quantitativ doch wohl weit unter dem, was Personen aus der Wirtschaft an Maßstäben gesetzt haben: so der ehemalige Chef von Mannesmann **Klaus Esser.** Er hat anlässlich der Übernahme von Mannesmann durch Vodafone rund 30 Millionen Euro Abfindung erhalten, nachdem er Mannesmann gerade mal ein Jahr geleitet hatte. Anlässlich der Übernahmeschlacht waren die Aktienkurse von Mannesmann explodiert. Die 30 Millionen waren wohl auch eine Art von Dankeschön der Großaktionäre für Esser. Derzeit wird aufgrund einer Entscheidung des Bundesgerichtshofs neu gegen Esser sowie gegen Mitglieder des Aufsichtsrats, unter anderem gegen den Chef der Deutschen Bank Josef Ackermann, wegen des Vorwurfs objektiver Untreue verhandelt.

Politikverdrossenheit

»Generell aber gilt, dass mit jedem neuen Fall der Kapitalisierung von Polit-Laufbahnen die Akzeptanz der Politik in der Gesellschaft weiter in den Keller rutscht.«
Berliner Zeitung vom 14. Februar 2006 zu der Meldung, Wolfgang Clement sei als Aufsichtsratsmitglied der RWE-Kraftwerkstochter Power vorgesehen und habe das Mandat angenommen

- Der ehemalige Staatssekretär im Bundesfinanzministerium **Caio Koch-Weser** berät ab März 2006 den Vorstandschef der Deutschen Bank, Josef Ackermann. Investmentbanker schätzen das Jahresgehalt auf ungefähr eine Million Euro.[88] Dieser unmittelbare Wechsel von einem zu einem anderen sehr verwandten und sich überschneidenden Arbeitsgebiet hat zumindest Stirnrunzeln ausgelöst. Koch-Weser war auch für die Bankenaufsicht zuständig. Sein früherer Chef, der Bundesfinanzminister Hans Eichel, wäre zum Beispiel zu fragen, ob sein Staatssekretär an der Durchsetzung der Steuerbefreiung für Unternehmensverkäufe beteiligt war und ob er vielleicht mit Revisionsvorschlägen aufgefallen ist, als sichtbar wurde, wie deutsche Unternehmen auch dank dieser Steuerfreiheit ausgebeutet werden. Die Deutsche Bank ist ein großer Profiteur der Steuerbefreiung, weil sie über viele Kapitalbeteiligungen verfügt und nach der Steuerbefreiung laufend Unternehmensteile verkauft hat.

Wege zum Geld: Politiker haben das Land umgekrempelt – zum Nachteil von uns allen und zu ihrem Vorteil:

- Die **Regierung Kohl** hat nach der politischen Wende von 1982 Milliarden öffentlicher Gelder für die Verkabelung und für Propaganda zugunsten der Kommerzialisierung des Fernsehens und des Hörfunks ausgegeben und zugleich die politischen Entscheidungen für diese kultur- und familienpolitisch folgenreiche Weichenstellung getroffen. Nach Informationen des *Focus* soll Altkanzler **Helmut Kohl** (CDU) von einem der Begünstigten, Leo Kirch, für Beratertätigkeit von 1999 bis 2002 umgerechnet etwas über 400 000 Euro pro Jahr erhalten haben.[89] Zusätzlich erhielt Helmut Kohl nach seiner Amtszeit 100 000 Schweizer Franken im Jahr von der Schweizer Großbank Credit Suisse für seine Tätigkeit als Berater, so *Focus*. Er war Mitglied im internationalen Beirat.[90]
Nach Mitteilung des *Spiegel* hatten auch andere ehemalige Minister vertragliche Beziehungen mit Kirch: die ehemaligen Postminister **Christian Schwarz-Schilling** (CDU) – über seine Firma Dr. Schwarz-Schilling GmbH – und **Wolfgang Bötsch** (CSU), der ehemalige Finanzminister **Theo Waigel** (CSU) und der frühere Verteidigungsminister **Rupert Scholz** (CDU) sowie der ehemalige Vizekanzler und Wirtschaftsminister **Jürgen Möllemann** (FDP).[91] *Panorama* wollte von Helmut Kohl und Wolfgang Bötsch Genaueres wissen und von Friedrich Merz und Angela Merkel ihre Bewertung des Vorgangs kennenlernen. Kohl reagierte aggressiv. Die anderen schwiegen. Kurt Beck, der Ministerpräsident von Rheinland-Pfalz, kommentierte so: »Niemand zahlt 800 000 Mark oder 300 000 Mark, dazwischen lagen ja wohl die Verträge, für nichts. Das kann ich mir nicht vorstellen. Da muss es also Interessen gegeben haben, die verflochten worden sind.«[92]
- Der ehemalige Chef des Bundeskanzleramts und kurzzeitige Finanzminister **Manfred Lahnstein** (SPD) wechselte kurz nach

dem Ende der Regierung Helmut Schmidt, in deren Dienst er bis September 1982 stand, zum Medienkonzern Bertelsmann, der durch seine Beteiligung an RTL ähnlich wie Leo Kirch der eigentliche Profiteur der Kommerzialisierung des Fernsehens in Deutschland ist. Als Leiter der Planungsabteilung im Bundeskanzleramt hatte ich mich noch gewundert, dass Lahnstein vom Widerstand Helmut Schmidts gegen die Kommerzialisierung des Fernsehens nicht gerade begeistert war.

Die Gegenleistung der von der Kommerzialisierung der elektronischen Medien Begünstigten an die Politik muss sich nicht auf Beraterverträge, Posten oder finanzielle Zuwendungen beschränken. Politiker profitieren auch dann von guten Verbindungen, wenn sie in den Medien der begünstigten Unternehmen besonders freundlich behandelt werden, wenn ihnen ein besonderer Platz eingeräumt wird oder sie auf andere Weise Einfluss auf den Inhalt der Medien und ihre Personalpolitik gewinnen. Für Helmut Kohl zum Beispiel wurde im Fernsehsender Sat.1 des damaligen Kirch-Imperiums eine eigene Sendung arrangiert: *Zur Sache, Kanzler*. Er wurde von dem ihm zugetanen Journalisten und CSU-Mitglied Heinz Klaus Mertes lammfromm interviewt. »Als Moderator von *Zur Sache, Kanzler* begann Mertes das Gespräch mit: ›Wie geht es Ihnen?‹ und beendete es mit: ›Herr Bundeskanzler, wie geht es Ihnen nach den jetzt siebzig Minuten Hearing?‹«[93]

- Die Verflechtung von Politikern und politischen Gruppierungen und der Einfluss der **Bertelsmann Stiftung** auf die Politik ist ein eigenes Kapitel. Bertelsmann beschäftigt Politiker wie zum Beispiel den CDU-Europaabgeordneten **Elmar Brok.** Er nennt sich »Senior Vice President« für Medienentwicklung der in seinem ostwestfälischen Wahlbezirk beheimateten Bertelsmann AG.
  Bertelsmann fängt gerne mal gescheiterte Politiker auf, wenn sie in die Linie passen. Typisches Beispiel ist der nicht mehr gewählte ehemalige grüne Abgeordnete Oswald Metzger.

Bertelsmann greift aber auch in die konzeptionelle Arbeit der Politik ein, und zwar sowohl auf dem Gebiet der Reformpolitik als auch in der Außenpolitik. Da die Bertelsmann Stiftung Eigentümerin des größten Medienkonzerns in Europa ist, ist die Gewährung von Vorteilen durch diesen Konzern auf vielfältige Weise möglich, und es wäre kaum nachzuweisen, wenn die Vorteilsgewährung etwa in Form von freundlicher Medienbehandlung geschehen sollte. (Zur Bertelsmann Stiftung siehe auch S. 312 ff.)

- Aber auch gegenüber **Springer** zahlt sich Wohlwollen aus. Dafür garantiert vor allem die *Bild*-Zeitung. Im Januar 2006 wurde solches Wohlwollen von politischer Seite ganz besonders sichtbar, als Politiker reihenweise Geschenke an die Tür von Springer brachten: Der Kauf des ehemaligen Kirch-Imperiums ProSiebenSat.1 durch den Springer-Konzern drohte am Einspruch des Bundeskartellamts zu scheitern. Da meldeten sich der saarländische Ministerpräsident **Peter Müller** (CDU) und der hessische Ministerpräsident **Roland Koch** (CDU) und der bayerische Ministerpräsident **Edmund Stoiber** (CSU) und appellierten an ihren Unionsfreund, Bundeswirtschaftsminister Michael Glos (CSU), den Widerstand des Kartellamts mit einer Ministererlaubnis zu überwinden. Auch der für Medien zuständige Staatssekretär in der nordrhein-westfälischen Staatskanzlei **Thomas Kemper** trat diesem Appell bei. Für parteipolitische Pluralität sorgte der stellvertretende SPD-Vorsitzende und rheinland-pfälzische Ministerpräsident **Kurt Beck**, als er ebenfalls Offenheit für die Übernahme durch Springer erkennen ließ. Außerdem meldete sich der SPD-Abgeordnete **Rainer Wend** in dieser hochbrisanten Medienangelegenheit mit einem besonders intelligenten Argument zu Wort: »Ich werde Glos unterstützen, und die SPD wird das auch tun, weil wir einen starken Wirtschaftsminister brauchen.«[94] Da muss man die Riege der CDU- und CSU-Ministerpräsidenten richtig bewundern. Sie haben ihre Missachtung der medienpolitischen Folgen einer solchen Medienkonzentration wenigstens in scheinbar sachliche Bemerkungen gekleidet: »Ein integrier-

ter starker deutscher Medienkonzern mit Print- und elektronischen Medien ist für den Medienstandort Deutschland ein großer Vorteil«, sagte beispielsweise Stoiber.
Das alles sind keine Kleinigkeiten, vielmehr geht es hier darum, ob in Deutschland noch ein Rest von demokratischer Willensbildung stattfinden kann. Das Beispiel Springer zeigt, welche Macht die großen Medienkonzerne haben und wie sie sie auch im eigenen Interesse auszuspielen bereit sind – auch wenn es fürs erste noch nicht geklappt hat.

Zwischenfazit: Interessenverflechtungen liegen auch dann vor, wenn die politische Leistung in publizistischer oder ähnlicher Gegenleistung entgolten wird. Eine Korruptionsbeobachtung und -kontrolle, die sich auf Geldzahlungen beschränkt, hat die Breite des Problems nicht annähernd erkannt.

- Der SPD-Bundestagsabgeordnete **Michael Bürsch** begleitete offensiv und aktiv die Verabschiedung eines Gesetzes, das die Teilprivatisierung öffentlichen Vermögens erleichtert, das sogenannte ÖPP-Beschleunigungsgesetz[95] (siehe dazu auch S. 121 ff.) Das Eigenartige daran: Das Gesetz wurde nicht von den dafür zuständigen Referenten erarbeitet, sondern von einer amerikanischen Anwaltskanzlei. Ohne Honorar. Den finanziellen Lohn dürften sich die Berater von Privatisierungsvorhaben erhoffen. Auf diese werden sie drängen. Und die von der Beratung begünstigten Politiker werden aller Wahrscheinlichkeit nach das Drängen weiterleiten und bei der Umsetzung helfen. Beglichen wird die Rechnung von anderen: Die Nutzer der verscherbelten öffentlichen Betriebe zahlen über Gebühren über Gebühr zurück.
Das ÖPP-Gesetz wurde vom wirtschafts- und arbeitsmarktpolitischen Sprecher der SPD, **Klaus Brandner,** heiß befürwortet. Und die rot-grüne Koalition hat bei Enthaltung von Schwarz und Gelb das Gesetz noch schnell vor dem Wahltermin verabschiedet. Mal sehen, was die Begünstigten dafür im weiteren Verlauf bieten.

Die Privatisierung öffentlicher Unternehmen und Einrichtungen ist eine der lukrativsten Möglichkeiten, schnell viel Geld zu verdienen. Deshalb ist der Druck auf die Gemeinden, die Städte und Kreise besonders groß. Die Kommunen, wie auch Bund und Länder, sind empfänglich für solche Aktionen, weil sie scheinbar die öffentlichen Haushalte entlasten und dabei helfen, Schulden abzubauen oder sie zumindest nicht zu erhöhen. (Zu den dabei gemachten Denkfehlern siehe S. 115 ff.)

Verdient wird schon an der Transaktion, und verdienen werden in der Regel die neuen Eigentümer. Meist sind die Verträge zur Privatisierung oder Teilprivatisierung öffentlicher Einrichtungen nicht öffentlich, und die sogenannten Transaktionskosten werden schon gar nicht offengelegt. Wenn sie von den übernehmenden Unternehmen bezahlt werden, hat die Öffentlichkeit kaum Einblick.

Man ist in den meisten Fällen auf Schätzungen angewiesen. Das ist eigentlich ein öffentliches Ärgernis: Im Fall der beabsichtigten Privatisierung der Braunschweiger Stadtentwässerung werden Transaktionskosten von 3,4 Millionen Euro genannt. Im Fall der Teilprivatisierung der Berliner Wasserversorgung schätzt ein damit befasster Beobachter die Transaktionskosten auf 40 bis 50 Millionen Euro. Selbst wenn es nur die Hälfte wäre, ist das ein sehr hoher Betrag alleine für den Vorgang der Umwandlung. Damit ist noch nichts getan. Diese Beträge gehen für Unternehmensberatungen, für Rechtsberatung durch Anwaltskanzleien, für Steuerberater, Wirtschaftsprüfer, Versicherungen, Immobilienberater, PR-Firmen und für die Vermittlung drauf.

Die Verträge sind in vielen Fällen so gestaltet, dass die neuen privaten Besitzer eine Renditegarantie erhalten und oft auch an der Finanzierung verdienen; die Leidtragenden sind die Gebührenzahler. Die Wasserverbraucher in Berlin mussten schon kräftige Preiserhöhungen hinnehmen.

Handel mit Vermögenswerten statt Wertschöpfung

Unsere Spitzeneliten in der Wirtschaft konzentrieren seit einiger Zeit ihre Kraft nicht auf Wertschöpfung, sondern auf den Handel mit Vermögenswerten. Denn dort wird am meisten verdient. Dort hat zum Beispiel auch die Deutsche Bank ihre größten Gewinne im Jahr 2005 gemacht: im Handelsgeschäft und bei den Provisionen.

Deshalb gilt: Man kann die politische Willensbildung und die daraus folgenden Entscheidungen in vielen Fällen nur begreifen, wenn man untersucht, ob dahinter Interessen an großen Vermögensdispositionen und -gewinnen stecken. Denn die wirklich großen Gewinne werden beim Kauf, beim Besitz und Verkauf von Vermögenswerten erzielt.

Typische Beispiele:

- Ein Investor kauft die Aktienpakete, zum Beispiel der MTU, der Autoteile-Kette ATU, der Familie Grohe etc., und verscherbelt diese weiter.
- Unternehmen werden aufgeteilt, umgegründet, mit anderen fusioniert. Ein Opfer eines solchen Vorgangs war die frühere Hoechst AG.
- Investoren kaufen Stadtwerke, Wasserwerke, Autobahnen etc., machen Gewinne dank Absicherung durch die Steuerzahler und verkaufen Teile (möglicherweise) gewinnbringend weiter.
- Die westdeutschen Banken kaufen die ostdeutschen Banken weit unter dem realen Preis und gewinnen dank günstiger Absicherung durch den Staat und durch Ausbeutung der erworbenen Forderungen Hunderte von Millionen (siehe S. 81 ff.).
- Unternehmen werden an die Börse gebracht.

In allen diesen und vielen verwandten Fällen werden die großen Gewinne erleichtert und manchmal auch erst möglich durch politische Entscheidungen. So zum Beispiel durch

- die Befreiung der Gewinne bei Veräußerung von Unternehmen und Unternehmensteilen seit 1.1.2002 und

- die Beibehaltung dieses Privilegs auch nach dem Koalitionsvertrag der großen Koalition (obwohl die CDU im Entwurf ihres Regierungsprogramms noch die Abschaffung der Steuerbefreiung avisiert hatte – da ist wohl jemand dazwischengegrätscht),
- das Verscherbeln der ostdeutschen Banken an die westdeutschen Institute,
- die neuen Regeln für ÖPP/PPP (Privat-Public Partnership) und damit ihre Erleichterung,
- alle Maßnahmen, die die Privatvorsorge fördern und das Vertrauen in die gesetzliche Rente weiter der Erosion preisgeben, konkret: durch Nullrunden bei den Renten und die Drohung mit dem sogenannten Nachholfaktor, wonach die Renten noch stärker von der Einkommensentwicklung abgekoppelt werden sollen.

Gewinner dieser »Asset-Wirtschaft« – des Handels mit Vermögenswerten – ist ein mächtiger Kreis von Finanzunternehmen und reichen privaten Vermögensbesitzern: die Banken und andere Akteure des Kapitalmarkts – also Investmentbanker, Broker, Börsen etc. –, die Versicherungsunternehmen sowie, besonders wichtig, Anwaltskanzleien, Beratungsunternehmen, PR- und Werbefirmen.

»Auf Investmentbanker regnet es in diesen Wochen Millionen – weil die Geschäfte glänzend liefen«, berichtete die *Süddeutsche Zeitung* am 13. Januar 2006 in einem Beitrag über die üppigen Prämien, die nach dem Aktienboom des Jahres 2005, vielen Neuemissionen an den Börsen, einem Karussell von Übernahmen und Kapitalumschichtungen fällig werden. Die Behörden von New York schätzen, dass dort 18 Milliarden Euro an Prämien ausgeschüttet werden. *Milliarden,* nicht Millionen! In London, so berichtet die *Süddeutsche,* können vermutlich dreitausend Investmentbanker damit rechnen, dass sie aufgrund der Prämien von ungefähr 1,5 Millionen Euro (wohlgemerkt: pro Person!) für den Rest ihres Lebens ausgesorgt haben.

Beim Verkauf von Vermögenswerten entstehen in der Regel

keine Werte. Alle diese Gewinne basieren im Kern nicht auf einer Wertschöpfung durch die Produktion von Waren und Dienstleistungen, zumindest werden die dahintersteckenden Vorgänge dieser wertschöpfenden Art den kleineren Teil ausmachen. Alles andere sind Ergebnisse von Spekulationen, von einer Neuordnung zu Lasten von Kleinaktionären und Arbeitnehmern und zu Lasten des Fiskus.

Da diese Gewinne eine völlig andere Dimension haben als die Gewinne normaler Wertschöpfung im Produktions- und Dienstleistungsbereich, sind auch die Möglichkeiten, mit finanziellen Zuwendungen und anderen Formen der Unterstützung nützliche politische Entscheidungen zu erreichen, überdimensional groß. Ein paar Millionen für sogenannte Handling Fees sind bei Milliardentransaktionen nur noch tausendstel Prozentpunkte. Da kann man ruhig schon mal den wirtschaftspolitischen Sprechern der Bundestagsfraktionen einen Beratervertrag anbieten, der ihre Abgeordneten-Diät um ein Mehrfaches übersteigt. Da kann man ruhig schon mal einen Empfang von Ministerien oder von Fraktionen sponsern, und da kann man auch ruhig mal einige hunderttausend Euro Spenden lockermachen. Das sind Peanuts angesichts der Beträge, um die es da geht. Auch wenn die Betroffenen sagen, sie hätten sich von solchen Zuwendungen in ihrer politischen Meinungsbildung nie beeinflussen lassen, muss man nach aller Lebenserfahrung davon ausgehen, dass sie nie etwas gegen die Interessen ihrer Geldgeber unternommen hätten, sondern sie, so gut es geht, unterstützen. Und das vielleicht noch guten Gewissens, weil man ja schon immer dieser Meinung war.

Man darf davon ausgehen, dass die Willensbildung einzelner Parteien auf einschlägigen Feldern weitgehend schon von diesen Vermögens-Gewinn-Interessen geprägt ist. Weite Teile unserer Eliten in den Topetagen sind davon berührt.

Auch andere Folgen dieser besonderen Stärke der Vermögenslobby sind absehbar: Es werden unnötig viele und auch qualifizierte Ressourcen auf diesen Bereich konzentriert, es unterbleiben wichtige Rahmensetzungen gegen einen ökonomisch unvernünftigen Ausverkauf. Im Zuge der ständigen Vermögensdispositionen, Umgründungen und Übernahmen kommt es typischerweise auch zu Repressionen gegen die Arbeitnehmerschaft. Die Arbeitnehmer müssen durch Stress und Rationalisierung, durch Einkommensverzicht und Mehrarbeit letztlich die Gewinne bei Vermögenstransfers, und damit auch die Prämien der Investmentbanker, schaffen.

Diese Art von Kapitalmarkt ist wie ein Klotz am Bein unserer Volkswirtschaft. Dort wird zwar – betriebswirtschaftlich gesehen – viel verdient, volkswirtschaftlich betrachtet sind diese Geschäfte aber eine Vergeudung von Ressourcen.

Welche Dimensionen diese Geschäfte in den letzten Jahren angenommen haben, zeigt das Beispiel Berlin: »Die Gesamteinnahmen Berlins aus Vermögensverkäufen in den Jahren 1993 bis 1998 betragen nach Angaben der Senatsverwaltung für Finanzen insgesamt rund 12,36 Milliarden DM.«[96]

In Berlin besonders engagiert ist **Annette Fugmann-Heesing**. Sie kam 1996 als Finanzsenatorin nach Berlin und setzte sich mit der Idee des »Gewährleistungsstaates« an die Spitze der Privatisierungsbewegung in Deutschland. Von 1996 bis 1999 setzte sie als verantwortliche Senatorin den Verkauf der Bewag (Strom), der Gasag (Gas), der Wohnungsbaugesellschaft Gehag und die Teilprivatisierung der Wasserbetriebe durch. In ihrer Zeit als Finanzsenatorin geschah es auch, dass Berlin den Erwerbern RWE und Veolia im geheimen Konsortialvertrag eine Renditegarantie gewährte, die sich auf die Wasserpreise auswirken muss. Fugmann-Heesing war nach ihrer Zeit als Senatorin im Auftrag des damaligen Verteidigungsministers Rudolf Scharping Geschäftsführerin der Gesellschaft für Entwicklung, Beschaffung und Betrieb der Bundeswehr (GEBB) geworden. Das war eine Privatisierungsorganisation der Bundeswehr, allerdings nicht sonderlich erfolgreich. Fugmann-Heesing arbeitet an der Privatisierung weiter – unter anderem im Rahmen der BBD Berliner Beratungsdienste mit dem ehemaligen Bürgermeister Dietrich Stobbe zusammen.[97]

- Die **rot-grüne Bundesregierung** hat zum 1. Januar 2002 die *Steuerbefreiung für die Gewinne beim Verkauf von Unternehmen und Unternehmensteilen* eingeführt. Das war auch eine Befreiung der sogenannten Heuschrecken und ihrer Opfer von der üblichen Besteuerung der Gewinne. In den letzten Jahren haben solche Verkäufe vermehrt stattgefunden. Einer Studie der Wirtschaftsprüfungsgesellschaft Ernst & Young zufolge haben Finanzinvestoren in Deutschland 2005 soviel Geld investiert wie niemals zuvor, das Investitionsvolumen sei um 26 Prozent auf 29,5 Milliarden Euro gestiegen, die Zahl der öffentlich gemachten Private-Equity-Transaktionen ist um zwanzig auf 133 angewachsen, dabei habe es insgesamt siebzehn sogenannte Megadeals gegeben, das sind Transaktionen mit einem Volumen von mehr als 500 Millionen Euro.[98]

Auch als der damalige SPD-Vorsitzende Franz Müntefering im Frühjahr 2005 eine Debatte über diese »Investoren« begann, hat niemand aus den Reihen unserer Eliten ernsthaft darüber nachgedacht, diese Steuerprivilegien wieder zu streichen. Wer hat davon profitiert? Worin liegt der Sinn dieser Steuerbefreiung? Warum ist sie trotz öffentlicher Debatte nicht gestrichen worden, als man erkannte, wie sich diese Investoren verhalten, wie sie Betriebe verschulden, fleddern, Beschäftigte entlassen oder ihre Löhne drücken und häufig die Substanz und die Arbeitsfähigkeit der Betriebe massiv beeinträchtigen? (Vergleiche den Fall des Armaturenherstellers Grohe, S. 125 f.). Sind das etwa Tatbestände, die eine Steuerbefreiung rechtfertigen? Es liegt der Verdacht nahe, dass neben den Eigentümern und den aufkaufenden Fonds auch andere von solchen Verkäufen profitieren. Sie sind als Public-Relations-Agenturen, als Anwaltskanzleien oder Unternehmensberatungsfirmen nicht an irgendeiner Wertschöpfung, sondern nur am möglichst gewinnbringenden Verkauf von Unternehmen und Unternehmensteilen interessiert.

Es wäre eine große Täuschung, würde man unterstellen, allein die Politik und die Politiker seien anfällig für politische Korruption. Das ist in der Wirtschaft genauso möglich wie in der Publizistik und in der Wissenschaft.

Die **Wissenschaft** spielt als Kronzeuge der neoliberalen Bewegung eine große Rolle. Sie kommt objektiv des Wegs, ist es aber in vielen Fällen nicht, sondern bis über die Halskrause in Einzelinteressen eingebaut. Und dennoch bleibt ihre Glaubwürdigkeit in der öffentlichen Debatte unseres Landes davon in vielen Fällen nahezu unberührt.

Bei manchen Hochschullehrern, die mit ihrem Professorentitel und dem Image der Objektivität öffentlich Meinung machen, stellen wir fest, dass sie neben ihrer Tätigkeit als Universitätsprofessor zusätzlich ein privates Institut leiten und betreiben. Solche Institute sind häufig auf Aufträge aus der Wirtschaft und der Politik angewiesen – mit allen denkbaren Folgen, denn auch in der Wissenschaft gilt: Wer zahlt, schafft an. Eine Reihe dieser Professoren ist gleichzeitig als Gutachter, als Aufsichtsrat oder als Werbeträger direkt für wirtschaftliche Interessen tätig.

- Das gilt zum Beispiel für Professor **Hans-Werner Sinn**, der neben der Professur an der Universität München auch noch Präsident des ifo-Instituts ist. Hans-Werner Sinn war schon vor der Übernahme der HypoVereinsbank durch die italienische Unicredit im Aufsichtsrat der HVB Group und hat dort auch weiterhin Sitz und Stimme.
- Der Präsident des Deutschen Instituts für Wirtschaftsforschung Berlin **Klaus Zimmermann** ist im Zweitberuf nicht nur Professor, sondern auch Direktor des Instituts für die Zukunft der Arbeit (IZA) in Bonn, das im Einflussbereich der Deutschen Post AG steht.
- Professor Dr. **Bernd Raffelhüschen**, Direktor des Instituts für Finanzwissenschaft an der Universität Freiburg, ist nicht nur bekannt als wissenschaftliches Sprachrohr für die Privatisierung der Sozialversicherungen und gefragter Interviewpartner in Talkshows, sondern auch sogenannter Botschafter der Initiative Neue Soziale Marktwirtschaft. Außerdem ist er wissenschaftlicher Berater des Gesamtverbands der Deutschen Ver-

sicherungswirtschaft (GDV) und der Victoria Versicherung AG. Raffelhüschen ist auch im Aufsichtsrat der ERGO Versicherungsgruppe, zu deren Gesellschaften Victoria, Hamburg-Mannheimer, DKV Deutsche Krankenversicherung, D.A.S. und die KarstadtQuelle Versicherungen gehören. Zudem hält er unentwegt Vorträge, etwa für den Finanzdienstleister MLP.

- Raffelhüschen verbindet mit Professorin **Beatrice Weder di Mauro**, Mitglied des Sachverständigenrats und dort ausgewiesene Anhängerin der Reform der Sozialsysteme, dass beide im Aufsichtsrat der ERGO Versicherungsgruppe sitzen. Das ist die »Freiheit der Wissenschaft«, die wir meinen.
- Professor Raffelhüschen teilt auch mit Professor **Bert Rürup** so manches Arbeitsfeld. Auf jeden Fall sind beide für Privatversicherer tätig, wie die Homepage des Finanzdienstleisters MLP zeigt (siehe Abbildung 20, S. 266). Beide haben sich auch sofort anerkennend zu Wort gemeldet, als Franz Müntefering durchsetzte, jetzt schon die Anhebung des Renteneintrittsalters auf 67 Jahre anzukündigen.
- Der Mannheimer Professor **Axel Börsch-Supan**, dessen Institut **MEA (Mannheim Research Institute for the Economics of Aging)** vom Land Baden-Württemberg und von der Versicherungswirtschaft gegründet und finanziert wurde, ist für letztere gutachterlich tätig. Er macht mit Hilfe seines Instituts Stimmung gegen das Umlageverfahren und für die Privatvorsorge.[99]

Die Wissenschaftlerlobby ist untereinander personell und über Funktionen und durch Gutachtenvergabe verknüpft. So ist Professor **Bert Rürup** Vorstandsvorsitzender des Mannheimer MEA-Instituts. Im gleichen Vorstand sitzen zwei Vertreter des Gesamtverbands der Versicherungswirtschaft und der Direktor des Instituts, Axel Börsch-Supan.

Professor Börsch-Supan macht auch Gutachten für das Deutsche Institut für Altersvorsorge (DIA). Gesellschafter des DIA sind die Deutsche Bank AG, Deutsche Bank Bauspar AG, DWS Investment GmbH und Deutscher Herold AG, Kooperationspartner ist die Deutsche Bank Privat- und Geschäftskunden AG. Auf der Homepage des DIA heißt es:

> »Neutral und unabhängig
> Das Deutsche Institut für Altersvorsorge GmbH arbeitet vollkommen unabhängig von den Marketing- und Verkaufsaktivitäten seiner Gesellschafter.«

Abbildung 21: Das MEA – Beispiel für personelle Verflechtung in der Wissenschaft

Vorstand

Der Vorstand beschließt auf Vorschlag des Direktors das Forschungsprogramm des Instituts und den Wirtschaftsplan. Er ist zuständig für sämtliche grundsätzlichen Verwaltungsangelegenheiten.

Der Vorstand besteht aus den folgenden sieben Mitgliedern:

- Prof. Dr. Dr. h.c. Bert Rürup (Technische Universität Darmstadt) - Vorstandsvorsitzender
- Prof. Dr. Wolf-Rüdiger Heilmann (Geschäftsführer Lebensversicherung/Pensionsfonds des GDV)
- Ministerialdirigent Dr. Heribert Knorr (Leiter der Abteilung II Forschung des Ministeriums für Wissenschaft, Forschung und Kunst)
- Prof. Dr. Ulrich Schlieper (Vertreter der Universität Mannheim, insbesondere der Fakultät für Rechtswissenschaft und Volkswirtschaftslehre, Abteilung Volkswirtschaftslehre)
- Prof. David A. Wise, Ph.D. (Harvard University, Cambridge Massachusetts)
- Dr. Michael Wolgast (Leiter der Abteilung Volkswirtschaft des GDV)
- Prof. Axel Börsch-Supan, Ph.D. (Universität Mannheim) - Direktor des MEA

Das DIA wirkt durch Aufträge für Gutachten, Beratung und personelle Verflechtung in andere Bereiche hinein, so zu Professor Börsch-Supan. Für eine Angstkampagne der *Bild*-Zeitung gegen die gesetzliche Rentenversicherung hat das DIA Daten geliefert. Die Botschaft ist häufig die gleiche: Es geht darum, den Menschen mit dem Gestus des Wissenschaftlichen zu erzählen, die Rente bringe es nicht mehr, sie müssten privat vorsorgen.

- Als wissenschaftlicher Berater des DIA fungiert der in vielen Talkshows auftretende Professor **Meinhard Miegel**. Er leitet das Bonner Institut für Wirtschaft und Gesellschaft e.V. (IWG). Dem Vorstand des IWG gehört neben Meinhard Miegel noch Professor **Kurt Biedenkopf** an, der ehemalige Ministerpräsident von Sachsen. Auch das IWG tritt als Verfechter der Privatvorsorge in Erscheinung. Meinhard Miegel ist zugleich Mitbegründer der neoliberalen Lobbyorganisation »BürgerKonvent«. Der BürgerKonvent hat sich bis jetzt geweigert zu offenbaren, wer das Gründungskapital von 6 Millionen Euro bereitgestellt hat – diesen Betrag nannte die Organisation selbst als Kostenrahmen für das Startjahr 2003 (siehe dazu auch S. 311).

Mit Ausnahme der Linkspartei vertreten inzwischen **alle Parteien** im Deutschen Bundestag offensiv den weiteren **Ausbau der Privatvorsorge**, zunächst einmal als Ergänzung dessen, was mit der Riester-Rente begonnen worden ist. Das ging sogar schon so weit, dass **Franz Müntefering,** der frühere SPD-Vorsitzende und heutige Sozialminister, und dann auch andere zu erwägen gaben, die Riester-Rente zur Pflicht zu machen. Das wäre ein Hunderte-von-Millionen-Geschenk an die Versicherungswirtschaft, denn es würde der Branche einen Großteil der Marketing- und Akquisitionskosten ersparen. Schon die staatlich finanzierte Förderung zugunsten einer privaten Altersvorsorge, die angeblich der Stärkung der »Eigenverantwortung« dienen soll, ist ein Widerspruch in sich. Wieso fördern wir als Steuerzahler die Privatvorsorge? Gibt es irgendeinen vernünftigen Grund für diese Subvention? Sie kommt in der jetzigen Zeit ohnehin nur einem kleinen Personenkreis zugute, jenen nämlich, die sich überhaupt die Privatvorsorge leisten können. Das waren am 30. September 2005 4,7 Millionen Verträge und damit rund 13 Prozent aller abhängig Beschäftigten. Die anderen gehen leer aus.

Der Staat macht sich damit zum Büttel der Privatwirtschaft. Die Interessenverfilzung der Parteien und einzelner Personen mit der Versicherungswirtschaft und dem Bankensystem ist manifest. Die Leidtragenden sind die Bürgerinnen und Bürger, die Profiteure sind die Versicherungsgesellschaften.

Exkurs:
Politik, Wissenschaft und Publizistik als Werbeträger der Versicherungswirtschaft

»Wir wollen die **solidarische Altersversorgung** erhalten.« Das versicherte Bundeskanzlerin Merkel in ihrer ersten Regierungserklärung am 30. November 2005. Der SPD-Vorsitzende Platzeck ergänzte, die Koalition wolle das Vertrauen in die sozialen Sicherungssysteme wiederherstellen.

Wenn man sich die tatsächliche Politik und die sonstigen Äußerungen ansieht, entdeckt man eine ganz andere Strategie: die ständige Arbeit an der bewusst betriebenen Erosion des Vertrauens in die solidarische Sicherung. So meldeten die Agenturen am 20. November 2005 zum Beispiel, die Rentner müssten sich für weitere Jahre auf Nullrunden einstellen, möglicherweise zehn Jahre lang, so der Ministerpräsident von Niedersachsen Christian Wulff (CDU). Und in den Koalitionsvereinbarungen ist die Rede von vier Jahre dauernden Nullrunden und einem »Nachholfaktor«, der dafür sorgen soll, dass die Renten, die eigentlich an die Lohnentwicklung gekoppelt sind, auch dann nicht automatisch erhöht werden, wenn es wieder mal zu höheren Lohnabschlüssen kommt. Zugleich haben die Koalitionäre verlautbart, dass sie nicht wissen, wie es danach weitergeht. In denselben Kontext gehört die Ankündigung, das Renteneintrittsalter auf 67 Jahre erhöhen zu wollen.

Alle diese lautstark vorgetragenen Einschätzungen und Vereinbarungen untergraben das Vertrauen in die gesetzliche Rentenversicherung. Das ist vermutlich so gedacht. Zumindest ist die permanente Propaganda, die samt und sonders in diese Stoßrichtung zielt, anders nicht zu erklären. So macht zum Beispiel die Ankündigung, das Renteneintrittsalter zu erhöhen, sachlich überhaupt keinen Sinn, solange nicht absehbar ist, wo die älteren Menschen die Arbeitsplätze finden sollen. Wenn die Ankündigung dennoch jetzt geschieht, dann muss man unterstellen, dass die Beitragszahler bewusst verunsichert werden. Das ist der einzig logische Schluss. Sie sollen jetzt dazu getrieben werden, privat vorzusorgen.

Auch der Bundespräsident macht dabei mit. Am 25. November 2005 wurde gemeldet, dass er zusammen mit der Bertelsmann Stiftung ein Forum in Sachen Demographie initiiert hat. Die andauernde Thematisierung und Dramatisierung des angeblichen demographischen Problems aber dient objektiv der Werbung für die Privatvorsorge.

Die Berliner Koalitionäre arbeiten – wie schon Rot-Grün – mit der Versicherungswirtschaft und den Banken eng zusammen. Dabei gebärden sie sich mitunter schon wie bezahlte Werbeagenten dieser Unternehmen.

Die Lebensversicherer setzen auf die Riester-Rente und andere Formen der Privatvorsorge. Sie haben diese Modelle bisher schlecht verkauft und drängen deshalb offenbar auf eine weitere Erosion des Vertrauens in die gesetzliche Rente und auf eine weitere staatliche finanzielle Förderung der privaten Vorsorge. Trotz knapper Kassen ist die Subvention für die Privatvorsorge in Form der sogenannten Förderrente auch bei den Koalitionsgesprächen im Herbst 2005 und bei den weiteren Sparüberlegungen des Bundesfinanzministers nie in Frage gestellt worden. Obwohl der Staat angeblich überall sparen muss – hier erwägt er es nicht. Und dabei sind es keine Kleckerbeträge, die hier fließen. Ein paar Zahlen veranschaulichen das:

Am 30. September 2005 gab es 4,7 Millionen Riester-Rentenverträge. Bisher wurden 551,5 Millionen Euro an Zulagen ausgezahlt.

Nach den Zahlen der Steuerschätzung vom November 2005 ist unter Berücksichtigung des Sonderausgabenabzugs mit folgenden Aufwendungen zu rechnen:

2006: 870 Millionen Euro
2007: 1650 Millionen Euro
2008: 2002,5 Millionen Euro
ab 2009: jährlich 3195 Millionen Euro

Offenbar kann die Versicherungswirtschaft sich schon länger auf alle Parteien verlassen, die vor der Bundestagswahl 2005 in Fraktionsstärke im Bundestag vertreten waren und als potentielle Regierungsparteien in Frage kamen. Im Konzert mit Politikern, die für die private Vorsorge werben, das Geld für die Förderrente zur Verfügung stellen und immer wieder bereit sind, mit allerlei Redensarten und Vorschlägen das Vertrauen in die gesetzliche Rente zu untergraben, forciert sie ihre Werbung.

Abbildung 22: Diese Schlagzeile erschien am 31. Januar 2006 auf der Titelseite von Bild – ein Beispiel aus einer Serie von Agitation gegen das Vertrauen in die gesetzliche Rente

Dahinter steckt eine langfristig angelegte Strategie der Versicherungswirtschaft. Offenbar bedient sie sich der Parteien und der Politik nur noch als Werkzeuge. Sie sind eingepasst in die große Verkaufsstrategie der Finanzindustrie.

Da ich in meiner früheren beruflichen Tätigkeit als Wahlkampfplaner für Willy Brandt und als Leiter der Planungsabteilung im Bundeskanzleramt des öfteren an der Erarbeitung und Formulierung von Strategien der Meinungsbeeinflussung beteiligt war, kann ich mich gut in das Denken jener Kolleginnen und Kollegen versetzen, die für die Lebensversicherungskonzerne und die Banken Strategien formulieren. Ich an ihrer Stelle hätte mir *»Elemente einer Strategie zur Diskreditierung der gesetzlichen Rente«* überlegt, die ungefähr so aussehen würden, wie in folgendem Kasten beschrieben. Bitte nicht missverstehen, es ist *kein echtes Dokument,* und es bescheibt auch *nicht meine* Strategie, sondern es handelt sich um einen *fiktiven, aber durchaus realistischen Entwurf* einer Strategie, wie man sich die Bevölkerung und die Politik gefügig machen kann.

So könnte es sein

Elemente einer Strategie der Versicherungswirtschaft und der Banken zur Diskreditierung der gesetzlichen Rente*

1. Die weitere Dynamik der Versicherungswirtschaft und des Bankensystems ist wesentlich darauf angewiesen, dass wir das Betätigungsfeld der privaten Lebensversicherer erweitern. Da liegt es nahe, sich dessen zu erinnern, dass die gesetzliche Rente allein mit den Beitragseinnahmen – bezogen auf das Jahr 2002 – ungefähr das Dreifache der privaten Lebensversicherer umsetzt. Wenn es uns gelingt, nur 10 Prozent dieser Beiträge auf private Vorsorge umzulenken, erzielen wir einen Umsatzzuwachs von ungefähr 25 Prozent und ungefähr 15 Milliarden Euro.
2. Angesichts solcher zu erwartender Prämienzuwächse müsste es möglich sein, mehrere 100 Millionen für Werbezwecke, für Lobbyarbeit bei der Politik, für die Finanzierung von Parteien, von Wissenschaftlern und Publizisten abzuzweigen.
3. Als erstes muss die gesetzliche Rente beziehungsweise das Umlageverfahren diskreditiert werden. Wir müssen alles tun,

damit die Mehrheit der Menschen und in jedem Fall die jungen Leute das Vertrauen in die gesetzliche Rente verlieren.
4. Das geschieht einerseits propagandistisch und andererseits durch entsprechende politische Entscheidungen, die wir erreichen müssen beziehungsweise schon erreicht haben.
5. Es war in unserem Sinn, dass die politisch Verantwortlichen die sozialen Kosten der deutschen Einheit und die Rentenkosten des Aussiedlerzuzugs den Beitragszahlern aufgebürdet haben. Dadurch wurden die Sozialversicherungsbeiträge um gut 3 Prozentpunkte erhöht – was einer Steigerung der Beiträge um 8 Prozent entspricht. Das hat die Beitragszahler belastet und verunsichert und macht die Sozialversicherung scheinbar unbezahlbar, insbesondere angesichts der dramatisierenden Begleitmusik zur demographischen Entwicklung und zur Staatsverschuldung. Zugleich hat diese Belastung geholfen, die Beitragsstabilität als Ziel der Politik zu verankern und Einschnitte bei den Leistungen als unumgänglich ansehen zu lassen, weil sie als nicht mehr bezahlbar dargestellt werden.
6. Auch die von der Regierung Kohl, den Unternehmen und Arbeitnehmervertretern in den neunziger Jahren betriebene Frühverrentung war im Sinne der Versicherungswirtschaft. Sie hat die Rentenkassen sehr belastet.
7. Diese Belastungen haben insgesamt den Zuschussbedarf der gesetzlichen Rentenversicherung erhöht. Er stieg von 16 Prozent am Ende der achtziger Jahre auf 19,5 Prozent im Jahr 2005. Das sind 80 Milliarden Euro oder fast ein Drittel des derzeitigen Bundeshaushalts. Dieser hohe Zuschussbedarf liefert uns eines unserer Hauptargumente gegen die gesetzliche Rente und für die Privatvorsorge.
8. Es war richtig, die Senkung der sogenannten Lohnnebenkosten zum Schlüssel einer Politik für mehr Arbeitsplätze hochzuspielen. Diesen engen Zusammenhang gibt es zwar in der Sache nicht. Um so beachtlicher, dass es uns gelungen ist, bei der Mehrheit der Politiker und Publizisten den Glauben an diesen Zusammenhang zu verankern.

9. Indem es gelungen ist, die maßgeblichen politischen Kräfte von Schwarz und Gelb, von Rot und Grün auf Beitragsstabilität als Ziel zu fixieren, wurde quasi automatisch zugleich verankert, dass die Renten nur noch wenig oder gar nicht mehr steigen können. Damit schwindet das Vertrauen der Menschen, dass diese Art der Altersvorsorge in Zukunft noch ausreicht.
10. Die Festlegung der großen Koalition, die Renten jetzt vier Jahre lang nicht mehr steigen zu lassen und für die Zeit danach mit der Androhung eines »Nachholfaktors« weitere Unsicherheit zu verbreiten, ist ein großer Erfolg unserer Strategie. Damit wird es gelingen, das letzte noch vorhandene Vertrauen in die gesetzliche Rente zu zerstören. Wenn die Rentenzahlungen nominell festgehalten werden und damit real in ihrem Wert fallen, dann wird auch faktisch dokumentiert, dass die Arbeitnehmer eine zusätzliche Privatvorsorge brauchen, um sich vor Altersarmut zu schützen. Es sollte gelingen, den Menschen etwa in der *Bild*-Zeitung einmal vorzurechnen, was ihre Rente in zehn, zwanzig oder dreißig Jahren noch an Kaufkraft hat. Jeder wird dann erschrecken, weil selbst der Durchschnittsrentner unter die heutige Sozialhilfe fiele.
11. Es muss gelingen, das Kapitaldeckungsverfahren als dem Umlageverfahren überlegen darzustellen. Ein zentrales Mittel in dieser Überzeugungsarbeit ist die Thematisierung des sogenannten demographischen Problems. Noch in den siebziger Jahren war es unmöglich, den Deutschen einzureden, das Wenigerwerden und das Älterwerden der deutschen Gesellschaft sei ein Problem, dessentwegen die Politik intervenieren müsste. Früher gab es auch Widerstände gegen eine aktive Bevölkerungspolitik, die auf der Einsicht gründeten, man könne angesichts der weltweiten Bevölkerungsexplosion nicht zu Hause das Wenigerwerden zum großen Problem erklären.
12. Das wird heute dank unserer Öffentlichkeitsarbeit wesentlich anders gesehen. Daran müssen wir weiterarbeiten, indem wir diese Botschaften penetrieren:

- Es gibt zu wenige Kinder, und wir leiden unter dem Wenigerwerden.
- Die Alterslast wird unerträglich, der Generationenvertrag trägt nicht mehr.
- Die jetzige ältere Generation und die Generation der Rentner ohnehin leben auf Kosten der jungen Generation. Anders gesagt: Ein Gerechtigkeitsproblem gibt es heute vor allem als Problem der Generationengerechtigkeit.
- Das Umlageverfahren stammt von Bismarck und ist veraltet.
- Das Kapitaldeckungsverfahren hat den Vorteil, dass dabei Kapital angesammelt wird, das Früchte trägt.

13. Das Problem ist, dass diese Behauptung falsch ist, weil sie nur einzelwirtschaftlich und nicht gesamtwirtschaftlich gilt. Um dennoch damit durchzudringen, müssen wir Wissenschaftler auf unsere Seite ziehen, die sich diese Behauptung zu eigen machen und in Variationen immerzu wiederholen. An finanziellen Mitteln für Wissenschaftler sollte die Versicherungswirtschaft deshalb nicht sparen. Letztlich kommt es vor allem darauf an, das sogenannte Mackenroth-Theorem anzuzweifeln, wonach immer die arbeitende Generation für die Rentnergeneration und die Kindergeneration und ihre Ausbildung sorgen muss, völlig unabhängig davon, welches System zur Finanzierung der Renten angewandt wird. Obwohl daran eigentlich nicht zu zweifeln ist, ist es uns gelungen, Wissenschaftler dafür zu gewinnen, das Mackenroth-Theorem in Zweifel zu ziehen.

14. Die Arbeitslosigkeit und die schlechte Konjunktur müssen wir nutzen, um die mangelnde Solidität der kollektiven Sicherungssysteme wie etwa der gesetzlichen Rente immer wieder sichtbar zu machen. Aus diesen Gründen gibt es aus unserer Sicht kein besonderes strategisches Interesse an einer schnellen Überwindung der Rezession. Die Krise hilft, Strukturreformen wie die Umstellung von gesetzlicher Rente zu Privatvorsorge einsichtig erscheinen zu lassen.

15. Das Thema Demographie wird inzwischen – auch aufgrund unserer Initiative – in vielen Variationen, in zahlreichen

Gremien, Kommissionen und Stiftungen erörtert und bearbeitet. Obwohl die staatlichen Möglichkeiten zur Beeinflussung beispielsweise der Geburtenrate nicht sonderlich groß sind und auch sonst alles dafür spricht, dass unser Land mit den Problemen der demographischen Veränderungen schon aufgrund seiner wachsenden Produktivität fertig wird, ist die demographische Frage inzwischen zu einem Kernthema der Politik angewachsen. Es gibt kaum noch eine Rede unserer Spitzenpolitiker, in der dieses Thema nicht berührt würde. Weil andere Einrichtungen wesentliche Teile der von uns gewollten Öffentlichkeitsarbeit betreiben und finanzieren, sind wir als Versicherungswirtschaft inzwischen auch finanziell entlastet. An herausragender Stelle zu nennen ist die Bertelsmann Stiftung, die mit dem Bundespräsidenten das »Forum demographischer Wandel« betreibt und schon früher besonders aktiv war, zum Beispiel indem sie den grünen Abgeordneten Metzger nach seinem Ausscheiden aus dem Bundestag mit der Bearbeitung der demographischen Fragen betraute. Die Altana AG hat die sogenannten jungen Abgeordneten bei der Erarbeitung eines Memorandums unterstützt. Die Robert Bosch Stiftung hat eine Kommission unter dem Vorsitz des Förderers der Privatvorsorge Kurt Biedenkopf eingerichtet und lädt regelmäßig zu ihren Berliner Gesprächen zur Demographie ein. Das ist insgesamt eine höchst erfreuliche Diversifizierung und Entlastung unserer eigenen Investitionen.

16. Bei allem Optimismus dürfen wir eine große Herausforderung nicht übersehen: Es häufen sich die Meldungen über das Versagen privater Rentenvorsorgesysteme. Wenn eine Weltfirma wie IBM ihre betriebliche Altersvorsorge nicht mehr im bisherigen Maß fortführt und Leistungen streicht, dann ist das eine echte Bedrohung für das Image unserer Produkte. Ähnliches gilt für Berichte über die schlechten Erfahrungen, die ein Land wie Chile mit der Privatvorsorge gemacht hat. Bisher ist es dank unserer umfassenden Public-Relations-Arbeit gelungen, die deutschen Medien

von einer breiteren Diskussion dieser Probleme abzuhalten. Artikel und Nachrichten, die unsere Arbeit zur Ausweitung der Privatvorsorge stören, konnten bisher, zumindest in der Regel, in eher obskure Medien abgedrängt werden. So ist zum Beispiel ein im Januar 2006 erschienener Beitrag des amerikanischen Wissenschaftlers J. Bradford DeLong mit dem bösen Titel: »Die falschen Versprechen der privaten Rentenvorsorge« nur bei http://www.project-syndicate.org/commentary/delong44/German und bei www.NachDenkSeiten.de erschienen. Da sich negative Meldungen häufen werden, müssen wir unsere PR-Arbeit bei den deutschen Medien, Wissenschaft und Politik verstärken. Das wird einige 10 Millionen Euro zusätzlich kosten. Da wir von anderen Kosten entlastet sind (siehe 15.), müsste die Finanzierung möglich sein.

17. Am Versuch, die Bundesregierung dazu zu veranlassen, die Privatvorsorge zur Pflicht zu machen, sollten wir weiterarbeiten. Im jetzigen Arbeits- und Sozialminister Müntefering haben wir ja schon einen entscheidenden Verbündeten. Dass er, auch in unserem Interesse, durchsetzungsfähig ist, hat er mit dem Coup bewiesen, jetzt schon die Erhöhung des Renteneintrittsalters anzukündigen. Das hat das Vertrauen in die gesetzliche Rente weiter gestört. Mitarbeiter unserer Vertriebsorganisationen spüren das – positiv.

*Ein fiktiver, aber durchaus realistischer Entwurf, wie ihn eine Strategiegruppe von Versicherungen und Banken hätte erstellen können.

Die Auslieferung der Politik an Einzelinteressen wäre ja allenfalls noch hinzunehmen, wenn die Förderung der Privatvorsorge gesellschaftspolitisch von Vorteil wäre. Davon kann aber nicht die Rede sein:

- **Erstens** sind die Privatvorsorgesysteme unsicherer als die gesetzliche Rente. Das zeigt der Zusammenbruch solcher Systeme in den USA, in Großbritannien, in vielen Ländern Osteuropas, in Chile und anderen südamerikanischen Staaten.

Unsere selbstlosen Eliten und das Geld

Wir haben es mit einer Generation von Top-Eliten zu tun, die viel Zeit, Kraft und sogar Steuergelder darauf verwenden,

- das bisher angesammelte Volksvermögen zu verscherbeln und
- eine der wichtigsten sozialen Errungenschaften, die solidarischen Sicherungssysteme, dem Vertrauensverlust preiszugeben und so zu zerstören.

Und all das aus einem einzigen Grund: **weil sie an dem Akt der Veränderung verdienen wollen.**

Denken Sie immer daran, wenn Sie die Worte »Ruck«, »Bewegung«, »Veränderung«, »Erneuerung« hören. Es sind Synonyme für die Botschaft: Wir wollen genau daran verdienen!

- **Zweitens** ist die Privatvorsorge das teurere System. Die Kosten für Betrieb und Vertrieb des Kapitaldeckungsverfahrens sind um ein Mehrfaches höher als für das Umlageverfahren. Das Umlageverfahren kostet in Deutschland maximal 4 Prozent. Das heißt: Nur 4 Prozent der eingezahlten Beiträge werden jährlich für die Kosten des Betriebs dieses Systems, also für die Deutsche Rentenversicherung, ausgegeben. Die Riester-Rente verbraucht schon rund 10 Prozent der eingezahlten Prämien für Verwaltung und Vertrieb. Es fallen Provisionen an, es muss Werbung gemacht werden, und es müssen Vermögensanlagedispositionen getroffen werden. Das alles kostet Geld. Manche Privatvorsorgesysteme in Großbritannien verbrauchen hierfür bis zu 40 Prozent der Prämien. Die Kosten der privaten Altersvorsorge in Chile schlucken rund 18 Prozent der Versicherungsbeiträge.

Chile ist deshalb interessant, weil dort von Diktator Augusto Pinochet und seinem Arbeitsminister José Piñera die Umstellung von der staatlichen Rente zur Privatvorsorge betrieben worden ist. Die Arbeitnehmer wurden gezwungen, in die Privatvorsorge zu wechseln. Die Altersvorsorge des Militärs und der Polizei blieb bezeichnenderweise beim Staat. Heute ist die private Altersvorsorge der Arbeitnehmer in Chile auf breiter Front zusammengebrochen. Der Staat muss mit Steuergeldern die Privatvorsorgesysteme nachfinanzieren, wenn er vermeiden will, dass die Altersarmut noch extremer wird, als sie ohnehin schon ist.

Deshalb hat der damalige chilenische Präsident Ricardo Lagos bei einem Besuch in Berlin Ende Januar 2005 ausdrücklich empfohlen, die chilenischen Erfahrungen bei der Weiterentwicklung der deutschen Altersvorsorge im Blick zu haben. Und selbst der konservative Präsidentschaftskandidat Sebastián Piñera musste bei den Wahlen im Januar 2006 einräumen, dass das privatisierte Rentensystem sofort der Reparatur bedarf.

Die Warnung des früheren Präsidenten war eine eindrucksvolle Empfehlung an uns, das Umlageverfahren und die gesetzliche Rente zu erhalten und auszubauen.[100] Doch genau das Gegenteil passiert. Die Vereinbarungen der großen Koalition, die Einlassungen von Christian Wulff und die Partnerschaft des Bundespräsidenten mit der Bertelsmann Stiftung zum sogenannten demographischen Problem bewirken allesamt die Erosion des Vertrauens in die gesetzliche Rente. Insbesondere bei den jungen Leuten verfängt diese Propaganda unserer führenden Eliten.

VII. Die Netzwerke unserer Eliten

Vornehmer Klüngel

Als Normalbürger begegnen wir dem politischen Raum vornehmlich in Fernsehen und Presse, in Nachrichten und Talkshows. Dort gibt es zwei Sorten von Menschen: Die einen treten mit Kürzeln wie CDU, SPD, FDP auf, man kann sie sofort einem Lager zurechnen. Die anderen sind Menschen ohne Kürzel, aber dafür oft mit einem Titel. Sie werden gern als Experten und Denker eingeführt, so zum Beispiel: »Er gilt als einer der profiliertesten Wirtschafts- und Sozialforscher Deutschlands, jongliert mit Daten und Fakten, die Gesellschaft und ihre Veränderungen dabei immer vor Augen. Selten spart er mit Kritik – über Parteigrenzen hinweg. Gerne tritt er Besitzstandswahrern auf die Füße und mahnt zu gravierenden Änderungen in unseren Sozialsystemen. Herzlich willkommen, Meinhard Miegel.«

Die Vorschusslorbeeren sind mit Bedacht gewählt. Als »Mahner und Warner«, der »ohne Parteibrille«, mit »harten Daten und Fakten« argumentiert, so werden in diesen Zeiten die Eliten des neoliberalen Mainstreams angekündigt: Sie werden inszeniert als Denker, die jenseits von kleinlicher Parteipolitik die Interessen der Bürger wahrnehmen. Miegel verkündet seine Botschaften zum Beispiel oft als Chef des sogenannten BürgerKonvents. Welcher Zuschauer würde vor soviel Unabhängigkeit und Kompetenz noch Widerworte wagen.

Wie anders würde sich die Lage darstellen, wenn man Meinhard Miegel so präsentieren würde: »Der langjährige hochrangige CDU-Mitarbeiter ist einer der einflussreichsten Männer im Hintergrund der Politik. Er leitet ein privates Forschungsinstitut in Bonn, das einen unabhängigen wissenschaftlichen Eindruck macht, aber über Beratungsleistungen Miegels eng mit dem Deutschen Institut für Altersvorsorge (DIA) verbunden ist, das wiederum zum Umkreis der Deutschen Bank gehört. Miegel mischt sich immer wieder in die Debatte ein. Dabei hat er stets ein Ziel vor Augen: die gesetzliche Rente auf eine Grundsicherung zu beschränken und den großen Rest der privaten Altersvorsorge zu überlassen. ›Rente kann nur noch Grundsicherung leisten‹, lautet die Schlagzeile seines letzten Interviews.«[101]

Kaum ein Zuschauer wäre von den Äußerungen des so eingeführten Herren übermäßig beeindruckt. Hätten die Zuschauer dann noch gelesen, was das *Handelsblatt* am 14. Dezember 2005 über das Institut von Meinhard Miegel schrieb, dann wären ihnen vollends die Augen aufgegangen: »Es finanziert sich zu zwei Dritteln aus Mitgliedsbeiträgen, die ihm meist von großen Unternehmen zufließen. Der Rest sind Einnahmen aus Auftragsforschungen, etwa für das ›Deutsche Institut für Altersvorsorge‹, das der Deutschen Bank nahesteht.«

Der Mann wäre mit einem klaren Interessenhintergrund markiert, der die Glaubwürdigkeit seiner Thesen erheblich schmälern würde.

Das Fatale ist, die zweite Version entspricht den Tatsachen: Meinhard Miegel war in den Siebzigern Leiter Hauptabteilung Politik bei der CDU-Bundesgeschäftsstelle, Mitarbeiter von CDU-Generalsekretär Kurt Biedenkopf. Zusammen mit Kurt Biedenkopf gründete er das Institut für Wirtschaft und Gesellschaft (IWG) in Bonn, dem er seit knapp dreißig Jahren vorsteht. Dieser Think-Tank versucht Miegels radikale Sozialstaatskritik mit Auftragsstudien wissenschaftlich zu untermauern.

Praktisch niemand in den Medien gibt solche Benutzerhinweise für diesen und andere neoliberale Multiplikatoren. Sie alle treten im Gewand des unabhängigen Professors und Experten auf, die eigentlichen Absender ihrer Botschaften, das große Geld, bleiben im dunkeln.

Genau dies ist Sinn und Zweck all der vielen Zirkel und Netzwerke mit mehr oder weniger den gleichen Inhalten: Initiative Neue Soziale Marktwirtschaft oder BürgerKonvent, berlinpolis oder Du bist Deutschland – der wirkliche Absender soll verschleiert werden. Würde man diese Schleier lüften, so bliebe eine schlichte und traurige Wahrheit: Arbeitgeberverbände, große Firmen, Banken und Versicherungen machen Stimmung für einen gesellschaftspolitischen Systemwechsel weg vom sozialen Staat hin zum angeblich schlanken Staat. Zu diesem Zweck bedient man sich Prominenter, Wissenschaftler und Politiker *aller Lager,* die den unmittelbaren Interessen von Konzernen und Banken den Charakter überparteilicher historischer Notwendigkeit verleihen sollen. Nur so ist überhaupt zu erklären, warum die Ideologie des neoliberalen Markts weiterlebt, obwohl sie im über zwanzigjährigen Praxistest längst gescheitert ist.

Ein Einzelinteresse als Gesamtinteresse erscheinen zu lassen ist die rhetorische Grundformel jeder Lobbyarbeit. Neu ist hingegen die Art und Weise, wie Netzwerke wie beispielsweise die Initiative Neue Soziale Marktwirtschaft (INSM) dieses Ziel verfolgen. An der Initiative Neue Soziale Marktwirtschaft lässt sich beispielhaft zeigen, wie das Netzwerk funktioniert. Nicht der Arbeitgeberverband Gesamtmetall selbst wird aktiv, sondern er erfindet eine Zwischenorganisation – eben die INSM –, die für eine neue politische Staatsräson, eine im Sinne der Arbeitgeber erneuerte Marktwirtschaft wirbt.

Die ganze Grundkonstruktion ähnelt dem Vorgehen von Konzernen, die durch Ausgründung von Subunternehmen versuchen, Marktsegmente zu erschließen, die sie unter ihrem etablierten Markennamen nur schwerlich geknackt hätten. Das »major label« Gesamtmetall hätte, um im Bild zu bleiben, bei der einfachen Bevölkerung wenig »street credibility«, also muss ein neues Label her, die weithin gut beleumundete »soziale Marktwirtschaft« als hundertprozentige Tochter. Unter ihrem Namen lässt sich besser für die eigenen Ziele werben.

So betritt ein unverbrauchter Player, der Überparteilichkeit und wissenschaftliche Seriosität verströmt, die politische Arena. Und wie der Weg von Finanzströmen durch Subunternehmer verschleiert werden kann, so verschleiert Gesamtmetall allein durch die Existenz der zwischengeschalteten INSM die politischen Absender ihrer Botschaften für die Öffentlichkeit.

Geschickt entzieht sich die INSM trotzdem dem Vorwurf, eine verdeckte Tarnorganisation zu sein. Denn wer nachfragt und auf der Internetseite nachliest, erfährt von der Verbindung zu Gesamtmetall und der finanziellen Unterstützung durch die Arbeitgeber. Doch natürlich weiß man, dass der normale Medienkonsument weder die Zeit hat noch sich die Mühe macht, ein Quellenstudium zu betreiben, wenn ihm die Medien die Einordnung verweigern.

Eine empirische Untersuchung der Universität Münster hat jetzt gezeigt, dass selbst die Journalisten dieser Aufgabe nicht nachkommen. »Betrachtet man die Berichterstattung unter diesem Gesichtspunkt, so zeigt sich, dass in der weit überwiegenden Zahl der Medienberichte nähere Angaben zur Initiative, zu ihren Auftraggebern und zu ihren Finanziers einfach unter den Tisch fallen.«[102]

Den Adressaten bleiben damit notwendige und orientierende Informationen zur Einordnung der Berichterstattung vorenthalten. In dieser grundlegenden Frage muss die Transparenzforderung an die Journalisten gerichtet werden. Die Geschichte und Konstruktion dieser als Bewegung getarnten Werbekampagne ist offensichtlich, wird aber meist nicht erzählt. Und das wird natürlich von der INSM als ebenso beabsichtigter wie unvermeidlicher Effekt einkalkuliert. Welcher Journalist will schon sperrige Quellennachweise wie »die von den Metallarbeitgebern gegründete und finanzierte PR-Organisation« durch seinen Artikel schleppen.

Reforminitiativen – Stiftungen – Berater:
Ein Überblick

Es lohnt, die Gruppierungen, die etwa seit dem Jahr 2000 und verstärkt 2003 aus dem Boden geschossen sind, genauer unter die Lupe zu nehmen. Die wohl bedeutendste ist die Initiative Neue Soziale Marktwirtschaft (INSM). Schon der Name ist Teil des irreführenden Kommunikationskonzepts. Denn diese »Initiative« gründete sich nicht, wie der Name suggeriert, als Bürgerinitiative von unten nach oben – weil das Volk unzufrieden mit seinen Eliten ist –, sondern als Elitenprojekt, von oben nach unten – aus Unmut der Elite über die da unten: Die INSM wurde 2000 auf Betreiben der Metallarbeitgeber gegründet. Auslöser war eine repräsentative Meinungsumfrage, die den Arbeitgebern gar nicht schmeckte: Die Mehrheit der Deutschen wünschte sich auch für die Zukunft eine umfassende soziale Absicherung, 42 Prozent hielten gar einen »dritten Weg« zwischen Kapitalismus und Sozialismus für wichtig, und die soziale Marktwirtschaft in der jetzigen Form bekam erstaunlich schlechte Noten.[103]

Dazu der damalige Pressesprecher von Gesamtmetall Werner Riek: »Das muss man doch vielleicht ändern können, dass das, was wir als notwendige Reform erkennen, auch von den Mitbürgern als eine positive Reform akzeptiert wird.«[104]

Die Bürger sollen davon überzeugt werden, dass die Wünsche der Arbeitgeber gut für uns alle sind. Die Arbeitgeberverbände der Metall- und Elektroindustrie gründen zunächst die »berolino pr«, eine Agentur für strategische Öffentlichkeitsarbeit. Dieser Agentur wird der Auftrag erteilt, die Öffentlichkeit so zu beeinflussen, dass ein wirtschafts- und unternehmerfreundliches politisches Reformklima erzeugt wird. Berolino schreibt den Job aus, die Agentur Scholz & Friends gewinnt den Etat. In ihrer Präsentation erfindet sie eine überparteiliche Reformbewegung und tauft sie auf den Namen »Initiative Neue Soziale Marktwirtschaft«.

Diese ausführliche Schilderung soll deutlich machen: Die INSM, die für die Öffentlichkeit im Kostüm einer überparteilichen

Bewegung von Bürgern, Unternehmen und Verbänden auftritt, ist in Wirklichkeit eine PR-Kampagne, erfunden und realisiert von einer Werbeagentur. Ähnlich sieht es bei den anderen Kunstprodukten an Initiativen aus.[105]

Die INSM ist straff hierarchisch von oben geführt und hat für eine Bewegung einen entscheidenden Schönheitsfehler – es gibt keine Basis. Diese Schwäche hat man inzwischen erkannt und 2005 einen Förderverein gegründet, in dem einfache Menschen zahlende Mitglieder werden können.

8,8 Millionen Euro pumpen die Unternehmer jährlich in die Kampagne, um die Deutschen für die Vorzüge von mehr Markt zu gewinnen. In einem »orchestrierten Kommunikationsmix«, mit »integrierter Kommunikation« sollen die Botschaften des Arbeitgeberlagers vermarktet werden. Mit Internet, Marketing von wissenschaftlichen Studien, Events, Bildkampagnen und Medienpartnerschaften, die alle vielfältig aufeinander abgestimmt sind, soll für neoliberale Reformen geworben werden.

Eine besondere Schlüsselfunktion kommt dabei den sogenannten Botschaftern zu. Als Türöffner bei den Medien und um den überparteilichen Charakter zu unterstreichen, holte man Prominente, Experten und Persönlichkeiten aus allen politischen Parteien ins Boot, die allerdings alle die ordnungspolitischen Vorstellungen der Initiative teilen. So soll ein virtueller Konsens über die Reformvorstellungen der Arbeitgeberverbände geschaffen werden.

Hier polemisieren exponierte Parteiprominente gegen die Parteipolitik, treten im Namen des großen Ganzen gegen das vermeintliche Diktat der Einzelinteressen an und vertiefen so auf billige Weise ihr Profil.

Nach ähnlichem Strickmuster hat sich in den letzten Jahren eine kaum mehr überschaubare Vielfalt von Lobbygruppen und Reforminitiativen gebildet. Eine Aufzählung ohne Anspruch auf Vollständigkeit: »Der BürgerKonvent«, »Klarheit in die Politik«, »Stiftung liberales Netzwerk«, »Aufbruch jetzt«, »berlinpolis«, »Konvent für Deutschland«, »Deutschland packt's an«, »Für ein attraktives Deutschland«, »Projekt neue Wege«, »Marke Deutschland« oder zuletzt »Du bist Deutschland« und die Umfrage »Perspektive Deutschland«.

Manche haben die Arbeit wieder eingestellt, andere existieren nur noch als Website, ein harter Kern aber wie zum Beispiel die INSM ist höchst aktiv. Alle präsentieren sie sich als überparteilich. Alle haben prominente Aushängeschilder, die sich dem Wohl des bedrohten Landes verpflichtet haben, und den Anspruch, mit Expertisen den Weg aus der Krise zu weisen. Die große Anzahl suggeriert dabei inhaltliche Vielfalt, in Wahrheit ist das genaue Gegenteil der Fall. Alle haben einen einzigen ideologischen Masterplan, und der heißt: weniger Sozialstaat und angeblich mehr Markt. Eher schon könnte man davon sprechen, dass sich die Initiativen die neoliberale Lobbyarbeit in Ressorts aufteilen und die verschiedenen politischen Felder beackern:

- Der *Konvent für Deutschland* will den auf sozialen Ausgleich bedachten Föderalismus durch einen Wettbewerb zwischen den Bundesländern ersetzen und die Reform der Reformfähigkeit vorantreiben,
- die *Stiftung Marktwirtschaft* kümmert sich vornehmlich um Steuerfragen, sprich: um die Senkung der Steuerbelastung vor allem von Unternehmen,
- *berlinpolis* beklagt die Benachteiligung der jungen Generation und zeichnet zu diesem Zweck ein Zerrbild unseres Staates,
- die *Initiative Neue Soziale Marktwirtschaft* denunziert den Sozialstaat als allumfassenden Versorgungsstaat und ruft nach mehr »Freiheit«,
- die Bertelsmanntochter *Centrum für Hochschulentwicklung* (CHE) treibt den Umbau der Hochschulen und die Einführung von Studiengebühren voran, und
- die Kampagne *Du bist Deutschland* soll dafür sorgen, dass uns diese ganze Entsolidarisierung nicht die gute Laune raubt.

Im Mai 2004 haben sich zehn Gruppen zu der »Aktionsgemeinschaft Deutschland« zusammengeschlossen. Gründungsmitglieder sind die Initiative Neue Soziale Marktwirtschaft, Klarheit in der Politik, Stiftung liberales Netzwerk, Aufbruch jetzt, berlinpolis, BürgerKonvent, Deutschland packt's an, Für ein attraktives Deutschland, Projekt neue Wege, Marke Deutschland.

Das Geld für diese »Parallelaktionen« zur offiziellen Parteipolitik kommt von den großen Unternehmen. Während die INSM ihre Finanzen von Beginn an offenlegte, bleiben die Finanzquellen vieler anderer Organisationen im dunkeln: Die Presse spekulierte, wer dem BürgerKonvent seine sechs Millionen teure Anschub-Werbekampagne bezahlt hatte. Das *Managermagazin* berichtete Ende 2005, ein Großteil der millionenschweren Werbekampagne des Konvents sei 2003 vom Milliardär August von Finck bezahlt worden.[106]

Auch die Stiftung Marktwirtschaft legt Anteil und Ursprung ihrer Unternehmensspenden nicht offen. Die Mitgliederliste von Kuratorium und Stiftungsrat lässt jedoch vermuten, dass große deutsche Unternehmen in diese Organisation investieren.

Wie eng die Gruppierungen verflochten sind, zeigt auch ein Blick auf das Personal, und das offenbart gleichzeitig, dass es sich bei der vorgeblich unüberschaubaren Anzahl um einen recht überschaubaren Personenkreis von Spitzenmanagern, Wirtschaftsprofessoren und Ex-Politikern handelt: Im Konvent für Deutschland sitzen mit dem ehemaligen Hamburger Bürgermeister Klaus von Dohnanyi, dem Unternehmensberater Roland Berger, dem ehemaligen Haushaltsexperten der grünen Bundestagsfraktion Oswald Metzger allesamt auch aktuelle beziehungsweise ehemalige Botschafter, Förderer oder Kuratoren der Initiative Neue Soziale Marktwirtschaft. Die Publizisten Arnulf Baring, Hans Barbier sowie der in diesen Kreisen vielgefragte Oswald Metzger wiederum waren Botschafter in der INSM und sitzen gleichzeitig im Kuratorium Liberales Netzwerk. Hans Barbier arbeitet darüber hinaus im Beirat von Miegels Institut IWG und ist Vorsitzender der CDU-nahen Ludwig-Erhard-Stiftung.

Die Professoren Bernd Raffelhüschen und Michael Eilfort wiederum sind gleichzeitig in der Initiative Neue Soziale Marktwirtschaft und im Vorstand der Stiftung Marktwirtschaft aktiv. Nikolaus Schweickart von der Altana AG ist Botschafter der INSM und Kuratoriumsmitglied der Stiftung Marktwirtschaft. Die Professoren Jürgen B. Donges und Johann Eeckhoff sind INSM-Botschafter und im wissenschaftlichen Beirat der Stiftung Marktwirtschaft. Professorin Johanna Hey ist Gründungsmitglied der INSM und für die Stiftung Marktwirtschaft in der Kommission Steuergesetzbuch aktiv. Das war nur eine kleine Auswahl von jenen Personen, die in einem breiten und innig verknüpften Netzwerk anzutreffen sind.

Unter dem Siegel der Pluralität agieren immer die gleichen Leute. Diese komplizierten Verästelungen dienen einem Zweck: das Volk in die gewünschte Richtung zu drängen, es »rumzukriegen«.

Oftmals verschwindet einer dieser Lobbyisten aus einer Funktion, um in einem anderen Kreis wieder aufzutauchen.

Neben den neugegründeten Reforminitiativen spielen die großen Unternehmensstiftungen, allen voran die allgegenwärtige Bertelsmann Stiftung, eine zentrale Rolle, wenn es darum geht, den politischen Diskurs der Bundesrepublik zu steuern. Bertelsmann organisierte das Symposium, auf dem Bundespräsident Roman Herzog seine vielbeachtete Ruckrede hielt – die Mutter aller Reforminitiativen, könnte man meinen. Die Bertelsmann Stiftung und das mit ihr verbandelte Centrum für angewandte Politikforschung (CAP) waren in den letzten Jahren der Kontakthof, in dem Politik und Wirtschaft politische Entscheidungen vorbesprechen.

Bei der Bertelsmann Stiftung wird oft konzipiert, was dann später bei Bundesregierung und Bundestag zur politischen Linie wird. Die Agenda 2010, das zentrale »Reformprojekt« des Bundeskanzleramts, ist von der Bertelsmann Stiftung beeinflusst. Aus dem Hause Bertelsmann wurden immer wieder internationale Modelle der Arbeitsmarktpolitik zum Beispiel nach Deutschland übertragen – Benchmarking nennt man das. Meist waren das Modelle, die dem neoliberalen Geist des Hauses entsprachen und sich dann in Variationen etwa auch in den Hartz-Gesetzen wiederfanden. Danach soll die Wachstumsschwäche durch Innovation und Wettbewerb auf dem Arbeitsmarkt und in den sozialen Sicherungssystemen überwunden werden, durch Eigenverantwortung und Kostensenkung. Markante Reformen von Gerhard Schröder haben sich an dieser Linie und den konkreten Vorarbeiten in den Bertelsmann-Instituten orientiert.

Von September 1999 bis April 2003 förderte und moderierte die Stiftung auf Bitten des Bundesministeriums für Wirtschaft und Arbeit das Projekt zur Arbeitslosen- und Sozialhilfe. Hier wurden die Grundlagen für Hartz IV, die Zusammenlegung von Arbeitslosen- und Sozialhilfe, gelegt. Den Umbau der Arbeitsämter, die Einführung von Job-Centern und Personal-Service-Agenturen haben Stiftungsmitarbeiter und Unternehmensberater von McKinsey mit der Arbeitsagentur entwickelt. Die Bilanz dieser Reformschritte, die verschiedene Institute im Januar 2006 vorgelegt haben, ist niederschmetternd negativ. Doch das kann das Image der Bertelsmann-Berater nicht ankratzen.

Mit einem Jahresetat von rund 70 Millionen Euro (2005) entwirft die Bertelsmann Stiftung sogenannte Reformprojekte. In vielen bedeutsamen sozial-, bildungs- und sicherheitspolitischen Gremien Europas sitzen Vertreter der Stiftung. Dabei ist der Begriff »Reformwerkstatt« eigentlich irreführend, denn die Stiftung ist keine neutrale Forschungsstätte, sondern sie ist auch ein Instrument, um die neoliberale Ideologie in die Bevölkerung zu transportieren.

Bertelsmann finanziert auch das Centrum für Hochschulentwicklung (CHE), das einerseits eine private GmbH ist und gleichzeitig durch die staatliche Hochschulrektorenkonferenz HRK mitgegründet wurde.[107] Das CHE teilt im wesentlichen die hochschulpolitischen Forderungen des Bundesverbands der Deutschen Industrie (BDI): Studiengebühren, Hochschulräte als Vertreter gesellschaftlicher Gruppen, privatisierte Hochschulfinanzierung,

Evaluationen, Konzentration der Führungsfunktion auf Dekane und so weiter, verfügt aber über weit mehr mediale Kompetenz bei der Durchsetzung dieser Forderungen. Die vom CHE durchgeführten Hochschulrankings haben einen immensen Einfluss im Wettstreit der um Gelder und Studenten konkurrierenden Universitäten.[108]

Auch die Robert Bosch Stiftung hat sich zuletzt mit einer Kommission »Familie und demographischer Wandel« politisch profiliert. Auch hier gibt es wieder personelle Verflechtungen zu beobachten. Kurt Biedenkopf, der Mitbegründer von Meinhard Miegels Forschungsinstitut, sitzt hier neben Paul Kirchhof, dem ehemaligen Schattenminister, der früher ebenfalls als Botschafter der Initiative Neue Soziale Marktwirtschaft aufgetreten ist. Außerdem mit dabei: Hans-Werner Sinn vom ifo-Institut.

Eine wichtige Rolle spielen schließlich Unternehmensberatungen sowie PR- und Werbeagenturen wie WMP oder Scholz & Friends. Letztere haben die INSM erfunden und umgesetzt. Hinter der »Marke Deutschland« steht die Unternehmensberatung Accenture, und das wiederum ist der neue Name der Unternehmensberatung Andersen Consulting. Hinter dem »Initiativkreis« »Klarheit in die Politik« steht die Unternehmensberatung von Dieter Rickert, die Umfrage »Perspektive Deutschland« wird maßgeblich von McKinsey gesponsert.

Berlinpolis schließlich will sich jenseits traditioneller Verbände und Parteistrukturen um die Politik von morgen kümmern und tut dies unter anderem mit dem »Innovationsrat der nächsten Generation«. Der wird finanziell unterstützt von der Vereinigung der bayerischen Wirtschaft und dem Verband der bayerischen Metall- und Elektroindustrie. Als allgemeine Partner firmiert die Crème de la Crème der Industrie und Bankenwelt: BMW und DaimlerChrysler, Siemens und IBM, Microsoft und T-Systems. Und schließlich greifen auch die anderen Elitezirkel der Initiative unter die Arme: Die INSM fördert berlinpolis ebenso wie die Robert Bosch Stiftung oder die Hertie-Stiftung.

Das Netzwerk ist vielfältig miteinander verflochten und verfilzt. Auf verwirrende Weise. Der Eindruck entsteht: Das soll vermutlich auch so sein.

Die Strategie: Verfilzung mit der Politik

Die Vielzahl von Initiativen bei völliger Identität der Zielsetzung und großen personellen Überschneidungen lässt eine klare strategische Zielsetzung erkennen: Überzeugung durch allfällige Präsenz und Wiederholung, denn eine Botschaft wirkt um so glaubwürdiger, je häufiger sie wiederholt wird, am besten aus dem Munde von vielen (scheinbar) ganz unterschiedlichen Quellen. Wenn also in der Öffentlichkeit viele unterschiedliche, überparteiliche Organisationen, repräsentiert durch Politiker aller Lager und durch »hochkarätige Experten«, alle in dasselbe Horn stoßen, mehr Eigenverantwortung, harte Einschnitte und mehr Flexibilität fordern, so muss beim unvoreingenommenen Zuschauer der Eindruck entstehen: Ja, an diesen Forderungen muss was dran sein. Die Gruppierungen bestimmen auf diese Weise höchst erfolgreich, welche Themen auf die politische Agenda gesetzt werden und unter welcher Perspektive sie politisch abgearbeitet werden sollen.

Die politischen Parteien wirken demgegenüber wie Klippschüler, die von den Experten und Unternehmensberatern die neuesten Direktiven entgegennehmen. So wurden die zentralen »Reformschritte« der rot-grünen Regierung von Kommissionen vorgedacht, in denen das ganze Personal dieser Netzwerke wiederzufinden ist. Die Vorstände und Professoren beziehungsweise Botschafter und Kuratoren der Reforminitiativen und Stiftungen, sie werden also als Politikberater zusätzlich mit Steuermitteln gefüttert. In der fünfzehnköpfigen Hartz-Kommission tagten unter anderem der McKinsey-Mann Peter Kraljic und Jobst Fiedler von Roland Berger, Heinz Fischer von der Deutschen Bank und BASF-Vorstandschef Eggert Voscherau. In der Rürup-Kommission sieht man sich wieder: Dort denken unter anderem Roland Berger und Dominique Döttling, beide INSM-Botschafter, sowie wiederum BASF-Vorstandschef Eggert Voscherau. Als die Herzog-Kommission der CDU über die Sozialkonzepte der Zukunft beriet, trafen sich Größen wie der Ex-Verfassungsrichter Paul Kirchhof, damals noch INSM-Botschafter, und der CDU-Grande

Friedrich Merz vor allem mit McKinsey-Vertretern. Die Berater rückten sogar in die Berliner CDU-Parteizentrale ein, die Geschäftsstelle der Kommission wurde ebenfalls mit McKinsey-Leuten besetzt. Der frühere Gesundheitsminister Horst Seehofer klagte, in der Herzog-Kommission sei es um zutiefst politische Gestaltungsaufgaben gegangen, trotzdem habe oft McKinsey die Richtung bestimmt.[109]

Wenig Ruhm ernteten die vermeintlichen Sozialexperten von der Beraterfirma mit ihren Modellrechnungen für die sozialen Sicherungssysteme. Viele sahen sie als unbrauchbar an, und als die Ergebnisse dem Parteivolk auf verschiedenen Regionalkonferenzen vor die Nase gesetzt wurden, verstanden die meisten nur Bahnhof. Trotzdem konnte man am Ende eine solide Zustimmung für das unverstandene Konzept ernten.

Ähnlich wurde mit der von Bertelsmann beeinflussten Agenda 2010 verfahren. Für die SPD-Basis hieß es nach Schröders Agenda-Erklärung nur noch »Friss oder stirb«. Die Parteiexperten, die Fachgremien der Fraktion spielen nur noch eine Statistenrolle gegenüber den charismatischen Helden der Beraterszene. Diese Experten besitzen keine demokratische, in Wahlen erworbene Legitimation, sondern lediglich einen internationalen Kompetenztouch. Hier spielt parlamentarische Kreisliga gegen die Business-Champions-League, so versucht man zu suggerieren, um die demokratischen Defizite zu überspielen.

Die parlamentarischen Prozesse, in deren Verlauf eigentlich politische Konzepte diskutiert, verändert und zur Entscheidungsreife gebracht werden sollen, haben hier nur noch den Charakter eines nachgeordneten Verwaltungsablaufs. Die politischen Grundentscheidungen sind längst außerhalb des Parlaments und sogar außerhalb der zuständigen Ministerien vorbesprochen und festgelegt. Vom Volk und seinen Parlamentariern erwartet man nicht aktive Teilnahme am demokratischen Prozess, sondern Akklamation und Einsicht in scheinbar unabweisbare Notwendigkeiten. Nicht, was das Volk will, soll umgesetzt werden, sondern unterstellt wird, der Bürger müsse über »das Notwendige« aufgeklärt werden; und genau dieser Einblick in das Notwendige entziehe sich dem demokratischen Souverän. Suggeriert wird, über den entsprechenden Sachverstand verfügten nur die klügsten Berater und Ökonomen.

Die Reforminitiativen übernehmen dann die Aufgabe, dem Volk zu erklären, was geschehen muss. Nicht von unten nach oben, sondern von oben nach unten verläuft die undemokratische Willensbildung. Letztendlich versuchen diese elitären Zirkel, demokratische Prozesse außer Kraft zu setzen.

Und damit die parlamentarischen Institutionen kein störendes Eigenleben entwickeln, werden sie von den außerparlamentarischen Elitezirkeln an die Hand genommen. Die zur nationalen Schicksalsfrage stilisierte Reformpolitik hat offenbar die letzten Dämme hinweggespült, die bisher Presse, Parlament und Wirtschaft auf wohlbegründeter Distanz gehalten haben. Alle sind jetzt Deutschland.

Ganz offiziell kooperieren inzwischen die demokratischen Institutionen mit den Unternehmensstiftungen. Gemeinsam mit der Bertelsmann Stiftung ruft beispielsweise Bundespräsident Horst Köhler das Forum demographischer Wandel ins Leben. Um die Folgen aus der »beispiellosen« demographischen Veränderung zu bestimmen.

Schon seine Zustimmung zur Vertrauensfrage Gerhard Schröders war ja in verfassungsrechtlich bedenklicher Art und Weise mit der Notwendigkeit begründet worden, dass nur mit einer neuen Mehrheit die begonnene Reformpolitik fortgesetzt werden könne. Das heißt, in letzter Konsequenz werden die sogenannten Reformen in den Rang eines Staatsziels gehoben.

Aber nicht nur die etablierten Institutionen, auch und gerade die ganz jungen Parlamentarier werden von der Industrie gefüttert. Der Altana-Konzern ist einer der größten deutschen Pharmakonzerne. Dessen Vorstandschef Nikolaus Schweickart ist uns schon als Botschafter der INSM begegnet. Dieser Pharmariese hat 2003 eine Initiative von vierundzwanzig jungen Abgeordneten gesponsert. Thema: Die Generationengerechtigkeit. Ein neues Tarnwort für radikalen Sozialabbau.

In der Umfrage »Perspektive Deutschland« schließlich fusionieren Presse, Wirtschaft und Politik, die Mediengiganten ZDF und *Stern* (Bertelsmann) mit dem Beratungsriesen McKinsey unter der Schirmherrschaft von Ex-Bundespräsident Richard von Weizsäcker. Der gibt dem aktuellen politischen Kurs die altpräsidiale Weihe der Staatsräson: »Wir müssen konsequent die begonnenen Reformen fortsetzen. Erfolgreich können diese jedoch nur dann sein, wenn sie von den Bürgern mitgetragen werden. Die Initiative Perspektive Deutschland will die Meinungen der Menschen in die politische Diskusson über unsere Zukunft einbringen.« Übersetzt heißt das: Perspektive Deutschland kann den Politikern bei der Umsetzung des Reformprozesses helfen und wichtige Einsichten in die Stimmungslage der Bevölkerung geben.

Die Medien als Freund und Helfer der Politik, das Volk nicht als Souverän, sondern als Patient, dessen Stimmungslagen ergründet werden sollen. Also werden sie befragt, die Bürger, was sie von den Reformen halten. Ein kräftiges und vor allem wohlbegründetes Nein ist da natürlich nicht vorgesehen. Vielmehr sind die Fragen so suggestiv formuliert, dass am Ende nur ein Ergebnis herauskommen kann: Die Deutschen sind bereit zu harten schmerzhaften Reformen. In einem Fall werden dem Bürger zwei Szenarien zur Auswahl vorgestellt, die sich so zusammenfassen lassen: »Wollen Sie mehr Staat und weniger Wachstum oder weniger Staat und mehr Wachstum?«

Die neoliberale Ideologie, wonach mehr Staatsanteil zu weniger Wachstum führt und weniger Staat mehr wirtschaftliche Dynamik nach sich zieht, wird einfach als Tatsache unterstellt. Dabei haben fünfundzwanzig Jahre neoliberaler Praxistest bewiesen, dass genau dieser Kurs zu wirtschaftlicher Stagnation führt beziehungsweise dass kein Zusammenhang zwischen Staatsquote und Wirtschaftswachstum festzustellen ist. Das zeigt eindeutig die Erfahrung in den skandinavischen Ländern (siehe S. 69 f.).

Solche ideologisch gefärbten Suggestivfragen werden mit dem Plazet eines Richard von Weizsäcker und dem Renommee einer öffentlich-rechtlichen Anstalt versehen. Das zeigt, wie unverfroren expansiv und aggressiv das Netzwerk ist.

Die nächste Stufe der Fusion von Wirtschaft und Staat wurde

im Hochschulbereich praktisch ohne öffentliche Kritik vollzogen: Der Leiter von Bertelsmanns Centrum für Hochschulentwicklung (CHE) Detlef Müller-Böling saß als GmbH-Chef in der Hochschulstrukturkommission Baden-Württemberg und leitete bei der Landesregierung Niedersachsen den Wissenschaftlichen Beirat für das Modell Globalsteuerung von Hochschulhaushalten.

Das CHE ist heute gleich in mehreren Bundesländern mit der Umstrukturierung des Hochschulwesens befasst. Die Vermischung öffentlicher Aufgaben mit privater Beratung, privaten Interessen und vor allem mit einer privaten Ideologie hat aus meiner Sicht schon einen gefährlichen Grad der Entdemokratisierung erreicht. Weder bestimmen noch kontrollieren die vom Volk gewählten Parlamentarier ausreichend, was hier von Staats wegen und mit Steuergeldern geschieht.

Ohne tatkräftige Mithilfe der Medien hätten diese Gruppierungen und Stiftungen niemals den Einfluss, den sie heute haben. Die Initiativen und Netzwerke versuchen mit freundlicher Unterstützung der Journalisten die politische Meinungsführerschaft zu organisieren, um eine primitiv-marktwirtschaftliche Reformpolitik auf den Weg zu bringen. Die Ironie der Geschichte: Gerade die elitären Kreise, die der Gesellschaft mehr Markt verordnen wollen, arbeiten mit allen Finessen der öffentlichen Kommunikation daran, den freien Wettbewerb der Ideen zu unterdrücken. Ausgerechnet die fundamentalen Marktwirtschaftler organisieren auf dem Feld der Kommunikation das, was sie in der Wirtschaft geißeln: ein Kartell, in diesem Fall der öffentlichen Meinung. »Sie haben keine Wahl«, plakatierte die INSM folgerichtig zur Bundestagswahl 2005 und ließ die Bürger erstaunlich ungeniert in die autoritären Abgründe des Marktliberalismus blicken.

Angepasste Medien im Netz

Die schon erwähnten »Botschafter« waren wohl das erfolgreichste Element in dem Kommunikationsmix der INSM, das denn auch von den meisten anderen Gruppen kopiert wird. Der Initiative Neue Soziale Marktwirtschaft gelang es, prominente Wissenschaftler und Ex-Politiker als Botschafter zu gewinnen. Sie fungieren als Türöffner bei den Medien und als glaubwürdige Sprachrohre der Initiative. Ob als Botschafter, Kuratoren oder Freunde des Fördervereins, alle sind sie mit der INSM verbandelt und Dauergäste in den Talkshows. Bei Sabine Christiansen sitzen schon mal drei in einer Sendung. So diskutierten am 1. Februar 2004 bei der Sendung »Deutschland – die Republik ihres Vertrauens« IBM-Manager Erwin Staudt, der Publizist Arnulf Baring und die Grünen-Abgeordnete Christine Scheel, alle damals bei der INSM als Botschafter im Boot. Und am 16. Dezember 2003 besprachen sich die damaligen INSM-Botschafter Paul Kirchhof und Dieter Lenzen mit Friedrich Merz, den die Initiative im Jahr darauf zum »Reformer des Jahres« küren sollte.

Kurz nach der Bundestagswahl 2005 bat *Report Mainz* drei Experten darum, der neuen Regierung die unumgänglichen Maßnahmen ins Stammbuch zu schreiben. Mit Michael Hüther, Bernd Raffelhüschen und Thomas Straubhaar kamen dabei ausschließlich Ökonomen zu Wort, die mit der INSM als Botschafter oder Kuratoren verbunden sind – ein Hinweis auf diese Lobbytätigkeit fand – natürlich – nicht statt, statt dessen wurden sie als exponierte Experten vorgestellt, die die unbequeme Wahrheit über Deutschland verkünden. Als sich Zuschauer über diese intransparente Monokultur beschwerten, meinte man treuherzig: bei der INSM handele es sich »um eine Gruppe von Menschen [...], die sich über den Zustand unserer sozialen Marktwirtschaft nachhaltig Sorge macht und an Lösungen arbeitet.« Kein Wort zu Finanzierung und Hintergründen der Kampagne.[110]

Sie kommen als Parteivertreter und Experten, verkünden als solche unangenehme Wahrheiten und Notwendigkeiten für Deutschland, doch immer sitzt die Ideologie der Initiative mit am

Tisch. Da die Experten in den seltensten Fällen als das angekündigt werden, was sie sind, nämlich Wissenschaftler und Lobbyisten, wird in den meisten Fällen auch darauf verzichtet, eine Gegenstimme zu hören. Ganz nach dem Geschmack der Netzwerker im Hintergrund. Sie sind zutiefst undemokratisch und intolerant. Widerspruch mögen sie überhaupt nicht. Der Grund ist klar: Ein fundierter Widerspruch, ein fundierter Hinweis auf die Machenschaften, und ihr ganzes Gebäude stürzt zusammen.

Das Transparenzgebot wird hier massiv unterlaufen, wenn der Zuschauer nicht weiß, wie ein Experte eingeordnet werden muss. Eine solche Einordnung würde ganz nebenbei die scheinbare Autorität von weltanschaulich gefärbten Experten mindern, die sich gegenüber Nicht-Akademikern gern gerieren, als seien sie im Besitz unabweisbarer Wahrheiten.

Meinhard Miegel beispielsweise lehnte eine Einladung in die SWR-Talkshow *Nachtcafé* mit der Begründung ab, nach Kenntnis der Mitdiskutanten sei er »zu dem Ergebnis gelangt, dass man diesen Personenkreis möglichst unter sich diskutieren lassen sollte, gewissermaßen ein Gespräch unter Betroffenen«. Mit »Betroffenen« meinte Miegel vermutlich die eingeladenen Arbeitslosen, Sozialhilfeempfänger, Alleinerziehenden und solche, die sich um diese Menschen kümmern und ebenfalls eingeladen waren.

Es ist ein offenes Geheimnis, dass man jede weltanschauliche Position mit bestimmten Experten verstärken oder auch desavouieren kann. Das ist so lange kein Problem, wie keine Sicht der Dinge die alleinbestimmende ist. Wenn aber durchgehend der journalistische Filter fehlt, der immer auch in der Pflicht ist, die Gegenseite zu hören, bildet sich ein problematischer Mainstreamjournalismus heraus. Journalisten beten dann das nach, was das Meinungskartell von Wirtschaft, Politik und Verbänden als vernünftigen politischen Raum absteckt, statt diese Standpunkte kritisch zu hinterfragen. Journalisten sind dabei zugleich Täter und Opfer dieser gleichförmigen Meinungskultur.

Die oben beschriebene Auslagerung von Meinungsbildungsprozessen aus der Mitte der politischen Parteien in Think-Tanks und Beraterfirmen, die alle ähnlichen Denkmustern verhaftet sind, führte schon in den vergangenen Jahren strukturell zu einer hierarchischen Top-down-Kultur, bei der oben gesagt wird, was unten gemacht wird, und inhaltlich zu einer informellen großen Koalition. Alle Parteien wollen dem Land ähnliche, angeblich unvermeidliche Reformen auferlegen, zu denen es angeblich keine – vernünftigen – Alternativen gibt. Das heißt, ein wirklicher Pluralismus der Standpunkte war durch eine parteipolitisch ausgewogene Besetzung von Talkrunden gar nicht mehr zu erreichen. Wenn eine Vermittlungsagentur wie die INSM dann noch gezielt die ideologisch passenden Köpfe aller Parteien protegiert, entsteht ein Effekt beim Publikum, den der Lobby-Experte Rudolf Speth – mit Bezug auf die Initiative Neue Soziale Marktwirtschaft – so beschreibt: »Wenn alle Botschafter der Initiative dasselbe sagen, dann heißt das ja, [...] das muss richtig sein, da kann gar nichts falschliegen, wenn so viele unterschiedliche Leute dieselbe Idee vertreten.«[111] Dann muss es ja stimmen, dass Demographie und Globalisierung den radikalen Umbau des Sozialstaats erzwingen. Diese Prämisse wurde von keiner politischen Kraft ernsthaft in Frage gestellt, nur noch das »Wie« und »Wie schnell« stand zur Debatte. Politische Alternativen werden auf diese Weise unsichtbar gemacht.

Erschwerend kommt hinzu, dass die Selbstreproduktion der wirtschaftsliberalen Experten auf Lehrstühlen so erfolgreich war, dass es schon schwierig wird, kontroverse wirtschaftspolitische Debatten überhaupt noch kompetent zu besetzen. Wenn Peter Bofinger und Rudolf Hickel einmal zeitgleich verhindert oder krank sind, sieht es schon düster aus mit dem ökonomischen Pluralismus in Deutschland. Vor allem wenn sich zweihundert angebotsorientierte Wirtschaftswissenschaftler mit Hilfe der INSM organisieren.

Offenbar ist man bei den Eliten selbst nicht mehr bereit, auch nur einzelne Stimmen zu dulden, die aus dem Einheitschor angebotsorientierter Wirtschaftswissenschaftler herausfallen: Der Konjunkturexperte des Deutschen Instituts für Wirtschaftsforschung (DIW) Gustav Horn hatte es gewagt, schon 2003 die verheerenden Folgen der Agenda-Politik von Rot-Grün für die Binnenwirtschaft vorherzusagen. Ein gutes Jahr später war er seinen Job los. Ein einseitiges Kurzgutachten bescheinigte ihm zu wenig Präsenz in der internationalen Fachpresse. Und: Seine Vorstellungen würden nicht dem Mainstream entsprechen und stünden deshalb im Widerspruch zu »den Grundsätzen der Rationalität«.[112]

Kurz: Wer im Mainstream der Neoliberalen schwimmt, hat offenbar die Ratio automatisch auf seiner Seite. Wer abweichende Meinungen wagt, dem wird die Kündigung aus der Welt der Wissenschaft überreicht. Der Aufsichtsrat des DIW, in dem auch das Wirtschaftsministerium saß, verlängerte Horns Vertrag nicht.[113]

Die Verpflichtung der Journalisten, auch die ideologischen Mehrheitsverhältnisse der Republik abzubilden, kollidiert mit dem Anspruch der Zuschauer, wirklich unterschiedliche Perspektiven auf die Wirklichkeit angeboten zu bekommen. Nur der strenge Blick darauf, ob denn die Wirklichkeit tatsächlich das hält, was der – egal wie große – Mainstream der Experten verspricht, kann hier Abhilfe schaffen.

Medienkooperationen

Die augenfälligste Seite der Verflechtung von Medien und Netzwerken sind die Medienkooperationen. Sie stellen den bequemsten Weg dar, wie die Botschaft der Lobby ihren Weg in die Öffentlichkeit findet. Mit diesen Partnerschaften wird der kritische Gegenpol Öffentlichkeit zum Partner der PR-Gruppierungen. Mit verschiedenen Wirtschaftsmagazinen und Tageszeitungen wie der *Financial Times Deutschland,* der *Frankfurter Allgemeinen Sonntagszeitung* und der *Welt,* mit den Regionalblättern *Magdeburger Volksstimme, Schweriner Volkszeitung* und *Neue Westfälische Rundschau* sowie den Fernsehsendern n-tv und MTV ist die Initiative Neue Soziale Marktwirtschaft verbandelt. Marke Deutschland kooperiert mit *Financial Times Deutschland,* Hessischem Rundfunk, n-tv und *Impulse.*

Die geballteste Verbindung von Wirtschaftsideologie und Medienpower in der Geschichte Deutschlands aber flimmerte kurz nach der Wahl über die deutschen Bildschirme. Zu der Aktion »Wir sind Deutschland« haben sich praktisch sämtliche großen Medienunternehmen zusammengefunden. ARD, ZDF, die großen Verlage und die bekanntesten deutschen Moderatoren und Journalisten forderten Optimismus und Eigenverantwortung statt Kritik und Staatsglauben.

Bei den Medienpartnern der INSM erscheinen Rubriken und Studien als Vehikel, um die Botschaften der INSM unters Volk zu bringen. Die INSM-Geschichten erscheinen umfangreicher, besser plaziert und typographisch hervorgehoben. Die Medienpartner greifen oft exklusiv auf die Studien der INSM zurück, veranstalten gemeinsam mit der Initiative Events wie die Kür des »Reformers des Jahres« oder geben wie die *Financial Times Deutschland* gemeinsam die Booklet-Reihe »Ökonomie Klassiker kompakt« heraus, die der Zeitung beiliegt und mit Gastkommentaren, oft von INSM-Botschaftern, besprochen wird. Bei kleineren Regionalpartnern, so INSM-Geschäftsführer Dieter Rath offen gegenüber dem Evangelischen Pressedienst (epd), kommt es zu »üblichen Kopplungsgeschäften«: »Rath macht keinen Hehl daraus, dass öfters auch mit bezahlten Anzeigen der Goodwill honoriert wird, den Zeitungen und Zeitschriften vorher im redaktionellen Teil bezeugt hätten«, berichtet der epd. »Es seien ›kleinere Blätter‹, die ohne diese ›Kompensation‹ ›nicht leben und nicht sterben‹ könnten.«[114]

Einen richtigen Rechercheauftrag vergab die Welt im Februar 2005: Die INSM lieferte Daten über die ordnungspolitischen Sündenfälle der Bundesrepublik – natürlich aus Sicht der INSM –, die Welt machte daraus eine Doppelseite über die »Flop Five« der bundesdeutschen Kabinette. Tenor: 50 Jahre Aufbau von Sozialstaat waren im großen und ganzen ein einziger Irrweg. Die Regierungen der Bundesrepublik – ein Horrorkabinett?

Preise – Aktionen – Rankings:
Ideologie statt Wissenschaft

Besonders beliebt bei den Medienpartnern sind der »Bildungsmonitor« und das Bundesländer- oder Städteranking. Oder der Wettbewerb »Reformer des Jahres« der INSM. Hauptsache Tabelle. Wer auf diesen Hitlisten wie abschneidet, das entscheidet sich natürlich entlang der Ideologie der INSM. Für die Merzschen Vorschläge zur Bierdeckelreform gibt's den ersten Platz, wer dagegen wie Andrea Nahles eine Bürgerversicherung einführen will, wird als »Blockierer des Jahres« stigmatisiert.

Mit ähnlichen Auszeichnungen versuchen auch andere Gruppen öffentliche Aufmerksamkeit zu erregen: Das Liberale Netzwerk verleiht das »Gängelband des Jahres«, zuletzt an die Bundesversicherunganstalt für Angestellte (BfA), die Stiftung Marktwirtschaft verleiht den Wolfram-Engels-Preis »für engagierte Verfechter der Marktwirtschaft«, die INSM zeichnet den »Ministerpräsidenten des Jahres« aus oder verteilt Noten an die besten Städte.

Manchmal zeichnet man sich auch im Kreisverkehr aus: So stört es nicht, dass der Reformer des Jahres 2004, Friedrich Merz, selbst Gründungsmitglied der Initiative ist. Henrik Müller bespricht im *Managermagazin* das Buch *Epochenwende* von Meinhard Miegel sehr freundlich, allerdings ohne Miegels Verbindung zum Deutschen Institut für Altersvorsorge anzusprechen. Im gleichen Heft erscheint im Editorial der Hinweis, Henrik Müller sei zusammen mit zwei anderen Redakteuren mit dem Zukunftspreis ebendieses Instituts für Altersvorsorge ausgezeichnet worden, für das Miegel als wissenschaftlicher Berater tätig ist.

Klar, dass auch in die Rankings, zum Beispiel in das INSM-Städteranking, die Ideologie der Initiative einfließt: mehr Markt, weniger Staat. So gibt es besonders viele Punkte, wenn die Zahl der öffentlichen Beschäftigten pro Einwohner möglichst gering ist – ohne Ansehen dessen, was die Stadtdiener leisten, wie lange ein Genehmigungsverfahren dauert oder ähnliche Kriterien.

Die »wissenschaftliche Studie« zum Städteranking leistet sich auch nicht den Luxus, zwischen Voll- und Teilzeitstellen zu unterscheiden. Halbtags, ganztags, alles wird gleich gezählt. In Stuttgart kommt man so auf 2,7 Bedienstete pro hundert Einwohner. Viel zuviel, murren die Juroren und vergeben an diesem Punkt schlechte Noten. Damit wird die Stadt von den Kampfrichtern auch noch dafür bestraft, dass sie so viele familienfreundliche Teilzeitstellen geschaffen hat. Betrachtet man das wirkliche Gesamtvolumen, kommt man in Stuttgart auf 1,7 Bedienstete pro hundert Einwohner.

Die Profis vom Statistischen Amt schütteln nur den Kopf über diese Form des Städterankings. Dass Rankings einen Wettbewerb um mehr Bürgernähe einleiten können, glaubt beim Städtetag keiner. Die meisten Umfragen sind nicht darauf angelegt, so einen Prozess in Gang zu setzen. Macht nichts. Die INSM glaubt an den Wettbewerb als Allheilmittel und hat ihre Ideologie transportiert; die *Wirtschaftswoche* glaubt an die eigene Stadt als attraktives Thema und hat tatsächlich mit diesem Aufmacher besonders gut verkauft.[115]

Sie drehen – wir zahlen: Drittmittelfernsehen

Wie sehr diese Form von »Medienpartnerschaft« auch in öffentlich-rechtlichen Anstalten Platz gegriffen hat und welches Einfallstor für politische Einflussnahme damit aufgestoßen wurde, zeigen die Fälle um den freien Autor Günter Ederer und um die ARD-Vorabendserie *Marienhof*, bei der es der INSM gelang, direkt das ARD-Programm zu beeinflussen.

Wohl nur wenige Zuschauer wissen, dass zentrale politische Sendungen wie *Sabine Christiansen* oder *Hart aber fair* von privaten Produktionsgesellschaften mitproduziert werden. Auch viele politische Dokumentarfilme, die in ARD oder ZDF laufen, werden nicht von Redakteuren der Sender selbst produziert, sondern von privaten Autoren mit eigenen Filmfirmen, die im Auftrag der Anstalten drehen und texten. Einer von ihnen ist der Wirtschaftsjournalist Günter Ederer.

»Der Journalist Günter Ederer spricht uns aus dem Herzen«, gab INSM-Geschäftsführer Rath unverblümt zu Protokoll. Und damit er das noch ein bisschen länger vor einem großen Fernsehpublikum tun konnte, kam es im Jahr 2003 zu einer dubiosen Zusammenarbeit von Lobby-PR und öffentlich-rechtlichem Rundfunk. Der Evangelische Pressedienst (epd) deckte auf, dass die INSM dem Hessischen Rundfunk (HR) quasi einen politischen Dokumentarfilm aus dem Hause Ederer spendiert hatte.

Mit dem Etat des HR hätten nur zwei Filme von Ederer finanziert werden können. Um einen dritten Film möglich zu machen, trat der HR die Videoverwertungsrechte für die Auftragsproduktionen von Günter Ederer an die Initiative ab. INSM zahlte dafür nach Schätzung von epd 66 000 Euro, ungefähr die Summe, die Ederer brauchte, um den dritten Film aus seiner Reihe »Das Märchen von ...« »... der sicheren Rente«, »... der gerechten Steuer« und »... vom blühenden Arbeitsmarkt« zu produzieren. Lupenreines Drittmittelfernsehen. Im Abspann konnte man lesen, dass es die Initiative gibt und dass man bei ihr das Video beziehen kann. Für 66 000 Euro erreicht die INSM an drei ARD-Abenden knapp fünf Millionen Zuschauer. Wenn man bedenkt, dass sich die Investition durch den Videoverkauf unter Umständen selbst finanziert, kann man sagen: Das hat sich gelohnt. Der Zuschauer erfuhr in den Filmen, wie Kündigungsschutz angeblich Arbeitsplätze verhindert und warum die kapitalgedeckte Rente in Amerika soviel besser läuft als die staatliche Rente in Deutschland.

Aufklärung à la Marienhof

Schauen wir doch mal rein in einen »Aufklärungsspot«-Dialog gesponsert von der INSM. (Schreibfehler nach dem Original des Sendeprotokolls.)

»19.8.2002 telefoniert Jenny Busch, die alleinerziehende Mutter von zwei Kindern, mit ihrem Arbeitgeber, Herrn Fechner.
Fechner: ›... dann wäre ich ihnen sehr verbunden, wenn sie heute Abend ein zwei Stündchen dranhängen könnten. Durch einen Konkurs ist mir ein sehr günstiger Posten Damenwäsche zugegangen, der sofort gelistet werden muss!‹
Jenny: ›Ein, zwei Stündchen! Herr Fechner ich habe Kinder zu Hause!‹
Fechner: ›Und wie man hört einen Freund, der ihnen und ihren Kindern zuliebe, seine Praxis auch mal pünktlich schießen kann, hmm?!‹
Jenny: ›Meine Beziehung zu Dr. Berger ist meine Privatsache und über seine Zeit zu verfügen, dass steht ihnen nicht zu Herr Fechner!‹
Fechner: ›Schade Frau Deile [müsste wohl Busch heißen, AM] Wenn sie immer nur Dienst nach Vorschrift schieben, dann werden sie es nie weit bringen! Und das ausgerechnet jetzt, wo ich mir überlege, sie von der Zeitarbeiteisfirma in eine Festanstellung zu übernehmen!‹
Jenny: ›Das freut mich ja auch Herr Fechner, aber ob das heute Abend schon geht? Ich werde es versuchen!‹[116]

Selbstverständlich müssen politische Positionen wie die Ederers auch prominent in einem TV-Programm vertreten sein. Allerdings verstößt es gegen den Gleichheitsgrundsatz, wenn es vom Geld abhängt, wie stark und mit welcher Stoßrichtung ein Thema in der Öffentlichkeit behandelt wird. Die Finanznot darf nicht die Programmautonomie gefährden, indem etwa »Big Money« bestimmten Positionen einen unfairen Wettbewerbsvorteil verschafft und die redaktionelle Hoheit unterlaufen wird.[117]

Der Fall *Marienhof* aber hat noch eine neue Dimension des Brainwashing eröffnet. Wenn jemand Anfang 2005 behauptet hätte, dass die Mächtigen aus Industrie und Politik Daily Soaps ideologisch manipulieren, man hätte ihn für einen durchgeknallten Verschwörungstheoretiker gehalten. Doch die Realität übertrifft wie so oft die Horrorgemälde. Die ARD-Vorabendserie *Marienhof* war von der Initiative Neue Soziale Marktwirtschaft tatsächlich ausgewählt worden, um zwischen Liebeskummer und Liebesglück in einem völlig unverdächtigen Umfeld ihre Botschaften zu plazieren. Hartz-IV-Ideologie im Herz-Schmerz-Fernsehen, eine perfide Idee mit bestechender Logik: In sieben Folgen hat die INSM 2002 für 58 670 Euro über die Produktionsgesellschaft H+S ihre Botschaften unters Volk bringen lassen.

Die Schnittprotokolle der betreffenden Sendungen und Stellen wurden INSM als Leistungsnachweis zur Verfügung gestellt. Als die Geschichte ruchbar wurde, wurden sie auf Anfrage von *epd medien* veröffentlicht.

Als »Fehler« bezeichnet die Initiative im nachhinein ihr Engagement beim *Marienhof,* erklärte jedoch gleichzeitig, man habe fälschlicherweise der Produktionsgesellschaft Glauben geschenkt, die versichert habe, dass diese Form der »Zusammenarbeit in Einklang mit dem Rundfunkstaatsvertrag stehe und die zuständige ARD-Redaktion die Stücke abnehme«. Den Vorwurf der Manipulation wies INSM entschieden zurück.[118] Die Geschäftsführer betonten, dass sie die bezahlten Dialoge als »Aufklärung« betrachteten. Die Themenauswahl sei ideologiefrei gewesen und habe aktuelle Informationen vermittelt, die zur damaligen Zeit von der Bundesregierung und von der Opposition allgemein propagiert worden seien. »Insofern entsprach dies auch dem Bildungsauftrag des öffentlich rechtlichen Rundfunks.«[119]

Später war dann diese Behauptung vermeintlicher Neutralität in der im Internet zugänglichen Stellungnahme der INSM nicht mehr enthalten. Die ideologische Schleichwerbung war keine neutrale Information, sondern in die Arbeitgeber-PR der INSM eingebunden. Und ein klarer Verstoß gegen den Rundfunkstaatsvertrag. Der verbietet Werbung politischer, weltanschaulicher oder religiöser Art. Auch der Kodex von Lissabon, der Verhaltensgrundsätze der PR-Arbeit niedergelegt hat, wendet sich gegen jede Form von verdeckter PR.

Das *Marienhof*-Schnittprotokoll zeigt, wie die INSM ihre Arbeit versteht (siehe Kasten S. 330). Dieser Dialogfetzen, der die überzeugende unternehmerische Aufklärungsarbeit dokumentiert, ist aber nur eine Stimme im »orchestrierten Kommunikationsmix«, mit dem die INSM die Flexibilisierung der Arbeitnehmer propagiert. Zur selben Zeit, als dieser Dialog im Fernsehen lief, im Sommer 2002, debattierte man über die ersten Vorschläge der Hartz-Kommission, die die Arbeitsmarktpolitik neu ausrichten sollten. Parallel dazu forderte die Initiative im Frühjahr 2002 durch den INSM-Kuratoriumsvorsitzenden Tietmeyer eine Lockerung des Kündigungsschutzes, eine Erleichterung von Zeitarbeit und befristeter Beschäftigung. Und INSM-Botschafter Randolf Rodenstock, Präsident der bayerischen Wirtschaft, forderte in seiner »Münchner Erklärung« eine Senkung der Arbeitskosten und mehr Flexibilität im Beschäftigungsschutz.

Man sieht: Alle diese Maßnahmen sind fein aufeinander abgestimmt. Immerhin legte die INSM auf Nachfrage die Fakten und Schnittprotokolle offen und gestand ein, dieses Ideologiesponsoring sei ein Fehler gewesen.

Bedrückend freilich ist, dass dieser Skandal kaum Resonanz in der Presse fand. Und das, obwohl diese Form von »Ideologieplacement« doch weit schwerer wiegt als herkömmliche Schleichwerbung.

Journalistenschulen

Die Massage der Öffentlichkeit setzt nicht erst bei den bestehenden Medien an. Die Initiative Neue Soziale Marktwirtschaft versucht auch gezielt, ihr genehme Journalisten heranzuziehen. Früh übt sich, wer ein Häkchen werden will und ein Vermittler von Reformnotwendigkeiten. In der RTL-Journalistenschule in Köln hat die Initiative dem ARD-Magazin *Monitor* zufolge versucht, jungen Journalisten ihre Themen nahezubringen, indem sie einen Workshop der RTL-Schüler finanzierte: Welche Reformen braucht das Land? Näheres wollte RTL nicht verraten.[120]

Im Jahr 2004 gab es auch eine Zusammenarbeit mit der Kölner Journalistenschule. Wegen chronischen Geldmangels ist die Schule auf Aufträge von außen angewiesen. Ein solcher Auftrag bestand darin, für die INSM eine Imagebroschüre zu erstellen.

Als Schulleiterin Ingeborg Hilgert und die beteiligten Nachwuchsjournalisten das fertige Produkt sahen, waren sie entsetzt. In dem Blatt wird der Eindruck vermittelt, als seien investigative Journalisten am Werk gewesen. »Reform-Reporter«, schreibt der damalige INSM-Geschäftsführer Tasso Enzweiler im Editorial, hätten »schrankenlos recherchiert« und die Initiative »unter die Lupe genommen«.

Davon könne überhaupt keine Rede sein, entrüstete sich Ingeborg Hilgert. Enzweilers Formulierungen seien unwahr und irreführend. »Hätten wir vor Drucklegung die Zeitschrift zu Gesicht bekommen, wir hätten unsere Zustimmung verweigert.« Redaktionell gefüllt wurden die zwanzig Seiten von zwölf jungen Journalisten – allesamt Schüler der Kölner Journalistenschule, deren »Zuarbeit« laut den beiden Geschäftsführern »hervorragend gelungen« sei.

Sie erschöpft sich in einer ausführlichen Darstellung der neoliberalen Positionen, die die Initiative seit Jahren in der Öffentlichkeit durchsetzen möchte. Als Dank wird den Schreibern eine glorreiche berufliche Zukunft in Aussicht gestellt. Im Editorial heißt es, dass »für diese jungen Kollegen beruflich nichts schiefgehen« kann.

Wenn schon in der Ausbildung PR und Journalismus gezielt verwechselt werden, wie soll man sie dann im späteren Berufsleben auseinanderhalten?[121]

Sprachliche ideologische Korrumpierung

Die einzelnen Fälle direkter finanzieller Einflussnahme würden nicht so ins Gewicht fallen, würden die INSM und die anderen Vorfeldorganisationen nicht in einem öffentlichen Umfeld agieren, das sich weitgehend den Sprachregelungen der INSM unterworfen hat. Die sprachliche Hegemonie bei der politischen Lagebeschreibung stellt meines Erachtens die größte Korrumpierungsgefahr für die journalistische Arbeit dar.

Ein vielzitiertes Beispiel ist der berühmte Satz: »Sozial ist, was Arbeit schafft.« Er wurde von der Initiative im Jahr 2000 erfunden oder besser: wieder ausgegraben und relauncht. Der deutschnationale Pressezar der Weimarer Republik, Alfred Hugenberg, plakatierte 1933 im Wahlkampf: »Sozial ist, wer Arbeit schafft.« 2002 griff die Union im Wahlkampf darauf zurück. Bis tief in die SPD hinein ist man von der Botschaft überzeugt. Und bemerkt kaum, dass man so den Begriff »sozial« radikal verändert, denn als sozial soll demzufolge allein und vor allem das gelten, was durch die marktwirtschaftlichen Reformen in Aussicht gestellt wird: Arbeit und Wohlstand. Die Entstaatlichung soll als sozial angenommen oder wenigstens als unumgänglich akzeptiert werden. Ein Begriff ist neu besetzt worden.

Die Weltsicht der neoliberalen Netzwerke ist auch in anderen Bereichen längst Allgemeingut, Versatzstücke ihrer Ideologie sind schon fast Moderationsstandard. Hinter Floskeln, wie: »Es ist ja nun einmal so, dass«, »Mittlerweile ist ja unbestritten« oder: »Wie wir alle wissen«, erfahren wir, dass die Löhne nicht mehr konkurrenzfähig, Deutschland ein Sanierungsfall, die staatliche Rente nicht mehr sicher und wir im internationalen Wettbewerb zurückgefallen sind.

Diese Formulierungen enthalten ideologische Vorannahmen, die kaum noch in Frage gestellt werden. Für den Zuschauer argumentiert hier nicht mehr eine Interessengruppe, sondern die Wirklichkeit selbst gebietet herrisch Gehorsam. Welcher Journalist, der ja qua Beruf schließlich der Wirklichkeit verpflichtet ist, wagt da noch Widerspruch? Diese Bilder führen längst ein so starkes Eigenleben, dass sie selbst durch statistische Befunde kaum mehr erschüttert werden können. Die Kostenexplosion im Gesundheitswesen detoniert seit zwanzig Jahren auf allen Moderationstischen, ohne dass man in der statistischen Wirklichkeit Belege für einen sprunghaften überproportionalen Anstieg der Gesundheitskosten finden würde.

Und das ist nur ein Beispiel für eine Ökonomie der Befindlichkeit, die in vielen Redaktionen gepflegt wird. Man behauptet einfach, in Zeiten der Globalisierung oder in Zeiten knapper Kassen zu leben. Eine Überprüfung der übermächtigen Befunde will man sich gar nicht mehr leisten. So macht es die blinde Übernahme der Sprachbilder zunehmend unmöglich, inhaltlich zu den Positionen der INSM auf Distanz zu gehen.

Wenn die Problembeschreibung der neoliberalen Bewegung hegemonial wird, bleibt kaum Spielraum, sich ihren Lösungsvorschlägen zu entziehen. Reformen im Sinne von Sozialabbau, Sparpolitik, Privatisierung werden so zum Gebot der wirtschaftlichen Vernunft, ja der Realitätstüchtigkeit schlechthin. Die Journalisten werden von den Think tanks zu Dienstleistern degradiert, die die höheren Einsichten der herrschenden Ideologie dem Bürger vermitteln sollen. Nicht in erster Linie die Diskussion von sogenannten Reformen, sondern deren Vermittlung ist nach dieser Philosophie vorrangige Aufgabe der Journalisten. Die politische Willensbildung verläuft hier von oben nach unten. Und viele, die gar nicht mit der Initiative Neue Soziale Marktwirtschaft oder einer der anderen Gruppierungen verbandelt sind, haben in den vergangenen Jahren ihren Job genau in diesem Sinne interpretiert.

»Framing« nennt man in der politischen Theorie diesen Trick, mit dem man versucht, den Rahmen der politischen Optionen so zu verengen, dass nur noch zur Debatte steht, wie schnell und wie konsequent eine bestimmte Art von »Reformpolitik« realisiert werden muss. Wer die Frage nach der Richtigkeit des Kurses an sich stellt, steht dann außerhalb des ernstzunehmenden Spektrums und ist wahlweise Blockierer, Traumtänzer oder Populist.

Journalisten, die in diesem Sprachspiel mittun, begeben sich ihres wichtigsten Handwerkszeugs: sprachlich auf Distanz zu interessengefärbten Perspektiven zu gehen. In Verbindung mit politischer Bildung und dem so oft geschmähten kritischen Bewusstsein kann das journalistische Handwerkszeug helfen, auch scheinbar übermächtige Deutungen in Frage zu stellen. Zum Beispiel die forcierte Zuspitzung des Problems »Massenarbeitslosigkeit« auf die vermeintliche Lösung »Lohnnebenkosten senken« oder zu Deutsch: »Sozialabgaben kürzen«.

Das ist zugegebenermaßen schwierig, weil die zur politischen Leitwissenschaft erhobene Volkswirtschaftslehre fast vollständig einer einzigen Glaubensrichtung verfallen ist und es kaum noch Wissenschaftler gibt, die für alternative ökonomische Theorien stehen. Notwendig wäre hier eine ökonomische Alphabetisierungskampagne, die die Journalisten aus der fatalen Expertenabhängigkeit befreit. Denn man braucht keinen Professorentitel, um die wirtschaftswissenschaftlichen Statistiken zu lesen und zu verstehen, die oft in offenem Widerspruch zu den behaupteten Diagnosen stehen.

Der kompetente Umgang mit den volkswirtschaftlichen Fundamentaldaten wäre das beste Gegenmittel gegen die ideologisch zugerichteten Rezepturen der Mainstream-Ökonomie. Eine klare Verständigung darüber, was die Kriterien für internationale Wettbewerbsfähigkeit sind, das Wissen, anhand welcher Daten man international Löhne vergleichen kann, die Kenntnis, woran sich ein volkswirtschaftlicher Verteilungsspielraum bemisst, würde zu besseren Fragen führen, die selbst gewissen Experten größere Rechtfertigungsanstrengungen abverlangen und letztendlich zu einer höheren Qualität der öffentlichen Meinungsbildung führen würden.

VIII. Erste Hilfe gegen Propaganda und mittelmäßige Eliten

Wir sind das Opfer von Fehlern, nicht von Umständen

Von Orientierungslosigkeit und von der verstörten Gesellschaft hat der Bielefelder Soziologe Wilhelm Heitmeyer gesprochen, als er die »deutschen Zustände« beschrieb.[122] Eine richtige Diagnose, wie ich finde. Heitmeyer beklagt die politische Handlungsunfähigkeit, er spricht von Kontrollverlusten nationalstaatlicher Politik im Zuge der Globalisierung und von der Wahrnehmung, dass die soziale Unsicherheit größer werde. Er spricht von ungerichteten gesellschaftlichen Prozessen und von Unbeeinflussbarkeit von ökonomischen Entwicklungen. So treffend ich seinen Begriff »Die verstörte Gesellschaft« finde, sosehr ich also seinen Eindruck teile, dass die Menschen verunsichert und verstört sind, so wenig kann ich auf der anderen Seite dem mitschwingenden Pessimismus folgen, der in den Begriffen »Unbeeinflussbarkeit«, »Kontrollverlust« und »Handlungsunfähigkeit« zum Ausdruck kommt.

Wir sollten nicht den Fehler machen, die eindimensionale Interessengesteuertheit und die konzeptionellen Unzulänglichkeiten unserer Eliten in eine Ausweglosigkeit wegen Handlungsunfähigkeit umzudeuten. Das wäre eine ziemlich falsche Darstellung unserer Lage.

Wir sind das Opfer von Fehlern, nicht von Umständen. Und wer alles auf die Umstände, aufs Älterwerden, auf die Demographie, auf die Globalisierung und auf die Schulden schiebt, der hat sich schon vereinnahmen lassen und wird schon zum Opfer der herrschenden Ideologie und ihrer Propagandisten.

Es steht außer Frage, dass Deutschland wie auch die Europäische Union, wenn wir nur wollten und die richtigen Konzepte einsetzten, mit den meisten Problemen fertig würden. Man muss immer im Gedächtnis behalten, dass die uns zur Zeit dominierende Ideologie unsere Probleme übersteigert darstellen muss, um die von ihr angepeilten »strukturellen« Veränderungen als »objektiv notwendig« erscheinen zu lassen. Wenn man diese Problemübersteigerungen beiseite nimmt, wenn man diesen Schleier der Panikmache wegzieht, der sich wie Meltau über unser

Land gelegt hat und auch andere Länder Europas erfasst hat, dann sieht die Welt gar nicht so dramatisch aus – trotz aller Probleme, trotz Terror und Mafia und ernsthafter ökologischer Gefahren und trotz des Aufstiegs anderer Länder wie China oder Indien.

Nebenbei bemerkt: Wie kommen wir eigentlich auf die Idee, diesen Völkern den Aufstieg nicht zu gönnen?! Wir haben doch selbst 1945 nach dem Ende des letzten Weltkriegs eine ähnliche Aufholjagd veranstaltet, ohne dass das anderen Ländern geschadet hätte.

Wir haben auch die Handlungsspielräume und die Handlungsmöglichkeiten, um mit unseren Problemen fertig zu werden. Das beweisen nicht zuletzt die skandinavischen Länder. Weder das hochgespielte demographische Problem ist ein Naturereignis, das schicksalhaft über uns hereinbricht, noch die Globalisierung. Auf letztere kann man anders und produktiver schauen, als die herrschenden Kreise bei uns dies tun. Jedenfalls gehört Deutschland heute als Exportweltmeister eher zu den Gewinnern der Globalisierung, als dass wir davon bedroht wären.

Kein sachliches Argument hält uns davon ab, eine pragmatische expansive Wirtschaftspolitik zu betreiben, um endlich die wirtschaftliche Stagnation zu überwinden. Unser Spielraum für eine solche Politik ist wegen des großen Leistungsbilanzüberschusses ausreichend groß. Diese expansive Politik würde auch nicht verpuffen, wie immer behauptet wird. Über 50 Prozent unseres Exports gehen in die fünfzehn alten EU-Länder; wenn wir mit Ländern wie Frankreich, Belgien, Holland, Italien, Österreich und Spanien eine gemeinsame expansive Linie absprächen, hätten wir zusammen mit unserem eigenen Binnenmarkt den größeren Teil abgedeckt und könnten wirtschaftlich wieder wachsen, um zusätzliche Arbeitsplätze zu schaffen und mehr Steuern einzunehmen und nicht zuletzt die sozialen Sicherungssysteme wieder finanzieren zu können.

Sachliche Gründe hindern uns daran nicht. Die Ideologie unserer Eliten behindert uns.

Sachliche Gründe sprechen *für* ein solches Programm, weil in diesem Land enorm viel zu tun ist. Es ist ein Gerücht, hier gäbe es nichts mehr zu tun. Unsere Infrastruktur bedarf der Erneuerung. Was allein nötig wäre, um uns davor zu bewahren, im europäischen Lkw-Transitverkehr zu ersticken! Wenn man nur einen Teil davon auf die Schiene kriegen wollte, müsste man kräftig investieren.

Sachliche Gründe hindern uns auch nicht daran, die Subvention der prekären Arbeitsverhältnisse, also der Minijobs, einzustellen. Niemand hindert unsere Politiker und die anderen Eliten daran, für gesicherte Arbeitsverträge mit einem auskömmlichen Einkommen zu werben. Allein die modische Orientierung unserer Eliten, dass wir uns in der Lohnhöhe mit Polen oder gar China messen lassen müssten, hindert uns daran.

Wir müssten, wenn man das Jammern über die niedrige Geburtenrate ernst nimmt, dafür sorgen, dass die jungen Paare gute Berufsperspektiven und gesicherte unbefristete Arbeitsplätze haben. Nur dann darf man erwarten, dass sie das Wagnis eingehen und mehrere Kinder haben wollen. Nur dann ist es auch verantwortungsvoll gedacht und gehandelt, Kinder in die Welt zu setzen. Sachliche Gründe sprechen dafür, das Angebot zur Betreuung kleiner Kinder zu verbessern.

Sachliche Gründe sprechen dafür, die Steuerbefreiung beim Aufkauf von Unternehmen und Unternehmensteilen zurückzunehmen. Warum geschieht das nicht? Dafür gibt es keine sachlichen Gründe. Es liegt allein am geschilderten Interessengeflecht, dass dies nicht geschieht.

Sachliche Gründe hindern uns nicht daran, damit aufzuhören, das Volksvermögen zu verschleudern, indem Stadtwerke, Wasserwerke, Abfalleinrichtungen und am Schluss auch noch die Autobahnen (obendrein noch zu Spottpreisen) verhökert werden. Politische Korruption unserer Eliten ist die wichtigste Triebfeder für die Verschleuderung des gemeinsam Geschaffenen.

Sachliche Gründe sprechen dafür, die Kommerzialisierung nicht noch weiterzutreiben. Das betrifft vor allem die Medien, das betrifft genauso die Bildung. Die Qualität des »Humankapitals« wird davon bestimmt. Nehmen wir das ernst? Oder beugen wir uns auch hier weiter den finanziellen Interessen unserer Top-Eliten?

Sachliche Gründe sprechen dafür, das Vertrauen in die solidarischen Sicherungssysteme wiederherzustellen und sie so vor dem Verfall zu retten. Nur die skizzierten finanziellen Interessen am Ausbau der Privatvorsorge stehen dem entgegen, was vernünftigerweise zu tun wäre.

Das Fazit: Der Freiheitsgrad für eigene Entscheidungen im eigenen Interesse unseres Volkes ist um vieles höher, als die Eliten sagen.

Nur ihre Ideologie ist festgezimmert. Um das weitverbreitete Gefühl der »Unbeeinflussbarkeit«, des »Kontrollverlusts« und der »Handlungsunfähigkeit« aufzubrechen, bedürfte es einer Art Kulturrevolution.

Da aber eine solche grundlegende Neubesinnung nicht erkennbar ist und im Gegenteil alles getan wird, um eine Umkehr zu verhindern, bleibt nur der etwas hilflose Rat, darauf zu hoffen, dass unsere Politiker, unsere Medienvertreter, unsere Wissenschaftler und unsere Topmanager mit der Zeit klüger werden, dass die Eliten umdenken.

Sich neu orientieren werden sie aber nur, wenn die öffentliche Meinung sich zu wenden beginnt. Dies wird nur geschehen, wenn sich der kritische Verstand in unserem Volk wieder regt. Nur wenn es gelingt, eine kritische Gegenöffentlichkeit gegen den mächtigen Strom des gängigen Denkens aufzubauen, wird wieder mehr Vernunft in die Meinungsbildung und in die politische Entscheidungsfindung einkehren.

Schauen wir den Eliten auf die Finger!

Dass die Willens- und Entscheidungsfindung der drei wirtschaftsnahen Parteien CDU, CSU und FDP in vielen entscheidenden Fragen von wirtschaftlichen Interessen geprägt ist, lag immer schon nahe. Dass dies inzwischen auch für die Bündnisgrünen und für die Sozialdemokraten gilt, empfinde ich als bedrückend neu. Der Einfluss und die Argumente der Versicherungswirtschaft und der am Kapitalmarkt tätigen Kräfte ist inzwischen auch bei der SPD unübersehbar und um vieles größer als der Einfluss der Mitglieder.

Diese Interessenverflechtung zwischen Politik und Wirtschaft müsste ein großes Thema in der öffentlichen Debatte sein. Da der Mainstream der Medien, von wenigen Ausnahmen abgesehen, dieses heikle Thema aber nicht anpackt, wird es nur dann eine gewisse Breitenwirkung erhalten, wenn einzelne Bürgerinnen und Bürger den Indizien für diese Korruption der Politik nachgehen. Auch wenn man nicht gleich Quittungsbelege hat, auch wenn man nicht gleich Aktenvermerke hat: Es macht Sinn, auch schon über konkrete Indizien für Interessenverflechtungen zu sprechen.

Eliten sind in der Geschichte immer dann ausgetauscht worden, wenn ein aufgeklärtes Volk ihnen misstraut und nicht mehr an ihre Auserwähltheit oder ihre Autorität geglaubt hat. Das war bei der Ablösung des Feudalismus so, das war beim Übergang von der Ständegesellschaft in die Bürgergesellschaft so. Eine lebendige Demokratie lebt von der Herrschaft des Volkes gerade auch über die Herrschaft mächtiger Interessen. Überall in der Welt lässt sich beobachten: Korrupte Eliten schaden nicht nur dem Allgemeinwohl, sie sind eine akute Gefahr für die Demokratie. Auch bei uns muss deshalb gelten: Wehret den Anfängen!

Lenken wir also unser Augenmerk auf undemokratische Einflussnahmen, bekämpfen und denunzieren wir den Klüngel, die politische Korruption und die kriminelle Untreue und Bestechlichkeit. Verlangen wir Transparenz über Beraterverträge, Aufsichtsratsposten, Ver- und Begünstigungen unserer Politiker, unserer Abgeordneten, unserer Beamten und unserer Journalisten. Machen wir die entsprechenden Straftatbestände und die Ehrenkodizes zu einer scharfen Waffe. Fragen wir unsere Wahlkreiskandidaten, mit wem sie verbandelt sind. Fragen wir unsere Wissenschaftler, wer ihre Institute und Forschungsaufträge finanziert, in welchen Beratungsgremien und Aufsichtsräten sie sitzen und woher sie ihre Vortragshonorare bekommen. Achten wir darauf, dass in unabhängige Expertengremien wirklich nur finanziell unabhängige Experten entsandt werden.

Schauen wir genau hin, mit wem und für wen unsere Zeitungen redaktionell oder per Anzeigen Werbekampagnen betreiben. Fordern wir die Journalistenverbände auf, von ihren Kollegen Aufklärung darüber zu verlangen, von wem sie Rabatte erhalten, von wem sie auf »Informations«-Reisen eingeladen werden. Führen wir wie bei der Schleichwerbung im Fernsehen eine Kennzeichnungspflicht für nicht redaktionell bearbeitete Beiträge ein, die von Interessengruppen übernommen wurden.

Kurz: Schauen wir unseren Eliten endlich wieder auf die Finger, damit eine Hand nicht mehr die andere wäscht.

Der Fortbestand unserer Demokratie – nicht als formale Hülse, sondern als eine lebendige und verlässliche Form der politischen Willensbildung – hängt davon ab.

Nachwort

Der eine oder andere Leser dieses Buches mag den Eindruck gewonnen haben, ich sei zu harsch, zu unfreundlich und zu ungeduldig mit unseren Eliten umgegangen. Manches Mal hatte ich selbst den Eindruck, und es machte mir zu schaffen. Aber heute macht es mir gar nicht zu schaffen. Wenn ich heute, am 31. Januar 2006, dem Tag der Manuskriptabgabe, in die *Bild*-Zeitung schaue und mir die anderen Medien anschaue und nachlese, was viele Politiker für wichtig halten und was die Schlagzeilen dieser Tage bestimmt, dann bereue ich nichts und entdecke: Es wäre sogar gerechtfertigt gewesen, das Buch unter dem ursprünglich erwogenen Titel »Dumm oder korrupt« zu veröffentlichen.

Der Verlag fand diesen Titel zu hart, ich fand ihn zu arrogant. Aber die gerade laufende Debatte darüber, ob nicht erst zum Jahr 2035, sondern schon von 2029 an das Renteneintrittsalter auf 67 Jahre angehoben sein soll, bestätigt: Unsere Eliten haben nichts begriffen. Oder sie lassen sich korrumpieren. Auf letzteres lässt die heutige Schlagzeile der *Bild*-Zeitung schließen: »Unsere Rente schrumpft schrumpft schrumpft schrumpft ...« (siehe Abbildung 22, S. 293). Das ist ein neuer Akt in der Reihe der Kampagne zur Zerstörung des Vertrauens in die gesetzliche Rente. *Bild* nutzt dazu die Debatte um die Erhöhung des Renteneintrittsalters auf 67 Jahre. Damit wird den heute Einundvierzigjährigen und den Jüngeren signalisiert, dass sie entweder länger arbeiten oder Abschläge von 3,6 Prozent pro Jahr auf ihre Rente hinnehmen müssen – es sei denn, sie sorgen privat vor.

Diese Agitation kann man dem Boulevardblatt, das im Verbund mit der Allianz AG für die Privatvorsorge wirbt, nicht verdenken. Es gibt viel zu verdienen. Die Interessen liegen klar auf dem Tisch.

Dass jedoch die Politiker, allen voran der Sozial- und Arbeitsminister Franz Müntefering, eine solche Wahnsinnsdiskussion gerade jetzt lostreten, das ist rational nicht mehr nachzuvollziehen. Wir haben 5 012 000 Arbeitslose – auch das eine Meldung von heute –, die effektive Altersgrenze liegt bei ungefähr 60 Jahren, ältere Menschen finden in der Regel keinen Arbeitsplatz mehr, sie werden in vielen Betrieben schon mit 50 ausgemustert. Die Planung für das Jahr 2035 oder für das Jahr 2029 und auch für das Jahr 2012, in dem die Pflicht zum Längerarbeiten schrittweise beginnen soll, ist so mit Unsicherheiten belastet, dass Entscheidungen, die bis dahin notwendig sein könnten, von vernünftigen Menschen nicht schon heute zum Thema einer öffentlichen Debatte gemacht werden sollten. Wie es nämlich dann, im Jahr 2012 oder 2035, um die Finanzen der Rentenversicherung steht, das hängt um vieles mehr vom Grad der Beschäftigung, also der Arbeitslosigkeit, und dem Grad der Erwerbstätigkeit insgesamt ab als von der Altersstruktur.

Ob wir die Arbeitslosigkeit abbauen können und ob wir älteren Menschen und Frauen, die gerne arbeiten möchten, Beschäftigungschancen bieten können, das hängt hundertmal mehr von einer pragmatischen vernünftigen Wirtschaftspolitik ab als von den Rechenkünsten unseres Sozial- und Arbeitsministers. Jetzt diese so viele Menschen verunsichernde Debatte über das Renteneintrittsalter vom Zaun zu brechen lässt nur zwei Schlüsse zu: Entweder die Meinungsführer haben nicht begriffen, worauf es ankommt, oder sie sind wie die *Bild*-Zeitung in die Interessen der privaten Versicherungswirtschaft eingebunden. Dumm oder korrupt? Werfen wir die Münze.

Wie desolat die Lage der Meinungsbildung in unserem Land ist, zeigt sich übrigens auch wieder an diesem Beispiel. Franz Müntefering ist für seinen »Mut«, die Verlängerung der Lebensarbeitszeit auf die politische Agenda zu setzen, von den Medien über den grünen Klee gelobt worden. Wie schon bei dem Befreiungsschlag von Schröder und Müntefering vom 22. Mai 2005, Neuwahlen anzustreben, bewundern die Medien einfach die schnelle Tat. Unabhängig von ihrem Sinn löst allein die trickreiche Tat Begeisterung aus. Wann endlich lernen die Medien, lernen wir alle, kritisch mit diesen Eliten umzugehen!

*

Eine andere Frage, die sich der eine oder andere Leser stellt, ist: Wie ist es möglich, dass der Umbau unserer Gesellschaft so lange schon und so zielstrebig betrieben wird? Gibt es vielleicht eine verschworene Gemeinschaft von Strippenziehern im Hintergrund, die das alles von langer Hand vorbereitet haben, ausgestattet mit allen denkbaren Mitteln und getrieben von einem gehörigen Maß krimineller Energie? Handelt es sich sozusagen um einen Staatsstreich auf die sanfte Art?

Um es gleich zu sagen: Den großen Unbekannten, das strategische Meisterhirn, das diese planvolle Umwandlung der Gesellschaft ersonnen und ins Werk gesetzt hat, gibt es nicht. Es gibt aber durchaus bekannte Personen – ein paar davon habe ich in diesem Buch geschildert –, und es gibt ganz handfeste wirtschaftliche und persönliche Interessen. Aus dem Zusammenspiel dieser Interessen hat sich ein sich selbst organisierendes und sich selbst verstärkendes System entwickelt. Das funktioniert nach einem ganz einfachen Prinzip: Eine Strategie, die sich als erfolgreich erweist, wird verstärkt und zieht neue Anhänger und Nachahmer an, was den Prozess wiederum beschleunigt und verstärkt, wodurch weitere Anhänger und Nachahmer angezogen werden und so weiter. Das schließt nicht aus, dass es nicht ein paar entscheidende Kräfte gäbe, die schon früh, in den siebziger, achtziger Jahren des 20. Jahrhunderts beschlossen haben, den offenen Schlagabtausch zu meiden, in dem sie damals arg ins Hintertreffen geraten waren, und lieber in Deckung zu gehen und die Gesellschaft aus einer sicheren Position heraus doch noch in ihrem Sinne zu verändern – eben über die wirtschaftspolitische Ausrichtung. Auch diese Personen kann man identifizieren, man erkennt sie daran, dass sie damals schon in wichtigen Positionen waren und heute noch weiter aufgestiegen sind. Und mit ihren Anhängern haben sie auf diesem Marsch durch die Institutionen wieder wichtige Positionen besetzt.

Ihre so einfache wie geniale Idee war, dass sie mit der Wirtschaftspolitik den entscheidenden Hebel zu einem anderen Gesellschaftssystem in die Hände bekommen. Das erklärt auch, warum die wirtschaftspolitische Debatte heute so unversöhnlich geführt wird wie vor fünfundzwanzig, dreißig Jahren die gesellschaftspolitische, damals noch vom Lagerdenken zwischen links und rechts geprägt. Diese Lager gibt es immer noch, nur auf einem anderen Feld und mit einem anderen Kräfteverhältnis.

Wenn es aber keinen geheimnisvollen Unbekannten gibt, sondern nur eine ganze Reihe gar nicht geheimnisvoller alter Bekannter, dann sind wir auch nicht nur ohnmächtige Figuren in einem bösen Spiel, sondern können das Spiel wenden, indem wir selbst aktiv werden. Alles fängt damit an, dass wir hinterfragen, was uns tagtäglich erzählt wird.

Dank

Wenn man nicht über die Datenlieferanten des neoliberalen Netzwerks verfügt, ist man auf Gesprächspartner angewiesen, die viel wissen und sich gut erinnern. Claus F. Hofmann und Peter Munkelt danke ich herzlich dafür, dass ich sie nach ihrem großen Wissen und nach ihrer Einschätzung fragen konnte. Genauso Dietrich Krauss. Er kennt das neoliberale Netzwerk vorzüglich und hat wesentlich zum Kapitel über die Netzwerke unserer Eliten beigetragen. Gleiches gilt für Hermann Ploppa. Er hat mir geholfen, die Folgen der herrschenden Ideologie zu recherchieren und zu beschreiben.

Mit Wolfgang Lieb, meinem Kollegen als Herausgeber und Schreiber der www.NachDenkSeiten.de, bin ich quasi täglich im Gespräch. Ihm verdanke ich – wie übrigens auch vielen Nutzern der NachDenkSeiten – eine Fülle von Anregungen und Formulierungshilfen.

Ohne den besten Lektor, den ich je kennen- und schätzengelernt habe, wäre das Werk nicht gelungen. Und nicht gedruckt. Danke.

Albrecht Müller

Anhang

Anmerkungen

1 Die Zahlen für 2005 waren geschätzt.
2 *Süddeutsche Zeitung* vom 26.1.2005
3 *Die Welt* vom 26.2.2005
4 Bundesminister der Finanzen: *Bundeshaushalt 2005*, Tabellen und Übersichten
5 So der Steuerexperte Prof. Lorenz Jarass am 8.12.2005 vor dem Finanzausschuss des Deutschen Bundestages
6 Der Umfragestand im Mai 2005 entsprach ungefähr dem folgenden Befund der Forschungsgruppe Wahlen: Die SPD hing – ich greife zwei den Zeitraum umrahmende Termine heraus – nach den Umfragen vom 29.4.2005 wie auch vom 27.5. bei 30 Prozent, die CDU/CSU lag bei 44 bzw. 45 Prozent; Rot-Grün zusammen hatte gerade einmal 39 bzw. 38 Prozent.
7 *Zeit*-Interview vom 22.9.2005
8 So zum Beispiel in der *Frankfurter Rundschau* vom 26.11.2005
9 *Stuttgarter Zeitung* vom 14.9.2004
10 Siehe *Handelsblatt* vom 26.12.2005
11 *Der Spiegel*, Nr. 46/2005 vom 14.11.2005
12 Siehe Albrecht Müller: *Die Reformlüge*, München 2005, S. 379
13 Nach OECD-Berechnung – Commonly used definition
14 *Jahresgutachten des Sachverständigenrates zur Begutachtung der gesamtwirtschaftlichen Entwicklung 2005/2006*, S. 212
15 Zitiert nach: Philipp Löpfe/Werner Vontobel: *Der Irrsinn der Reformen. Warum mehr Wettbewerb und weniger Staat nicht zu Wohlstand führen*, Zürich 2005
16 Vgl. dazu die *FAZ* vom 12.1.2006: »Der Leistungsbilanzüberschuss stieg von 109,5 auf 112,9 Milliarden Euro, das ist der höchste Wert seit der deutschen Vereinigung.«
17 In seinem Minderheitenvotum merkt der Sachverständige Peter Bofinger an: »Der Gesamtumfang dieser versicherungsfremden Elemente wird auf rund 130 Milliarden Euro bezif-

fert. Abzüglich der Bundeszuschüsse an diese Versicherungen verbleibt eine Fehlfinanzierung von etwa 65 Milliarden Euro.« Siehe S. 216 des *Sachverständigengutachtens 2005/ 2006*
18 Vgl. www.jjahnke.net
19 Ebda.
20 Hier und im weiteren Verlauf wird der Zeitraum seit 1993 betrachtet, weil damals nach einem abgebrochenen Aufschwung die Phase der Stagnation richtig begann.
21 www.jjahnke.net
22 Arbeitnehmerentgelte setzen sich zusammen aus Löhnen und Gehältern sowie allen Sozialabgaben, den sogenannten Lohnnebenkosten.
23 Zitiert nach: Helmut Kohl: *Erinnerungen 1982–1990,* München 2005, S. 796, 798, 800
24 Interview mit Reinhard Mohn, Bertelsmann, in: *Stern,* Nr. 27/1996
25 *Bild* vom 18.9.2004
26 Der erste Fernsehspot lief am 26. September 2005.
27 Peter Zudeick im Deutschlandradio am 6.10.2005
28 Presseinformation der Kampagne »Du bist Deutschland« vom 19.9.2005
29 Ameco-Datenbank der EU-Kommission
30 Den Hinweis auf diesen Zusammenhang verdanke ich Joachim Jahnke.
31 *Financial Times Deutschland* vom 6.12.2005
32 Alan Ahearne/Jürgen von Hagen: »Global Current Account Imbalances: How to Manage the Risk for Europe«, in: *Bruegel Policy Brief,* Nr. 02/2005, Dezember 2005
33 *Schriftenreihe des Donnerstagskreises: Erkennen und Gestalten,* Nr. 32
34 *taz* Berlin vom 18.11.2005
35 So berichtet der *Kölner Stadtanzeiger* vom 6.1.2005.
36 *Die Zeit* vom 6.10.2005
37 Zitiert nach: Werner Rügemer (Hrsg.): *Die Berater,* Bielefeld 2004

38 Dieser Fall wurde ausführlich in einer Reportage von Harald Schumann im Berliner *Tagesspiegel* vom 3.6.2005 beschrieben.
39 Siehe *WSI-Mitteilungen* 11/2005
40 *Die Zeit* vom 12.5.2005
41 Zur Verhinderung einer expansiven Wirtschaftspolitik hat die Mainstream-Ökonomie als Ursache der Unterbeschäftigung fast ausschließlich strukturelle Gründe identifiziert; diese könnten auch nur durch Angebotspolitik (»markträumende«, d. h. so niedrige Löhne, dass alle Arbeitssuchenden unterkommen; Lohnflexibilität; Verzicht auf Regulierung des Arbeitsmarkts; Reduzierung des Sozialschutzes etc.) überwunden werden.
42 Heide Pfarr in einem Interview mit der *taz* vom 10. November 2005
43 Bärbel Meschkutat/Martina Stackelbeck/Georg Langenhoff: *Der Mobbing-Report. Eine Repräsentativstudie für die Bundesrepblik Deutschland*, Bremerhaven 2002 (Schriftenreihe der Bundesanstalt für Arbeitsschutz und Arbeitsmedizin)
44 Interview in der *Berliner Zeitung* vom 18.11.2005
45 Wilhelm Heitmeyer (Hrsg.): *Deutsche Zustände. Folge 4*, Frankfurt a. M. 2006
46 Gesundheitsreport des Bundesverbands der Betriebskrankenkassen (BKK) vom 2.1.2006
47 »Krankenstand sinkt deutlich. Psychische Erkrankungen steigen dramatisch«, *DAK-Gesundheitsreport 2005*, veröffentlicht am 12.4.2005
48 Thomas G. Grobe/Hans Dörning/Friedrich Wilhelm Schwartz: *GEK-Gesundheitsreport 2001. Auswertungen der GEK-Gesundheitsberichterstattung*, Schriftenreihe zur Gesundheitsanalyse Band 18, St. Augustin 2001
49 Die Überquerung eines Flusses mittels einer Brücke, also den Bau und Betrieb der Brücke, Markt und Wettbewerb zu überlassen – das funktioniert nicht. Es macht auch keinen Sinn, zwei Wasserleitungen in einer Gemeinde nebeneinander zu

verlegen und Wasser im Wettbewerb anzubieten. Die Ökonomen sprechen in diesem Fall von Unteilbarkeiten in der Produktion, die eine Vermarktung und den Betrieb über Wettbewerb schwierig machen. Für Schulen und Medien gibt es ähnliche und noch andere Gründe, die dafür sprechen, sie in öffentlicher Verantwortung zu betreiben.

50 Wortlaut des Artikels 5 GG: »(1) Jeder hat das Recht, seine Meinung in Wort, Schrift und Bild frei zu äußern und zu verbreiten und sich aus allgemein zugänglichen Quellen ungehindert zu unterrichten. Die Pressefreiheit und die Freiheit der Berichterstattung durch Rundfunk und Film werden gewährleistet. Eine Zensur findet nicht statt.
(2) Diese Rechte finden ihre Schranken in den Vorschriften der allgemeinen Gesetze, den gesetzlichen Bestimmungen zum Schutze der Jugend und in dem Recht der persönlichen Ehre.
(3) Kunst und Wissenschaft, Forschung und Lehre sind frei. Die Freiheit der Lehre entbindet nicht von der Treue zur Verfassung.«

51 Manfred Spitzer: *Vorsicht Bildschirm! Elektronische Medien, Gehirnentwicklung, Gesundheit und Gesellschaft,* Stuttgart 2005; vgl. auch Manfred Spitzer: *Lernen. Gehirnforschung und die Schule des Lebens,* Heidelberg/Berlin 2002

52 Nach verschiedenen Verfassungsgerichtsurteilen war den Befürwortern der Kommerzialisierung von Fernsehen und Hörfunk klar: Kommerzielles Fernsehen kann es nur geben, wenn die technischen Möglichkeiten zur Verbreitung von mehr Programmen geschaffen sind.

53 Manfred Spitzer: *Vorsicht Bildschirm!,* Stuttgart 2005, S. 204, 205 f.

54 Christian Pfeiffer: »Bunt flimmert das Verderben«, in: *Die Zeit* vom 18.9.2003

55 *FAZ.Net* vom 22.12.2005

56 *stern shortnews* vom 9.1.2006

57 Hier ein Blick auf die Website von McKinsey: »In diesem Jahr ist *McKinsey bildet.* in die nächste Runde gegangen.

Ausgehend von der sicheren Erkenntnis, dass Versäumnisse in der frühen Entwicklung von Talenten später kaum kompensiert werden können, konzentriert sich die Initiative diesmal ganz auf die frühkindliche Bildung« (Stand: Anfang 2006; siehe http://www.mckinsey-bildet.de/html/01_home/home.php).

58 Quelle: http://zeus.zeit.de/text/2001/20/200120_getriebener_ceo.xml

59 Einen guten Überblick über die Vielfalt und die Vernetzung des Einflusses der Arbeitgeber auf die Bildungspolitik geben zwei Beiträge in den www.NachDenkSeiten.de vom 4. Januar 2006 und 24. Januar 2006 mit folgenden Links: http://nachdenkseiten.de/cms/front_content.php?client=1&lang=1&tidcat=7&tidart=1311 und http://nachdenkseiten.de/cms/front_content.php?client=1&lang=1&tidcat=7&tidart=1361

60 Wenn Sie sich über diese Entwicklung genauer informieren wollen und Zugang zum Internet haben, hier ein Link zu einem Beitrag von Wolfgang Lieb in den NachDenkSeiten vom 31. Januar 2006: http://nachdenkseiten.de/cms/front_content.php?client=1&lang=1&tidcat=45&tidart=1382

61 Angaben laut Website der INSM: http://www.insm.de/Die_INSM.html;jsessionid=65FBDD4F0B33569C5931240637B2A63F

62 Siehe auch Albrecht Müller: *Die Reformlüge,* München 2005, S. 65

63 Immerhin war am 5. Januar 2006 im *Economist* zu lesen, wenn die Bevölkerungszahl eines Landes zurückgehe, sei das nicht unbedingt eine schlechte Nachricht.

64 *Die Welt* vom 25.1.2006

65 *taz* vom 30.9.2005

66 Siehe beispielsweise den Offenen Brief des Autors an den damaligen Bundeskanzler Gerhard Schröder, veröffentlicht im Berliner *Tagesspiegel* vom 23. August 2004 unter der Überschrift »Lass die Geschichte anders enden«

67 So das *Handelsblatt* vom 26.12.2005 mit Berufung auf eine wissenschaftliche Evaluierung der Reformpakete Hartz I bis

III, die im Auftrag der Bundesregierung durchgeführt worden war; siehe auch S. 41
68 Um genau diesen Prozentsatz wurde allein zwischen Januar 2002 und dem 6.5.2003 der Euro gegenüber dem Dollar aufgewertet. Die Wettbewerbsfähigkeit, sichtbar am Leistungsbilanzüberschuss unseres Landes, wurde auch von dieser gravierenden Änderung nicht berührt. Näheres bei http://www.nachdenkseiten.de/cms/front_content.php?client=1&lang=1&parent=5&tidcat=38&tidart=568; siehe auch Albrecht Müller: *Die Reformlüge*, München 2005, S. 241 ff.
69 Siehe »Denkfehler 31« in Albrecht Müller: *Die Reformlüge*, München 2005, S. 305 ff.
70 Die Erwähnung von Bismarck erfolgt dabei reflexhaft, wie auf Abruf und ohne Einschaltung der Ratio. Das ist beim ehemaligen Bundesbankpräsidenten Ernst Welteke so und bei Professor Bert Rürup und bei Professor Paul Nolte (wie auch sonst) und bei Professor Hans-Werner Sinn.
71 Gemeint ist nicht das spezielle Problem der Abwanderung junger Leute zum Beispiel aus Mecklenburg-Vorpommern.
72 »Um den Austausch mit Wissenschaft, Politik und Wirtschaft weiter auszubauen, wird das DIW Berlin künftig profilierte Köpfe aus Politik und Wirtschaft als Distinguished Fellows in seine Arbeit einbinden. Als erster DIW Berlin Distinguished Fellow wird Oswald Metzger mit der Abteilung Staat zusammenarbeiten.« So heißt es im Newsletter des DIW vom 30.11.2004.
73 *Die Welt* vom 5.10.2005
74 Siehe zu dem gesamten Komplex die einschlägigen Passagen in Albrecht Müller: *Die Reformlüge*, München 2005, S. 104–140
75 Produktivität je geleisteter Arbeitsstunde
76 Siehe dazu auch »Denkfehler Nr. 6« in Albrecht Müller: *Die Reformlüge*, Münche 2005, S. 115 ff.
77 Richard Hauser: »Generationengerechtigkeit als Facette der Sozialen Gerechtigkeit«, in: Jörg Althammer (Hrsg.): *Famili-*

enpolitik und soziale Sicherung. Festschrift für Heinz Lampert, Berlin 2005, S. 245-266
78 www.NachDenkSeiten.de vom 16.12.2005
79 *Die Zeit* vom 5.2.2004
80 ADN vom 10.8.1999
81 *Frankfurter Rundschau* vom 7.12.2005
82 *FAZ* vom 14.12.2005
83 *Tagesspiegel* vom 13.8.2005
84 *Wirtschaftswoche* vom 5.2.2004
85 *Die Welt* vom 4.2.2004
86 *Der Spiegel* vom 15.4.2004
87 *Die Zeit* vom 5.2.2004. Mich alarmieren diese Zahlen auch deshalb, weil ich als Leiter der Planungsabteilung im Bundeskanzleramt Erfahrungen mit Beratungs- und Gutachtenaufträgen habe. Wir kamen in den siebziger Jahren mit 1,2 Millionen DM, also etwa 600 000 Euro aus. Die meiste Arbeit erledigten wir mit eigenem Sachverstand.
88 *Financial Times Deutschland* vom 24.1.2006
89 www.dw-world.de/dw/article/0,2144,1813032,00.html
90 *Focus* vom 19.4.2003
91 *Der Spiegel* vom 19.4.2003 und vom 28.4.2003
92 *Panorama* vom 15.5.2003
93 *Die Zeit* vom 11.8.2005
94 *Die Zeit* vom 19.1.2006
95 Mit dem ÖPP-Beschleunigungsgesetz sollen rechtliche Hemmnisse und Verfahrenschwierigkeiten beseitigt werden, die bisher einem weiteren Ausbau der öffentlich-privaten Partnerschaften im Wege stehen. Dabei geht es bei den Objekten von Wasserwerken über Schulgebäude bis zu Autobahnen. Mit dem Gesetz wurde die Möglichkeit erleichtert, dass öffentliche Grundstücke und Gebäude in private Hände übergehen können. Hier die Begründung aus einer Vorlage für die Beratung des Bundesrates:
»Mit dem Gesetz sollen Hemmnisse und Unklarheiten beseitigt werden, welche die Umsetzung von Öffentlich Privaten Partnerschaften (ÖPP) bisher erschwert haben. Dieses Ziel

soll im wesentlichen durch folgende Maßnahmen erreicht werden:
- Klarstellungen und Neuregelungen beim Vergabeverfahren, Einführung des ›Wettbewerblichen Dialogs‹ als neues eigenständiges Verfahren,
- Refinanzierungsmöglichkeit beim Fernstraßenbau (Maut) durch wahlweise öffentlich-rechtliche Gebühr oder privatrechtliches Entgelt,
- Befreiung des im Rahmen einer ÖPP von der öffentlichen Hand für einen bestimmten Zeitraum überlassenen Grundbesitzes von der Grundsteuer,
- Befreiung von der Grunderwerbsteuer für an ÖPP-Projektgesellschaften übertragene Grundstücke, solange sie für hoheitliche Zwecke genutzt werden und sofern eine Rückübertragung des Grundstücks an die öffentliche Hand vorgesehen wird,
- Öffnung des Investmentgesetzes für ÖPP, z.B. für den Erwerb von Nießbrauchrechten an ÖPP-Projektgesellschaften durch offene Immobilienfonds«

96 Peter Erdmeier: *Die Privatisierung von Unternehmensbeteiligungen des Landes Berlin seit der Wiedervereinigung*, Dissertation, FU Berlin, 2000

97 Die Pressemeldung zu ihrer Arbeitsaufnahme ist interessant, weil sie den Wechsel von öffentlicher Tätigkeit zur Umsetzung im Beratungsbereich offenbart. Auszug aus der Pressemeldung von BBD vom 11.9.2002:
»Berlin (ots) – Dr. Annette Fugmann-Heesing, Finanzsenatorin von Berlin a.D. und ehemalige Geschäftsführerin der GEBB Gesellschaft für Entwicklung, Beschaffung und Betrieb mbH, wird ab sofort als Beraterin für die Unternehmensberatungsgesellschaft BBD Berliner Beratungsdienste tätig.
Dr. Fugmann-Heesing wird mit der BBD Gebietskörperschaften in Angelegenheiten der öffentlichen Wirtschaft beraten. Ihre Beratungsschwerpunkte werden die Neuordnung von öffentlichen Unternehmen und Beteiligungen sowie Lösun-

gen zur Optimierung der Immobilienwirtschaft der öffentlichen Hand sein.
Die BBD Berliner Beratungsdienste berät Städte, Länder und den Bund, öffentliche Gesellschaften sowie im Bereich der Daseinsvorsorge tätige private Unternehmen.«

98 *Die Welt* vom 28.12.2005
99 Siehe Albrecht Müller: *Die Reformlüge*, München 2005, S. 131
100 J. Bradford DeLong, Professor of Economics an der University of California in Berkeley und früherer Assistent des US Treasury Secretary, schreibt dazu im Januar 2006 unter dem Titel: »Die falschen Versprechen der privaten Rentenvorsorge« folgendes: »Aber die Erhebung von Sozialversicherungsbeiträgen von Millionen von Arbeitnehmern und die Auszahlung von zig Millionen Rentenbeträgen ist jene Art von routinemäßiger, halbautomatischer Aufgabe, die ein Staat gut bewältigen kann. Nachdem private Unternehmen sich von den leistungsorientierten Vorsorgemodellen verabschieden, ist es noch wichtiger und nützlicher als in der Vergangenheit, dass der Staat in unserer postindustriellen, vernetzten Gesellschaft diese Aufgaben übernimmt.«
101 Deutschlandradio vom 15.2.2006. Auch der Titel eines seiner Bücher zielt in diese Richtung: Meinhard Miegel/Stefanie Wahl: *Solidarische Grundsicherung – Private Vorsorge. Der Weg aus der Rentenkrise*, Bonn 1999
102 Christian Nuernbergk: *Die Mutmacher. Eine explorative Studie über die Öffentlichkeitsarbeit der Initiative Neue Soziale Marktwirtschaft*, Magisterarbeit, Münster 2005, S. 124
103 Rudolf Speth: *Die politischen Strategien der Initiative Neue Soziale Marktwirtschaft*, Hans-Böckler-Stiftung, 2004, S. 7 f.
104 Werner Riek, ehemaliger Pressesprecher Gesamtmetall, in: *Betrifft: Profitgier statt Jobs? Geht uns die Arbeit aus?*, SWR-Fernsehen, 7.3.2005
105 Vgl. Rudolf Speth: *Die politischen Strategien der Initiative Neue Soziale Marktwirtschaft*, Hans-Böckler-Stiftung, 2004

106 *Das Managermagazin* vom 16.12.2005 beruft sich dabei auf mehrere Quellen im Umfeld des BürgerKonvents.
107 Martin Bennhold, Professor für Rechtssoziologie in Osnabrück, hat schon vor Jahren die Infiltration öffentlicher Bildungsinstitutionen durch das CHE kritisch untersucht: Martin Bennhold: »Die Bertelsmannstiftung, das CHE und die Hochschulreform: Die Politik der ›Reformen‹ als die Politik der Unterwerfung«, in: Ingrid Lohmann/Rainer Rilling (Hrsg): *Die verkaufte Bildung. Kritik und Kontroversen zur Kommerzialisierung von Schule, Weiterbildung, Erziehung und Wissenschaft*, Opladen 2002, S. 279-299
108 Martin Spivak: »Neues aus der Ranking-Schmiede«, in: *Die Zeit* vom 17.2.2005, S. 33
109 Elisabeth Niejahr/Jochen Bittner: »Die Beraterrepublik«, in: *Die Zeit* vom 5.2.2004
110 *Report Mainz* vom 19.9.2005: »Katalog der Grausamkeiten. Wie geht es weiter mit Rente, Pflege, Gesundheit?« Vgl. »Kritisches Tagebuch«, III, 2005, 29.9.2005, auf den www.NachDenkSeiten.de
111 Rudolf Speth in: *ARD Plusminus* vom 30.8.2005: »Getarnte Lobby«
112 Protokoll des wissenschaftlichen Beirats beim DIW vom 3.11.2003
113 *Monitor* vom 13.1.2005: »Gustav Horn – ein Spitzenökonom verlor seinen Arbeitsplatz«
114 Zitiert nach: Volker Lilienthal in: *epd medien*, Nr. 37, 14.5.2003
115 Vgl. *Stuttgarter Zeitung* vom 15.4. 2004: »Stuttgart auf Platz drei – oder doch nicht. Bei einem Vergleich der Großstädte zweifelt das Statistische Amt an den Daten«, Erik Raidt; *Frankfurter Rundschau* vom 2.7.2004: »Stadt im Spiegel«, Frank Schumann
116 Schnittprotokolle veröffentlicht in: Volker Lilienthal in: *epd medien*, Nr. 73, 17.9.2005
117 Vgl. Volker Lilienthal in: *epd medien*, Nr. 37, 14.5.2003
118 INSM-Presseerklärung vom 23.9.2005

119 INSM zit. nach: Volker Lilienthal in: *epd medien*, Nr. 73, 17.9.2005
120 *Monitor* vom 13.10.2005: »Die Macht über die Köpfe: Wie die Initiative Neue Soziale Marktwirtschaft Meinung macht«
121 Vgl. Günter Frech: »Guerilla in Nadelstreifen«, in: *Freitag* vom 26.11.2004
122 *Die Zeit* vom 20.12.2005

Literaturhinweise

Irene Becker/Richard Hauser: *Soziale Gerechtigkeit – eine Standortbestimmung. Zieldimensionen und empirische Befunde*, Berlin 2004

Norman Birnbaum: *Nach dem Fortschritt. Vorletzte Anmerkungen zum Sozialismus*, Stuttgart/München 2003

Frank Böckelmann/Hersch Fischler: *Bertelsmann. Hinter der Fassade des Medienimperiums*, Frankfurt a. M. 2004

Peter Bofinger: *Wir sind besser, als wir glauben. Wohlstand für alle*, München 2004

Cerstin Gammelin/Götz Hamann: *Die Strippenzieher. Manager, Minister, Medien – Wie Deutschland regiert wird*, München 2005

Oliver Gehrs: *Der Spiegel-Komplex. Wie Stefan Aust das Blatt für sich wendete*, München 2005

Stephan Hebel/Wolfgang Kessler/Wolfgang Storz: *Wider die herrschende Leere. Neue Perspektiven für Politik und Wirtschaft*, Frankfurt a. M. 2005

Wilhelm Heitmeyer (Hrsg.): *Deutsche Zustände. Folge 4*, Frankfurt a. M. 2006

Friedhelm Hengsbach: *Das Reformspektakel. Warum der menschliche Faktor mehr Respekt verdient*, Freiburg 2004

Joachim Jahnke: *Deutschland global? Mit falschen Rezepten in die Globalisierung*, Norderstedt 2005

Albrecht Müller: *Die Reformlüge. 40 Denkfehler, Mythen und Legenden, mit denen Politik und Wirtschaft Deutschland ruinieren*, München 2004 (aktualisierte Taschenbuchausgabe: München 2005)

Hans Mundorf: *Nur noch Markt, das ist zu wenig*, Hamburg 2006

Jürgen Nordmann: *Der lange Marsch zum Neoliberalismus. Vom roten Wien zum freien Markt – Popper und Hayek im Diskurs*, Hamburg 2005

Christian Nuernbergk: *Die Mutmacher. Eine explorative Studie über die Öffentlichkeitsarbeit der Initiative Neue Soziale Marktwirtschaft*, Magisterarbeit, Münster 2005

Heribert Prantl: *Kein schöner Land. Die Zerstörung der sozialen Gerechtigkeit*, München 2005

Edelbert Richter: *»... dass die Macht an sich böse ist.« Eine Aktualisierung von Jacob Burckhardt*, Hamburg 2006

Werner Rügemer (Hrsg.): *Die Berater. Ihr Wirken in Staat und Gesellschaft*, Bielefeld 2004

Sachverständigenrat zur Begutachtung der gesamtwirtschaftlichen Entwicklung (Hrsg.): *Die Chance nutzen – Reformen mutig voranbringen, Jahresgutachten 2005/2006*, Wiesbaden 2005

Rudolf Speth: *Die politischen Strategien der Initiative Neue Soziale Marktwirtschaft*, Hans Böckler-Stiftung, August 2004

Manfred Spitzer: *Lernen. Gehirnforschung und die Schule des Lebens*, Heidelberg/Berlin 2002

Manfred Spitzer: *Vorsicht Bildschirm! Elektronische Medien, Gehirnentwicklung, Gesundheit und Gesellschaft*, Stuttgart 2005

Alexander Stille: *Citizen Berlusconi*, München 2006

Albrecht Müller

Die Reformlüge
40 Denkfehler, Mythen und Legenden,
mit denen Politik und Wirtschaft Deutschland ruinieren

416 Seiten

Wir brauchen eine andere Politik!

Reformen ohne Ende – doch die Arbeitslosigkeit wächst, der Aufschwung lässt auf sich warten. Warum werden trotzdem immer wieder neue Reformen gefordert, wenn die bisherigen nichts gebracht haben?

In seiner ebenso spannenden wie erhellenden Analyse deckt Albrecht Müller die Hintergründe des Reformwahns auf. Der Nationalökonom belegt: Wenn wir auf Investitionen setzen und das Vertrauen in die eigene Wirtschaftskraft stärken, anstatt den Staat kaputtzusparen und unsere sozialen Errungenschaften preiszugeben, wäre die Krise rasch beendet.

»Albrecht Müller vertritt sehr entschieden eine Politik, die nicht resigniert, sondern sich auf das Potential besinnt, das wir in Deutschland haben.« *Horst Seehofer*

»Als politisches Buch eines der besten der letzten Jahre.« *Deutsche Welle*

Knaur Taschenbuch Verlag

Heribert Prantl

Kein schöner Land
Die Zerstörung der sozialen Gerechtigkeit

208 Seiten

Heribert Prantl sagt, wer ein Interesse daran hat, der sozialen Marktwirtschaft das Soziale auszutreiben. Und er beschreibt, welche Schritte wirklich nötig sind, um uns aus der Sackgasse zu führen.

Droemer Verlag

Michael Opoczynski
Die Blutsauger der Nation
Wie ein entfesselter Kapitalismus uns ruiniert

269 Seiten

WISO-Moderator Michael Opoczynski hat ein faktenreiches, leidenschaftliches Buch geschrieben, das den Raubtierkapitalisten die Leviten liest – zugleich ein engagiertes Plädoyer für die Umkehr zu einer verantwortlichen und sozial fundierten Wirtschaft.

Droemer Verlag